Michael LAITMAN

ZOHAR'IN KİLİDİNİ AÇMAK

ISBN: 978-1-77228-073-9

© Laitman Kabbalah Publishers

www.kabala.info.tr

KAPAK: Laitman Kabbalah Publishers
BASIM TARİHİ: 2023

Zohar`ın Kilidini Açmak   M. Laitman

İçindekiler

ÖNSÖZ 6

ZOHAR KİTABININ ÖNEMİ 8

KISIM I: ZOHAR'IN ÖĞRETİSİ 9

    HAREKET ZAMANI 10

    GİZLİ HAZİNE 25

DOĞA VE BİZ 27

    DOĞANIN GENEL KANUNUNU KEŞFETMEK 30

    ZOHAR – ÇOK KATMANLI BİR KİTAP 35

    HARFLER VE SÖZCÜKLER 38

ZOHAR HERKESE GERİ DÖNER 40

    KRAL VE KRALİÇE HAKKINDAKİ ALEGORİ 60

ZOHAR'A TIRMANAN MERDİVEN 63

    SULAM (MERDİVEN) AÇIKLAMASI 67

    MANEVİ LİDERLERİN BAAL HASULAM'IN YAZILARINA DAİR BİLDİRİMİ 70

    HERKES İÇİN ZOHAR 73

    ZOHAR İLE MEŞGUL OLMANIN GEREKLİLİĞİ 79

KISIM II: DÜNYA BENİM İÇİN YARATILMIŞTIR 82

    MEVCUT REALİTE 83

DIŞARIDAKİ İÇERİDEKİDİR **98**

TEK KALPTE TEK İNSAN GİBİ **115**

    HER BİRİ DOSTUNA YARDIM ETTİ 119

    ÇOĞUNLUĞUN DUASI 121

KISIM III: ZOHAR'IN KİLİDİNİ AÇMAK **122**

    YARATAN GİBİ OLMAK 123

        ORTA ÇİZGİ 125

        KARANLIKTAN AYDINLIĞA.. 128

        GÖZYAŞLARI 132

        SONSUZ SEVİNÇ 135

"KABALİST ŞİMON" SİSTEMİ **138**

    BİR MANEVİ DESTEK SİSTEMİ 142

    ÜST DÜNYALAR 147

    HEPSİ O'NUN SÖZLERİDİR 157

ZOHAR'I OKUMA DENEYİMİ **158**

    NEDEN TUZ BU KADAR ÖNEMLİDİR? 162

    EY KADINLAR ARASINDA EN GÜZEL OLAN 163

    YAKUP, ESAV, LABAN VE BALAM 165

    KORKMA, SEN EY YAKUP'UN KURTÇUĞU 168

    DENİZ CANAVARLARI 169

CEHENNEM NEDİR? 174

DERİNDEKİ KAPI 175

GECE YATAĞIMDA 177

DOSTLAR 179

ZOHAR ÇALIŞMASI HAKKINDA SEÇİLMİŞ SORULAR 182

Zohar Kitabındaki Segula [Güç] 182

SON NOTLAR **191**

EK 1 .... **195**

HERKES İÇİN ZOHAR 196

GÜNÜMÜZDE ZOHAR'I ÇALIŞMANIN GEREKLİLİĞİ 199

ZOHAR'IN ORTAYA ÇIKIŞI 201

SÜRGÜNDEN KURTULUŞA 203

ZOHAR BOLLUK GETİRİR 205

ZOHAR'IN IŞIĞI 206

ZOHAR ANLAŞILMASA DA ETKİLER 209

RUHUN ISLAHI 213

KALBİN TEMİZLENMESİ 215

ZOHAR'I ÇALIŞMANIN DİĞER ÇALIŞMALARLA KARŞILAŞTIRILMASI 216

YARATAN'I KEŞFETME ARACI OLARAK ZOHAR 220

BİLGELER TARAFINDAN TAVSİYE EDİLEN ÇALIŞMA SAATLERİ 223

ZOHAR'I ÇALIŞMADAKİ ÇABA 228

ZOHAR ÖĞRETİSİ VE DÜNYEVİ ÖĞRETİLER 229

RAŞBİ VE ZOHAR'I YAZAN GRUP 230

EK 2 .... **231**

    ZOHAR KİTABINA GİRİŞ 232

    ZOHAR KİTABINA ÖNSÖZ 259

    KABALA ÖĞRETİSİNİN ÖNSÖZÜNE GİRİŞ 282

    EK 2'de Kullanılan Kısaltmalar 283

EK 3 .... **284**

    İBRAHİM 285

    SEVGİ 295

    DOST SEVGİSİ 302

    IŞIK 307

    HARFLER 311

    ERKEKLER VE KADINLAR 315

    SÜRGÜN VE KURTULUŞ 329

    DOĞA 344

    ZİVUG (ÇİFTLEŞME) 351

    İYİ VE KÖTÜ 360

    MESİH'İN GÜNLERİ 364

MISIR'DAN TOPLU ÇIKIŞ 381

KÖTÜ EĞİLİM VE İYİ EĞİLİM 388

KORKU 398

KUDÜS 400

İSRAİL VE MİLLETLER 405

HAYATIN AMACI 422

RUHLAR 430

YOL BOYUNCA YÜKSELİŞ VE DÜŞÜŞLER 440

FAKİR VE ZENGİN 447

KARIŞIK KALABALIK 451

HAK'TAN YANA OLAN VE GÜNAHKÂR 463

ORTA ÇİZGİ 470

KABALİST ŞİMON BAR YOHAY [RAŞBİ] 485

ARZU 495

BARIŞ 498

NEŞE 503

TORA 506

ÖĞRETİ - GECE ÇALIŞMASI 520

ISLAH 529

ÖNSÖZ

"Ve bilge olanlar, gökyüzünün aydınlığı olarak ışıldayacaklar"... Onlar, Zohar Kitabı diye adlandırılan bu aydınlıkta çaba sarf edenlerdir.

Zohar Kitabı, Behaalotha [Yükseldiğinde], Madde 88

Zohar Kitabı, bize tam ve mutlak aydınlanmayı veren çok özel bir güç içerir. Bu o kadar heyecan verici, sürükleyici ve büyüleyicidir ki, onu okuyan bir daha elinden bırakamaz. *Zohar*, ona kapılanlar için güç ve canlılık kaynağı olur. *Zohar* ile yeni bir yaşama başlayabilir ve dünyada var olan iyi ve memnun edici şeyle bağ kurabiliriz.

Zohar'ın Kilidini Açmak, Herkes İçin Zohar adlı kitaplar serisinin ilk tanıtım kitabıdır. *Herkes İçin Zohar, Zohar Kitabının* kolay okunabilir hale getirilmiş baskısıdır. Bu seriden en fazla yararı sağlamak için, okuyucuya ilk önce bu kitabı okumasını öneririz. Bu kitap, *Zohar*'ı okurken ondan en büyük faydayı sağlayabilmek için gereken doğru yaklaşımı verecektir.

Bu kitabı okumak için hiçbir ön bilgi gerekmemektedir. 1. Bölüm, *Zohar* öğretisinin özünü, bunca yıl neden saklı tutulduğunu ve günümüzde bize nasıl bir yarar sağlayabileceğini anlatır. 2. Bölüm ise, realiteyi nasıl algıladığımızdan, Yaratılışın planından ve son olarak da *Zohar*'ın sırrını hep birlikte nasıl çözeceğimizden bahseder.

Okuyucular arasında meraklı olanlar için hazırlanan Ek 3 ise *Herkes İçin Zohar*'dan seçilmiş alıntıları içerir. Bu kitabı okuduktan sonra, *Zohar*'ın gücünü hissedebilecek ve faydalarından keyifle yararlanacaksınız.

Zohar saklı tutulacak... ta ki zamanın sonundaki günlerde son nesil gelene kadar ve o zaman Zohar yeniden ortaya çıkacak.

Kabalist Isaiah Horovitz (Kutsal Şılah)

ZOHAR KİTABININ ÖNEMİ

Zohar Kitabının ışığını hiç görmemiş olan, yaşamı boyunca ışığı hiç görmemiştir.

Ziditşov'lu Kabalist Tzvi Hirş EichenstEyn [1]
Gerçek bilgelik öğretisinin açık olarak çalışılması, 1490'da sona eren, sınırlı bir dönem boyunca Yukarıdan yasaklanmıştır. Bu dönemden sonra, son neslin geldiği kabul edilir ki son nesle bu yasak kaldırılmış ve ona *Zohar Kitabı* sunulmuştur. 1540 yılından itibaren ise, genç ve ihtiyar demeksizin kitlelerin *Zohar* çalışması çok önemli bir *Mitsva* (sevap) olmuştur.

İbrahim Ben Mordehay Azulay [2]
Ve İsrail, hayat ağacından - *Zohar Kitabından* - tatmaya yazgılı olduğu için, onun sayesinde, merhametle sürgünden kurtarılacaklar.

Zohar Kitabı, Nasso [Al], Madde 90
Şimdiki zaman, maneviyatın hızla edinilmesini talep eder. *Zohar Kitabı*, yeni yollar açar ve çölde bir otoyol inşa eder. *Zohar* ve onun tüm getirisi, kurtuluşun kapılarını açmaya hazırdır.

Kabalist Raiah Kook [3]
İsrail kişisinin yaşamı, *Zohar Kitabına* bağlıdır.

Komarno'lu Kabalist İsak Yehuda Yehiel Safrin [4]

KISIM 1: ZOHAR'IN OGRETiSi

HAREKET ZAMANI

Tüm Kabala öğretisi, yalnızca Üst İrade'nin rehberliğini anlayabilmek için vardır; tüm bu yaratılanlar neden yaratıldı, onlardan istenilen şey nedir ve tüm bu dünya döngülerinin sonu ne olacaktır.

Ramhal, [Pithey Hohma (Bilgeliğin Kapıları, 30. Kapı)]

Zohar, Kabala öğretisinin, gerçek bilgeliğin temel kitabıdır. Bizlere daha yüksek boyutlara giden yolu göstermek için, bugün tekrar meydana çıkmıştır. Ancak, *Zohar*'da ve Kabalada bu kadar özel olan şey nedir? Neden bu öğreti, özellikle bugün yaşayanlar için sahne ortasındadır?

İnsanlık daima gelişmektedir. Çok eski zamanlarda, insanların temel ihtiyaçları vardı: beslenme, barınma ve üreme. Bunlar doğal isteklerdir ve aynı zamanda var olmak için duyulan gereksinimlerdir. Zaman içinde, içimizde daha büyük ihtiyaçlar ve daha büyük istekler uyandı: zengin, güçlü, saygı değer ve bilgili olmak gibi.

Tarih boyunca, içimizde ortaya çıkan bu ihtiyaçları tatmin etmeye çalışmaktayız. Bu değişiklikler içinde, mutluluk, sevgi ve iyi bir yaşam bulmaya çalışmaktayız. Bugün, bu koşuşturmacanın boş olduğunu görüyoruz artık. Her yeni nesil, maddesel alanda daha ilerledikçe, daha da çok acı çekmektedir. Yaygın olarak kullanılan uyuşturucu ve antidepresanlar, günümüz neslinin hissettiği içsel boşluktan kaçma çabasının göstergesidir.

Medya, her dakika, bize hemen koşup almamız için çok daha çekici şeyler sunmaktadır. Bu belki bir giyecek, bir araba, bir ev, daha iyi bir iş, akademik unvan, yurtdışı seyahati, hatta iyi bir restoran bile olabilir. Fakat her seferinde, yeni bir şey elde ettiğimiz an, ondan aldığımız keyif anında uçup gider ve "Peki ya şimdi ne?" düşüncesiyle kalakalırız. Sonra bir şeylerin peşinde koşuşturma süreci yeniden başlar.

Daha ne zaman kadar? Her geçen gün, daha çok insan bu soruyu sormaktadır. Sadece, "Daha ne zaman kadar?" değil, aynı zamanda "Neden?" diye de.

Neden yaşamlarımız bu şekilde sürüyor? Neden gerçekten bir huzur bulamadan, sürekli bir şeylerin peşinde koşuyoruz? Neden her şey, onu elde eder etmez anlamsız ve tatsız hale geliyor? Genel olarak, eğer hayat bundan ibaret ise ve bizim bu konuda yapabileceğimiz hiçbir şey yoksa, neden yaşayalım ki?

Hayatın amacını ve anlamını bu kadar çok kişinin sorguladığı bir durum, daha önce hiçbir zaman olmamıştır. Geçmişte, biz soru sormadık. Doğduğumuz için yaşadık. Ancak bugün, içimizde birdenbire ortaya çıkmaya başlayan bu tür sorular bizi huzursuz etmekte ve bizi ileriye doğru dürtüklemektedir.

Yıllar boyu süren araştırmalar sonunda, bize hayattan daha fazlasını alabilmeyi öğreten Kabala bilgeliğine geldik.

Daha önceki zamanlarda, Kabalaya hiç gereksinimimiz yoktu, bu nedenle de gizlenmişti. Ancak bugün, Kabalaya duyduğumuz ihtiyaç, onun bizim neslimizde tekrar ortaya çıkmasının temel sebebidir.

İkinci sebep ise, bugün içinde bulunduğumuz özel durumdur. Teknoloji ve medyadaki gelişim, dünyayı herkesin tamamen birbirine bağımlı olduğu küçük bir köye dönüştürdü. Öte yandan, bencilliğimiz ve birbirimize olan nefretimiz de artmaktadır.

Başkalarına hoşgörü göstermek bizler için giderek daha da zorlaşmaktadır. En kişisel seviyeden başlayarak, ailenin her üyesi, kendi kişisel odasına, arabasına ve kendi sanal evine ihtiyaç duymaktadır. İnsanlar ilişkilerini sürdürmekte çok zorlanmakta ve boşanma oranları hızla artmaktadır. Tüm dünyada aile ünitesi parçalanıp yok olmaktadır.

Kalabalık, küçük gezegenimizde, birbirimize düşman olarak ve anlaşmazlıklar içinde bir arada yaşamaktayız. Dünya çapında kitlesel imha silahlarının sayısındaki artış, bizi etrafımızdaki her şeyin tutarsız ve öngörülemez olduğu, tehlikeli bir duruma getirdi. Dünyadaki varlığımızı koruma kabiliyetimizi kaybettiğimiz rahatlıkla söylenebilir.

İleriye baktığımızda, eğer aynı yolda devam edecek olursak, varlığımızı nasıl sürdüreceğimiz belli değildir. Çocuklarımıza ne tür bir dünya bırakıyoruz? Bugünün nesli, çocuklarının kendilerinden daha iyi bir geleceğe sahip olacaklarına inanmayı bırakan ilk nesildir!

Arka planda tüm bunlar varken, *Zohar Kitabı* ve diğer Kabala kaynakları ortaya çıkıyor. Bu kitaplar, şu an yüzleştiğimiz bu durumun çoktan öngörülmüş olduğunu bize açıklıyorlar.

Buna benzer bir durum ilk defa, binlerce yıl önce, eski Babil'de kendini gösterdi. Babil Kulesi ile ilgili kutsal kitap hikâyesinde, tepesi gökyüzüne uzanan bir kule inşa etmek isteğiyle insanların bir yerde toplandıkları anlatılır. Bu, o insanlar arasında ortaya çıkan büyük bir bencilliğin ve birbirine bağımlı olmakla birleşen nefretin ifadesiydi. Kabala öğretisi, tam o zamanda ve tam o durumda ortaya çıkmıştır.

Bu öğreti çok basit bir şey önerir. Şu an algıladığımız realitenin dışında, çok daha geniş ve yüce başka bir realite olduğunu söyler. Bu üst realitedeki güçler, bizim dünyamıza uzanır ve onu yönetirler. Nesiller boyunca edindiğimiz gelişim, bizim üzerimizde çalışan ve bizi yöneten bu güçlerin farkına varmamızı sağlamaya yöneliktir.

Bu üst realitenin farkına vardığımızda, binlerce yıllık gelişme sürecimizin sadece daha geniş bir realite algısı edinmemiz ve deneyimlememiz için olduğunu anlayacağız. Böylece, yaşayıp öldüğümüz bu sınırlı durum içinde kalmayacağız. Onun yerine, sonsuz, geniş ve sınırsız olan biçimiyle hayatı bileceğiz.

İnsan, gök kubbeyi yükseltmek için yaratılmıştır.

Kotzk'lu Kabalist Menahem Mendel

Eski Babil'de, Kalde'nin Ur şehrinde yaşayan İbrahim (İbrahim Peygamber), insanlığın gelişim programının, insanlığı yeni bir realiteyi keşfetmeye doğru dürtmek olduğunu ortaya çıkarmıştır. İbrahim fark etmiştir ki sonunda, insanlığın yeryüzündeki maddesel gelişimi kendi kendini tüketecek ve insanlık dünyevi istekleri tatmin etmenin ötesinde bir şey gerektiğini keşfedecek ve bu olmadan yeryüzündeki hayat boş yere ve anlamsız olacaktır.

İbrahim, maddesel gelişimin sonunda, manevi gelişimin başladığını ortaya çıkarmıştır. Hepimizin sahip olduğu istekleri bir kez kendisi tükettikten sonra, İbrahim'in içinde, hayatın amacını anlamak isteyen yepyeni bir arzu belirmiştir.

Kabalada, kişinin tüm dünyevi isteklerinin toplamı, "kalp" olarak kabul edilir. Hayatın anlamını bilme isteği ise, "kalpteki nokta" olarak tanımlanır. Kalpteki nokta, yüreklerimizde uyanan ve bizi "yukarı" çeken bir arzudur. Bu yeni arzu, İbrahim'e tüm realiteyi, manevi realiteyi keşfetmenin yolunu göstermiştir.

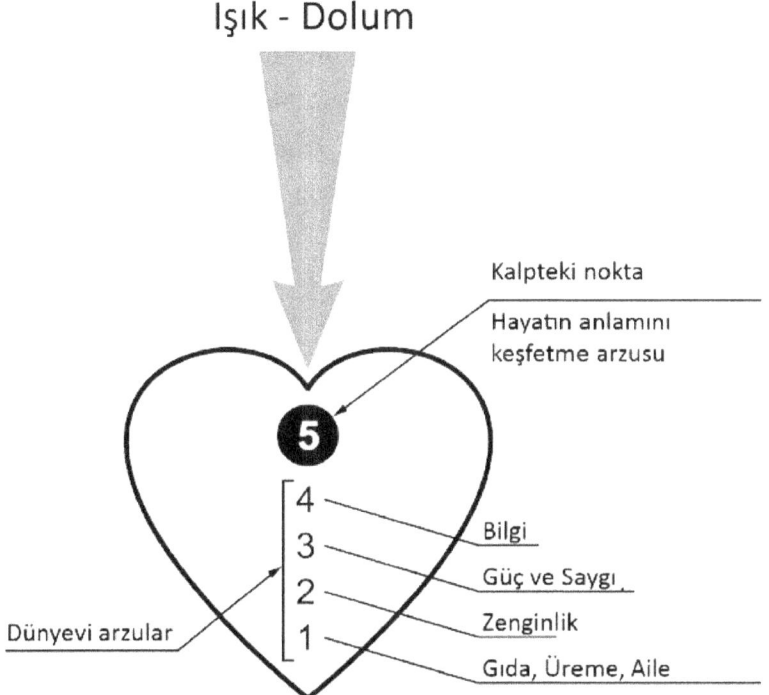

ÇİZİM 1

İbrahim'in öğretisi, "Kabala Bilgeliği" diye adlandırılır ve doğanın güçler ağının yapısını ve bizi etkileyen bu programı nasıl çalışabileceğimizi tanımlar. Kabala bilgeliği, üst dünyaların kurallarını, güçlerini ve çalışma formüllerini açıklar.

Kabala, realitenin nasıl *Eyn Sof* (Sonsuzluk) dünyasında başladığını ve *Adam Kadmon* (ilk adam), *Atsilut* (Oluşum),

Beria (Yaratılış), *Yetsira* (Biçimleniş) ve *Asiya* (Değişim) dünyalarından geçerek bizim dünyamıza indiğini açıklar. Ruhların nasıl aşağı indiğini ve bu dünyada bedenler içinde "kıyafetlendiğini" ve nasıl kendi ruhumuzu buradan tekrar *Eyn Sof* dünyasına yükseltip çıkartabileceğimizi anlatır.

ÇİZİM 2

İbrahim, insanlara ruhlarını nasıl bulacaklarını ve bu sayede kademeli olarak üst dünyaları deneyimleyeceklerini öğreten ilk Kabalisttir. Beş üst dünya vardır ve her birinde beş ayrı seviye vardır. Her seviye de beş alt seviyeye ayrılmıştır. Eğer 5x5x5 çarpımını yaparsak, tüm realiteyi keşfedene kadar hissiyatımızda, anlayışımızda ve edinimimizde yükselmemiz gereken 125 seviye olduğunu buluruz.

Tüm bu süreç, biz burada maddesel bedenlerimiz içinde iken gerçekleşir. Bu üst dünyalara eriştikçe, realite daha geniş hale gelir ve içinde bulunduğumuz dünya üzerinde etkili olan güçleri hissederiz. Nakışla işlenmiş bir resim gibidir. Ön yüzünde resim vardır, arkasında ise öndeki resmi oluşturan iplikler arasındaki bağlantılar görünür.

Dünyamızı ve onun içinde olanları gözlemlediğimizde, sadece yüzeysel resmi gözlemlemiş oluruz. Kabala bilgeliği, resmi derinlemesine görmemize yardım eder. Böylece, olaylar arasındaki bağlantıları anlamaya başlarız – olaylar neden oluyor ve biz nasıl bir unsuru başka bir unsurla etkileyebiliriz.

Diğer bir deyişle, yalnız bu dünyanın görüntüsünü değil, aynı zamanda işletim sistemini de görmeye başlarız. Ancak bundan sonra yaşamımızı ve kaderimizi kontrol edebilir ve mükemmel koşula geçiş yapabiliriz.

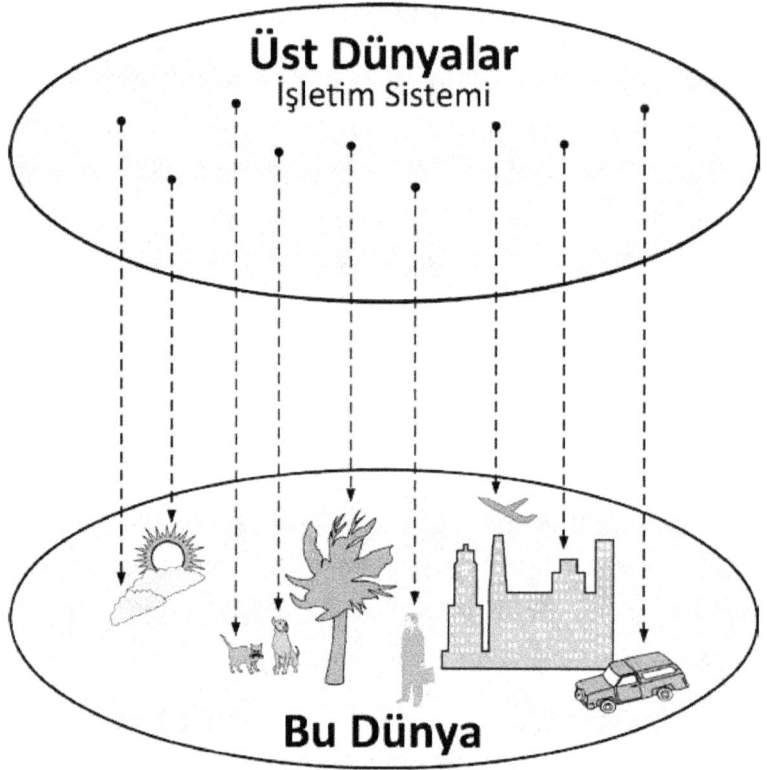

ÇİZİM 3

Kabala öğretisinin açıkladığı üzere, hayatlarımız bize gönderilen türlü dertlerle öylesine düzenlenmiştir ki, bize işletim sistemini öğrenmekten başka hiçbir seçenek bırakılmamıştır. Eğer üst boyutlara ulaşıp bizi etkileyen güçleri anlamazsak ve yaşamlarımızı bu güçler aracılığıyla idare etmezsek, hayatla başa çıkamaz duruma geleceğiz.

Kabala, insanlık tarihinde olan her şeyi açıklar; insanlık neden o yönde değil de bu yönde gelişmiştir ve neden bu kadar savaş, bu kadar değişim olmuştur. Aynı zamanda geleceğe de değinir ve bu noktadan sonra nasıl gelişebileceğimizi tanımlar.

Önümüzde iki yol vardır:

Kötü olandan kaçmak - tarih boyunca yaptığımız gibi, bizi arkamızdan dürtükleyen olumsuz güç aracılığıyla gelişmek: Bir şeylerin eksik olduğunu, olumsuz durumdan çıkmak ve değişmek dışında başka bir seçeneğimiz olmadığını fark edeceğiz.

İyi olana doğru çekilmek - bizi ileriye doğru çeken olumlu güç aracılığıyla gelişmek. Kabalanın bize önerdiği şey budur: iyi hayatı keşfederek ve bu hayata çok güzel bir macera eşliğinde nasıl ulaşacağımızı anlayarak gelişmek.

Kabala bilgeleri, içinde bulunduğumuz durumu önceden tahmin etmişlerdi. Kabala olmadan, neslimizi sürdüremeyeceğimizi biliyorlardı. Kabalanın herkese açılacağı zaman olarak, 20. yüzyılın sonunu işaret etmişlerdi. Eğer olumsuz ilerlemeden olumlu ilerlemeye geçiş yapmazsak, bu öğretinin içine acımasızca itileceğimizi açıklamışlardı. [1]

---

[1] Kabalistler, üst dünyaları bilmeye giden bu iki yoldan, "Işığın yolu"(manevi çalışmanın yolu) ve "ıstırabın yolu" diye söz ederler. Baal HaSulam, "Son

Ancak, sadece sosyal seviyedeki problemlerle değil, aynı zamanda volkan patlamaları, depremler, tsunamiler, kasırgalar, yangınlar, sıcak ve soğuk hava dalgaları gibi olayları içeren ekolojik seviyedeki problemlerle de yüz yüzeyiz. Bunların hepsi, sadece bizi manevi gelişmemize devam etmeye zorlamak üzere gelecektir. Doğa, olumlu gücü elimize almamız için, bizi olumsuz güç ile sarsmaktadır.

İlerlemek için öncelikle, bizi etkilemek üzere buraya, aşağı gelen güçleri keşfetmeliyiz. Eğer bu güçleri yönetmek istiyorsak, doğanın üst sistemine nasıl erişeceğimizi öğrenmeliyiz. Hatta yaşamımızı kolaylaştıracak teknolojileri geliştirirken bile, önce doğayı ve onun gizli kanunlarının nasıl

---

Neslin Yazıları"nda şu şekilde açıklar: "Bütünlüğe varmanın iki yolu vardır: Işığın yolu ve ıstırabın yolu. Yaradan insanlığa atom ve hidrojen bombasını yapacak teknolojiyi bir sebeple vermiştir. Eğer toplu yok olma yazgısı hâlâ bütün dünyada açıkça anlaşılamıyorsa, üçüncü dünya savaşını bekleyebilirler veya dördüncüsünü ve bir sonrakini. Bombalar işlerini bitirdikten sonra, yıkıntılardan arta kalanlar, başka çare olmadığı için bu görevi üstlenecekler... Eğer Işığın yolunu seçerseniz, her şey iyi olacak. Eğer seçmezseniz, o zaman ıstırap yolunda yürüyeceksiniz."

Bu konuda daha fazla bilgi için, Baal HaSulam'ın "Zohar Kitabına Giriş" makalesinin 16. maddesine bakınız.

çalıştığını öğrenmeliyiz. Fakat Kabala daha da yüce, daha da gizli güçlerden söz ettiği için, hepsini keşfetme süreci oldukça karmaşık bir süreçtir. Ama aynı zamanda da çok heyecan verici bir süreçtir. Kitabın bir sonraki bölümünde bundan söz edeceğiz.

Bu bilgelik, "O'nun tanrısallığının, O'nun yaratılanlarına bu dünyada ifşası" olarak tanımlanan tek ve yüce bir amaç için, değişmeyen ve önceden belirlenmiş kurallarla örülmüş, sebep sonuç ilişkilerine dayanarak aşağıya uzanan bir kökler serisinden daha fazlası ya da daha eksiği değildir.

Baal HaSulam, "Kabala Bilgeliğinin Özü"

Günümüzden 3800 yıl kadar öncesinden, yani İbrahim'in zamanından günümüzden yaklaşık 2000 yıl öncesine kadar, Kabala yalnızca İsrail [2] insanları tarafından biliniyordu. Tapınağın yaklaşık 2000 yıl önceki yıkımından günümüz

---

[2] İsrail kelimesi Yaşar (doğru) El (Allah) kelimelerinden gelir. Aynı zamanda Yaradan'ın her insana Kendisinden verdiği parça (kalpteki nokta) olarak bilinir. Her kim, kim olursa olsun, eğer kalbini ıslah etmek için Yaradan'a doğru kendisini yönlendirerek maneviyatı çalışıyorsa, o kişiye İsrail denir (Yaradan'a doğru olan bir insan). Eğer grup olarak manevi ilmi çalışıyorlarsa o zaman onlara İsrailoğulları, halk, ulus, İsrail topluluğu gibi adlar da verilir.

nesline kadar, Kabala halktan saklı tutuldu ve Kabalistler arasında nesilden nesle gizlice aktarıldı.

Kabalanın saklı olduğu dönemde, Kabalaya birçok yanlış önyargı yakıştırıldı. Mistisizm, büyücülük, üfürükçülük ve benzeri şeyler olduğu zannedildi. Fakat gerçekte ne hakkında olduğunu kimse bilmedi. Bu yüzden de yanlış anlaşıldı. Günümüzün gelişmiş endüstrisi ise, "Kabala" ismini, Kabala bilgeliğinin özü ile hiçbir ilgisi olmayan hizmet ve ürünlerin pazarlamasında kullanmaktadır.

Ancak, saklı olma zamanı sona ermiştir. Bugün, gerçek Kabala öğretisi, yaş, cinsiyet, inanç veya ırk ayrımı olmaksızın herkesin kullanımı için ortaya çıkmıştır. Hiçbir inanç veya dine ait değildir ve onu öğrenmek isteyen kişiye hiçbir sınır veya engel koymaz. İçinde yaşadığı dünyayı anlamak isteyen, ruhunu, kaderini bilmek ve yönetmek isteyen her kadın ve erkek, Kabala çalışmaya davet edilir.

"Eğer benim insanlarım bana kulak verselerdi... *Zohar Kitabını* çalışmaya dalarlardı... dokuz yaşındaki çocuklar bile..." [5] demiştir Komarno'lu Kabalist İsak Yehuda, 19. yüzyılda. Onu takiben, diğer Kabalistler de bu bilgeliğin erken yaşlardan itibaren çocuklara da öğretilmesini ve onları çevreleyen dünya, dünyayı oluşturan parçalar arasındaki ilişkiler ve dünyayı etkileyen güçler hakkında onlara da açıklamalar verilmesini önermişlerdir. Böyle bir eğitim alan kişi, kendine güven duyan, refahın kaynağıyla bağlantı kurmuş, hayatının kontrolünü elinde hisseden biri olarak büyür. Böyle bir kişi, bu güçleri en iyi nasıl kullanacağını bilir ve hayatın sınırsız olduğunu anlar.

Kutsal Zohar, Eyn Sof (sonsuzluk) ile bağ kurar.

Kabalist Musa İsrail Bar İlyas, İsrail'in Kalan Kısmı [6]

Zohar Kitabı, Kabalanın temel kitabıdır. Tam olarak, Kabalanın açık bir öğreti olmaktan kapalı bir öğreti olmaya geçtiği zaman yazılmıştır. *Zohar'*ın yazarları, dünyanın bu kitaba binlerce yıl sonra ihtiyaç duyacağını biliyorlardı, dolayısıyla kitabı yazar yazmaz hemen sakladılar.

Aslında, *Zohar Kitabı* şimdiki nesil için yazılmıştır, üst gücü ve realitenin tamamını algılayamadığımız "manevi sürgün" koşulundan bizi çıkarmak içindir. Eğer durumumuzu düzeltmek istiyorsak, *Zohar Kitabını* dünyamızın temel kitabı yapmalıyız. Çünkü *Zohar,* bir kitaptan daha fazlasıdır, bizi üst güce bağlayan bir araçtır.

*Zohar'*ı doğru şekilde okumayı öğrendiğimiz zaman, bolluğa erişmek için onun bir araç olduğunu anlayacağız ve onun yardımıyla her şeyin nasıl değiştiğini göreceğiz. Zaman içinde, başka bir gücün varlığını hissedeceğiz; yüksek ve iyi bir güç, bizi saran ve her yeri kaplayan.

Sonuç olarak: Doğa, bizi insan gelişimindeki özel bir noktaya getirdi, yeni bir varoluş seviyesinden bir adım öncesine. Bizler, manevi seviyeye niteliksel bir sıçrayış yapmak üzereyiz ve bu nedenle Kabala öğretisi ve öncelikle *Zohar Kitabı*, sıçrama tahtası olarak önümüzde belirmiştir.

İnsan ruhunun derinliklerinde, Yaradan'ın sesi daima çağırır. Hayatın sürekli hareketi içinde şaşkınlaşan ruh, bu çağıran sesi hayatının büyük bir bölümünde duymaz. Ama bu temel, bu kök ve gerçekten insan hayatının tam kalbi olan bu sesin özü asla sökülemez... Bu sesten kurtulmak ve onu susturmak için uğraşanlarda bile, bu kaçış ve susturuş, sadece ruhun o yüce sesle olan içsel bağlantısını daha çok ortaya çıkarır. Bu ses onların kalplerinde mırıldanmayı ve özlem duymayı asla bırakmaz. Ondan kaçmak için harcanan tüm çabalar ve onu susturmak için kullanılan tüm yöntemler, gerçekten de boşunadır.

Kabalist Raiah Kook, Raiah'ın Hazineleri, Sayfa 113

GİZLİ HAZİNE

Kabalist Yehuda Aşlag (1884-1954), zamanımızın en büyük Kabalisti idi. *Zohar Kitabının* tanınmaya başlamasını onun çalışmalarına borçluyuz. *Zohar Kitabına* yazdığı giriş yazısına *Sulam* (Merdiven) denildiği için, Kabalist Aşlag, Baal HaSulam (Merdivenin Sahibi) diye tanınır. Baal HaSulam, yaşamının son yıllarında, "Son Neslin Yazıları" diye bilinen eserini yazdı. Bu eser aşağıdaki sözlerle başlar:

"Çölde kaybolmuş, aç ve susuz kalmış arkadaşlar hakkında bir hikâye vardır. İçlerinden biri, bolluk içinde her şeye sahip olan bir yerleşim yeri bulur. Zavallı dostlarını hatırlar. Ancak onlardan uzak düşmüştür ve yerlerini bilememektedir. Ne yapsın? Yüksek sesle bağırır ve boruyu çalar; belki zavallı aç dostları sesini duyar da bu bolluk dolu yere gelirler diye.

Önümüzdeki mesele de budur: tüm insanoğlu hep beraber bu korkunç çölde kaybolduk ve şimdi kocaman bir hazine bulduk, bu hazinenin ismi Kabala kitapları.

... Şimdi, seçkin okuyucular, bu kitap sizin önünüzde, bir dolapta durmaktadır. Kabala kitapları, açık olarak ve yanlış anlamaya yer vermeyecek şekilde, devlet adamlığına ve zamanın sonundaki günlerde var olacak özel ve kamusal yaşam davranışına dair bilgeliği bildirir...

Bu kitaplan aGm, zamamn sonundaki giinlerde belirecek tiim iyi davram§lan bulacaksm1z. Aynca bugiiniin diinyevi meselelerini de diizenleyebileceginiz iyi dersler bulacaksm1z."

DOĞA VE BİZ

"Bizim için en iyisi, Kabalistin sözlerini kabullenmektir.

HaTeva (Doğa), Elohim'e (Yaradan'a) eşittir (Gematria'da).

Baal HaSulam, "Barış"

Zohar Kitabı, "Doğa" veya *Elohim* (Yaradan) diye bilinen, tek ve çok büyük bir sistemin içinde var olduğumuzu açıklar. Ancak biz bu sistemin sadece bir kısmını, "bu dünya" denen kısmını algılarız.

Varlığımızın amacı, bu dünyanın sınırlarını aşmak ve "Doğa" diye bilinen sistemin, yani üst gücün tümünü hissetmektir. Bu seviyeye yükseldiğimizde, bolluk, sonsuz memnuniyet ve Işık ile, olağanüstü bir algı ve anlayışla, tüm doğada var olduğu gibi bir denge, bütünlük ve ahenk hissi ile dolacağız.

Zohar, bu ödüle erişmek için ne yapmamız gerektiğini anlamamız adına, doğanın davranışını alışılagelenden biraz daha geniş bir açıdan incelememizi önerir.

Bizim dünyamız kapalı bir dünyadır. Biz, tek ve genel bir sistem içinde bulunuyoruz ve bu sistemin her parçası birbirine bağlıdır. Kendimizi doğadan üstün ve her şeye kadir olarak göremeyiz; bu kendimizi yok etmenin en mutlak yolu olur. Doğadan kaçamayız da. Çünkü ona bağımlı bir parçayız. Bu nedenle, doğanın genel kanununu öğrenmek için çalışmalı ve onunla el ele gitmeliyiz.

Gelişme isteğimiz çok güzeldir. Ancak bunu doğru yolla, tüm Yaratılışla uyum içinde, doğanın tüm dengesini ve ahengini bozmadan yapmalıyız. Aslında, Kabala bilgeliğinin temeli budur.

Doğayı gözlemlemek, tüm canlı organizmaların temelde birbirlerine özenle bakmak üzerine kurulmuş olduklarını bize gösterir. Bir canlı organizma içindeki hücreler, tüm organizmanın sağlıklı yaşamasını sağlamak amacıyla, karşılıklı verme ilişkisi içinde birbirlerine bağlıdırlar. Bedendeki her bir hücre, kendi varoluşu için gereken kadarını alır ve gücünün geri kalanını organizmanın bütünlüğünü korumak için harcar. Çevresinin gereksinimini göz önüne almayan ve her şeyi kendi iyiliği için kullanan bir hücre, kanser hücresidir. Böylesi bencil bir davranış, sonunda tüm organizmayı ölüme götürür.

Cansız, bitkisel ve hayvansal seviyelerde, tekil olan, genel topluluğun iyiliği için davranır ve kendini bu tavır içinde tamamlar. Bu ahenkli davranış olmaksızın var olmayı sürdürmek mümkün olamazdı. Bunun tek istisnası insan toplumudur. Neden? Çünkü doğanın denge ve ahengi zorunlu kılan kanunlarının geçerli olduğu diğer seviyelerden farklı olarak, doğa insanoğluna, doğanın genel ahengine kendi bilinçli seçimi ile katılabilsin diye özgür irade vermiştir.

Eğer bu sistem içinde yanlış şekilde yer alırsak, neden olacağımız yozlaşma yansıyarak bize geri döner ve bunu ıstırap çekerek deneyimleriz. Dolayısıyla, binlerce nesil boyunca, kademeli olarak, doğa bizi onun tüm kanunlarını öğrenmemiz ve sonunda ona göre davranmamız gerektiğini anlamamız için yönlendirmektedir.

Sorun şu ki, doğanın bizi etkileyen kapsamlı gücünü, yani "Yaradan" diye de bilinen, sevgi ve verme gücünü hissetmemekteyiz. Bununla beraber, günümüzde bilim, doğanın "aklı", "duygusu" ve her şeyi yaşatan ve yöneten çok büyük bir bilgeliği olduğunu keşfetmeye doğru ilerlemektedir. Ancak, egomuz bunu görmemizi istememektedir.

Dünyanın bugünkü hali, doğanın sistemine karşı böyle bir körlüğün ve bilinçsizliğin daha uzun süremeyeceğinin kanıtıdır. Baal HaSulam, 1930'larda bu konu hakkında şöyle yazmıştır: "Doğa bizi acımasızca cezalandırmasın diye, onun emirlerini ve onun bizden ne talep ettiğini öğrenmek, artık bizim için hayati bir önem taşımaktadır." (Baal HaSulam, "Barış")

DOĞANIN GENEL KANUNUNU KEŞFETMEK

"Başından sonuna kadar, Yaratılışın tüm maddesi, alma arzusudur."

Baal HaSulam, "Kabala Bilgeliğine Önsöz", Madde 1

Bir şeyden duygusal, zihinsel veya başka bir biçimde etkilenmemiz için, onunla aynı "dalga boyunda" olmamız gerekir, yani aynı niteliklere sahip olmalıyız. Örneğin, radyo dalgalarını yakalamak için, alıcının verici ile aynı dalga boyuna ayarlı olması gerekir.

Doğanın tüm gücü, "verme arzusu"dur; ihsan etmek, bolluk vermek. Karşıt olarak, bizim doğamız ise "keyif ve zevk alma arzusu"dur; yalnızca kendimiz için zevk alma arzusu. Bizim doğamız benmerkezcidir; Kabalanın da bize söylediği gibi, bu şekilde yaratılmışız. Diğer bir deyişle, üst güce karşıt ve onun zıddı olduğumuzdan dolayı onu hissedemeyiz.

Onu hissetmek için yapabileceğimiz bir şey var mıdır? Kendi doğamızı ve alma isteğimizi yok edemeyiz ve buna gerek de yoktur. Yaşamlarımıza her zamanki gibi devam etmeli, fakat aynı zamanda da yeni algılama araçları edinmeliyiz.

Ancak, başlangıçtaki doğamıza - alma - ek olarak bizi yeni bir doğayla –verme - tamamlayacak bir aleti nereden bulabiliriz? İşte burada Kabala bilgeliği yardımımıza yetişir. Şimdiki halde, bizler alıcılarız. Tüketiriz, yutarız. Eğer birine bir şey versek bile, bu ancak bizim için yapmaya değer olup olmadığının ince hesabını yaptıktan sonradır. Doğamız, karşılıksız bir şey vermekten bizi alıkoyar. Kazanç sağlamayacak bir eylemde bulunma enerjisini bize vermez.

Eğer karşılığında 100 $ alacaksak, 50 $ vermeye gönüllü oluruz. Belki 80 $ bile verebiliriz. Ama 100 $ geri almak üzere 101 $ vermek imkânsızdır. Bu temel çalışma kuralı, yalnız para konusunda ya da başkalarına karşı bir eylemde değil, her şey için geçerlidir. Baal HaSulam bunu şöyle açıklamıştır:

Doğayı araştıranlar iyi bilirler ki, eğer kişi heves duymuyorsa, kendisine bir fayda görmüyorsa, en ufak bir harekette dahi bulunamaz. Örneğin, kişi elini masaya koymakla daha rahat edeceğini düşündüğü için, elini iskemleden masaya koyar. Eğer böyle düşünmeseydi, elini hiçbir hareket yapmadan hayatının sonuna kadar iskemlede bırakırdı. Daha büyük çabalarda ise bu durum daha da geçerlidir.

Baal HaSulam, "Barış"

Başka insanlara yardım eden insanlar bile, hastane veya benzeri yerlerdeki gönüllüler gibi, günün sonunda bu işi sadece kendilerine memnuniyet verdiği için yaparlar.

Baal HaSulam, her toplumda her zaman yüzde on oranında "doğuştan yardımsever" insanlar olduğunu açıklar. Bu kişiler, diğer insanların ihtiyaçlarına biraz daha farklı tepki verirler. Başkalarının duygularını ve acılarını sanki kendilerininmiş gibi duyumsadıkları için, onlara yardım etme ihtiyacı duyarlar. Doğal olarak, bu yardımseverlik eğilimi, benmerkezci bir temele dayanır ve düzeltilmesi gerekir. Fakat bu gereklilik, davranış genetik bilimi çalışmalarının da gösterdiği gibi, gözlerden kaçmıştır.[3]

İnsanın özünde, sadece kendisi için almak vardır. Doğamız gereği, başkalarının yararına en ufak bir şey bile yapamayız. Başkalarına verdiğimiz zaman da, sonunda yeteri kadar değerli bir ödül almayı beklemek zorunda kalırız.

Baal HaSulam, "Zohar'ın Bitişi Şerefine Bir Konuşma"

---

[3] Prof. Ebstein ve davranış genetik bilimi araştırma ekibi, belli gen sıralamasını değiştirmenin, kişinin başkalarına iyi davranma kabiliyetini etkilediğini bulmuştur. Araştırmacılar, yardımsever davranış biçiminin, "dopamin" adlı kimyasal madde ile anında ödüllendirildiğini varsaymaktalar. Bu madde, kişinin beyninde salgılandığında hoş bir duygu verir.

M. R. Bachner, I. Gritsenko, L. Nemanov, A. H. Zohar, C. Dina & R. P. Ebstein, "Dopaminergic Polymorphisms Associated with Self Report Measures of Human Altruism: A Fresh Phenotype for the Dopamine D4 Receptor", Moleküler Psikiyatri 10 (4), Nisan 2005, Sayfa 333 - 335.

Kabala bilgeliğinin üst gücü algılamada bize nasıl yardımcı olacağını anlamaya başlamak için, büyümekte olan bir çocuğu göz önüne alın. Olgunlaşma sürecinden daha doğal olan hiçbir şey yoktur. Bu nedenle, bu karşılaştırma kitap boyunca bize eşlik edecektir.

Bir bebek doğduğu zaman, duymaya, görmeye ve tepki vermeye başlar. Onun önüne koyduğumuz örneklerden öğrenir ve gelişir.

Eğer bebeği büyümesi için ormana bırakırsak, hayvanları taklit edecek ve onlar gibi olacaktır. Birkaç istisnai içgüdü ve refleks dışında, bizimle ilgili her şey öğrenme ile oluşur.

Üst sistemi de, onu hissetmesek bile, aynı yolla öğrenebilir miyiz? Nasıl söz ettiğimiz o bebek gibi ya da sadece "vermek" denen yeni bir niteliğe doğmak isteyen, tek bir sperm damlası gibi olabiliriz?

Başka bir deyişle, insan yavrusu, dünyevi bir sperm damlasından gelişir. Örneklerden öğrenir ve zamanla olgun bir insan olur. Şimdi ise, "kalpteki nokta" diye adlandırılan, manevi tohum damlası o kişide belirir. Bu yeni bir arzudur: neden yaşadığını bilmek ister, yaşamın ötesinde var olana, yani bizi etkileyen ve hareket ettiren güce erişmek ister. Dünyevi gelişimde, ego ve kişinin kendi için alma niteliği gelişir. Manevi gelişim sürecinde ise, verme niteliği içimizde gelişir.

Peki, bu süreci başlatmak için ne gereklidir? Örneklere, manevi öğretmenlere ihtiyacımız vardır. *Zohar Kitabı* bu nedenle yazılmıştır. Verme niteliğine dair bize örnekler sunan *Zohar Kitabına*, tıpkı gözleri ve ağzı açık şekilde dünyayla ilgili her şeyi yutmak, öğrenmek için can atan çocuklar gibi yaklaşmalıyız.

Nasıl vereceğimizi daha çok öğrendikçe, doğanın tüm gücüne, sevginin ve vermenin gücüne daha çok benzeyeceğiz. Kabala dilinde "form eşitliği" olarak adlandırılan bu aşamalı süreç, biz doğaya benzer hale gelecek derecede bizi doğanın her şeyi kapsayan gücünü hissetmeye götürür.

ZOHAR – ÇOK KATMANLI BİR KİTAP

Zohar çalışmak dünyaları inşa eder.

Kabalist Şalom Ben Musa Buzzaglo, Kralın Tahtı [7]

Kabalist Şimon Bar Yohay (Raşbi) başkanlığındaki on Kabalist, bir araya gelip en yüksek manevi seviyede birleşmişlerdir. Bu birlik içinde, *Zohar Kitabını* bizim için yazmışlardır. *Zohar* sadece bir kitap değildir. Bizim seviyemizden realitenin en üst seviyesine kadar tamamlanmış bir sistemdir. Bu sistem, bizi doğanın tümünü hem anlamak hem de hissetmek üzere, sınırsız varoluşu deneyimlemeye başlatmak için tasarlanmıştır.

Bu kitap çok özel bir şekilde kurgulanmıştır. Bizim dünyamızda oluyormuş gibi görünen şeylerden bahseder: insanlar, hayvanlar, ağaçlar ve çiçekler, dağlar ve tepeler hakkında hikâyeler. Ancak, gerçekte, bize ruhu ve üst güçleri anlatır.

Zohar'ın yazılışından binlerce yıl sonra, 20. yüzyılın en büyük Kabalisti Baal HaSulam, *Zohar* üzerine *Sulam* (Merdiven) açıklamasını yazarak *Zohar*'ı Kabala dilinde açıklamıştır. Kabala dili, bizim parçaları bir araya koymamıza ve *Zohar*'da gerçekten ne anlatıldığını anlamamıza yardımcı olur.

Zohar'ı *Sulam* açıklaması ile birlikte okuduğumuzda, önceleri hiçbir şey anlamasak bile, *Zohar*, algımızı karşıt bir algıya çevirmeye başlar. Bu da dünyaya karşı olan tavrımızı değiştirir. *Zohar*, bize bir sonraki seviyemizle, yani verme niteliğinde daha gelişmiş bir seviyeyle bağlantı kurmamızı sağlayan örnekler sunar.

Bu, çocuklarımızı yetiştiriş şekline benzer. Çocukların gelişimi için, onlara biraz daha ileri seviyeden örnekler göstermeye devam ederiz. Böylece, onları yavaş yavaş, daha gelişmiş seviyelere götürürüz. *Zohar* da bizi benzer biçimde etkiler, bizi bekleyen bir sonraki seviyenin örtüsünü kaldırır.

Şu anda deneyimlediğimiz bu dünya, realitede var olan en alt ve en kötü seviyedir. Realitenin tüm gücünün en üst seviyesinden itibaren 125 seviyeden geçerek bu seviyeye inişimiz tasarlanmıştır.

Başlangıç durumumuzda, yani şimdiki durumumuzda, bir sonraki seviye tam önümüzde durmakta olan ben+1 dir. Bir sonraki seviye ben+2 dir, sonra ben+3 dür ve böyle devam eder. Önümüzde 125 seviye vardır. Her bir seviye, yürümemiz gereken yolu tanımlayan bir bilgi parçası içerir. Kabala dilinde bu parçaya *Reşimo* (izlenim) denir. Bu konuyu daha sonra ayrıntılı olarak inceleyeceğiz. Çünkü bunun hayatlarımıza olan etkisi çok önemlidir.

Şu anda içinde bulunduğumuz kendimiz ile bir sonraki seviyemizdeki kendimiz arasındaki bağlantıyı, *Zohar Kitabı* kurar. Tıpkı bir anne baba gibi, *Zohar* bizi bir dünyadan diğerine çıkarır. "Dünya," şu anda içinde bulunduğumuz durum demektir. "Üst Dünya" ise bizim üst seviyemiz anlamına gelir.

Manevi gelişim sürecimizde, bu dünyadan "yok olmak" gibi bir durumun olmayacağını anlamak önemlidir. Her zamanki gibi çalışmaya ve yaşamaya devam edeceğiz. Ancak, realiteyi yöneten gücün algısı hayatımıza eklenecektir. Öyle bir duruma geliriz ki, tüm realite önümüzde tek bir varlık, tek bir sistem olarak belirir. Burada tek bir gücün işlediğini hissederiz - sonsuz, bütün, zamanın, mekânın ve hareketin ötesinde bir güç. *Zohar Kitabının* keşfetmemize yardım ettiği şey budur.

Yaratılışın tüm hareketleri, her köşesi, girdisi ve çıktısı, insanoğlunu beslemek ve onun niteliklerini kişi Tanrısallığı dostunu hissettiği gibi sezebilir olana kadar geliştirmek amacıyla, tamamen önceden tasarlanmıştır.

Baal HaSulam "Dinin Özü ve Amacı"

HARFLER VE SÖZCÜKLER

Şimdi, *Zohar Kitabı*'ndan ilk okumayı yapalım. Aşağıdaki bölüm, *VaYikra* (Yaradan Çağırdı) kısmından alınmıştır ve harfler hakkındadır.

"Yaradan'dan bir harf iste; ya derinlerden iste ya da onu yukarılara yükselt. İlk nesiller ile son nesiller arasındaki fark nedir? İlk nesiller, yüce bilgeliği bilir ve ona uyarlardı; Sina Dağı'nda Musa'ya (Musa Peygamber) verilen harfleri nasıl bir araya koyacaklarını bilirlerdi. ...Ve biliyoruz ki, bu dünyada, *Bina*'dan uzanıp gelen üst seviyenin harflerine ve *Malhut*'tan uzanıp gelen alt seviyenin harflerine göre hareket etmek akıllıcadır." [8]

Harfler nereden gelir? Harfler üst güçten gelir. Üst güçten bana harfleri vermesini talep etmem gerekir.

"Harfler" nedir? Harfler, formlardır ve onlar sayesinde kendi esas doğamı (alma isteği, ego), üst güce (sevgi ve verme gücü) benzer olması için dönüştürürüm. Her harf, kendi içimde inşa ettiğim yeni bir verme formudur ve bununla bir şekilde üst güce benzer hale gelirim.

Bana verilen harfleri bir araya getirerek "kelimeler" kurmam gerekir. Bu kelimeler, bir formu bir diğerine, bir harfin formunu başka bir harfin formuna dönüştürmek için yapılan manevi işlemlerdir. Bu tür davranışlarda bulunduğum zaman, sanki üst güçle "konuşuyorum" ve o da benimle konuşuyor gibidir. Böylece, artık ortak bir dile sahip oluruz.

Üst güç ile aramda böyle bir "karşılıklı konuşma" gerçekleştiğinde ve ben onun kelimelerini "duyabilir" duruma geldiğimde, onun ortağı haline gelirim ve tüm üst bilgeliği edinirim. Baal HaSulam, "Kabalanın ve Onun Özünün Öğretisi" adlı yazısında bu şekilde açıklamıştır.

ZOHAR HERKESE GERİ DÖNER

"İsrail sürgünden geri döndüğü zaman ... dünya, daha önce hiç bilinmeyen, bu yüce ve eşsiz değerdeki öğretiyi bilecek."

Zohar Kitabı, VaYera [Yaradan Göründü], Madde 157-158.

İnsanların ihtiyaç duyduğu her şey, yeryüzünde doğal olarak hemen yaygınlaşır. Ancak *Zohar* söz konusu olduğunda, durum bu kadar basit değildir.

Kabala ile ilgili yazıların ortaya çıkışı, birçok aldatıcı rivayet eşliğinde olmuştur. *Zohar Kitabı* pek çok zorluktan geçmiştir ve orijinal el yazmalarından sadece küçük bir bölüm bugün elimizde kalmıştır. Ari'nin [Kabalist İshak Luria, "Hayat Ağacı"'nın yazarı] yazıları, ancak ölümünden üç nesil sonra, mezarından kazılarak ortaya çıkartılmıştır. Gerçekten de, saklanan ve ortaya çıkan arasında özel bir birleşme vardır ve Kabala öğretisinin herkese yayılması ise doğum sancısı gibidir.

Baal HaSulam, *Zohar* üzerine yorumu olan *Sulam* (Merdiven) açıklama yazısını bastırabilmek için, çok büyük gayret sarf etmiş ve her gün 20 saat kadar yazı yazmıştır. Yazı masasında uyuya kaldığı zamanlar, elinden kalemini çekip almak, parmaklarına kramp girip kenetlendiği için çok zor olurmuş.

Bu el yazmalarını bastırmak için gereken paranın yokluğundan dolayı, Baal HaSulam parasal kaynak bulana kadar beklemek zorunda kalmıştır. Bulduğu zaman da, oldukça hasta ve güçsüz olmasına rağmen, matbaada kurşun harfleri kendi dizmiştir. Sonunda, hayatının çalışması olan bu eser, ciltten cilte böylece tamamlanmıştır.

Buna rağmen, insanlar *Zohar*'ı açmaktan korkmuşlar ve ondan uzak durmayı tercih etmişlerdir. 1933 yılından itibaren, Baal HaSulam, yaklaşmakta olan soykırımı engelleyebilme gayreti içinde, Kabala öğretisini tanıtmaya başlamıştır. "Hareket Zamanı", onun basmayı planladığı elli adet yazıdan ilki olan açılış yazısının başlığıdır. Ancak, bir takım tutucu çevreler tarafından eseri kızgınlıkla karşılanmış ve bilgeliğin yayılmasını engellemek üzere, birkaç hafta içinde yazıların basımına el konulmuştur.

1940'da, Baal HaSulam, birleşmeleri için İsrail halkına seslendiği, "Millet" adlı bir gazete bastırmıştır. Dileği bunun haftalık bir gazete olmasıydı. Fakat bu girişim de ilk sayının basımından sonra engellenmiştir.

1950'lerde, Baal HaSulam, büyük bir üzüntüyle karışık, geleceğe dair umutlarla durumu şöyle ifade etmiştir:

1933'de görüşlerimin temel prensiplerini bildirmiştim. Zamanın liderleriyle de görüşüp anlatmıştım. Fakat dünyanın yaklaşan yıkımı konusunda uyarmak için elimden geleni yapmama rağmen, o zaman benim sözlerim kabul görmedi. Ne yazık ki hiçbir etki yapmadı. Ancak şimdi, atom ve hidrojen bombalarından sonra, sanırım dünya bana inanacaktır; dünyanın sonu hızla gelmektedir ve İsrail, daha önceki savaşta olduğu gibi, yanacak ilk millet olacaktır. Bu nedenle, bugün bu tek çareyi kabul etmek üzere dünyayı uyandırmak iyidir, böylece insanlar yaşayacak ve var olacaktır.

Baal HaSulam, "Son Neslin Yazıları" Bölüm 1, Kısım 2

Bütün bunlardan sonra ortaya şu soru çıkar: "Neden Kabala bilgeliğinin açığa çıkmasını ilgilendiren her şey böyle tuhaf şekilde olur ve bu kadar direnci harekete geçirir? Neticede Kabala, insan psikolojisi, içsel yapımız, aile değerleri, eğitim, kültür, doğanın hareketleri ve Yaratılışın temeli gibi konuları ele alan bir öğretidir. Bu bilgiye ihtiyacımız yok mu?

Sebebi her ne olursa olsun, her birimizin içinde özel bir his, mutlak doğamızdan kaynaklanan, *Zohar Kitabı* ile Kabala bilgeliğine karşı bir tür içsel tepki mevcuttur. Kabalayı diğer öğretilerden ayıran şey, "düzeltme" meselesidir. Kabala, kendimizi nasıl düzeltmemiz, kendimize ve etrafımızdaki kişilere karşı olan tavrımızı nasıl değiştirmemiz gerektiğinden bahseder. Dolayısıyla egolarımızın bu söylemden ürküp kaçması sadece doğaldır.

Bütün bunları kesinlikle bilen Kabala bilgeleri, uygun zaman gelene ve insanlar gerçekten ona ihtiyaç duyana kadar Kabalayı sakladılar. Bu ustaların kendileri, genel halkı

Kabaladan uzak tuttular ve çalışmak için yalnızca 40 yaş üstü, evli ve tüm dini vecibelerini tamamlamış olmak gibi pek çok sınırlama koydular. Ayrıca, Kabala çalışanların akıllarını kaybedebileceklerine dair söylentiler de yaydılar!

Önceki nesillerde, manevi dünyayı bulma isteği henüz çoğu insanın kalbinde uyanmamıştı; bu nedenle de Kabala öğretisi gizli tutulmuştu. Ancak, bu arzu birinin kalbinde uyandıysa, bilgelik o kişiye açılmıştır. Ari [İshak Luria], Haim Vital, Baal Şem Tov, Vilna Gaon, Ramhal, Breslov'lu Kabalist Nahman ve diğer pek çok kişi, 40 yaşına ulaşmadan çok önce Kabala öğretisini çalıştılar ve öğrettiler. Bizim neslimizde ise, dünyanın her yerinden milyonlarca insanda bu arzu uyanmaktadır. Bu nedenle de bu öğreti herkesle açıkça paylaşılmaktadır.

Daha önce de bahsettiğimiz gibi, bu öğretinin saklanması ve açığa çıkarılması süreci yeni değildir. Aslında bu süreç 5770 yıl önce başladı. Bu, bir insanın ilk defa manevi dünyayı fark ettiği zamandır. Bu insandan önce pek çok insan nesli yaşadı. Fakat o, bu dünyanın sınırları ötesinde olana karşı arzu duyan ilk kişiydi. Onun ismi Âdem (Adem Peygamber), *Adame la Elyon* (En yüksek olan gibi olacağım) [9] kelimelerinden gelir. Âdem, ilk Kabalisttir, niteliklerini yükselten ve üst gücü fark eden ilk insandır.

Adam HaRişon (İlk İnsan), anlamak ve gözü ile gördüğü her şeyi başarı ile en üst düzeye getirmek için yeterli bir dizi bilginin verildiği ilk kişiydi. Ve bu anlayış, "gerçeğin öğretisi" diye adlandırılır.

Baal HaSulam, "Kabala ve Onun Özünün Öğretisi"

Âdem'in üst gücü keşfettiği güne, "dünyanın yaratıldığı gün" denir. O gün, insanoğlu manevi dünya ile ilk temasını kurmuştur. Bu nedenle, İbranicede yıllar, Âdem'in varlığı ile başlar ve o noktadan itibaren sayılır.

Doğanın planına göre, tüm insanlık 6000 yıl içinde üst gücü keşfedecektir.[10] Bütün bu yıllar boyunca, insan egosu kademeli olarak büyüyecek ve insanlığı, düzeltilmesi gerektiğinin farkındalığına getirecektir. Ayrıca, düzeltme yöntemini ve bunun uygulamasını anlama kabiliyetini verecektir.

İlk Kabala kitabı olan *Melek Raziel*, "gizli güç" anlamına gelir; doğanın bizi yöneten fakat bizden saklı olan gücü. Bu kitabı Âdem'in yazdığı düşünülür. Kabalaya göre, melekler cennetle ilgili kanatlı yaratıklar değil, doğa içinde işleyen güçlerdir.

Âdem, keşfini tüm dünyaya ilan etme acelesi içinde değildi. On nesil boyunca, Nuh'un (Nuh Peygamber) nesline kadar, bu bilgi bir Kabalistten diğer bir Kabaliste sessizce aktarıldı.

Ondan sonra, İbrahim'in (İbrahim Peygamber) nesline kadar, bir on nesilden daha geçerek aktarıldı.

Âdem'den İbrahim'e kadar geçen yirmi nesil boyunca koşullar değişti. İbrahim zamanında, insanlığın merkezi Babil idi ve insanlık büyük bir aile gibi yaşamaktaydı, yazıldığı üzere, "Ve tüm yeryüzünde tek bir dil ve tek bir konuşma vardı."[11] İlk büyük ego patlaması gerçekleşene kadar, insanlar birbirlerini hissediyorlar, birbirleriyle ve doğa ile uyum içinde yaşıyorlardı. Bu, kutsal kitapta, Babil Kulesi hikâyesi olarak tanımlanmıştır:

Nimrod, halkına dedi ki, "Haydi büyük bir şehir kuralım ve içine yerleşelim, bizden öncekiler gibi dünya üzerine yayılmayalım ve şehrin içinde cennete yükselen büyük bir kule inşa edelim... ve bu ülkede kendimize şanlı bir isim edinelim..."

Onu yüksek inşa ettiler ... tuğlaları yukarı götürenler onun doğu tarafından çıktılar ve oradan aşağı gelenler ise batı tarafından aşağı indiler. Ve eğer biri düşüp de ölürse, ona aldırmazlardı. Fakat eğer bir tuğla düşerse oturup ağlarlar ve " Bunun yerine başkası ne zaman konacak?" diye sorarlardı.

Kabalist Elezar'ın Bölümleri, Bölüm 24

Babil Kulesi, insan egoizmini simgeler. Kulenin yapımına önderlik eden Nimrod, doğanın her şeyi kapsayan, denge ve verme kanununa karşı gelme, isyan etme isteğini simgeler.

İbrahim, halkına ne olduğunu anlamak istediği için, Yaratılışın doğasını

araştırmaya başladı. Egonun büyümesindeki büyük artışın rastlantısal olmadığını, doğanın gelişim planında önceden belirlenmiş bir hareket olduğunu fark etti. İbrahim, egonun insanları ayırmak üzere değil, insanların daha üst seviyede birleşmelerini ve bu değişime neden olan üst gücü fark etmelerini sağlamak üzere güçlendiğini anladı. Bu yok oluşu engellemek için, insanlara aralarındaki nefretin ve ayrılığın ötesine nasıl çıkacaklarını açıklamaya çalıştı.

Terah'ın oğlu İbrahim gitti ve onların şehri ve kuleyi inşa ettiklerini gördü ... fakat onun sözlerinden hoşlanmadılar ... Birbirlerinin dilini konuşmak istediler ama birbirlerinin dilini bilmiyorlardı. Ne yaptılar? Her biri kılıcını aldı ve birbiriyle ölümüne savaştı. Gerçekten de, dünyanın yarısı orada kılıçlar ile öldü.

Kabalist Elezar'ın Bölümleri, Bölüm 24

Ancak, İbrahim yolundan dönmedi. Tamamen kendi başına keşfettiği bu bilgiyi yaymaya devam etti. Çünkü kendi döneminde yaşayan insanlar arasında, ilerlemek için olgunlaşmış kişiler olduğunu biliyordu. Maymonides olanları şöyle anlatır:

40 yaşına geldiğinde, İbrahim kendisini ve yaratanı bildi. ... Her yerde insanlara seslenerek, şehirden şehre, ülkeden ülkeye dolaştı ... Sonunda, etrafında binlerce kişi toplandı ve onlar İbrahim'in evinin insanları oldu. ... Bu böylece Yakup'un çocuklarına ve onlara katılanlara kadar uzanarak devam etti ve dünyada, Yaradan'ı tanıyan bir ulus oluşturuldu.

Maymonides, Mişneh Tora (Yazıların Tekrarı)

Putperestlik Kuralları, Bölüm 1, 11-16

İbrahim'in yazdığı söylenen "Yaratılışın Kitabı", realiteyi yöneten sistemi açıklar. Bu kitap, sadece her şeyi kapsayan tek bir güçten değil, onun bizi etkileyen alt sistemlerini, birincil ve ikincil güçlerini içeren tüm sistemden bahseder.

Yaratılışın Kitabı, realitenin tamamını etkileyen 32 yolu tanımlar – bu sistemler nasıl çalışıyor, bize erişip bizi yönetene kadar nasıl adım adım, hiyerarşik olarak yapılanıyor.

İbrahim ve karısı Sara, bu yeni bilgiyi açıklamak ve yaymak için büyük çaba gösterdiler. Çevrelerine, kendileri gibi hisseden insanları topladılar – yani bu hayatın bize sadece daha yüksek bir varoluş boyutuna erişmemiz için verildiğini hissedenleri. Böyle hissederek, maneviyat ve bütünlük edinebilir, sonsuza kadar "insan" seviyesinde, üst güce benzer olarak var olabiliriz.

Kabala bilgeliğini algılamaya henüz hazır olmayanlara, İbrahim "hediyeler" verdi, yazıldığı üzere, "Fakat cariyelerinin oğullarına, İbrahim hediyeler verdi ve onları yolladı ... doğudaki topraklara."[12] Bu hediyeler, insanların binlerce yıl boyunca, büyüyüp olgunlaşana dek takip edecekleri tüm inanç sistemlerinin temelleridir.

İbrahim'in öğretisini sürdüren bir grup Kabalist, bir diğer egoizm patlaması olana kadar, ondan öğrendikleri bu düzeltme yöntemini birkaç nesil boyunca kullandı. Sonra, bu düzeltme yöntemini, yeni egonun üzerinde, daha üst bir seviyede açığa çıkarma gereği oluştu. Bu yeni yöntem, o dönemde yaşamış olan büyük Kabalist Musa tarafından bir grup Kabaliste öğretildi. Musa, onları Mısır'daki sürgünden, yani bu yeni egonun hâkimiyetinden kurtardı ve onlara "tek kalpte tek adam" gibi olarak (RAŞİ, Toplu Göç, Bölüm 19), tek bir organizmanın parçaları olarak nasıl var olacaklarını öğretti.

Bu grup, kalabalıklığı nedeni ile "bir halk" olarak adlandırıldı. "İsrail", bu halkın ismidir ve *Yaşar El* (doğrudan Yaradan'a) durumuna erişme arzusuna işaret eder. İçlerindeki bu arzu, O'nun sevgi ve ihsan etme niteliklerini edinerek, doğrudan üst güce erişmek içindir.

Musa'nın düzeltme yöntemi, "Tora" diye adlandırılmış olup, İbrahim'in yönteminin Musa'nın nesline uyarlanmasıdır. Tora, bugün çoğunlukla sanıldığı gibi, bir tarih kitabı ya da ahlak kitabı değildir. Daha ziyade, egoyu düzeltmek için bir yöntem, bir rehber, bir el kitabıdır.

"Tora"[4] kelimesi, *Horaa* (talimat) ve *Or* (Işık) kelimelerinden gelir. Kabala, "Işık" terimini iki şekilde kullanır: 1) kişiyi düzelten güç olarak, yazıldığı üzere, "İçindeki Işık onu düzeltir." [13] 2) egosunu düzeltmiş olan kişiyi dolduran mutluluk olarak.

---

[4] "Maneviyat, öğretide kıyafetlenen Işık demektir. Yani, bilgelerimiz şöyle demiştir, "Kötü eğilimi Ben yarattım; buna şifa olsun diye ıslahın yolunu yarattım" sözleri onun içindeki ışığa gönderme yapar. Çünkü kişiyi manevi çalışmadaki Işık düzeltir."(Baal HaSulam, Şamati [Duydum], 6. Makale) "Kötü eğilimi kontrol altına alan ve yok eden tek şifa Işıktır." (Baal HaSulam, "Kabala ve Onun Özünün Öğretisi") "Işık, yüceliği sonsuz olan Yaradan'dan uzanıp gelen Tek Güçtür." (Baal HaSulam, "Bir Bilgenin Ağzı Kitabına Giriş") " 'Tora' kelimesi Horaa (talimat) kelimesinden gelir." (Baal HaSulam, 11. Mektup)

Kabalist gruptakiler, Musa'nın yöntemini kullanarak, içlerinde beliren tüm bencil arzuları düzelterek gelişmeye devam ettiler. Düzeltilmiş arzuların içine dolan Işık, "Kutsallığın Evi" (Tapınak) diye adlandırıldı. Yani, onların düzeltilmiş arzuları, "kutsallık" dolu bir "ev" - sevme ve verme niteliği - oluşturdu.

Doğan çocuklar da, bu düzeltme yöntemi ile yetiştirildiler ve manevi edinime eriştiler. Halkın eğitimi, manevi bir eğitimdi ve manevi kanunları bilmeyen tek bir çocuk dahi yoktu.

Dan'dan Beer Şeba'ya kadar her yere baktılar ... ve manevi kanunları bilmeyen, saf olanla saf olmayanı ayıramayan, tek bir oğlan veya kız çocuk, tek bir erkek veya kadın bulmadılar.

Babil Talmud'u, Sanhedrin 97b

Kabala bilgeliği, *Tuma* (kirlilik) teriminin kişinin bencilliğine, *Tahara* (arılık) teriminin ise sevgi ve verme gücüne gönderme yaptığını açıklar. Dolayısıyla, ego bir kez daha yeni bir seviyeye atlayana ve üst gücün hissiyatının kaybına neden olana kadar, bu insanlar üst gücü hissederek, kardeşçe sevgi ve bağ içinde yaşadılar. Üst gücün hissiyatının kaybına "Tapınağın yıkılması", yeni egonun hâkimiyetine ise "Babil'de sürgün" dendi.

Babil'deki sürgünden dönmek ve İkinci Tapınağın inşası, Birinci Tapınağın yıkılmasına neden olan egonun düzeltilmesini simgeler. Ancak bu kez, halk ikiye ayrılmıştır:

Bazıları bencilliklerini düzeltmeyi başarmıştır, fakat bencilliklerinin gücü çok daha büyük olan diğerleri ise başaramamıştır. Zamanla ego, onu düzeltmeyi başaranların arasında bile güçlenmiş ve sonunda tüm halkın üst gücü sezme kabiliyetini kaybetmesine neden olmuştur.

Böylece, herkes maneviyatın gizlendiği bir döneme girdi. Bu sefer egonun hâkimiyetine "İkinci Tapınağın yıkılması" dendi ve bu son sürgünün başlangıcı oldu.

Sevme ve verme niteliğinin yıkımı ve asılsız nefretin patlama yapması, tüm insanlara üst gücün hissiyatını kaybettirdi. Fakat aslında İsrail'e bu yıkımda olan şey, kardeşçe sevgiden asılsız nefrete düşmesiydi. İsrail, uyumlu bir yaşamdan ve üst dünyayı hissetme koşulundan, "bu dünya" diye bilinen, realiteyi en dar ve en bulanık şekilde hissetme koşuluna düştü.

O zamandan beri, yaklaşık 2000 yıldır, İsrail, bundan çok daha iyi bir şey olduğu gerçeğine tamamen kayıtsız kalarak yaşamaktadır.

Ama yine de, her nesilde, seçilmiş birkaç Kabalist, Yaradan'ı hissetmeye devam etti. Kabalistler, onların ne yaptığını anlamayan halkın gözünden çok uzakta saklanarak, insanlığın büyümekte olan bencilliğine denk gelecek şekilde insan doğasını düzeltme metodunu geliştirmeye devam ettiler. Onların rolü, bu metodu tüm insanlığın ona gerek duyacağı zamana – bizim zamanımıza - hazır etmekti.

Tarih boyunca, Kabala öğretisi, İsrail halkının ötesine de erişti. Dünyanın her yerinden düşünürler her zaman Kabala çalışmaya geldiler. Baal HaSulam, "Kabala Öğretisi ve Felsefe" adlı çalışmasında, felsefenin, Kabala öğrencileri ile ilk felsefeciler arasındaki ilişkiden ortaya çıktığını açıklar. Felsefeciler, Kabala kavramlarından parçalar aldılar ve kendilerini düzeltmeksizin onlardan değişik teoriler geliştirdiler.

Alman humanist Johannes Reuchlin (1455-1522), başbakanın politik danışmanı ve antik diller ve gelenekler uzmanı olarak Platonik Akademi üyesiydi. Kitabı "De Arte Cabbalistica'"da, yukarıda bahsettiğimiz süreçten söz eder:

"Hocam, felsefenin babası sayılan Pisagor, o öğretileri Greklerden almadı. Bilakis Yahudilerden aldı. ... Ve Greklerin bilmediği "Kabala" ismini, Yunanca "felsefe" ismine ilk çeviren odur."

"Pisagor'un felsefesi, Kabalanın sonsuzluk denizinden doğdu."

"Kabala, yaşamlarımızı yerlerde geçirmemize izin vermez, daha ziyade zihnimizi en yüce amacı anlamak için yükseltir." [14]

Eski Babil'de İbrahim'in fikirlerini kavrayamayan insanlara geri dönelim. Babil'den ayrıldıkları zaman, yetmiş millet olarak dünyanın her tarafına yayıldılar ve maddesel olarak geliştiler.

Kendi başlarına maneviyat fikrini kavramaları hiçbir zaman mümkün olmayacaktı. Fakat eğer bunu kavrayamazlarsa, bu durum, tüm insanları Yaradan'la aynı düzeye getirmek olan Yaratılışın amacına ters düşecekti. Bu yüzden, İsrail ile diğer milletler arasında bir ilişki noktası tekrar yaratılmalıydı.

İsrail içinde egonun güçlenmesi ile bu süreç açıldı ve ardından insanlar bulundukları seviyeden düşerek diğer milletler arasına dağıldılar. Buradaki düşünce, İsrail'e ait ruhların dünya milletlerinin ruhları ile karışması ve diğer milletler içinde maneviyatın tohumlarını "ekmesi" idi.

Bu nasıl yapıldı? İsrail halkı, diğer milletlere benzer şekilde bencilliğe ve dünyeviliğe battı. Böylece aralarında ortak bir zemin oluşmuştu. Bununla birlikte, unutmamak gerekir ki, İsrail'e ait ruhlar içinde maneviyat tohumu çoktan ekilmişti. Sürgünde oldukları sürece, İsrail fiziksel olarak diğer milletlerle kaynaşmaktan kaçındı, fakat içsel olarak kaynaşma gerçekten de oldu.

Bu sayede, arzulanan manevi sonuca ulaşıldı. İsrail'e ait ruhların kıvılcımları diğer milletlere sıçradı ve onların da genel düzeltme sürecinde İsrail'e katılmalarına imkân verildi. İsrail, toplamda, kendisiyle diğer milletler arasında bu tür kaynaşmanın gerçekleştiği dört sürgün deneyimledi.

Son sürgünden çıkış öncesinde, 2. yüzyılda, Kabalist Şimon Bar Yohay (Raşbi) ile onun öğrencilerinden oluşan bir grup tarafından *Zohar Kitabı* yazıldı. *Zohar*, Arami dilinde yazılmıştır ve genel ıslahın sonuna kadar insanoğlunun geçmesi gereken tüm koşulların anlatımını içerir.

Zohar, İsrail'in sürgüne gitmesinden önce yazılmıştır. Buna rağmen *Zohar*, bu kitabın ancak manevi sürgünün sonunda keşfedileceğini ve aslında sürgünün bitişine yardım edeceğini belirtir. Kitap ayrıca, insan doğasının düzeltilmesine dair 6000 yıllık dönemin sonuna doğru, kitabın tüm insanlık için açığa çıkacağını da belirtir: "O zamanda, herkes için açığa çıkacak."
[15]

Zohar Kitabı, tamamlanır tamamlanmaz saklandı. 1400 yıl kadar sonra, 16. yüzyılda, Zephat'ta [İsrail'de, yukarı Galile'de, Ari zamanında Kabalistlerin yaşadığı bir kasaba] Ari ortaya çıktı. Ari, *Zohar*'ın ima ve benzetmeler yaparak sunduğu düzeltme yöntemini, sistematik ve bilimsel bir yaklaşımla detaylandırdı. Ari'nin yazıları, üst dünyanın yapısına dair tanımları içerir ve kişinin bu realite alanına nasıl girmesi gerektiğini açıklar.

Ancak, Ari zamanında ego henüz tüm gücüyle açığa çıkmamış olduğu için, onun sözlerini çok az kişi anlayabildi. Daha gelişkin bir ego, daha keskin bir kavrayışa sahiptir ve o zamanlarda böyle egolar sadece birkaç taneydi.

Ari'yi takiben, Kabalistler, aşağıdaki sözlerinden de belli olduğu gibi, Kabala bilgeliğinin herkes tarafından bilinmesini çok istediler:

Kabala öğretisi, akılsızı bilge yapar. Ayrıca, bu bilginin ışığını görmemiş olan, hayatında hiç Işık görmemiştir, çünkü ancak o zaman O'nun eşsizliğinin ve O'nun yönetiminin anlamını anlayacak ve öğrenecektir ... ve ondan ayrılan herkes, sonsuz manevi hayattan ayrılır.

Kabalist Isaiah Ben İbrahim HeLevi Horovitz (Kutsal Şılah),
"İlk Makale" Sayfa 30

Kurtuluş, öncelikle Kabala çalışmaya bağlıdır.

Gaon, Vilna'lı Kabalist İlyas (GRA) [16]

Kabalist Şimon Bar Yohay şöyle haykırdı ve yazıları dünyevi anlamıyla çalışanlara uykuda olanlar dedi ... Aslında, bu sürgünün meyvesidir, halk bu yolu unutmuş ve onu dikkate almadan uyuklamaya dalmış ve uykuda kalmıştır ... Ve biz burada karanlıktayız, ölü gibi, doğrusu duvarı arayan kör gibiyiz. Böyle devam etmek uygun değildir, tersine kör gözleri açmak gerekir."

Kabalist Musa Haim Luzzato (Ramhal) [17]

Zohar Kitabını çalışmak diğer tüm çalışmalardan üstündür.

Kabalist Yusuf Davud Azulay, Hahida [18]

Zohar'ın dili ruha iyi gelir ... genç ve yaşlı herkese, herkesin kendi anlayışına ve kendi ruhunun köküne göre.

Kabalist Tzvi Hirş Ben Yakup Horovitz, Doğru İdare, Madde 5

Bu büyük Kabalistler, Kabala bilgeliğini yaymak için büyük bir istek duymalarına rağmen, bilgiyi açığa çıkarmakta seçici davranarak saklı tuttular. O nesiller henüz tam olarak olgunlaşmamıştı. Ancak şimdi günümüzde insanlar, kendilerini önyargılardan kurtarmaya ve Kabalanın mistisizm, sihir, büyü, büyüyle tedavi veya bu dünyada iyi bir hayat için hayır duası olmadığını anlamaya yavaş yavaş başladılar.

Bizim neslimizde dünyevi hayata dair beliren boşluk ve tatmin edici yeni bir şeye karşı duyulan özlem, bizi nihayet Kabalanın değerini anlayabilme noktasına getirdi. Burada duran, kişiyi başka bir varoluş seviyesine – üst gücün seviyesine – yükselten yöntemdir. Bu olgunlaşma, bizim ruhlarımızın uyandığını ve tamamen yeni bir gelişim seviyesine eriştiğini ispatlar. Bu yeni seviye, Kabalanın tüm dünyada açığa çıkmasına izin verir, daha doğrusu bunu gerektirir.

Eğer meseleleri doğanın gelişim programı açısından incelersek, insanın düzeltilmesi için ayrılmış olan zamanın sonuna yaklaşmamız, insan bencilliğini en son aşamasına getirmiştir. İnsanlık, genel bir varoluşsal krize ve çıkmaza girmiştir. Bu durumda, egoyu düzeltme yöntemine duyulan ihtiyaç açıktır. Geçmişte ancak birkaç kişi tarafından algılanan şeyi, bugün birçok insan algılamak istemektedir.

Bu nedenle, düzeltme yöntemi bugün tamamıyla ortaya çıkmıştır. Baal HaSulam, *Zohar Kitabını* ve Ari'nin yazılarını yorumlamıştır ve böylece onlarla bağlantı kurmamız mümkün hale gelmiştir. Bu yüzden demiştir ki, "Gerçeğe dair öğretinin halka sunulmasına izin verilmiş olan böyle bir nesilde doğduğuma memnunum. 'İzin verildiğini nereden biliyorum?' diye soracak olursanız, bana açıklamak için izin verildi diye cevap veririm." [19] Ve aynı zamanda, "Benim neslim yüzünden bu öğretiyi açıklama tutumuyla ödüllendirildim." [20]

Biz kurtuluşun tam eşiğinde duran bir nesiliz, yeter ki gizli olanın bilgisini kitlelere nasıl yayacağımızı bilebilelim. ... Ve bilginin kitlelere yayılmasına, "Şofar" (koç boynuzundan boru) denir. Sesi çok uzaklara erişen Şofar gibi, bilginin yankısı tüm dünyaya yayılacak.

Baal HaSulam "Mesih'in Şofar'ı"

Yahudi milletinin, ırksal veya milli temellere göre kurulmadığını hatırlamak önemlidir. Yahudiler, antik Babil'de, insanı Yaradan'ın keşfine götüren "Dostunu kendin gibi sev" manevi fikrini gerçekleştirmek üzere, İbrahim'in etrafında toplanmış o aynı ruhların bugün, bu dünyada yeniden vücut bulmuş halleridir.

Kabalistler, başlangıçta, düzeltme yönteminin her millete sunulduğunu açıklarlar. Çünkü "Yaratılışın amacı, siyah, beyaz veya sarı, hiçbir ayrım olmaksızın tüm insanlığın omuzlarındadır." (Baal HaSulam, "Arvut" [Karşılıklı Sorumluluk], Madde 23). Ancak o zamanlar, insanlık henüz buna ihtiyaç duymadığı için, tek bir millet bile almak istememişti. Bu nedenle bu yöntem İsrail halkına verilmiştir; "Bununla saflığın kıvılcımları, dünyanın her yerinde, tüm insan ırkı üzerinde parlayacak ... o derecede ki onlar anlayabilecekler ... huzur ve sükûnet başkalarını sevmekte bulunur." ("Arvut" [Karşılıklı Sorumluluk], Madde 24).

İsrail, asılsız nefreti kardeşçe sevgiye çevirmek, kendi manevi köklerine dönmek ve dünyaya Işık getirmek için, "milletlere Işık tutan" [21] olmak için, Kabala bilgeliğini yeniden kullanmaya başlamalıdır.

Böylece, antik Babil'de yolları ikiye ayrılmış olanlar – İsrail halkı ve insanlığın geri kalanı – tekrar bir araya gelecektir ve yaratılışın düşüncesi tamamlanacaktır: tüm yaratılanlar, sevginin ve vermenin gücü olan üst güçle birleşecekler.

Şimdi, tüm halkın ve tüm dünyanın kurtuluşunun, sadece Yaradan'ın sırlarının içselliğinde gizli olan Işığa dair bilgeliğin açık bir dille ortaya çıkmasına bağlı olduğunu herkesin anlayacağı ve fark edeceği günler yakındır.

Kabalist Raiah Kook, Mektuplar 1, Madde 92

Zohar'ı çalışmak ve Kabala bilgeliği, tüm dünyadan insanları ırk, cinsiyet, milliyet ve din farkı olmaksızın birbirine bağlar. Bu bilgelik, düşünme biçimlerini, karakter, yaş ve sosyoekonomik yapı farklılıklarını aşar. Tüm dünyadan on binlerce insan, Kabala çalışmaları yapılan kongrelerde, dünyanın değişik yerlerinde toplanırlar. Dünyada hemen hemen hiçbir ülke yoktur ki bir temsilcisi olmasın. Bu kongrelerde herkes, tüm nesillerdeki Kabalistlerin sözlerindeki gerçeği kanıtlarcasına, Yaradan'ı keşfetmek amacıyla, kardeşçe bir sevgi ile birbirine bağlanır.

İsrail'in Çocukları [Yaşar El'i, yani doğrudan Yaradan'a erişmeyi arzulayanlar], eksiksiz, tam bilgi ile tamamlandıklarında, zekânın ve bilginin çeşmeleri akacak ... ve tüm dünya milletlerine su verecek."

Baal HaSulam, "Panim Meirot uMasbirot Kitabına Giriş"
Madde 4

KRAL VE KRALİÇE HAKKINDAKİ ALEGORİ

Yaradan, İsrail'in tüm sürgünlerine bir başlangıç ve bir bitiş zamanı verdi. Sürgünlerin hepsinde, İsrail, Yaradan'a geri döner ve İsrail bakiresi olan *Malhut* da belirlenen zamanda yerine geri döner. Fakat şimdi, bu son sürgünde, bu böyle değildir. *Malhut*, daha önceki sürgünlerde olduğu gibi geri dönmeyecektir. Bu durumu şu sözler açıklar; "O düştü; tekrar ayağa kalkmayacak – İsrail'in bakiresi," ve şöyle dememiştir, "O düştü ve ben onu tekrar ayağa kaldırmayacağım."

Kraliçesine kızan ve onu sarayından bir süreliğine atan bir kral gibidir. Bu süre biter bitmez, kraliçe hemen krala geri dönecektir. Bu birinci, ikinci ve üçüncü seferde böyle idi. Fakat bu son seferde, kral onu sarayından uzun süreliğine attığı için, saraydan uzaklaştı. Kral dedi ki, "Bu sefer, daha öncekilerde olduğu gibi o bana dönmeyecek. Bunun yerine, ben ve tüm ev halkı gidip onu arayacağız."

Kral ona eriştiğinde, onun tozlar içinde yattığını gördü. Bu durumda, kim onun onurlu bir kraliçe olduğunu ve kralın da onu aradığını bilebilirdi ki? Nihayet, kral onu kollarına aldı, onu kaldırdı ve sarayına götürdü. Kral bir daha asla ondan ayrılmayacağına ve asla ondan uzaklaşmayacağına söz verdi.

Yaradan'la da buna benzer: Her defasında İsrail topluluğu sürgüne gittiğinde, Krala geri dönmüştür. Fakat bu defa, bu sürgünde böyle değildir. Aksine, Yaradan onu elinden tutup kaldıracak, onu rahatlatacak ve O'nun sarayına geri götürecektir.

Herkes İçin Zohar, VaYikra [Yaradan Çağırdı], Madde 78-81

Önceki tüm sürgünlerde, İsrail sürgünden çıkıp kendi ülkesine geri dönmek istemiştir. Daha sürgündeyken bile, manevi seviyeye geri çıkmak istemiştir. Bugün ise, kurtuluş için her şey hazır olmasına rağmen, İsrail'in yükselmek için hiçbir isteği yoktur.

Neden böyle? Son sürgünde, İsrail'in içinde o kadar güçlü bir bencillik vardı ki sürgünden dönmek için ne bir yolları ne de istekleri vardı. Şimdi İsrail de kraliçe gibi tozların içinde yatmaktadır, hipnotize edilmişçesine maddeselliğin içine batmıştır ve zombiler gibi yaşamaktadır. Gerçekte ise, dünya Işık ile doludur. Eğer İsrail gözlerini biraz açabilse, onlar ve tüm dünya ışığı fark edecektir. Fakat şimdilik, toz gözlerini kapatmıştır.

Manevi anlamda "sürgün", kişinin, tek gereken şeyin üst gücün ifşası olduğunu hissettiği, yani kurtuluşun tam öncesinde bulunduğu, ileri bir seviyedir. Bu his genel olarak şöyle tanımlanabilir: "Dünyevi anlamda her şeye sahip olabilirim, ama bunların hepsinin değersiz olduğunu hissediyorum. Çünkü hiçbir tatmin hissetmiyorum. Neden? Hiçbir fikrim yok ama böyle hissediyorum. Evim var, iyi para kazanıyorum, seyahat edebiliyorum, eğleniyorum, arkadaşlarım var, ama gene de bir şey eksik."

Önceki nesillerde, insanlar bizden çok daha zor koşullarda yaşadılar. Onlarla karşılaştırıldığında, biz krallar gibi yaşıyoruz, ama gene de yaşamlarımızın tadı yok. Bugün deneyimlediğimiz boşluk duygusu, bizi şu sözlerin ardında yatanı araştırmaya yönlendirir, "Tat ve gör ki Yaradan güzeldir." Kabalistler bunu bize şifa olarak önerirler.

Bizi yaratan ve bu süreçten geçiren üst gücü keşfetmek zorundayız. "Ne için yaşıyorum?" sorusu bizi bu sürece çekip sokar. Bu soru aslında bir kapı kolu gibidir. Eğer bu kapıyı açarsak cenneti buluruz.

Gerçekte, Kral çoktan Kraliçeye gelmiştir. *Zohar Kitabı* çoktan ortaya çıkmıştır. Kral buradadır ve O, çoktan Kraliçeyi toz içinde yattığı yerden kaldırmak istemektedir. Şimdi tek gereken şey Kraliçenin dikkatini çekmektir.

ZOHAR'A TIRMANAN MERDİVEN

"Kutsal Zohar'ın sözlerini anlamak için, kişi önce ... kendi bencilliğinden arınmalı. ... Aksi takdirde, Kutsal Zohar'ın sözlerindeki gerçeği gizleyen ve engelleyen Klipot vardır."

Baal HaSulam, Şamati [Duydum], 89. Makale [22]

Zohar Kitabının hikâyesi, 1800 yıl kadar önce, Peki'in'de - Batı Galile, İsrail - Raşbi ve oğlu Kabalist Elazar'ın Roma imparatorundan saklandığı, karanlık, küçük bir mağarada başlar. Onlar, on üç sene boyunca, tarihin akışını değiştirecek olan kitabı yazmak için kendilerini hazırladılar.

Yıllar geçti ve Kabalist Şimon ile oğlu, tamamlamaları gereken ıslahı tamamladılar ve mağaradan çıktılar. Diğer sekiz Kabalist de onlara katıldılar ve birlikte çalışarak *Zohar Kitabını* yazdılar.

Sizi şöyle düzenliyorum: Kabalist Aba yazacak, Kabalist Elazar sözlü olarak öğrenecek ve geri kalan dostlar kalplerinde konuşacaklar.

Zohar Kitabı, Haazinu [Kulak Ver] Idra Zuta, Madde 27

Raşbi'nin öğrencileri arasındaki Kabalist Aba'nın özel bir yeteneği vardı. İçlerinde, hocasının sözlerini hem açık hem de gizli olacak şekilde nasıl yazacağını bilen tek kişi o idi. *Zohar Kitabı*, bu yetenekten "gizleyerek açıklama" [5] diye bahseder.

Eski söylentilere göre, *Zohar*'ın elyazmaları Zephat yakınlarındaki bir mağarada saklanmıştır ve birkaç yüzyıl sonra, bölgede yaşayan Araplar tarafından bulunmuştur. O dönemde kağıt zor bulunan bir mal olduğu için Araplar çok sevinmiştir. Zephat'lı Kabalistlerden biri pazardan balık satın aldığında, balığın sarıldığı kağıdın üzerindeki *Zohar* metinlerini görünce çok şaşırmıştır. Ne olduğunu anlar anlamaz, hemen mevcut olan tüm "paket kağıtlarını" satın almış ve bu parçaları kitap olarak düzenlemiştir.

---

[5] Zohar Kitabı'nda, Raşbi'nin (Kabalist Şimon Bar Yohay) Kabalist Aba'ya sırları da yazması için talimat verdiğini görürüz. Çünkü Kabalist Aba ima ederek nasıl açıklanacağını biliyordu... Raşbi öğretide açıklanan her sır için ağlardı ve şöyle derdi, "Yazıklar olsun eğer söylersem; yazıklar olsun eğer söylemezsem." ... Bu onun her iki açıdan da zorluk çektiğini gösterir: Eğer yazıların sırlarını açığa çıkarmazsa, sırlar gerçek bilgelerin eline geçemeyecekti ... Ve eğer sırları açığa çıkarırsa, onlara layık olmayan insanlar meselelerin kökünü anlamayacakları için yanılacaklar ve ham meyve yiyeceklerdi.
Dolayısıyla, Raşbi, yazma işi için, sembolik ifadelerdeki bilgisi yüzünden Kabalist Aba'yı seçti. Kabalist Aba, meseleleri öyle bir şekilde düzenliyordu ki onları anlamaya layık olanlar için yeterince açığa çıkıyordu ve onları anlamaya layık olmayanlar için ise saklanmış ve engellenmiş oluyordu. Bu nedenle Kabalist Aba gizleyerek açıklamayı biliyor denmiştir. Diğer bir deyişle, o açığa çıkarsa bile, layık olmayan kişi için hâlâ gizli kalacaktır. (Baal HaSulam, "Genel Önsöz" Madde 1)

Bugün elimizde olan *Zohar Kitabı*, orijinal yazmaların sadece küçük bir bölümüdür. Çünkü büyük bölümü hiçbir zaman bulunamamıştır. Bulunan ve *Zohar Kitabı* olarak düzenlenen ve bugün elimizde olan parçalar, 14. yüzyıl başlarına kadar, Kabalistler arasında nesilden nesle gizlice geçirilmiştir. O dönemde, elyazmaları, Kabalist Musa De Leon'un dul karısına kocasından miras kaldı. "Herhalde açığa çıkarma yasağına dair karısına hiçbir şey söylemedi ve karısı da tesadüfen onu satışa çıkardı." [23]

Bazıları yanlışlıkla, *Zohar*'ı Kabalist Musa De Leon'un kendisinin yazdığını zanneder. Ancak Kabalistler bunun bir hata olduğunu açıklarlar: "Kutsal *Zohar Kitabının* tüm girdisini çıktısını bilenler, yani onun içinde yazılanları anlayan herkes, kutsal *Zohar Kitabının* Tanrısallığa erişmiş bilge Kabalist Şimon Bar Yohay tarafından yazıldığı konusunda söz birliği ile anlaşırlar. Sadece bu öğretiden çok uzak olanlardan bazıları, bu secereden şüphe ederler ve bu öğretiye karşı olanlar tarafından uydurulan hikâyelere dayanarak yazarın Kabalist Musa De Leon ya da onun döneminden birileri olduğunu söyleme eğilimindedirler. (Baal HaSulam, "Zohar Kitabına Giriş" Madde 59)

O zamanlardan beri *Zohar Kitabı* mevcuttur. Ancak yalnızca bizim neslimizde tamamen açığa çıkmıştır. Bunu da Baal HaSulam'ın yazdığı açıklama yazısına borçluyuz. Baal

HaSulam, *Zohar Kitabını* yazanların neslinin, arzulanan bütünlüğü, yani tüm 125 manevi seviyeyi edinen tek nesil olduğunu açıklar. Bizim neslimizin de aynı mükemmelliğe erişmesi gerektiği için, *Zohar*'ın kilidini açma fırsatı bize verilmiştir.

Mesih'in günlerinden önce, tüm 125 seviyenin verilmesi imkânsızdır. ... Zohar'ın yazarı olan Raşbi ve onun nesli bir istisnadır. Mesih'in günlerinden önce olmasına rağmen, onlara tüm 125 seviyeyi tamamlama izni verilmiştir. Raşbi ve öğrencileri için şöyle denmiştir: "Bir bilge, bir peygambere yeğlenir." Bu yüzden, Zohar'da da sıklıkla, Kral Mesih'in nesline kadar, Raşbi'nin nesli gibi başka bir nesil daha olmayacağının yazıldığı kısımlar görürüz. Bu nedenle Raşbi'nin eseri, manevi dünyaların tüm 125 seviyesini içerdiği için, dünyada büyük bir etki yapmıştır.

*Dolayısıyla, Zohar'da, Zohar Kitabının ancak Günlerin Sonunda, Mesih'in günlerinde açığa çıkacağı söylenmiştir... Ve Zohar bizim neslimizde ortaya çıktığı için, bu bizim çoktan Mesih'in günlerinde olduğumuzun kesin kanıtıdır. Bu neslin gelişi üzerine şöyle denmiştir, "Yeryüzü, Yaradan bilgisi ile dolup taşacaktır."*Baal HaSulam, "Zohar'ın Bitişi Şerefine Bir Konuşma"

SULAM (MERDİVEN) AÇIKLAMASI

Ve bu açıklama yazısına Sulam (Merdiven) adını verdim, açıklama yazımın amacının herhangi bir merdivenin rolü ile aynı olduğunu göstermek için: eğer bolluk içinde bir çatı katınız varsa, o zaman tek ihtiyacınız olan oraya erişecek bir merdivendir. Böylece dünyanın tüm cömertliği elinizde olacak.

Baal HaSulam, "Zohar Kitabına Giriş" Madde 58

Zohar Kitabına, Sulam Açıklaması olmadan başlamak boşunadır. *Zohar* üzerine başka açıklamalar da yazılmıştır, ancak sadece *Sulam* Açıklaması tamam haldedir. *Sulam*, isminin de (Merdiven) işaret ettiği gibi, bizi mükemmelliğe götürebilecek tek açıklamadır. Çünkü Baal HaSulam, *Zohar*'ı yazanların erişip oradan yazdığı 125 seviyenin hepsine erişmiştir. Baal HaSulam onlara bağlanmıştır ve *Zohar*'ı o seviyeden bizler için yorumlamıştır.

Sulam Açıklaması, *Zohar*'ı bugün dünyada beliren ruhlara göre düzenlemiştir. Dolayısıyla, bizim ruhlarımız *Zohar*'la, aydınlıkla, üst Işık ile yüzleşebilir. Böylece o bizi düzeltir ve ruhlarımızı tekrar birbirine bağlar ve bu bağlantıda Yaradan ortaya çıkar.

Sulam, kendimizi "orta çizgi" içinde yapılandırmamız için bize yardım eder. Böylece formumuz, onu almamız için bize gelen üst ışığın formuna[6] en uygun hale gelir.

Orta çizgi, bir formüldür ve onun sayesinde, doğada mevcut olan iki gücü – Yaradan'ın gücü (verme, bolluk, Işık) ve yaratılanın yani insanoğlunun gücü (alma isteği) – doğru şekilde birleştirmemiz gerekir. Orta çizgiyi yapılandırmak bu dünyadaki tek işimizdir ve bizim özgür seçimimiz de buradadır.

Baal HaSulam, görüşümüzü, yaklaşımımızı ve algılarımızı öyle bir şekilde yönlendirir ki *Zohar*'ın sözleri, bizim içimizden orta çizgiden, altın olan yoldan geçer.

Zohar'ın dili dünyevi görünen benzetmelerle doludur. *Sulam* açıklaması bunları yorumlar.[7] *Sulam, Zohar*'ı daha detaylı

---

[6] Kabala dilinde, ışığın bize geldiği forma, "merhamet niteliğinin yargıyla birleşmesi" denir. Daha detaylı bilgi için, bakınız: "Zohar Kitabına Önsöz" Madde 36-38, Baal HaSulam.

[7] Kabala kitapları ve Zohar, dünyevi sembolik hikâyelerle doludur. Bu nedenle insanlar, kazanacaklarından daha fazlasını kaybedeceklerinden korkarlar ... Ve bu durum beni, Ari'nin yazdıkları üzerine ve şimdi de Kutsal Zohar üzerine, onları anlamaya yeterli olacak bir açıklama yazmaya yöneltti. Bu endişelere artık gerek yoktur. Okuyucuların da göreceği gibi, tüm İsrail'in Zohar Kitabını çalışmasına ve onun kutsal Işığı ile ısınmasına imkân tanımak için, soyut ve her türlü dünyevi görüntüden uzak, zaman ve mekân ötesi olan her şeyin manevi anlamını açıkladım ve kanıtladım. (Baal HaSulam, "Zohar Kitabına Giriş" Madde 58)

kavramamız için bize yardım eder. Böylece metni kendimize yakın hissederiz.

Baal HaSulam aynı zamanda *Zohar*'ı Arami dilinden İbraniceye çevirdi. Onu paragraflara ve çalışma metinlerine böldü ve yorumlar, önsözler ve önsöz açıklamaları ekledi.[8] Bize yapmamız için geriye kalan tek şey ise bizim dünyamızdan *Eyn Sof* dünyasına giden merdivenin basamaklarını tırmanmaktır.

---

[8] Zohar Kitabı için daha önce yazılmış olan tüm yorumlar, Zohar'daki zor kısımların onda birine bile açıklık getirmemiştir. Açıkladıkları azıcık kısımda ise, kullandıkları sözler neredeyse Zohar'ın sözleri kadar zor kavranır. Fakat bizim neslimiz, Zohar'daki tüm sözlerin tam bir yorumlaması olan Sulam (Merdiven) açıklaması ile ödüllendirildi. Dahası, Sulam açıklaması, tüm Zohar'da yorumlayarak açıklık getirmediği bir konu bırakmadığı gibi, açıklamaları, orta derecede bilgisi olan herhangi bir öğrencinin anlayabileceği, açık, anlaşılır analizlere dayanır. (Baal HaSulam, "Zohar'ın Bitişi Şerefine Bir Konuşma")

MANEVİ LİDERLERİN BAAL HASULAM'IN YAZILARINA DAİR BİLDİRİMİ

Baal HaSulam, onun yolundan yürüyecek her sıradan kişiye, Yaradan'ı keşfedebilme imkânını hazırladı.

Kabalist Baruh Aşlag, "Neslin En Yücelerinin Çalışmaları"

Baal HaSulam, yazılarını yayınlamaya başladığında, döneminin manevi liderleri tarafından takdirle karşılandı:

Tanrısallık katına erişmiş büyük bir bilge geldi, kutsal bir hazine ... ve Yaradan'ın gücü bu kutsal kitabı yazdırmak için onun üzerindeydi ... Tora'nın gerçeğine dair bir kitap ve gerçek temeller üzerinde ... onu doğuran kadına ne mutlu."

Kabalist Kook

Kabala öğretisinin ismi meşhur, yüce öncüsü.

Kabalist Yusuf Haim Zonenfeld

Ne yüce bir gündür, parlak Işık önümüzde belirdiği zaman, Kutsal Zohar üzerine Sulam açıklaması ... ve Yaradan'ın eli o yüce Kabalistin üstündedir ... Zohar evinin yöneticisi.

Kabalist Yakup Musa Harlap

Bilgelerin gözlerini Kutsal Zohar'ın sözleri ile aydınlattı ... o yeryüzüne yerleştirilmiş bir merdivendir ve tepesi göklere uzanır.

Kabalist Ben-Zion Meir Hai Uziel

Zohar Kitabını, Baal HaSulam *Sulam* açıklamasını yazmadan önce de edinmek mümkündü. Fakat insanlar onun ne dediğini anlamadılar. *Zohar Kitabının* rolü, Yaradan'ı açığa çıkarmak için bir araç olarak gizli kalmaktı ve şimdi ise açığa çıkmıştır. *Sulam* açıklaması, bize kendimizi düzeltme ve Yaradan'ı keşfetme becerisini sunar. Baal HaSulam *Zohar*'ı bu nedenle açıklamıştır. *Zohar Kitabının* binlerce yıldır saklı olma durumuna son verdiği için, kısa bir süre içinde birçok takdir [35] ortaya çıkmıştır.

Yazıları arasında bulunmuş olan şu aşağıdaki sözler, bize Baal HaSulam'ın manevi seviyesine dair bir ipucu verir:

Ve Yaradan bana dedi ki: "Ülkenden çık,[9] o güzel toprağa, Kutsal Atalarının toprağına gel. Orada seni büyük bir bilge yapacağım ve o toprakların tüm bilgeleri sende kutsanacak. Çünkü Hak'tan yana bir bilge olman ve insanların ızdırabını kalıcı bir kurtuluş ile dindirmen için, tüm neslin içinden seni seçtim."

Baal HaSulam, "Baal HaSulam'ın Kehaneti"

---

[9] O dönemde, Baal HaSulam hâlâ Polonya'da idi. 1921'de İsrail'e göç etmesinden önceydi.

Ve Üst İrade tarafından, Ari'nin ruhu olarak döllenmekle ödüllendirildim ... ve bu konuda detaylı bir açıklama yapamam, çünkü anlaşılamaz olan hakkında konuşmak benim tarzım değildir.

Baal HaSulam, 39. Mektup

HERKES İÇİN ZOHAR

Gerçeğin öğretisi, ...laik eğitimler gibi, bir nesilden diğer nesle aktarılmalıdır. Her nesil, ondan önceki nesle yeni bir halka ekler ve böylece öğreti gelişir. Dahası, halk arasında yayılmaya daha uygun hale gelir.

Baal HaSulam, "Kabala ve Onun Özünün Öğretisi"

Bney Baruh - Kabala Eğitim ve Araştırma Enstitüsü, *Zohar Kitabını*

çalışmaya ve öğretmeye dair geniş bir tecrübeye sahip olan bir organizasyondur. Değişik ülkelerde, değişik insanlara, değişik araçlarla yapılan öğretim sayesinde biriken deneyim, bizi alınması kolay olmayan bir karara getirdi – günümüz okuyucusu için *Zohar Kitabının* metin dizgisini biraz değiştirmek. Öğrendik ki orijinal düzenlemesi arkaik bir yapıya sahip olduğundan ve kalın siyah harfler veya değişik yazı tipleri alışılmadık şekilde kullanıldığından, *Zohar*'a sadece birkaç kişi yaklaşabilmiştir. Sonuç olarak, *Zohar* pek çok insan için erişilemez olarak kalmıştır.

Okunmasının zor olması, birçok okuyucuya kitabı bıraktırmıştır. Bu yüzden bu kişiler, kendilerini ruhlarını düzeltme olanağından mahrum etmişlerdir. Epey bir tereddütten sonra, *Zohar*'ı herkese yakın kılma zorunluluğundan dolayı, Baal HaSulam'ın orijinal metnini yeniden düzenlememiz gerektiğine karar verdik.

Bunu büyük bir özenle, metnin özüne ilişkin hiçbir şeye dokunmadan, yalnızca metnin görünüşünü değiştirerek yaptık, metnin içeriğini değil.

Baal HaSulam açıklamalarını, bazen *Zohar*'ın sözleri arasına yazmış, bazen de *Zohar*'ın sözlerinden sonra daha geniş açıklamalar eklemiştir. Tecrübemiz gösterdi ki *Zohar*'ı okurken en iyisi, *Zohar*'ın metnini, *Zohar*'ın içine eklenmiş olan *Sulam* açıklamasını ve *Zohar*'ın sözlerinden sonraki *Sulam* açıklamasını bir araya koymaktır. Dolayısıyla, okuyucunun metni akıcı bir şekilde okumasını kolaylaştırmak için, metinleri birleştirdik.

Ne yaptığımızı gösterebilmek için, aşağıya *Zohar*'dan (İbranice olarak), *Aharey Mot* (Ölümden Sonra) bölümünden örnek bir metin koyduk. Önce orijinal *Zohar* metni gelir, hemen hemen tamamı Arami dilindedir (bu yüzden çevirisiz kalacaktır), ardından *Sulam* açıklamalı *Zohar* gelir. En sonda ise *Herkes İçin Zohar* vardır. Bu da kaynağın – Islah Eden Işığın – size daha yakın olması için bizim yaptığımız düzenlemedir.

Orijinal Zohar:

צד) פתח רבי חייא ואמר, מה שהיה כבר הוא ואשר להיות וגו'. מה
שהיה כבר, היינו דתנינן, עד לא ברא קודשא בריך הוא האי עלמא, הוה בארי
עלמין וחריב לון, עד ₍*₎ דקב״ה סליק ברעותיה, למברי האי עלמא, ואמליך
באורייתא. כדין אתתקן הוא בתקונוי, ואתעטר בעטרוי, וברא האי עלמא.
וכל מאי דאשתכח בהאי עלמא, הא הוה קמיה, ואתתקן קמיה.

צה) ותאנא, כל אינון דברי עלמא, דאשתכחו בכל דרא ודרא, עד לא
ייתון לעלמא, הא הוו קיימי קמיה בדיוקניהון. אפילו כל אינון נשמתין דבני
נשא, עד לא יחתון לעלמא, כלהו גליפין קמיה ברקיעא, בההוא דיוקנא ממש,
דאינון בהאי עלמא. וכל מה דאולפין בהאי עלמא, כלא ידעו עד לא ייתון
לעלמא.

Sulam Açıklamalı Zohar Kitabı:

94) Kabalist Hiya başladı, vs. : Kabalist Hiya başladı ve dedi ki: "Önceden var olmuş olan ve var olacak olan..." "Önceden var olmuş olan", Yaradan bu dünyayı yaratmadan önce, bu dünyayı yaratmak isteyene kadar, dünyalar yarattı ve onları yok etti demektir. Bu, kapların kırılmasıdır. Yaradan, orta çizgi olan Tora'ya danıştı. Sonra, Kendi düzeltmelerini yaptı, Kendi süslemelerini yaptı ve bu dünyayı yarattı. Ve sonra, yaratılış zamanında, bu dünyada var olan her şey O'nun önündeydi ve O'nun önünde kurulmuştu.

95) *VeTaana Kol Inun* [Arami dilinde], vs. : Biliriz ki dünyadaki her neslin tüm liderleri, dünyaya gelmeden önce, Yaradan önünde kendi formları içinde dururlar. Hatta insanların ruhlarının hepsi, dünyaya gelmeden önce, bu

dünyada sahip oldukları aynı form içinde, cennette O'nun önünde işlenmişlerdir. Bu dünyada öğrendikleri her şeyi, bu dünyaya gelmeden önce bilirler...

Açıklama: Ruhların yaratılışı sırasında, ruhlar henüz yukarıda iken, zaman içinde bu dünyaya gelmeden önce, onlar sonsuzlukta, zamanın ötesinde, sonsuzluğun doğasına göre geçmiş, şimdi ve geleceğin bir olduğu yerde mevcut idiler. Bundan şu sonuç çıkar, ruhlar tüm yaptıklarını tek bir zamanda yaparlar, bu dünyaya geldiklerinde, aynı zamanda orada olacaklar. Madde 95'te yazılı olanın anlamı budur, *Kol inun nişmatin*, vs., *behahu dyokna mamaş de inun behay alma*, yani ruhların bu dünyadaki davranışlarına ilişkin olarak budur.

Herkes İçin Zohar:

94) "Önceden var olmuş olan ve var olacak olan..." "Önceden var olmuş olan..." Yaradan, bu dünyayı yaratmadan önce, dünyaları yarattı ve onları yok etti. Bu kapların kırılmasıdır. Nihayet, Yaradan bu dünyayı yaratmak istedi ve Işıkla arzuya, orta çizgiye danıştı. Sonra, Kendi düzeltmelerini yaptı, Kendi süslemelerini yaptı ve bu dünyayı yarattı. Ve sonra, yaratılış zamanında, bu dünyada var olan her şey O'nun önündeydi ve O'nun önünde kurulmuştu.

95) Dünyadaki her neslin tüm liderleri, dünyaya gelmeden önce, Yaradan önünde kendi formları içinde dururlar. Hatta

insanların ruhlarının hepsi, dünyaya gelmeden önce, bu dünyada sahip oldukları aynı form içinde, cennette O'nun önünde işlenmişlerdir. Bu dünyada öğrendikleri her şeyi, bu dünyaya gelmeden önce bilirler...

Ruhların yaratılışı sırasında, ruhlar henüz yukarıda iken, zaman içinde bu dünyaya gelmeden önce, onlar sonsuzlukta, zamanın ötesinde, sonsuzluğun doğasına göre geçmiş, şimdi ve geleceğin bir olduğu yerde mevcut idiler. Bundan şu sonuç çıkar, ruhlar tüm yaptıklarını tek bir zamanda yaparlar, bu dünyaya geldiklerinde, aynı zamanda orada olacaklar. "İnsanların ruhlarının hepsi, dünyaya gelmeden önce, bu dünyada sahip oldukları aynı form içinde, cennette O'nun önünde işlenmişlerdir" sözlerinin anlamı budur, yani ruhların bu dünyadaki davranışlarına ilişkin olarak budur.

Gördüğünüz gibi, insanları *Zohar*'dan ayıran engellerin çoğunu kaldırmaya çalıştık ve okumak için biraz daha kısa ve daha kolay bir versiyon sunduk. Eğer *Zohar Kitabına* alışmak için *Herkes İçin Zohar*'dan yararlanabilirseniz ve bunun ardından *Sulam* açıklamasının kendisini okumaya geçebilirseniz, bizim çalışmamız Merdiven açıklamasına bir merdiven gibi olacaktır.

Yalnızca en yüce ve en mükemmel olanlar tarafından çözülen büyük manevi sorular, şimdi tüm millet için farklı seviyelerde çözülmelidir ki yüce ve engin meseleler onların yüksek kulelerinden, sıradan ve olağan olanın derinliğine insin. Bu çok büyük ve zengin bir ruh ve beraberinde sürekli ve düzenli bir çalışma gerektirir. Çünkü ancak o zaman zihin genişler ve dil daha açık hale getirilir. Böylece derin meseleler, susuz kalmış ruhların susuzluğunu gidermek üzere hafif ve popüler bir biçimde açıklanır.

Kabalist Raiah Kook, Ikvei Ha'Tzon, [Sürünün Ayak İzlerine Bakarak], 54

ZOHAR İLE MEŞGUL OLMANIN GEREKLİLİĞİ

Aşağıdaki alıntı, Ari'nin 16. yüzyılda yazılmış olan *Hayat Ağacı*'ndandır. Bunlar Kabalist Haim Vital'in *Girişlerin Kapısı* kitabı için yazdığı giriş yazısından sözlerdir.

Burada, şaşkın vaziyette, karmakarışık düşüncelerle oturuyorum. Çünkü 1504 yıldır yıkık duran Tapınağımızın bu haline hiçbir çare bulunmadı. Biz dayanma gücümüzün sonuna geldik, ama Mesih henüz gelmedi. Bilinir ki her nesilde eğer Tapınak inşa edilmezse, Tapınak o nesilde yıkılmış gibi olur.

Sürgünümüzün uzun sürmesinin nedenini araştırdım ve *Zohar Kitabı*'nda bir yanıt buldum (30. Düzeltme): "Kabala öğretisinde çaba harcamak istemeyenler, öğretiyi kurutanlar, onlara yazıklar olsun. Çünkü bu yüzden onlar dünyaya yoksulluk, yıkım, yağma, cinayet ve felaket getirirler. Ve Mesih'in ruhu, kutsal ruh, bilgeliğin ve anlayışın ruhu, düşüncenin ve gücün ruhu, bilginin ve Yaradan korkusunun ruhu, ayrılır.

"Ettikleri her duayı kendileri için ederler. Bu öğretinin verildiği okulların başı olmak, birçok ödül almak için kitaplarla uğraşırlar. Onlar hareketlerinde, tepesi gökyüzüne uzanan bir kule inşa etmiş Babil neslinin halkına benzerler. Şöyle yazılmıştır, 'Ve kendimize şanlı bir isim edinelim.' Zohar, onları 'Karışık kalabalık' diye adlandırır." (Toplu Göç, 12:38)

KABALA ÖĞRETİSİ - ÖĞRETİNİN GERÇEK, İÇSEL ANLAMI

Her gün, Horev Dağı'ndan bir ses gelir ve seslenir, "Yazıklar olsun yazılara hakaret eden insanlara." Çünkü onlar sadece düz anlamıyla ve hikâyeleriyle meşgul oldukları zaman, o dulluk elbiselerini giyer ve tüm milletler bize derler ki, "Sizin hukukunuz nasıl bizimkinden daha iyi oluyor? Sonuçta, sizin hukukunuz da dünyevi boş hikâyelerden ibaret." Gerçekten de yazılara yapılacak en büyük hakaret budur. Bu yüzden yazıklar olsun onlara. Onlar, öğretiyi onurlandıran Kabala öğretisiyle meşgul olmazlar ve sürgünü uzatırlar. Dünya üzerine gelmekte olan tüm kötülükleri artırırlar.

Zohar Kitabı'nda, Kabalist Şimon bununla ilgili şunu söyler, "Musa'nın edebi hikâyeler anlatmak için geldiğini söyleyene yazıklar olsun. Yazılardaki bu hikâyeler Işığın kıyafetlenmeleridir. Bu giysinin gerçek olduğunu ve onun içinde başka hiçbir şey olmadığını düşünen kişinin ruhu lanetlenecektir ve sonraki dünyada hiç yeri olmayacaktır."

Bu böyledir çünkü yazıların sözleri, hikâyeleri ve yargıları düz kelime anlamıyla değerlendirildiği zaman, onların Yaradan'ı tanıması ve anlaması için hiçbir bilgi bulunamaz. Dahası, bunların içinde aklın alamayacağı emirler ve kanunlar vardır.

KURTULUŞ KABALA ÇALIŞMAYA BAĞLIDIR

Eğer Kabala öğretisi ile meşgul olsaydık, kurtuluş daha yakına

gelirdi. Çünkü her şey bu bilgeliği öğrenmeye bağlıdır. Bu öğreti ile meşgul olmaktan kaçınmak, maneviyatın inşasını geciktirir ve engeller. ... Açıkça belirtilmiştir ki kişi üstüne düşeni sadece kutsal kitap, efsaneler veya diğer dini kitaplar okuyarak yapamaz. Bunun yerine, kişi yapabildiği kadar manevi ilmin sırlarıyla ve Kabala öğretisiyle uğraşmalıdır. Çünkü Yaradan, yarattığı her şey içinde, tüm çocuklarının O'nun yüceliğini, güzelliğini ve iyiliğini anlamak üzere yaratılışın sırlarıyla uğraşmalarından başka hiçbir şeyden memnuniyet duymaz.

ÖĞRETİNİN HERKESE AÇILMASI

Zohar Kitabı, *VaYera* (Yaradan Göründü) : "Mesih'in günleri yaklaştığı

zaman, dünyadaki küçük çocuklar bile bu öğretinin sırlarını bilecekler." Bu zamana kadar *Zohar*'ın sözlerinin gizli tutulduğu açıklanmıştı. Fakat son nesilde, bu öğreti açığa çıkarılacak ve herkes tarafından bilinecek. Onlar, daha önceki nesillerin erişemediği sırları anlayacak ve kavrayacaklar.

KISIM II: DÜNYA BENİM İÇİN YARATILMIŞTIR

MEVCUT REALİTE

Biz, rüya görenler gibiydik.

İlahiler, 126:1

Zohar Kitabı'yla ilgili, aslında hayatla da ilgili, en karmaşık ama bir o kadar da büyüleyici konu, "realitenin algısı" konusudur.

Etrafımızda algılayamadığımız pek çok enerji dalgası olduğu bilinir. Ancak, bir de "üst doğa" veya "Yaradan" diye adlandırılan, daha yüksek bilginin alanı mevcuttur. Biz bu alanla temasa geçebilir ve ondan her şeyi alabiliriz – duygular, anlayış, bilgi, sevgi, sonsuz yaşam hissiyatı ve bu alanda var olan ve etrafımızdaki her şeyi dolduran bütünlük hissiyatı.

Kabala öğretisinin en temel amacı, bu yüksek bilgi alanını algılayabilmek üzere kendi araçlarımızı nasıl geliştireceğimizi bize öğretmektir. Bu ancak içsel olarak kendimizi değiştirirsek yapılabilir. Dolayısıyla, biz değiştiğimiz zaman, kendimiz de bu alana, yani Yaradan'a benzer hale geliriz.

Bundan daha basit hiçbir şey yoktur. Yüksek alan buradadır, bizim etrafımızdadır. Ancak onu algılayamayız, algımız engellenmiştir.

Kişinin, onu Yaradan ile temasa geçmesinden daha doğal olan hiçbir şey yoktur... Aslında, O'nu bilmeyen ve hissetmeyenler dışında her yaratık, Yaradan ile ilişkidedir, yazıldığı üzere, "Tüm yeryüzü O'nun ışığı ile doludur." Aslında, O'nunla temas kurmaya erişen kişi, sadece bunun farkındalığına erişir. Sanki kişi cebinde hazine taşıyor ve bunu fark etmiyor gibidir. Bir başkası gelip ona cebinde ne olduğunu söyler ve o zaman gerçekten zengin olur.

Baal HaSulam, "Son Neslin Yazıları" Kısım 2

Yaradan'ın, mevcut realitenin, farkında değiliz. Tıpkı rüya gören, her tür olayı deneyimleyen ve uyanık olduğunu sanan bir kişi gibiyiz. Bu dünyadaki halimiz budur.

"Zohar Kitabına Giriş"te, Baal HaSulam, bu durumu, bir turp içinde yumurtadan çıkan ve tüm dünyanın içinde doğduğu turp olduğuna inanan bir kurtçukla karşılaştırır. Biz buyuz; etrafımızda aydınlanmış, çok geniş ve güzel bir dünya olduğu gerçeğinden habersiz olarak kendi dünyamızda yaşıyoruz. Kabalistler ise, rüyadan gerçeğe uyanmış olarak, bu geniş dünyada bulunuyorlar. Onlara göre, bizim şu an algıladığımıza "hayali dünya" deniyor ve ancak bunun ötesine yükseldiğimiz zaman, daha önce "rüya görenler gibi olduğumuzu" gerçekten anlayabileceğiz.

Zamanla artan deneyimler ve bilimdeki ilerlemeler, insan ruhunu geniş ölçüde inceltti.

Kabalist Raiah Kook, İnancın Işıkları, Sayfa 67

Zohar Kitabı, bize realiteyi doğru olarak nasıl algılayacağımızı açıklamak için açığa çıkmıştır. Aynı zamanda bilimin de, realitenin şu an algıladığımızdan daha geniş ve daha zengin olduğuna işaret etmesi, hiçbir şekilde bir rastlantı değildir. Bilim adamları, evrende bir çeşit "karanlık enerji" olduğunu, evrende her tür beyaz veya siyah noktaların olduğunu ve kendi duyularımızla algılayamadığımız veya algılamak için araçlar geliştiremediğimiz başka boyutlar olduğunu söylemektedirler.

Aynı zamanda, hayvanları incelediğimizde, onların realiteyi algılamalarının bizimkinden farklı olduğunu görürüz. Arılar, sinekler, ayılar, kurbağalar, yılanlar ve hatta bize yakın yaşayan kedi ve köpekler, realiteyi farklı algılarlar. Örneğin köpek, dünyayı öncelikli olarak koku parçaları olarak algılar. Arının gördüğü dünya, gözlerini oluşturan çok sayıdaki ünitelerden her birinin kabul ettiği görüntülerin toplamıdır.

Değişik yaratıklar dünyayı farklı algılarlar. Ama sonunda hepsi aynı realiteyi algılamaktadır. Hangi realiteyi? Bu iyi bir sorudur. Bir başka iyi soru da şudur: Eğer kişi duyularından birini kaybedecek olsa, bu kişi realiteyi daha az mı algılayacak? Peki, bu kişi duyularından birini kaybetmek yerine, başka bir ek duyuya sahip olursa ne olur? Daha geniş bir realite mi görür? Belki de tek soru şudur: "Bu hangi duyudur?"

Şu an algılamakta olduğumuz dünyada, gözlüğe veya işitme cihazına ihtiyacımız olduğunu söyleyebiliriz. Çünkü iyi görmenin, iyi işitmenin ne demek olduğunu biliyoruz. Ancak, eğer hangi ek duyunun eksik olduğunu bilmiyorsak, onu nasıl edinebiliriz? Tıpkı altıncı bir parmağa gerek duymadığımız gibi, altıncı bir hisse gerek duyduğumuzu hissetmeyiz. Sonuç olarak, bu dünyada realiteyi doğru algılama ihtiyacı duymadan yaşıyoruz.

Bir an için kendimizi dışarıdan inceleyelim. Onlarca yıldır dünya üzerinde var olmaktayız. Yine de bizden önce ne olduğuna veya biz gittikten sonra ne olacağına dair hiçbir fikrimiz yok. Doğrusu, hayatımız boyunca ne olmakta olduğuna dair de hiçbir fikrimiz yok. Örneğin, arzularımızın nereden geldiğini biliyor muyuz? Düşüncelerimiz nereden gelmekte? Karanlıkta yaşadığımız söylenebilir. Ancak onun içindeyken, hayatımızı anladığımıza ve kontrol ettiğimize dair yanıltıcı bir algıya sahibiz.

Geçmiş nesillerde, insanların hayatları basitti. Yiyeceklerini dert edinirler ve olabildiğince rahat yaşamaya gayret ederlerdi. Çocukları olurdu ve onlara kendi çalışmalarının ödülünü bırakırlardı. Onların çocukları da, nesilden nesle aynı şekilde devam ederlerdi. Bu şekilde yaşadığımız zaman, etrafımızda olup bitenle ilgilenmeye gerçekten gerek yoktu.

Fakat bugün hayat hakkında sorular sormaya başladık. Bu sorular, hayatın akışına daha önce olduğu gibi devam edemez ve huzur bulamaz olana kadar içten içe bizi harekete geçirir.

Ne için yaşadığımızı bilmeyince hayatın anlamsız olduğunu hissetmeye başladık. Bu durum, bizim mevcut realiteyi keşfetmemizi gerektiriyor.

Burada bilimsel anlamda bir adım ileri gitmek için bize gereken tek şey, Kabala öğretisidir. Çünkü dünyadaki diğer tüm öğretiler, Kabala öğretisinin içinde bulunur.

Baal HaSulam, "Özgürlük"

Realitenin algılanmasına ilişkin olarak Kabalanın bize tanıttığı yenilikleri daha iyi anlamak için, bilimin yıllar boyunca bu konuya nasıl yaklaştığına bir bakalım.

Newton tarafından temsil edilen klasik yaklaşım, dünya insanoğlundan bağımsız olarak mevcuttur ve dünyanın şekli sabittir demiştir. Onun ardından Einstein, algımızın göreceli olduğunu ve duyularımıza bağlı olduğunu bulmuştur. Sonuç olarak, bizim dışımızdaki dünyanın neden ibaret olduğunu tam olarak söyleyemeyiz. Çünkü bu tamamen onu gözlemleyen kişinin realite algısına bağlıdır.

Realite algımıza dair günümüz yaklaşımı, kuantum fiziğine dayanır ve gözlemleyen kişinin dünyayı etkilediği ve böylelikle kişinin algıladığı resmi değiştirdiği görüşündedir. Realitenin resmi, gözlemleyen kişinin nitelikleri ile gözlenen nesnenin veya olayın niteliklerinin bir çeşit "ortalaması"dır.

Konuyu daha iyi anlamak için, bilindik bir örneğe bakalım. Bir konuşmacı geniş bir salonda durur ve dinleyicilere konuşur. Dinleyiciler, hoparlörlerden kulaklarına, kulaklarından kulak zarlarına gelen ses dalgaları sayesinde onu dinlerler. Daha sonra dalgalar elektrokimyasal bir dönüşümle beyne yollanır, beyin bellekte benzer bir şey olup olmadığını araştırır ve bunun sonucuna göre, bu elektrokimyasal gönderimi çözer.

Böylece günümüzün bilimsel yaklaşımına göre, realitenin resmi içimizde betimlenmiştir. Bizim dışımızda neyin var olduğuna dair bir şey söyleyemeyiz. Çünkü bizim dışımızda ne olduğunu hiçbir zaman algılayamayız. Kabala öğretisi bizi bir adım ileri götürür. Binlerce yıl önce, Kabalistler, aslında dünyanın hiçbir resmi falan olmadığını bulmuşlardır!

"Zohar Kitabına Önsöz" yazısında, Baal HaSulam şöyle yazar, "Görme duyumuzu örnek olarak alın: Önümüzde harika bir biçimde dolu, geniş bir dünya görürüz. Fakat aslında, tüm bunları yalnızca kendi içimizde görürüz. Diğer bir deyişle, beynimizin arka bölümünde, dışımızda olanın değil fakat bize beliren her şeyin resmini çeken bir çeşit fotoğraf makinesi vardır." Baal HaSulam, beynimizde, "her şeyin görüntüsünü çeviren ve böylece beynimizin dışında, gözümüzün önünde görmemizi sağlayan bir çeşit ayna" vardır diye açıklar. [24]

Konuyu göz önünde canlandırmak için, insanı beş girişi - gözler, kulaklar, burun, ağız ve eller - olan kapalı bir kutu olarak düşünün. Bu organlar beş duyuyu – görme, işitme, koku alma, tat alma ve dokunma - temsil eder; onların aracılığıyla bizim dışımızdaymış gibi görünen bir şey olduğunu algılarız.

Her türlü uyarıcı, bu beş girişten kutuya girer. Kişinin belleğinde mevcut olan bilgiye ve kişinin isteğine ilişkin olarak işlem görür. Sonuç bir çeşit gerçeklik resmidir ve bu resim beynin arkasındaki "ekranda" görüntülenir.

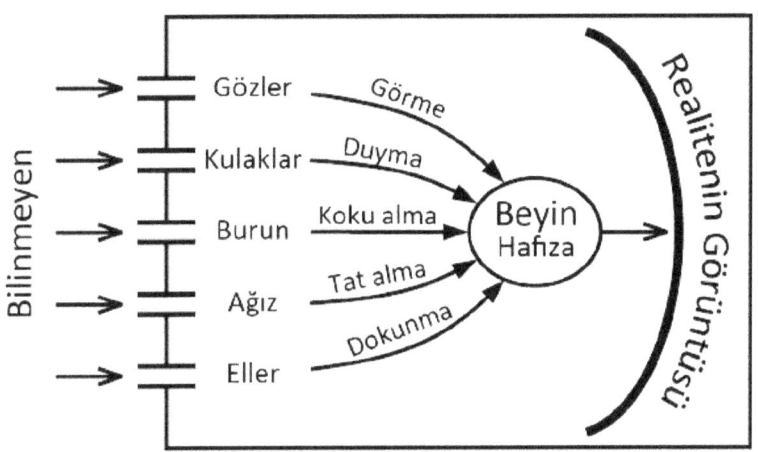

ÇİZİM 4

Biz özel olarak öyle bir şekilde tasarlanmışız ki duyularımız bizim dışımızda mevcutmuş gibi görünen bir dünyanın sanal görüntüsünü yaratırlar. Bu durum, yavaş yavaş dışarıdaki gerçek resmin ne olduğunu araştırmamız için bize imkân verir.

O sonsuz dünyaya bakıyordum ve dünya sadece kalbinin isteklerine hükmeden, Hak'tan yana kişiler üzerinde duruyordu.

Herkes İçin Zohar, VaYera [Yaradan Göründü], Madde 239

Eğer mevcut durumumuzdan daha ileriye gitmek, realiteyi genişletmek ve gerçekten nerede ve ne için olduğumuzu anlamak istiyorsak, sadece içimizde olana – arzumuza – bakmamız gerekir. İçimizde, derinde bu arzu vardır ve bizim tüm algılama araçlarımızı, aynı zamanda aklımızı ve düşüncelerimizi işleten odur.

Bazen dünyayı görmüyormuş gibi görünürüz. Kendimizi içimize kapatırız ve etrafımızda olan bitene dikkat etmeyiz. Fakat aslında olan, arzumuzun sanki bilinçsizmiş gibi kopuk hale gelmesidir. Bazen arzumuz o kadar güçlüdür ki tüm dünyayı "yutmamıza" neden olur. Bazen de bir mum ışığı gibi söner.

Neden insanlar yaşlanır? Çünkü artık dünyayı algılamak istemezler. Yaşam onlar için zordur ve bu nedenle beden işlevini yerine getirmeyi durdurur. Gerçekte, yaşamlarımızın ortasında düşüşe geçmeye ve yavaş yavaş ölmeye başlarız. Ancak ölen, devam etme hevesini kaybeden beden değil, bizim arzumuzdur. Manevi olarak gelişmeye başlayan insanlar, ilerleme arzusu ve enerjisi edinirler. Onlar çocuklar gibidirler, her zaman isteklerle doludurlar ve her sabah yenilenmiş bir yaşam gücü ile kalkarlar.

Arzular, içimizdeki ihtiyaçları harekete geçirir ve etrafımızda neyi görüp neyi görmediğimizi belirler. Örneğin, çocuk sahibi olan bir kişi, her köşe başında bebekler için ürünler satan dükkânları fark etmeye başlar. Dükkânlar daha önce de oradaydı, fakat o kişi onlara ihtiyaç duymadığı için, onların varlıklarını fark etmemişti.

Arzumuz, benmerkezcidir ve bu nedenle, sadece bizim için iyi olanı veya kötü olanı algılamamız için bizi yönlendirir, böylece ondan uzak durabiliriz. Ego daha fazla geliştikçe ve onunla beraber zihin de geliştikçe, biz daha fazla anlar, algılar ve kontrol ederiz. Buna bağlı olarak, realite algımız da genişler.

Ancak, ne kadar genişlerse genişlesin, sonuçta algımız çok sınırlıdır. Çünkü bize fiziksel hayatın hissiyatını veren beş duyumuza bağlıdır. Bedenimiz, herhangi bir hayvanınkinden farklı değildir; bu nedenle, bu tür algı, "hayvansal seviyedeki realite algısı" olarak tanımlanır. Egomuzla sınırlı olmayan, daha geniş olan realiteyi algılamak, *Zohar Kitabının* temel konusudur - insan seviyesindeki realite algısı.

Arzumuz, belleğimiz ve beş duyumuzla algıladığımıza, "bu dünya" denir. Çünkü arzumuz ve belleğimiz yalnız bize aittir, biz tek bir hücre kadar sınırlıyızdır. Bütün realiteyi, bilginin daha yüksek alanını hissetmek için, diğerlerinin – bizim dışımızdaymış gibi görünen ama aslında bizim bir parçamız olanların - arzularına bağlanmalıyız. Diğer bir deyişle, doğru realiteyi algılamak için, arzumuzu değiştirmeli ve içsel, bencil arzudan, dışarıda olana geçmeliyiz.

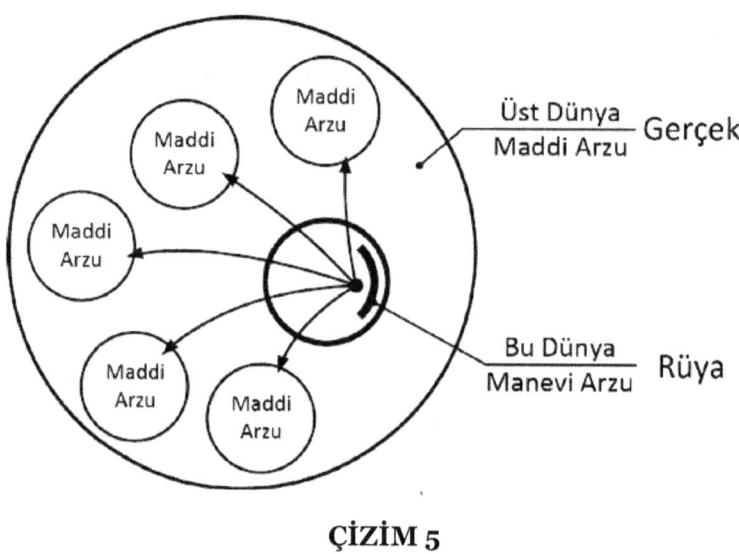

ÇİZİM 5

"Dostunu kendin gibi sev" kuralı, bizi başkalarını sevmek için zorlamayı amaçlayan ahlaki bir kanun değildir. Daha ziyade, tüm gerçeklikle bağlantı kurmamızı sağlayan bir araçtır.

Genellikle, bazı insanları sever, başkalarına ilgisiz kalır ve bazılarını da sevmeyiz. Bu tür bir yaklaşım, diğerlerini bizim dışımızda olarak algılamamızdan kaynaklanır. Ancak, bu parçalarla birleştiğimiz zaman, bütün hale geliriz ve asıl realiteyi hissederiz.

Neden bu biçimde yaratıldık, asıl realiteden kopuk olarak? Zamanla kendimize ait olan bütün bu parçaları kendi başımıza birbirine bağlayalım diye bu böyledir. Bu süreç içinde, asıl realite içinde var olan kanunları ve olguları öğreniriz ve böylece Yaradan'a eşit hale geliriz.

Baal HaSulam bunu aşağıdaki şekilde açıklar:

Tek ihtiyacınız, ruhunuzdan düşmüş olan tüm zayıf organları toplamak ve onları tek bir bedende birleştirmektir. Bu tamamlanmış bedene, Yaradan Kutsallığını kalıcı ve sürekli olarak akıtacaktır ve yüce anlayışın çeşmesi ile yüce Işık ırmakları, hiç tükenmeyen bir kaynak gibi olacaktır. Sonra, gözlerinizi gezdirdiğiniz her yer kutsanacaktır.

Baal HaSulam, 4. Mektup

Realitenin doğru olarak algılanması bizim için çok önemlidir. Bu sadece üzerinde incelikli tartışmaların yapılacağı bir başka kuramsal konu değildir. Gördüğümüz sadece içsel niteliklerimizin bir yansımasıdır. Baal Şem Tov, dünyanın insanın aynadaki yansıması olmasından çok bahsetmiştir:

Dostunda herhangi bir hata gören kişi, aynaya bakıyor gibidir. Eğer kişinin yüzü kirli ise, aynada gördüğü de budur. Eğer kişinin yüzü temiz ise, aynada da hiçbir hata görmez. Kişi ne ise, onu görür. Bu da, "Dostunu kendin gibi sev," demektir. [25]

Tüm Kabalistler için hiç değişmeyen kural şudur, "Edinmediğimiz bir şeyi, bir isim ve bir kelime ile tanımlamayız."

Baal HaSulam, "Kabala Bilgeliğinin Özü"

Realitenin algısı, Kabala öğretisini felsefe, din ve bilimden açıkça ayıran bir konudur. Kabala, uygulamalı bir çalışma metodudur. Kişiye kademe kademe kişisel gelişimi için yol gösterir. Diğer bilimsel yöntemler gibi, Kabala da araştırmacıya ne yapması gerektiğine dair bilgi verir, sonra ne gibi sonuçlar beklenebileceğini tanımlar ve bunların nedenlerini açıklar. Gerçekte tam bir farkındalıkla uygulanamayan durumlar hakkında kuramsal açıklamalar sunmaz.

"Zohar Kitabına Önsöz" [26] yazısı, realitenin algılanmasını dört seviyeye ayırır: madde, maddenin formu, soyut form ve öz. Aynı zamanda, doğru bir realite algısının mümkün olduğu sınırları da tanımlar: maddede ve maddenin formunda.

Soyut form ve öz, açıkça veya denetlenebilecek bir şekilde algılanamaz. Bu nedenle *Zohar* bunlarla hiç ilgilenmez. Bunun tam tersi olarak felsefe, soyut formu tartışır, din de öz ile uğraşır. Bu nedenle, Kabala öğretisi felsefe ve dinden tamamen farklıdır ve yalnızca gerçekçi ve bilimsel olarak algılanabilen ile ilgilenir.[10]

Kabala öğretisi bilim ile karşılaştırıldığında ne olur? Benzerlikler ve ayrılıklar vardır. Kişinin arzuladığı şeyi hayal etmemesi ve o arzuyu incelemesi, benzerliktir. Farklılık ise, arzunun türündedir. Maddesel bilim, maddi dünyanın bilimi, bencil içsel arzuya geleni araştırır. Kabala öğretisi ise dışsal arzuya geleni araştırır.

Kabalada araştırma, kişi ancak diğer arzularla bağ kurduğunda başlar. Kabala bilgeliği, "gerçeğin öğretisi" diye adlandırılır. Çünkü bizim isteğimize bağlı olan ve bu istekle sınırlı olan, hayali olan realiteyi değil, asıl realiteyi araştırır.

---

[10] Kabala öğretisi ve din arasındaki farkın altını çizen Kabalistlerden biri de Ramhal (Kabalist Musa Haim Luzzato) idi: "Gerçeğin bilgeliğine büyük bir ihtiyaç var. Öncelikle, onu bilmemiz gerektiğini size söyleyeceğim. Çünkü bize böyle emredilmiştir, yazılı olduğu üzere, 'Bugün anla ve kalbine bildir ki Yaradan iyidir.' Dolayısıyla, onu sadece inanarak değil, kalbin kabul ettiği şeyleri bilerek bilebiliriz, açıkça yazıldığı gibi, 'Ve kalbine bildir.'... Bilmemiz gereken iki şey vardır: bir, aşağıda veya yukarıda olan her şeyi gören ve yönlendiren tek bir Yaradan vardır ve iki, O'ndan başkası yoktur, yani O'nun eşsiz olduğu gerçeğini bilmeli. Bu bilmemiz gereken iki şeyi, sen bana söyle, onları ne zaman bileceğiz? Hangi öğreti bize onları öğretecek?
Bunu edebi yazılardan anlayamayız. Çünkü edebi metinler neyin etrafında döner ki? Edebi anlatımlarda sadece emirlerden, onların nasıl, hangi düzende yerine getirileceğinden bahsedilir veya içinde yer alan hikâyeler anlatılır... ve eğer bu bilgiyi bütün bunlardan çekip çıkarmazsanız, yine de bu emirlere uymalı, onlara uymanın bir yolunu bulmalısınız. Dolayısıyla, o sadece gerçeğin bilgeliğinde bulunur." (Ramhal, Musa'nın Savaşları Kitabının Kuralları, "İlk Kural").

Maddesel bilimde, kişi acımasız, bencil birisi olabilir. Ama tüm bunlara rağmen büyük bir bilim adamı olabilir. Kabalada araştırma içsel değişimin ölçüsüne bağlıdır. Kendimizi sevmekten, başkalarını sevmeye doğru ne kadar yol alabilirsek, bizim dışımızda olanı araştırmakta da o kadar başarılı oluruz.

Kişisel ıslahımız ve bilgeliğin edinimi birbirinden ayrılamaz. Kişi ancak kendini düzeltirse, tüm realiteyi kavrayabilir. Manevi edinimin 125 seviyesi, aslında edinim sahibi kişiyle diğer herkes arasındaki bağı düzeltmenin 125 seviyesidir.

Kişinin, okuma yazma bilmeyen biri veya çok parlak bir bilim adamı olması, tam bir aptal veya büyük bir akademisyen olması hiç fark etmez. Sadece kişi kendini başkalarına ilişkin olarak düzelttiği zaman, gerçek anlamda bilge olur. Bu demek değildir ki Kabala zekâya gerek duymuyor. Ancak bu farklı bir tür zekâdır, arzunun düzeltilmesi sonucunda ortaya çıkan zekâdır.

Asıl realiteyi, gerçek dünyayı algılamak için, kendimizden çıkmamız ve neyin gerçekten mevcut olduğunu bilmeye başlamamız gerekir. Ondan sonra, hayatın kişinin bedenine, duygularına, içsel bencil isteğine veya belleğine bağlı olmadığını keşfederiz. Aksine, hayat kişinin dışarıda mevcut olan her şeyle, diğerlerinin arzularıyla, ne kadar bağ kurabildiğine bağlıdır.

Bize, "dostunu kendin gibi sev" diye adlandırılan doğa kanununu fark etme gücünü veren *Zohar Kitabını* kullanarak, bu kurmaca dünyayı aşar ve gerçek dünyanın algısına geçeriz. Dünyevi bedenimiz ölse bile, bu durum gerçek dünyada yaşayabilme becerimizi engellemeyecektir. Manevi yaşamımız devam eder. Çünkü artık, gerçek benliğimizin içinde yer aldığı daha büyük ve daha yüksek bir iradenin içinde yaşıyor olacağız.

Yaratılışın sırları sayesinde, insan iradesinin gücünün değeri dünyada açığa çıkacaktır ve onun realitedeki seviyesi ne kadar büyük önem taşır. Bu açığa çıkış durumu tüm bilimlerin tacı olacaktır.

Kabalist Raiah Kook, Kutsal Işıklar 3, Sayfa 80

DIŞARIDAKİ İÇERİDEKİDİR

Hata bulan herkes, hatada kendi özrünü bulur.

Babil Talmud'u, Kiduşin 70b

Realiteyi ikiye bölünmüş olarak - ben ve benim dışımda olanlar - algılamak üzere yapılmış olmamız rastlantı değildir. Eğer algımız sadece içsel olsaydı, hiçbir zaman egomuzun ötesine, sevgi ve verme niteliğine yükselemezdik. Aynı yerde, "kendi kuyruğumuzu yakalamaya" çalışırdık.

Bunun ne anlama geldiğini açıklayan bir örnek verelim. Hepimiz, üstün olma veya gurur gibi belli miktarda benmerkezci olan eğilimlere sahibiz. Kendimizi incelediğimiz zaman, bunların farkına gerçekten varmayız. Ancak, başkalarının üstün olmak veya övünmek hevesiyle hareket ettiklerini gördüğümüz zaman, çoğunlukla bu bizi rahatsız eder.

Başkalarından nefret etmek ve onlardan hoşlanmamak üzere önceden düzenlenmiş olmamız, bize bu tür eğilimlere karşı önyargılı olmama, akılcı ve eleştirel bir tavır alma olanağı verir. Taviz vermeyen ve her şeyi gören bir yargıç gibi, başkalarında karşımıza çıkan kötülüğü incelemek ve onu titizlikle, derinlemesine, detaylı bir biçimde yargılamak için egomuz bize yardım eder.

Dışarıya dair ilk algımız gözlerimizi açar ve bizim dışımızdaki kötü şeyleri fark etmemizi sağlar. Daha sonra, aslında bunların hepsinin kendi içimizde olduğunu fark ederiz. "Hata bulan herkes, hatada kendi özrünü bulur," diye söylenmiştir. Ancak, "o küstah" ve "bu kendini beğenmiş" olmadığını, onları bu şekilde görenin, kendi bozuk arzularımız yüzünden biz olduğunu keşfetmeye yazgılıyız.

Yaradan'ın, yaratmış olduğu yaratılış için arzuladığı amaç, yaratılanlarına ihsan etmektir. Böylece, yaratılanlar O'nun doğruluğunu ve yüceliğini bilecek ve onlar için hazırladığı tüm sevinç ve hazzı alacaktır.

Baal HaSulam, "Zohar Kitabına Giriş" Madde 39

Yukarıda belirtildiği üzere, realite algımızı biçimlendiren arzudur. Şimdi arzunun hangi parçalardan oluştuğunu, neden özellikle böyle yaratılmış olduğumuzu ve realitemizi nasıl daha iyiye doğru değiştirebileceğimizi anlamaya çalışacağız.

Bu sırada, başkalarına karşı duyduğumuz nefret ve sevgi gibi duyguların neden içimizde belirdiğini, başka biri ıstırap çekerken memnun olmamıza neyin neden olduğunu ve komşumuz yeni bir araba aldığında neden kıskandığımızı anlayacağız.

Soru: Eğer Yaratılışın amacı haz almaksa, neden meseleler sürekli olarak daha kötüye gidiyor gibi görünüyor? *Zohar*

Kitabı, aslında Yaradan'ın yarattığı mükemmel bir sistem içinde var olduğumuzu açıklar. Yaratılışın özünün tamamı, alma arzusudur ve bu mükemmel sistem de aslında her şeyi kapsayacak şekilde yaratılmış olan arzudur. Bu arzuya "genel ruh" veya "Adam HaRişon'un ruhu" denir. Ancak, Yaradan genel ruhu pek çok parçaya kırmıştır ve her birimizde bu genel ruhun ufacık bir parçası vardır.

Kırılmadan önce, bu sistemde hepimiz tek bir vücudun organları gibi hissediyorduk. Her şey mükemmel ve sınırsızdı; bu nedenle, o zaman bu sisteme "*Eyn Sof* (sonsuzluk) dünyası" denirdi. *Eyn Sof* dünyasında, sistemin her parçası birbirine sevgi ile bağlı ve Işık dolu idi. Ancak, Yaradan bu sisteme dünyaları gizleyen 125 "filtre" yerleştirdi ve şimdi orada Işık olduğunu hissedemiyoruz.

Çok güzel bir tablonun, lekeli bir naylon örtü ile kaplanması gibidir. Onun üstünde bir başka lekeli örtü ve onun üstünde bir tane daha örtü vardır. Böylece orijinal resim giderek saklı hale gelmiştir.

Biz en dış katmandayız ve daha önceki katmanlara dair herhangi bir algımız yoktur. Bu yüzden aramızdaki bağ tamamen bozulmuştur. *Eyn Sof* dünyasında bizi bağlayan sevgi duygusunun yerine, aramızda nefret ve hoşgörüsüzlük bulunur. Her şeyi kapsayan bağı aramızda hissetmeyiz, bağımız kopuk ve ayrılmış durumdayız.

Yaradan, iyilik ve aydınlığa, *Eyn Sof* dünyasına kendi başımıza dönmemizi istedi. Üç aşamaya ayrılmış olan yaratılışın gelişim programı şudur:

- Birinci Aşama: başlangıç durumu (*Eyn Sof* dünyası);
- İkinci Aşama: kırılmış durum (bu dünya);
- Üçüncü Aşama: kendi başımıza oluşturmamız gereken mükemmel durum (*Eyn Sof* dünyasına geri dönmek).

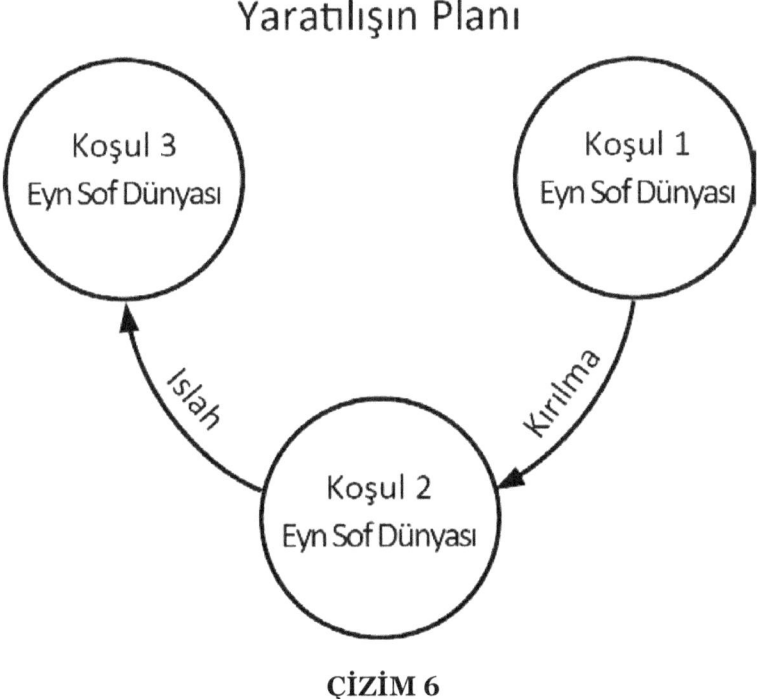

ÇİZİM 6

Bu, çocuklara davrandığımız biçime oldukça benzemektedir. Bir resim alırız, onu parçalara keseriz ve parçaları bir araya koymayı onlara bırakırız. Parçaları tekrar bir araya koyma süreci çocuğu geliştirir.

Kırılmanın sonucu olarak, her insanın arzusu (*Kli* [kap] diye bilinir) iki ana parçaya bölünmüştür: içsel *Kelim* (kaplar), "kök", "ruh" ve "gövde" diye bilinir ve dışsal *Kelim* "kıyafet" ve "saray" diye bilinir. Kendi içsel *Kelim*'imi "ben" diye algılarım, bu nedenle ona özenle bakarım. Dışsal *Kelim*'i ise bir yabancı olarak algılarım, benim olarak değil. İçsel *Kelim* ve dışsal *Kelim* birbirine ters düşer, yani içsel *Kelim*'imi ne kadar çok seversem, dışsal *Kelim*'imden o kadar nefret ederim.

Bu iki tip *Kelim* arasında bir sınır vardır – kırılmanın sınırı. Bu ayrılma, benim dışarıya sadece, "Durumumu iyileştirmek için oradan ne alabilirim? O bana ne verebilir?" zihniyeti ile bakmama neden olur. Bu da beni başkalarıyla daima bencilce ilişki kurmaya ve onları sömürmeyi arzulamaya mecbur bırakır.

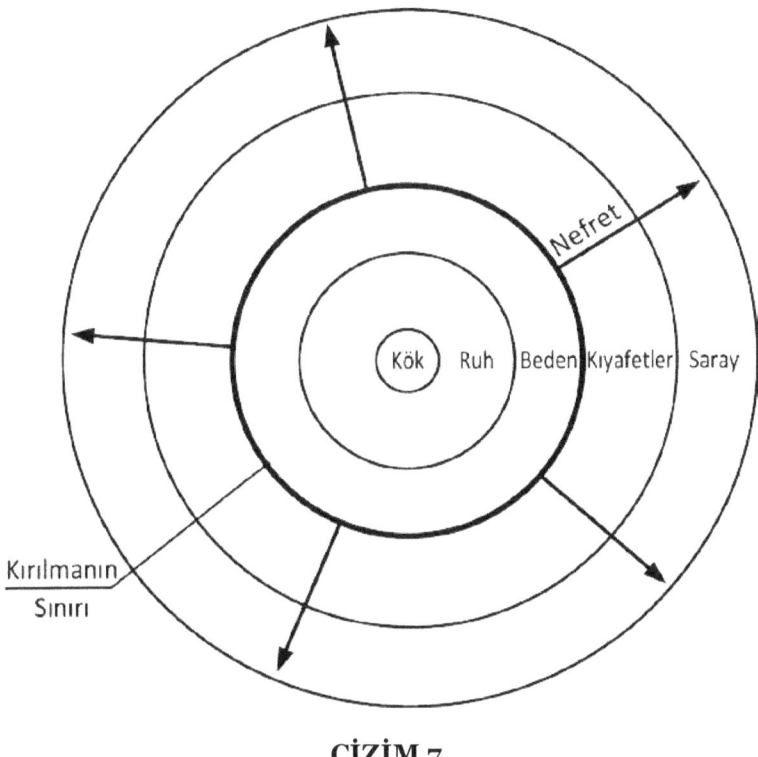

ÇİZİM 7

Durumumu daima kendim ve dünyanın geri kalanı arasındaki farka göre değerlendiririm. Bundan dolayı, kulağa şaşırtıcı ve tuhaf gelse de, dünya için ne kadar kötü ise benim için o kadar iyidir – kişisel güvenliğimi tehlikeye sokmadığı sürece.

Dışsal *Kelim*'deki tatmin olma durumuna tahammül edemem. Bir başkasına karşı ilgisiz kalamam veya ona aldırmıyormuşum gibi davranamam. Başka birisi başarılı olduğunda, bu benim için acı vericidir, beni gerçekten perişan eder. Sürekli olarak karşılaştırırım.

Örneğin, eğer ben yılda 100.000 $ kazanıyorsam ve etrafımdaki insanlar 50.000 $ kazanıyorsa, büyük bir tatmin duyarım. Ama eğer birisi yılda 200.000 $ kazanırsa, büyük bir hayal kırıklığına uğrarım. Kendimi bu düşünceden kurtaramam ve bana ait olanla yetinemem. Çünkü başkalarının benden daha azına sahip olması benim için çok önemlidir.

Dışsal *Kelim*'i öyle görmezden gelemeyiz. Çünkü onun bize ait olduğunu hissederiz. Eğer aramızda hiçbir bağ olmasaydı, o zaman başka bir hikâye olurdu. Ancak, kırılma, aramızda olumsuz bir bağ yaratmıştır. Dolayısıyla birbirimize kötü hiçbir şey yapmasak bile, kırılmanın gücü bizi gerçekte düşman yapar.

Dünyadaki tüm insanların içinde eşit olan taraf şudur; her bir kişi, tüm insanları mümkün olan her yolla kendi menfaati için kötüye kullanmak ve istismar etmek için hazır bekler. Kendini arkadaşının yıkımı üzerine inşa edeceğini hiç dikkate almaz.

Baal HaSulam, "Dünyada Barış"

Bu konuların nasıl çalıştığını anlamak son derece önemlidir. Çünkü bu, değişim için bir araç, gelişim için bir kaldıraç olarak hizmet eder. Bir başka örneği inceleyelim, bu aşırı bir örnek olduğu için konuyu daha doğru şekilde anlamamıza yardım edecektir.

İnsanlığın düşmanı olmuş kişilerin hepsi, kendi içsel *Kelim*'leri ile dışsal *Kelim*'leri arasındaki mesafeyi açmak üzere, aynı içsel dürtü ile hareket etmişlerdir. Örneğin, Nazi Almanyası, Alman insanının gelişen bir ülke yaratmadaki büyük potansiyelini fark etmekle yetinememiştir. Bunun yerine, içlerinde herkesden üstün olma, herkese hükmetme ve herkesi mahvetme güdüsü belirmiştir. Ancak o zaman gerçekten büyük olduğunu hissedecekti.

İnsan egosu, başkalarını öldürmek, sömürmek ve onlara zorla hükmetmekten zevk duyar. Bu durum, kırılmanın sonucudur; insan kendine, kendi dışsal *Kelim*'ine zarar verir, ama bunu bilmez. Başkalarına çektirmeye çalıştığımız tüm kötülüklerin hepsini aslında kendimize çektirmiş olduğumuzu fark ettiğimizde, çok büyük bir hayal kırıklığı ve acı deneyimleyeceğiz. Ancak, tam da bu hayal kırıklığı ve acı, gerçek ıslahı gerçekleştirmemiz için bize yardım edecektir.

Biz bu konuları tartışma alışkanlığına sahip değiliz ve onları saklamaya eğilimliyiz. Fakat bunların açıkça görünür olduğu yer politikadır. Hatta bu yalanlar dünyasına saygın bir isim de bulduk: "siyaset". Bir taraf, diğer tarafa egemen olmak için mücadele eder. Fakat başka seçeneklerin eksikliğinden dolayı diğer tarafla bir anlaşma imzalar.

İnsan toplumunda, her birimizin içsel *Kelim*'i ve dışsal *Kelim*'i arasındaki çatışmayı en az ölçüde yaşamamıza imkân verecek birçok sistem kurduk. Aksi takdirde, hepimizin zarar göreceğini anlıyoruz. Sosyal güvenlik, sosyal refah ve yardım sistemleri ve hayır kurumları kurduk. Çünkü hepimiz, yarın belki kendimizin de bunlara ihtiyaç duyacak durumda olmasından dehşetle korkuyoruz. Bu nedenle, darbeden önce tedaviyi hazırlıyoruz.

İçsel ve dışsal *Kelim* arasındaki nefret, insana ait bir durumdur, hayvanlar âleminde mevcut değildir. Bir aslan bir zebrayı yerken ondan nefret etmez ve zebra da aslandan nefret etmez. Aslan zebrayı yiyecek olarak görür ve zebra da yenmemeye çalışır. Ancak aralarında hiç nefret yoktur. Doğa onların ikisini de mükemmel biçimde yönetir.

Eğer aramızda hiçbir bağ olmasaydı, hayatımızda kötü olan şeyin nedenini ortaya çıkaramazdık. Ancak aramızdaki bağın bozuk olduğunu fark ettiğimiz için, onu iyileştirebiliriz.

İnsanlığın son durumunu inceleyelim. Geçmişte, ülkeler arası ilişkiler hemen hemen yoktu. Her ülke sadece birkaç başka ülke ile ilişkideydi. Birbirimizden uzakta olduğumuz zaman, ortada fazla bir ilişki yoktu, bu nedenle de kötülük o kadar bariz değildi. Fakat dünya daha çok küreselleştikçe, herkes diğer herkesi etkileyerek birbirine bağlandı. Birdenbire, artık kaçacak hiçbir yer kalmadı. Başka bir yerküremiz yok, bu yüzden aramızdaki nefret su yüzüne çıkmaktadır. Yine de, tam da bu nefret bizi aramızdaki ilişkiyi düzeltmek zorunda bırakacaktır.

Her şeyin gözümüzün önünde olduğunu görsek bile, her aklı başında kişi, gördüğümüz her şeyin yalnızca kendi beynimizin içinde olduğunu kesin olarak bilir.

Baal HaSulam, "Zohar Kitabına Önsöz"

Başkaları ile olan ilişkilerimize ait tablo biraz daha netleştirildiğine göre, şimdi ilerleyebiliriz. Yukarıda söylediğimiz gibi, realite resmimizi içsel ve dışsal olmak üzere ikiye bölen güç, kırılmanın gücüdür. Kırılmadan sonra, arzularımızın bir kısmını (dışsal *Kelim*, "kıyafet" ve "saray") artık kendimizin olarak hissetmeyiz. Bu durum, bacağı anastezi ile hissizleştirilmiş birinin, bacağı kesilirken konuşup gülmesi ve hiçbir şey hissetmediği için hiçbir şey olmuyormuş gibi davranmasına benzer.

Arzunun "kıyafet" ve "saray" parçalarında, aslında biz olmayan her şeyi, yani dış dünyayı hissederiz. Etrafımızda insanlar, gelişmekte olan süreçler ve tüm dünya vardır. Ancak bunların hepsi bizim kendi arzumuzun parçalarıdır.

Uzun metrajlı bir filmin içinde yaşıyoruz. Bu filmde arzularımız gözlerimizin önünde yansıtılıyor. Filmin her anında gördüğümüz görüntüyü belirleyen *Reşimot*'tur (izlenimler). 2. Bölümde söz edildiği üzere, *Reşimot* kişisel gelişim planımızı tanımlayan bilgi parçalarıdır.

Biraz düzene sokmak üzere daha önce söylediklerimizi gözden geçirelim. Realite üç elementten oluşur: Işık - sevgi ve ihsan etme gücü (Yaradan), alma arzusu (yaratılan) ve *Reşimot* (yaratılanın gelişim planı). Önce Yaradan, yaratılanı, yani haz alma arzusunu yarattı. Sonra, Yaradan bu arzuyu içsel parça (kök, ruh, gövde) ve dışsal parça (kıyafet, saray) olmak üzere ikiye parçaladı ve onun içinde "dünyaya karşı ben" diye bencil bir algı yarattı.

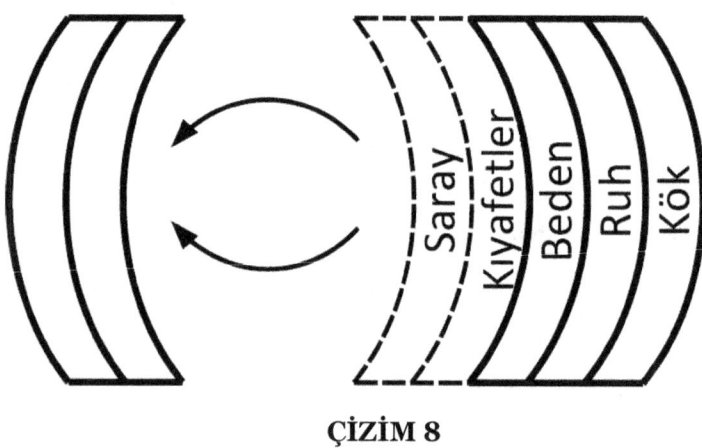

ÇİZİM 8

Arzunun içindeki, onun gelişim programıdır ve *Reşimot*'tan oluşur. Böyle her bir *Reşimo* (*Reşimot*'un tekili), yaratılanın kırılmayı düzeltene kadar, yani Yaradan'ın nitelikleri ile aynı olana ve yaratılışın amacını gerçekleştirene kadar deneyimlemesi gereken belirli bir durum oluşturur.

Eğer filme geri dönersek, şimdi görmekte olduğum, arzumun beş parçasında hissettiğim *Reşimo*'nun gerçekleşmesidir ve orada bundan başka hiçbir şey yoktur.

Her an, arzumun içinde yeni *Reşimot* uyanır ve hemen bana farklı bir dünya gördüren yeni izlenimleri içimde harekete geçirir. Bütün hayatım, realitenin tamamı, benden geçerek gerçekleşen *Reşimot*'tur. Işık, beni, arzumu etkiler. Böylelikle *Reşimot*, selüloit film üzerindeki karelerin makaradan makaraya geçmesi gibi ilerlemeye başlar.

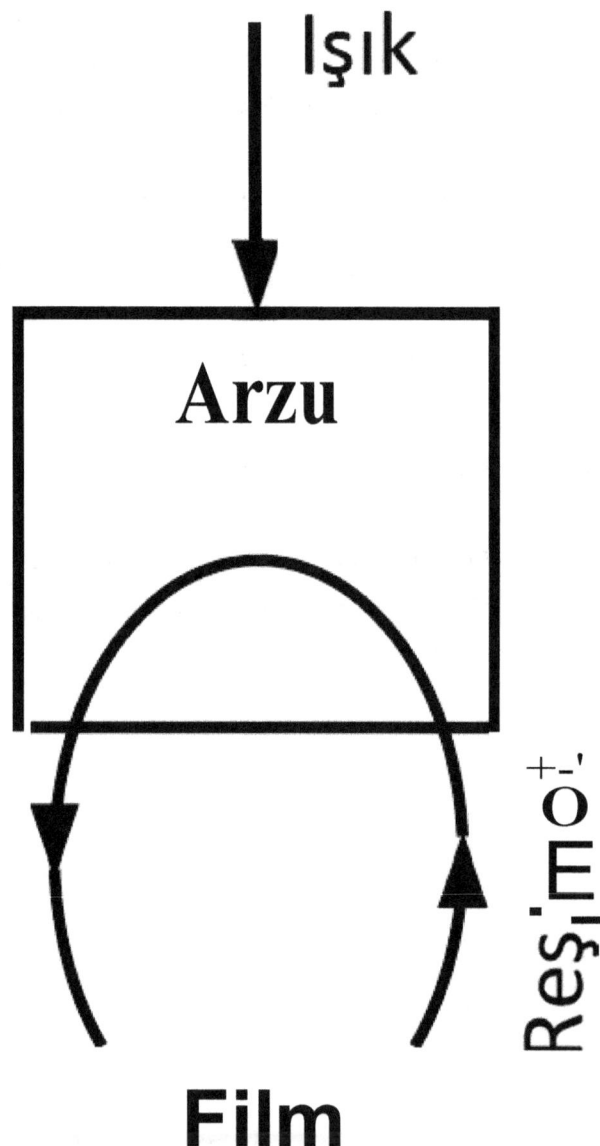

ÇİZİM 9

Ben, kendi hayatımı yaşıyor gibi hissederim. Ama gerçekte onu yaşayan ben miyim? Eğer birkaç yıl geriye bakarsam, onu yaşamış olanın gerçekten ben olduğuna inanacak mıyım? Sanki içimden bir film geçmiş gibidir. Pek çok insan böyle hisseder – hayat sanki bir rüyadaymış gibi geçip gider, sanki yapan ve deneyimleyen kendileri değilmiş de, bir film gösteriliyor ve onlar da bu filmde kendi rollerini oynuyorlarmış gibi.

Zohar, Reşimot, Işık ve arzudan başka hiçbir şey olmadığını açıklar. Geçen her *Reşimo*, arzuyu içsel ve dışsal olmak üzere ikiye böler. Kendimizi ve bize bizim dışımızdaymış gibi görünen - ağaçlar, güneş, ay, insanlar - başka şeyleri deneyimleriz. Çocuklarımız vardır, işteyizdir, daima biz ve bir diğeri vardır. Neden?

Realitenin algısı, her ne kadar ikiye ayrılmışsa da, bize kendimiz dışında başka bir gücün - Işık, Yaradan - daha olduğunu fark etme imkânı verir ve bizi bu gücü aramaya mecbur bırakır.

"*Üst ve alt, tüm dünyalar, insanın içindedir.*"

Baal HaSulam, "Kabala Bilgeliğine Önsöz'e Giriş" Madde 1

Zohar Kitabı, insanların onda yazılanları nasıl okuyacaklarını ve anlayacaklarını bilmemeleri yüzünden saklanmıştır. Çünkü onu okumak için gereken anahtar, realitenin algısıdır. *Zohar*, algıladığımız realitenin dışarıda değil, içeride olduğunu anlamamızı talep eder.

Zohar'ın bize yolunu gösterdiği üst dünyayı bile kendi içimizde deneyimleyeceğiz. Üst dünyaya açılan bir çıkış yolunu ufuğun ötesinde aramak anlamsızdır. Aksine, o çıkış yolu içsel niteliklerimizdeki değişiklikten ibarettir.

Zohar, şu an hissettiğimizin "üzerinde", zaman, mekân ve hareketin "üzerinde" var olan bir realiteden bahseder. Bizim dışımızda olarak tanımlanan ve bizim dışımızdaymış gibi görünen bu dışsal realite, hiçbir yerde bulunamaz. Hepsi bizim arzumuzun içindedir. Geçmiş, şimdi ve geleceğe dair tüm olaylar ve hissiyatlar, bu arzunun içinde tanımlanır. Tarih, sadece, bir şeyi geçmiş bir zamanda olmuş gibi resmettiğimiz bir süreçtir. Gerçekte, zaman yoktur, hareket yoktur ve tüm mekânlar hayalidir. Her şeyin meydana geldiği tek bir yer vardır – arzu.

Her şeyin doğal akışı içinde, arzumuzun değişik parçaları (içsel ve dışsal, ben ve diğerleri) birbirleriyle çatışır. *Zohar Kitabı* bize, onların arasındaki ilişkiyi düzeltmemiz, onlar bir olana ve biz onların aralarında hiçbir fark hissetmeyene kadar onları birleştirmemiz için yardım eder. Bu, kendi realite algımızda özlemini çektiğimiz değişimdir.

"Bir sonraki dünya" diye de bilinen üst dünyayı bu şekilde keşfederiz. Bu durum, kendimizi burada hazırlayıp, ardından başka bir yere erişiriz demek değildir. Daha ziyade, başkalarına karşı nefret yerine daha fazla sevgi gösterdikçe, "üst dünya" ya da "bir sonraki dünya" denileni daha fazla hissetmeye başlarız. Tüm dünyalar, biz ve şu an bizim dışımızdaymış, uzaktaymış gibi görünenler arasındaki bağdadır.

Bize başkalarına aitmiş gibi görünen arzular, egomuzla olan ilişkisine göre farklı halkalara bölünmüştür. En yakın halkada aile, akrabalar ve arkadaşlar vardır. Bir sonraki halkada bize yardım eden ve varlığı ile bize faydası dokunan insanlar (doktorlar gibi) vardır. Sonra, yalnızca kullanmak, yararlanmak, zarar vermek ama hayatta tutmak istediğimiz insanlar vardır. En uzakta ise gerçekten nefret ettiğimiz ve öldürmeye bile hazır olabildiğimiz kişiler vardır.

Ancak, bunların hepsi bizim kendi arzularımızdır. Onlarla kendi aramızda tekrar bağ kurduğumuz zaman, Yaradan'ın yarattığı genel ruh olacağız ve *Eyn Sof* dünyasına geri döneceğiz.

Önemle belirtmek gerekir ki realitenin algısının düzeltilmesi süreci yapay olarak yerine getirmek için değildir. Eğer yarın komşum bana bağıracak olsa, ona "Rahat ol, dostum. Ne de olsa hepimiz tek bir arzuyuz," diye cevap verecek değilim.

Ayrıca bu, "dışarıya doğru yerine, içeriye doğru" olana yapılacak basit bir geçiş de değildir.

Aksine, bu çok derin bir dönüşümdür. Bunu gerçekleştirebilmek için *Zohar Kitabına* ihtiyacımız vardır. *Zohar* ve bize bu düzeltme sürecinde destek olacak insanlar grubu, kendi içimizde bu yeni algıyı yapılandırmamıza yardım eder.

En gizli olan, kalbi bilge olana verilmiştir.

Herkes İçin Zohar, Leh Leha [Çık], Madde 96

TEK KALPTE TEK İNSAN GİBİ

Yaradan, Adam HaRişon adında tek bir Kli (kap) yarattı ve onu pek çok küçük parçaya kırdı. Böylece hep birlikte sevginin ne demek olduğunu öğrenecekler ve hep birlikte O'na ulaşacaklar.

Bilge Kalp Kitabından

Manevi gelişimin önemli araçlarından biri de gruptur.

Manevi gelişime hazırlanmak için, Yaradan içimizde iki his uyandırır. Birincisi bu dünyanın boş olduğuna dair bir histir, ikincisi de hayatın kaynağına erişme özlemidir. Bu, "kalpteki noktanın" uyanmasıdır.

Kalpteki nokta, bizi beslenip gelişebileceğimiz yere, yani gruba bağlar. Gerçekten de, kalpteki noktası uyanmış kişilerin doğal olarak birbirine doğru çekildiğini görebilirsiniz. Bu, insan toplumunda daima olur: benzer olanlar bir araya gelirler.

Grup, nefret ve ayrılığa karşıt olarak, sevgi ve vermeye dair yeni kurala göre diğerleri ile gerçek bağlar kurma olanağını sağlar. Bu yüzden, Yaradan'ı ifşa etmeyi başarmak için grup çalışması gerekli bir araçtır. Grup, kişiye diğerleri ile olan ilişkisinin doğruluğunu değerlendirme imkânı verir ve kişinin Yaradan'la kişisel bir ilişki kurmayı başardığına dair yanlış bir inanç geliştirmesini engeller. Çünkü ne de olsa Yaradan, aramızdaki düzeltilmiş ilişkide var olan sevgi ve verme niteliğidir.

Bu tür gruplar tarih boyunca daima var oldu. Grup üyeleri arasındaki ilişkiyi birleşmeye ve ortak sevgiye dönüştürerek, onlar bize asıl realiteyi algılayabilmemiz için gerekli koşulları yarattılar. Edindikleri çok geniş tecrübe ile onlar önlerinde açılan dünya hakkında yazdılar. Arkalarında bıraktıkları kitaplar, bize bu yeni hayata en kısa ve en etkin yolla erişme imkânını verir.

Bu çeşit bir gruba, "Kabalistler grubu" denir. Bu grubun tek amacı birleşmektir, şöyle yazıldığı gibi, "Tek kalpte tek insan gibi", "Nefret ettiğin şeyi dostuna yapma" ve "Dostunu kendin gibi sev."

Kabalistler grubunda yaratılan ortam çok özeldir. Bunu biraz olsun sezebilmek için, geçmişte bilinen grupların üyeleri arasında kurulan bağlardan birkaç örneği inceleyelim:

Hepimiz, sevgi ve kardeşlik ile davranmayı ve dostumuzun onurunu kendimizinki gibi korumayı üstlendik.

Aralarında Ari'nin de bulunduğu Mısırlı bilgelerin grubu, 1558

[27]

Güçlü ve kopmaz bir sevgi, kardeşlik ve barış bağını aramızda bağla ... hayatlarımızın her gününde, tek bir vücutmuşuz gibi, aynı anne ve babadan doğmuş kardeşlermişiz gibi.

Mısırlı bilgelerin grubu, 1564 [28]

Herkes, tüm gücü ve ruhuyla, dostunun kendisinin gerçek bir parçası olduğunu düşünsün.

Dostların her olası yolla birbirine yardım etmesi, birbirini kuvvetlendirmesi ve desteklemesi için, tek insan gibi birleşelim.

Raşhaş grubu, Beit El Kudüs'lü Kabalistler, 1757 [29]

Birbirlerini sevmeyi üstlendiler ... ve hepsi her gün Zohar çalışmak için gelmeye çalışacaklar.

Ramhal'ın grubu, Padua, İtalya, 1731 [30]

Grup içindeki ilişkileri, kendini sevmekten başkalarını sevmeye doğru düzeltmek, sadece bencilliğimizi yaratmış olan o aynı üst güç tarafından gerçekleştirilebilir. Kötü eğilimi iyi eğilime dönüştürebilen tek şey odur. Yaradan şöyle der, "Kötü eğilimi ben yarattım, ona şifa olsun diye Işığı yarattım. Çünkü öğretinin içindeki Işık onu düzeltir," [31] onu birliğe ve sevgiye doğru değiştirir.[11]

---

[11] Kişinin tek başına doğaya karşı gelecek gücü yoktur. Çünkü kişinin içinde tamamlanması gereken akıl ve kalp açısından, kişinin yardım görmesi gerekir ve bu yardım Işık'dan gelir. Ustalarımız şöyle demiştir, "Kötü eğilimi

Şimdi bile, hepimiz düzeltilmiş olan realitenin içindeyiz. Tek bir organizmanın parçaları gibi birbirimize sıkıca bağlıyız. Ancak bu durumun farkındalığına gelemedik, daha uyanamadık. Bu uyanışı, bu canlandırıcı gücü, Islah Eden Işığı, bir araya geldiğimiz zaman elde edebiliriz.

Grup içinde, hep birlikte *Zohar Kitabını* okuruz. *Zohar*, bizim bağ kurmuş halimizden bahseder. Dolayısıyla, birliğe ve sevgiye erişmek amacıyla onu birlikte okumamız, Islah Eden Işığı harekete geçirir.[12] Zamanla, bizim doğal olan benmerkezci duygularımızın üzerine çıkmaya ve aramızdaki sevgi bağını hissetmeye başlarız. Bunun içinde de Yaradan'ı hissederiz. Kabala öğretisinin özünü, Yaradan'ın yaratılana ifşa oluşunu keşfetmenin yolu budur.

---

yarattım, ona şifa olsun diye öğretiyi yarattım." Manevi çalışmaya kendilerini verdiklerinde, onun içindeki Işık onları düzeltir. (Kabalist Baruh Şalom HaLevi Aşlag, Rabaş, Rabaş'ın Yazıları, 'Yaradan'ın yolunda Işık ve manevi çalışma nedir' makalesi)

[12] Bu yapıta kendini verdiğin zaman ... Kutsallık, o Işıktan ilk yaratıldığı zamanki gibi parlar ve aydınlatır. Ve ona kendini veren herkes, Raşbi ve dostlarının onu yazarken açığa çıkardıkları o ilk Işığı ve o aynı faydayı yeniden uyandırır. (Ramak, Or Yakar [Değerli Işık], Kapı 1, Madde 5)

HER BİRİ DOSTUNA YARDIM ETTİ

Onların her birinde başkalarını sevme kıvılcımı vardı. Ama kıvılcım her birinde sevgi ışığını yakamadı. Böylece kıvılcımların büyük bir alev olabilmesi için birleşmek üzere anlaştılar.

Kabalist Baruh Şalom Aşlag, Rabaş - Toplumsal Yazılar [32]

Bizim neslimizde, bütün insanlık tek, geniş bir grup haline gelmek ve kendini düzeltmek zorundadır. Bu nedenle, Kabalist Baruh Şalom HaLevi Aşlag (Rabaş), Baal HaSulam'ın ilk oğlu ve takipçisi, grup içindeki çalışma hakkında onlarca yazı yazdı. Dünyaya, grup içindeki ilişkilerde ortaya çıkacak her durumla ilgili talimatlar içeren, birleşmek üzerine ayrıntılı bir yöntem miras bıraktı. Biz, onun yazıları sayesinde çalışıyor ve manevi olarak gelişiyoruz.

İnsan, "kendini sevme" diye adlandırılan Kli (kap) ile yaratıldığı için ... kendini sevmeyi etkisiz kılmadan, form eşitliğine ulaşmak imkânsızdır. Bu doğamıza aykırı olduğu için, büyük bir güç oluşturacak bir topluma ihtiyacımız vardır. Böylece alma arzusunu etkisiz kılmak üzere birlikte çalışabiliriz.

Rabaş, Toplumsal Yazılar, "Toplumun Amacı (2)"

Grup olmadan maneviyatta ilerlemek mümkün değildir. Günümüzün gelişmiş teknolojisi, bu ıslah yöntemini internet aracılığıyla dünyanın her yerine yayma imkânı verir. *Zohar Kitabı* hakkında Kabala öğretisi dersleri ve Rabaş'ın makaleleri, her gün www.kabbalah.info adresinden yayınlanmaktadır ve buradan binlerce insan çalışma grubuna katılmaktadır. Onlardan bazıları dünyanın her yerindeki yerel gruplarda toplanmakta, bazıları da evlerinden online olarak bağlanmaktadırlar.

Günümüzde dünyanın her yerinden grupla bağlantı kurma becerisi, ilgi duyan herkese manevi gelişim olanağını sağlar. İnsanlar arasındaki fiziksel uzaklık bile artık bir engel değildir. İşimiz insanlarla içsel bağ kurmak olduğu için, internet kanalı ile bağlanabiliriz. Bedenlerin değil, kalplerin birleşmeye ihtiyacı vardır. Bu küresel grup içinde, insanların çok farklı dış görünüşleri olabilir, ancak içleri çok benzerdir.

İnsanlık amacına ulaştığı zaman ... onları tam olarak başkalarını sevme seviyesine getirdiğinde, dünyadaki tüm bedenler, tek bir bedende ve tek bir kalpte birleşecektir. Ancak ondan sonra, insanlığa verilmesi amaçlanmış mutluluğun hepsi, tüm ihtişamı ile açığa çıkacaktır.

Baal HaSulam, "Özgürlük"

ÇOĞUNLUĞUN DUASI

Çoğunluğun duası, Yaradan'ın huzurunda yükselir ve Yaradan bu duayla kendini taçlandırır. Çünkü o değişik yollarla yükselir. Bu böyledir zira bazısı *Hasadim*'i ister, bazısı *Gevurot*'u, bazısı da *Rahamim*'i. Bu farklı tarafları içerir: sağ taraf, sol taraf ve orta taraf. Çünkü *Hasadim* sağ taraftan, *Gevurot* sol taraftan ve *Rahamim* ortadan uzanır. Farklı yolları ve tarafları içerdiği için de, Sonsuza Kadar Yaşayan Hak'tan Yana Kişinin - *Yesod* - başına taç olur. *Yesod*, *Nukva*'ya kurtuluşların tümünü verir ve *Nukva*'dan da tüm halka verir.

Fakat tek kişinin duası tüm bu tarafları kapsamaz, o tek bir yol üzerindedir. Kişi ya *Hasadim*, ya *Gevurot*, ya da *Rahamim* ister. Bu nedenle, tek kişinin duası çoğunluğun duası gibi kabul görmek üzere yükselmez. Çünkü çoğunluğun duası gibi her üç yolu da içinde barındırmaz.

Herkes İçin Zohar, VaYişlah [Yakup Gönderildi], Madde 45

Çoğunluğun duası, kişi sayısına değil, duanın içeriğine bağlıdır. Milyonlarca kişi yalvarabilir. Fakat eğer bu bencil bir yakarış ise, dua cevaplanmaz.

Çoğunluğun duası, kırık ruhun çok sayıda parçasını tekrar birleştirme talebidir. Yaradan'ın cevap verdiği tek dua budur.

KISIM III: ZOHAR'IN KİLİDİNİ AÇMAK

YARATAN GİBİ OLMAK

Her hareketimizi kendi kökümüzle dengelediğimizde, sevinç duyarız.

    Baal HaSulam, "Maneviyatın Verilişi" (Yaradan'ın İfşası)

Tarihin çok önemli, kritik bir noktasında duruyoruz. On binlerce yıllık insan gelişimi ve milyarlarca yıllık gelişim, hepsi bizi bu dönüşüm zamanına, yeni insanlığın doğum noktasına getirmek için oldu.

Eğer doğayı incelersek, onun sürekli geliştiğini görürüz. Önce cansız doğa, sonra bitkiler ve son olarak da hayvanlar gelişti. Bu gelişim safhalarının her biri, yaratılanda mevcut olan arzunun gelişmesine dayanır.

Değişmeden, kendini koruma arzusu, cansız doğa biçimini alır. Arzu, gelişmek ve kendisi için iyi olana doğru ve kötü olandan uzağa doğru hareket etmek istediğinde, bitkisel yapı ortaya çıkar. Daha büyük bir arzu, kendi hareketi ile faydalı olana yaklaşan ve zararlı olandan uzaklaşan hayvan biçimini alır. Gerçekte gördüğümüz tüm bu biçimler, sadece dışsal zarflardır. Yaratılmış olan tek gücün gelişimini ifade ederler. "Haz ve keyif alma arzusu" ya da kısaca, "alma arzusu"dur.

Hayvan seviyesindeki en gelişmiş yaratık, insan türüdür. Ancak, daha önce de söylediğimiz gibi, 5770 yıl kadar önce, doğada yeni bir gelişme başladı: Yaratılanlardan biri, konuşan seviyesine, Yaradan'a benzer olan (*Dome*) Âdem'in seviyesine yükseldi. O kişinin arzusunda bu dünyaya ait olmayan bir özlem, yani kalpteki nokta, Yaradan'ı keşfetmek üzere onu iten bir kıvılcım belirdi.

Hiçbir hayvan türünde olmayan, ama sadece insanın arzusunda olan tek ihtiyacın, İlahi Dvekut'a (bağlılık) doğru uyanmak olduğunu bulduk. Yalnızca insan türü buna hazırdır, başka hiçbiri değildir.

Baal HaSulam, "Bu Yahuda İçin"

Daha alt seviyelerden farklı olarak, konuşan seviyesine gelişmek kendi kendine olmaz. Sadece biz bunun için bir arzu, oraya yükselmek için bir özlem duyduğumuz zaman olur. Bu özleme "niyet" denir. Yaradan'a benzer olma niyetini içimizde geliştirmek için, bize yardım edecek bir araca ihtiyaç duyarız. *Zohar Kitabı* bu nedenle yazılmıştır.

Zohar çok özel bir kitaptır. Tarih boyunca, Kabalistler bu kitabı tüm doğanın en üst seviyelerinin algısına erişmek için kullanmışlardır. Bu yüzden bu kitabın çok önemli olduğu kabul edilir. Kabalistler, isim vermeden bir kitaptan bahsettikleri zaman, aslında daima *Zohar Kitabından* bahsediyorlardır.

2000 yıllık bir sürgünün başlangıcı olan zamanın neslinde, on Kabalist bir araya gelerek *Zohar Kitabını* yazdılar. Bu kişiler, on *Sefirot*'u ("safir" kelimesinden gelir), yani yaratılışın genel sistemindeki on temel yapıyı temsil eden özel ruhlardı. Onlar, realitenin tüm yapısını ifade edebildiler. Kabalist Şimon Bar Yohay onların lideriydi ve kendisi *Sefira (Sefirot*'un tekili) *Keter* (taç) sayılırdı. Onunla birlikte olan diğer Kabalistler de geri kalan *Sefirot*'a - *Hohma, Bina, Hesed, Gevura, Tiferet, Netzah, Hod, Yesod* ve *Malhut* - denk gelirler.

Zohar'ın yazarları, bu sistemin yapısını tanımlamak için "harfler" diye adlandırdığımız işaretleri kullandılar. Harfleri ve kelimeleri okuduğumuz zaman, eğer bu sisteme bağlanmak arzusunda isek, bizi etkilemeye başlar.

Zohar'ı çalışmak, bizim manevi anlamda büyümemizi ve gelişmemizi sağlar. Bize yavaş yavaş doğru niyeti sağlar ve "Islah Eden Işık" diye adlandırılan özel gelişim gücünü verir. Düzeltilmek demek, Gönlü Yüce Olan ile, yani Yaradan ile aynı seviyeye erişmek demektir.

ORTA ÇİZGİ

Kişi, kalbinde bir nokta, parlayan bir kıvılcım olduğuna inanmalıdır. Bazen, bu sadece siyah bir noktadır ve parlamaz. Bu kıvılcım daima uyandırılmalıdır ... çünkü bu kıvılcım kişinin hareketlerini aydınlatabilir, böylece bu hareketler Işık saçarlar.

Rabaş, Rabaş'ın Yazıları, "Çalışmada, Abram'ın Sığırlarının Çobanı ve Lot'un Sığırlarının Çobanı Nedir"

Şimdi, *Zohar Kitabından* bir alıntıya bakalım. Bu alıntı, *Leh Leha* [İleri Git] bölümünden alınmıştır ve orta çizgiden, yani Hak'tan yana kişinin *MAN*'ından bahseder. *MAN*, kişinin Yaradan'a benzer olmak için sahip olduğu gelişme niyetidir ve Hak'tan yana kişiler haklı olmayı isteyen kişilerdir. Onlar, Yaradan'ın onları yaratmakta haklı olduğunu söylemek, O'nu haklı çıkarmak isterler. Bu, ancak kişinin yükseldiği en üst seviyeden, realitede ne olduğunu gerçekten anlamakla ve algılamakla mümkün olur. *Zohar* aracılığıyla erişmek istediğimiz budur.

O, bu dünyadaki ruhlarla oynar bile, çünkü gece yarısı, gerçekten Hak'tan yana olanların hepsi maneviyatı çalışmak ve Işığın methiyelerini seslendirmek için uyanırlar. Yaradan ve Cennet Bahçesinde bulunan tüm Hak'tan yana olanlar, onların sesini dinlerler. Gün boyunca, bir merhamet ipliği onların üzerine uzanır, yani çalışmaları ve methiyeler sayesinde yükselttikleri MAN, orta çizgi – Hasadim (merhamet) ışığı - Nukva'ya (dişi) uzanır. Onlar bu ışığa sebep oldukları için, Nukva'da sebep oldukları miktarın aynısıyla ödüllendirilirler. Bu, "Gündüz, Yaradan merhametini buyuracak ve gece O'nun şarkıları benimle olacak," sözlerinin anlamıdır. Çünkü kişi, gece söylediği şarkılar yüzünden gündüz Yaradan'ın merhameti ile ödüllendirilir.

Herkes İçin Zohar, Leh Leha [İleri Git], Madde 132

Sistemin tümü içinde, bazı ruhlar zaten düzeltilmiş durumdadır. Eğer Yaradan'ı bulmak isteyip de O'nun bizden saklanmış olduğunu hissedersek, o zaman manevi karanlık içinde, yani "gece" denen durumda oluruz. Bu durumda, çaba sarf etmeli ve taleplerimizi harekete geçirmeliyiz. Sonra, *Zohar Kitabında* okuduğumuz gibi, o yüksek ruhlar bizi etkileyecektir.

Zohar Kitabı özellikle, bizi o ruhlara bağlamak için yazılmıştır. *Zohar*'ı okurken, bu bağı yaratırız ve onlar bize Islah Eden Işığı yollarlar.

Bu Işık, henüz yayılmaz ve ruhlarımızı doldurmaz. Çünkü ruhlarımız ve Işık arasındaki form eşitliği hâlâ mevcut değildir. Ancak, bizi ana rahmindeymişiz gibi etkiler, bizi sarar, okşar, kucaklar.

Böylece, Işık biz onu, yani bağ kurduğumuz düzeltilmiş ruhları ve ruhlar sisteminde olan Yaradan'ı hissedene kadar, bizi aşama aşama düzeltir.

Bizi saran bu ışığa, "saran Işık" deriz. Düzeltilmiş olduğumuz ölçüde, saran Işık içimize girer, bizi doldurur ve ruhun "içsel ışığı" bizim manevi hayatımız olur.

Ana rahminde, bizi saran Işık orta çizgi olarak gelişir. Orta çizgi, doğanın iki gücünü -arzunun gücü ve ışığın gücü - en iyi şekilde uzlaştırmak için yaptığım ince bir hesaptır. Böylece Işık, arzuyu düzeltecektir.

Bu süreç içinde, arzunun düzeltilen ve Yaradan'a benzer hale gelen parçası, orta çizgidir. Diğer bir deyişle, Yaradan'a benzer hale geldiğim boyuta, "benim orta çizgim" denir. Bu, "gece" durumundayken yaptığım bir talep ile başlayan süreç içinde, kendi içimde inşa ettiğim bir Yaradan imgesidir.

KARANLIKTAN AYDINLIĞA

Dünyamızda, dünyanın dönmesi sonucunda, gündüz ve gece kendiliğinden birbirinin yerine geçer. Maneviyatta ise bu başka türlü çalışır: Ben kendim geceyi gündüze çeviririm. Çünkü *Zohar* okuyarak ve grup içinde çalışarak, alma arzumun hareket yönünü içeriye doğrudan, dışarıya doğruya değiştiririm. Yani, karanlık ve Işık, arzunun hangi yönde çalıştığına bağlıdır.

Yukarıdaki ifadeyi açıklayalım: Alma arzusu iki yoldan birinde çalışabilir – almak üzere veya vermek üzere ("ihsan etmek üzere" diye de bilinir). Arzu, almak üzere çalıştığı zaman, hiçbir şeyi içine alamaz. Haz, arzunun içine giremez; arzuya sadece dokunur ve bu bizim hoşumuza gidiyormuş gibi hissederiz. Ama öyle değildir, sadece öyle görünür. Aslında, haz hissi onu hissettikten hemen sonra kaybolur. Bu böyledir çünkü alma arzusu ve haz birbirinin zıddıdır – arzu eksi gibidir ve haz artı gibidir – birbirlerini etkisiz hale getirirler.

Hiçbir zaman hazzı içimizde tutamayız. Mesela, eğer çoktandır özlemini çektiğimiz, gerçekten çok özel bir şeyi satın alsak, bir hafta sonra tatmin duygumuz kaybolur.

Bazı hazlar vardır ki cinsel tatmin gibi, arzunun doğası ile hazzın doğası arasındaki zıtlık yüzünden, onu elde ettiğimiz anda hemen kaybolur. Baal HaSulam bu boş çabayı şöyle özetler:

Bu dünya, bolluğa duyulan yoksunluk duygusu ve ona erişme isteği olarak yaratılmıştır. Sahip olmak için ise hareket etmemiz gerekir. ... Dolayısıyla, sahip olma ihtiyacını tatmin etmek için, hareket etme zahmetini seçeriz. Ancak, sahip oldukları her şey sadece kendileri için olduğundan ve "Yüze sahip olan kişi, iki yüz ister," durumundan dolayı, kişi sonunda "arzularının yarısı elinde kalmış" olarak ölür. Sonunda, her iki bakımdan da ıstırap çeker: artan çabalamadan dolayı çektiği acı ve sahip olduklarının yetersizliğinden dolayı çektiği acı.

Baal HaSulam, Talmud Eser Sefirot [On Sefirot'un Çalışılması],

Bölüm 1, "İçsel Yansıma" Kısım 4

Alma arzusunda hissedilen bu karanlık, ancak biz alma arzusunun çalışma biçimini "ihsan etmek üzere"ye değiştirirsek ışığa çevrilebilir. Diğer bir deyişle, alma arzusunu başkalarına vermek üzere kullanırsak ve vermekten zevk alırsak, hareketlerimizde sınırsız hale geleceğiz. Çünkü kişi sonsuz bir şekilde verebilir.

Eğer başkalarını sevmekten ve başkalarına vermekten Yaradan kadar zevk alırsak, O'na benzer hale geleceğiz ve hayatı sonsuz ve tam olarak hissedeceğiz. Bunu gerçekleştirmek için neye ihtiyacımız var? Başkalarını sevmeye ve başkalarına verebileceğimiz bolluğu bulmaya ihtiyacımız var.

Başkalarını sevme durumu, Islah Eden Işık aracılığıyla Yaradan'dan elde edilebilir. Bir kere başkalarını sevme durumu içimizde yaratıldığında ve Yaradan'a benzer hale geldiğimizde, Yaradan'ın bolluğu içimizde belirir. Başkalarını sevme durumuyla hareket ettiğimizde, Yaratılışın düşüncesini gerçekleştiririz ve yaratılanlar bakımından Yaradan'ın "ortakları" oluruz. Alma arzusunun işleyişinin düzeltilme süreci budur.

Arzunun düzeltilmiş hareketi şu formülü izler: "İnsan, Yaradan ve Işık, hepsi birdir." İnsan, doğrudan Yaradan'a erişmek, yani Yaradan'a benzer hale gelmek için içimde var olan arzu, *Yaşar El* (doğrudan Yaradan'a - manevi yazılarda İsrail kelimesi buradan gelmektedir ve anlamı Yaradan'a Doğru olan demektir) demektir. Yaradan, Yaradan'dır, benim arzuladığım amaçtır. Işık ise düzeltilmiş mekanizmanın tamamıdır, ruhları birbirine bağlayan sevgi bağlarıdır.

Yukarıdakileri canlandırmak için, insan bedenini düşünün. Bedenin farklı parçaları birlik içinde ve ortak bir sorumlulukla çalışırlar. Her parça diğerlerine yardım eder. Aralarında bağ ve birlik vardır. Bizim ruhlarımız da benzer şekilde çalışmalı, sevgi ve ihsan bağı ile birleşmelidir. Manevi çalışma budur. Işık, her ruh ile diğer tüm ruhlar arasındaki 613 doğru bağı içerir.

Eğer ruhlar arasındaki bağ, sevgi değil de nefret bağı ise, orada Işık yoktur. Işık saklanmıştır. Aralarında sevgi bağını hissetmeyen ruhlar, Işıktan ve Yaradan'dan uzakta sürgündedirler, yani bu doğru bağdan (maneviyat) ve bu doğru bağı dolduran Işık'tan (Yaradan) kopmuşlardır. Bu durumu, sağlıklı bir beden ile sistemleri doğru çalışmayan bir beden arasındaki farka benzetebiliriz.

Arzumuz üzerinde yaptığımız düzeltmelere – yozlaşmış biçimden ıslah olmuş biçime geçmek – sevaplar[13] olarak adlandırılır. "Dostunu kendin gibi sev" sözleri, manevi çalışmanın önemli bir kuralıdır denmesinin nedeni budur. Çünkü manevi öğreti, ruhlar arasındaki doğru ilişkiler sisteminin tümünü içerir.[14]

GÖZYAŞLARI

Eğer benim insanlarım bana kulak verselerdi ... tüm hayatlarını Zohar Kitabını çalışmaya verirlerdi ... ve bolluğu ve Işığı genişletirlerdi.

Komarno'lu Kabalist İsak Yehuda Yehiel [33]

Zohar'ı okurken, üst gücün bizi etkilemesini amaçlamalıyız. *Zohar* öyle bir şekilde oluşturulmuştur ki içimize azar azar sızarak girer. Tekrar ve tekrar, gelişmeye dair aynı niyet ile *Zohar*'ın bizi etkilemesine izin vermeliyiz. O zaman bizi karanlıktan aydınlığa nasıl çektiğini hissedeceğiz.

Aşağıdaki alıntı *Zohar*'dandır ve gözyaşları üzerinedir:

---

[13] "Kişi vermeyi amaçlayabildiğinde, bu davranışa Mitsva (sevap) denir." (Rabaş, Rabaş'ın Yazıları, "Alınan Ödüle İlişkin")

[14] Bu konu hakkında daha fazla bilgi için: 17. Mektup ve "Bir Bilgenin Ağzından Kitabına Giriş" Baal HaSulam.

Gözyaşları içinde yapılan bu dua, o kapılardan yükseldiği zaman, o melek gelir ... ismi Yerahmiel'dir. O, gözyaşları içinde yapılan duayı kabul eder, dua içeri girer ve yukarı bağlanır, gözyaşları Yaradan'ın açtığı kapıya kazılı olarak orada kalır. Gözyaşları içinde yapılan dua, Miftaha'yı (anahtar) düzeltmek, Malhut'u Bina'ya yükseltmek için MAN'ı yükseltir ve bu nedenle dua cevaplanır ve gözyaşları kapıya kazılı olarak kalırlar, Malhut'un Bina'ya alınışına neden olurlar. Gözyaşı dökmek, İbranicede "karıştırma" kelimesinden gelir. Çünkü gözyaşı damlar ve Malhut'u Bina'ya katarak karıştırır.

Herkes İçin Zohar, Pekudey [Hesaplar], Madde 490

Gözyaşları Nedir?

Bu dünyada, kişi üzgün olduğu, acı içinde olduğu, bir durumu hiçbir şekilde kontrol edemediği ve kendini küçük ve zayıf hissettiği için ağlar. Kaderle, şansla, zorunlu hallerle nasıl başa çıkacağımızı bilemediğimiz durumlarda ağlarız.

Oysa manevi dünyada, "gözyaşı" durumu durumların en aktif olanıdır. Bu durum boyunca, ıslah olma ve yükselme yönteminin tamamını harekete geçiririz.

"Gözyaşları içinde yapılan dua, *Miftaha*'yı (anahtarı) düzeltmek, *Malhut*'u *Bina*'ya yükseltmek için *MAN*'ı yükseltir," der *Zohar* yukarıdaki alıntıda. *Miftaha*, Arami dilinde "anahtar" demektir. Gözyaşları, manevi dünyaya giden kapıyı açar. O kapıdan, arzumuzu (*Malhut*) düzeltmek ve Yaradan (*Bina*) gibi veren olmak üzere gireriz. Arzumuz alma arzusu olsa da ve bu yüzden Yaradan'ın zıddı olsa da, onu Yaradan'a benzer hale getirerek, ihsan etme niyeti ile azaltırız.

Yukarıdaki alıntı aynı zamanda şöyle yazar, "Bu nedenle dua cevaplanır ve gözyaşları kapıya kazılı olarak kalırlar." Dua, Yaradan'a benzer hale gelme talebidir ve kapıyı açık tutan da gözyaşlarıdır. Bundan şu sonuç çıkar ki gözyaşları bizim Yaradan'a benzer olmamızı sağlayan harekettir.

"Kabala Bilgeliği" denen yüce meseleleri çalışmaya izin verilmiş olması, sadece şifa içindir. Çünkü kişiye Yaradan'la bir olma arzusunu ve özlemini getirebilir ... Kişi, kutsallığa yakınlaşmak için bu yüce meseleleri çalıştığı zaman, Işıkların yakınlaşmasına neden olur. Bu demektir ki kişi bu çalışma sayesinde tüm hareketlerinin ihsan etmek için olmasını amaçlamayı ister.

Rabaş, Rabaş'ın Yazıları, "Üç Çizgi"

Zohar'a kendimizi verdiğimizde, onun içinde gizli olan tüm Işıklar ve güç bize geçer. Henüz bu şeyleri algılayamasak veya hissedemesek de, onlar bizim içimizden geçer, bizi etkiler ve değiştirir. Gelişmek, büyümek için başka bir yol yoktur. Bu, nasıl büyüdüğünü ve geliştiğini anlamayan, ama içsel bir dürtü ile etrafta koşturup her köşe bucağı öğrenmek için araştıran, inceleyen ve her şeyi bilen bebeklere benzer.

Zohar'ın, onu okurken içimizde ne gibi duygular uyandırdığının bir önemi yoktur. Bazı zamanlar keyif verici olacaktır, bazı zamanlar daha az keyif verecektir. Bazı zamanlar güleceğiz, bazen ağlayacağız; bazen heyecanlanacağız ve bazen de kayıtsız kalacağız. Yine de, sonuçta, sadece azim ve sebat bizi sonuca götürecektir. *Zohar*'ın gücünün bizi etkilemesine imkân vermeliyiz ki böylece manevi olarak büyüyüp, gelişebilelim.

SONSUZ SEVİNÇ

Kişi bin yıl bile yaşasa, bu dünyadan ayrıldığı gün, ona sanki sadece bir gün yaşamış gibi gelecek.

Herkes İçin Zohar, VaYehi [Yakup Yaşadı], Madde 293

Bedenin ölümünden sonra, eğer hayatımız sırasında hayvansal seviyeden insan seviyesine yükselmemiş, form eşitliğine erişmemiş, Yaradan'a benzer olmak üzere sevme ve verme niteliklerini edinmemiş ve böylece Yaradan'ı ifşa etmemiş isek, bizden geriye hiçbir şey kalmaz. İçimizde var olmuş olan ve bizim geliştirmediğimiz manevi nokta, dünyamıza yeniden doğar, yeni bir kıyafet (eklenen bencil arzu) edinir ve yeni bir yaşam dönemi başlar. Yalnızca Kabala öğretisini çalışarak insan seviyesine yükselebiliriz.

Kitaplardan ve yazarlarından bilindiği üzere, kalpteki noktası uyanan herkes için Kabala öğretisini çalışmak mutlak bir zorunluluktur. Kişi bütün kutsi kitapları çalışsa da, ezbere bilse de ve aynı zamanda, döneminin tüm insanlarından daha fazla erdemle ve iyi davranışlarla dolu olsa bile, eğer Kabala öğretisini öğrenmemişse, Işığın sırlarını ve gerçeğin bilgisini öğrenmek üzere bu dünyaya tekrar gelmek zorundadır.

Baal HaSulam, "Bir Bilgenin Ağzı Kitabına Giriş"

Manevi anlamda, sadece hayvansal seviyenin ötesine gelişme çabalarımız sonsuzluğa kaydedilir. Hayvansal seviyemizin varlığı yok olduğunda, yani bedenlerimiz öldüğünde, sadece hayvansal seviyenin üzerindeki seviyeden edindiklerimiz ile kalırız. Bu nedenle, *Zohar*'a kendini vermek, hayatımızda yapabileceğimiz en önemli şeydir. Bu dünyada edinebileceğimiz her şeyin çok üstünde ve ötesindedir.

Kazançları göz önüne alırken, *Eyn Sof* dünyasının tüm haz kaynaklarını anlamak önemlidir. Hazlar, üst Işık olarak gelir ve beş dünyanın sisteminden geçer, o sırada Işık % 100 den % 0'a kadar azalır. Sonra, küçücük bir kıvılcım, manevi dünyayı bizim dünyamızdan ayıran sınırdan içeri girer.

Bu arada, bilim de evrenimizin özel bir enerji kıvılcımı ile başladığını bulmuştur. Bu kıvılcım dünyamızda var olan tüm hazlardır ve başka da hiçbir şey yoktur, diye *Zohar* açıklar.

Bizim dünyamızda, bu kıvılcımda var olan haz, temel olarak ikiye ayrılır: fiziksel hazlar – yiyecek, seks, aile - ve benzeri insani hazlar – zenginlik, saygınlık, hâkimiyet ve bilgi.

Bu hazlar ve manevi dünyadaki hazlar arasındaki fark nedir? Öncelikle, bu dünyada tüm zamanlar boyunca ve bütün insanlar için olan hazların tümü, küçücük bir Işık kıvılcımından ibarettir. Bu kıvılcım ile manevi dünyada algılanan haz arasındaki farkı akıl kavrayamaz. *Zohar*, bu farkı küçük bir mum ile çok parlak bir Işık arasındaki farka ya da bir kum tanesi ile tüm dünya arasındaki farka benzetir.

İkinci olarak, bizim dünyamızda hazlar gelir ve hazlar gider. Hazlar değişkendirler ve sonunda yok oluruz, ölürüz. Fakat manevi dünyada, haz sonsuzdur; kendi varlığımızı zaman, mekân ve hareket ötesinde deneyimleriz.

Özet olarak, realitenin en yüksek seviyesine giden mucizevî bir gelişimin eşiğinde duruyoruz. *Zohar Kitabı*, oraya varmamıza yardım edecek ışığı bize getirmek için günümüzde açığa çıkarılmıştır.

Kişinin bilmek zorunda olduğu öğreti: Yaradan'ını bilmek ve onun amacını yerine getirmek, kendini bilmek, kim olduğunu, nasıl yaratıldığını, nereden geldiğini ve nereye gittiğini anlamak... ve kişi bunların hepsini Işığın sırlarından görmeli.

Yeni Zohar, Şarkıların Şarkısı, Madde 482-483

"KABALİST ŞİMON" SİSTEMİ

Üst aydınlıktan gelen o ışığın etkisi yüzünden, bu kitap Zohar [Işık] olarak adlandırılacaktır.

Ramak, Babanın Yaradan'ını Bil

Zohar, insanlığın büyük Kabalist Şimon Bar Yohay aracılığıyla Yaradan'dan aldığı bir hediyedir. Kabalist Şimon çok özel bir ruhtu. Kendinden önce gelen tüm ruhları kendi içinde birleştirmişti. Bu nedenle, *Zohar*'ı yazan grubunu öylesi benzersiz ve asla tekrarlanmamış bir edinime – son ıslaha – doğru yönlendirmeyi başarmıştır.

Zohar'ın yazarları özel bir zamanda yaşadılar, o dönemde iki tamamen zıt durum bir araya geldi: bir tarafta kendi ıslahlarının sonu ve diğer tarafta tüm insanların manevi çöküşü. Bu nedenle, "üst aydınlık" denen büyük Işık ile bizim dünyamız arasında bağlantı kurmayı başardılar. Onların büyüklüğünü aşağıdaki sözlerden anlayabiliriz:

Bu dünyada ve sonraki dünyada olan sizlere ne mutlu. Siz hepiniz kutsalsınız; Yüce Yaradan'ın oğullarısınız. Sizin hakkınızda şöyle yazıldı, "Bir tanesi, 'Ben Yaradan'a aitim' diyecek; bir diğeri kendini Yakup'un adı ile adlandıracak." Her biriniz Yüce Yaradan'a bağlısınız. Siz, "yaşayanların ülkesi" denen o ülkeden korunarak atanmış vekillersiniz. O ülkede, Nukva (dişi) üst İma'yı (anneyi) kıyafetlendirir ve onun vekilleri Kutsal damlacığın MAN'ından yerler.

Herkes İçin Zohar, Leh Leha [İleri Git], Madde 445

Bize bıraktıkları *Zohar Kitabı*, ruhun düzeltilmesi için sahip olduğumuz ana kaynaktır. *Melek Razyel* kitabı ile başlayıp, Musa peygamberin beş kitabı ile devam ederek günümüze kadar yazılmış olan tüm kutsal metinler içinde, manevi gücü bakımından *Zohar* ile karşılaştırılabilecek tek bir kitap yoktur. Bütün Kabalistler, bu kitapta çok güçlü bir Işık, özel bir "güç kaynağı" olduğunu yazmışlardır. Kabala, "İçsel ıslah kısmıdır" veya "gerçek Işıktır" dediklerinde de, öncelikle ve en başta *Zohar Kitabına* gönderme yaparlar.

Onu okuyan kişi, tek kelimesini anlamasa bile, sadece bu kitabın ne dediğini anlamayı dileyerek, kendi içinde içsel değişiklikler başlatan muazzam bir gücü uyandıracaktır. Bu nedenle, *Zohar* derslerine katılan kişiler çoğu zaman, bu derslerde çok güçlü bir şey olduğunu hissederler. Her zaman bunun ne olduğunu ifade edemezler ama onlarda içsel bir şeyler olur.

Zohar'ın yazarları, bizim için bir gelişim sistemi hazırlamışlardır. Bizim dünyamızda, biz onu bir kitap olarak görürüz. Fakat aslında *Zohar*, onların bize hazırlamış olduğu tam bir sistemdir.

Yeni doğmuş bir bebek gibidir. Her şeyin – alt bezi, beşik, mama ve gelişiminin her evresi için oyuncaklar – onun için çoktan hazırlanmış olduğunu bilmez. Dünya onun için çalışmıştır ve her zaman onun için çalışmaya devam etmektedir. Her nesilde, yeni doğanlar için daha fazla şey hazırlarız; onlara duyduğumuz sevgi bizi buna zorlar.

Zohar Kitabının yazarlarının yaptığı çalışma olağanüstüdür. Onlar, teknik bir bilim kitabı derlemediler. Fakat her biri, özel bir mekanizmadan geçiriyormuş gibi kendi içinden geçirerek, tüm üst ışığı aktardılar ve onu bizim ruhlarımızın alması için hazırladılar.

Eğer *Zohar Kitabına* bakarsanız, sadece kağıt ve harfler görürsünüz. Fakat bizim büyüme arzumuz, onların bizim için hazırladığı manevi mekanizmayı bilinçsiz olarak harekete geçirir ve bu mekanizma sayesinde Işık bize erişir. Bu nedenle, bu yazılardan bu kadar etkileniriz.

Neden Kabalistler herkese Kabala öğretisini çalışmanın gerekliliğini söylerler? Gerçekten, onda tanıtılmaya değer, büyük bir şey vardır: Kabala öğretisine kendini verenler için, orada harika ve çok değerli bir şifa vardır. Ne çalıştıklarını anlamasalar bile, çalıştıkları şeyi anlamak için duydukları özlem ve büyük arzu sayesinde, onların ruhlarını saran Işıkları kendi üzerlerinde uyandırırlar ... bu da kişiyi mükemmelliğe erişime daha çok yakınlaştırır.

Baal HaSulam, "On Sefirot'un Çahşilmasına Giriş" Madde 155

BİR MANEVİ DESTEK SİSTEMİ

Zohar'ı okurken, dünyada kalpteki noktası uyanmış ve gelişmek için *Zohar*'dan güç almak isteyen tüm insanlara bağlanmayı istemeliyiz. Böylece, sadece yeni başlayan biri bile olsak, bu arzumuzun karşılığı olarak, bizi ileri itecek çok büyük bir güç hissederiz.

Bu büyük güç, dünyada önemli değişiklikleri başlatabilir. Tek yapmamız gereken şey, *Zohar*'a herkesle birlik olma arzusu ile yaklaşmaktır.

Şarkı söylemeye başlayan hiç kimse yok ve şarkısını tamamlayan hiç kimse yok. Yani, şarkısının ortasında duranlar, şarkılarını tamamlamazlar. Çünkü tüm yukarı veya aşağı semalardan, ağızdan çıkan bir ses duyulana kadar, hepsi Kabalist Şimon'un sesine kulak verirler.

Kabalist Şimon, ıslahını tamamladığı zaman, şarkıları kim gördü? Yaradan'ı övenlerin sevincini kim gördü? Tüm semalarda dolaşan sesleri kim gördü? Kabalist Şimon içindir, tüm ruhların ve meleklerin gelmesi, diz çökmesi ve Yaradan'ın önünde baş eğmesi. Cennetin kokularını – Hohma'nın aydınlığını – Atik Yomin'e kadar yükseltirler. Bütün bunlar Kabalist Şimon içindir.

Herkes İçin Zohar, Şemot [Göç], Madde 242

Burada övülen Kabalist Şimon, etten kemikten bir kişi değildir, "Kabalist Şimon" diye adlandırılan bir manevi sistemdir. Bu ne demektir? Genel ruh, pek çok farklı işlevi olan, pek çok parçadan oluşur. İnsan bedenindeki beyin, kalp, böbrekler ve benzeri organlar gibi. Bu bölümde sözü edilen Kabalist Şimon'un ruhu, genel ruhun çok önemli bir parçasıdır. Çünkü geri kalan tüm ruhların düzeltilmesine de öncülük eder.

Ondan önce gelen büyük ruhlar, insanlara ıslah için yol gösterdiler. Fakat Kabalist Şimon'un ruhu, ıslahı tüm dünyaya aktaran bir sistemdir. *Zohar,* amacı sadece halkını düzeltmek olan Musa'dan farklı olarak, bütün insanlığı düzeltmeyi amaçlar. Kabalist Şimon'un ruhunu takip eden seviye, oğlu Kabalist Elazar'ın ruhudur ve genel ıslahın sonunu hedefler. [34] Ruhlar sisteminin yapısı budur ve bu yapı sayesinde ruhlarımızı Islah Eden Işık aşağı gelir ve bizi doldurur.

Atalar geldi - Musa, Harun, Davud ve Süleyman - ve kutsal Kabalist Şimon. Dediler ki, "Sen kutsal bir Işıksın ... ve senden parlayan dostların da. Ve onların her biri için, 'Yaradan'ın mumu, insanın ruhudur,' dendi. Musa senin içinde ışıldıyor ve sen de senin dostlarının içinde ışıldıyorsun ve hepiniz birsiniz, hiçbir ayrılık olmaksızın. Ve bundan böyle, tüm bu aydınlık, bilgeliğe erişen herkese yayılacaktır."

Herkes İçin Zohar, Pinhas, Madde 824

Dünyanın bugünkü durumunda, Kabalist Şimon'un sistemine sıkı sıkıya sarılmamız hayati önem taşır. Çünkü o bize bu durumu düzeltmek için yol gösterir. *Zohar Kitabının* tüm dünyada bu kadar iyi tanınır hale gelmesinin bir nedeni de budur.

Yakın zamana kadar, *Zohar*'da özel bir şey olduğunu herkes bilirken, pek az kişi gerçekten onu açıp okumak gereğini hissetti. Bugün, dünya küresel bir krizde iken, *Zohar*'ın açığa çıkarılması gerekiyordu. O, dünyanın düzeltilmesi için tek araçtır. Onun sayesinde, doğanın, üst dünyanın en üst seviyesine erişmek için gerekli gücü edinebiliriz ve edinmek zorundayız.

Kabalist Şimon'un önünde oturanlara ve onun ağzından sırları duymakla ödüllendirilenlere ne mutlu. ... Kabalist Şimon dedi ki, "Dostlar, ne mutlu size, çünkü sizden hiçbir sır gizlenmedi."

Herkes İçin Zohar, Yitro [Jetro], Madde 170

Bu sistemden güç almak isteyen herkes, "Kabalist Şimon'un önünde oturan" sayılır. Kabalist Şimon sistemine biraz olsun değen bir kişi bile, çoktan onun etkisi altına girmiştir.

Eğer Kabalist Şimon değilseniz, o açığa çıkmak için yayılmazdı. O dünyadaki Zivug [çiftleşme], bu dünyada yapılan Zivug'dan daha çok meyve verir. Onların Zivug'u, o dünyanın Zivug'u ile, yani onların bir olma arzusu ile ruhlar birbirine sıkı sıkı sarıldığında, meyve verirler ve onlardan çıkan Işıklar mum haline gelirler. ...Bu Zivugim'den [çiftleşmelerden] doğan o ruhların hepsi, aynı salona girerler.

Herkes İçin Zohar, Şılah Leha [Gönderildi], Madde 202

Kabalist Şimon'dan bir sistem olarak söz ederken, bu biraz kafa karıştırıcı olabilir. Bu nedenle, söylediklerimizi bir düzene sokalım. 1800 yıl kadar önce, Şimon adında bir adam gerçekten yaşadı ve öğrenci dostları ile birlikte *Zohar Kitabı* diye bilinen bir kitap yazdı. Ancak, bu dünyada yaşamanın ve fiziksel olarak kitabı yazmanın yanı sıra, onların ruhları bu kitapta tanımladıkları tüm izlenimleri gerçekten deneyimlediler.

Zohar'ın yazarları eğer bu dünyada yaşamış olmasalardı, bu kitabı yazamazlardı. Fakat eğer üst dünyada yaşamış olmasalardı, hiçbir şeyi düzeltemezlerdi ve bu kitap bize hiçbir manevi değer vermezdi. Diğer bir deyişle, kitabı yazmanın yanısıra, üst dünyadaki ruhlar seviyesinde içsel düzeltmelerini de gerçekleştirdiler. Kitabı yazmak, ruhlar arasındaki birleşmenin ve doğru sevgi bağının sadece yüzeysel bir ifadesidir. Onların sistemi sayesinde, Işık *Eyn Sof* dünyasından neredeyse bize kadar aşağı gelir.

Neden neredeyse? Çünkü Işık tam bizim üstümüzde durmaktadır ve bizden istenen tek şey, sadece onu almayı istemektir.

Kabalist Şimon'dan ayrılan kişi, her şeyden ayrılmış gibidir.

Herkes İçin Zohar, Yitro [Jetro], Madde 411

ÜST DÜNYALAR

Gör ki oluşumlar oluşmadan ve yaratılanlar yaratılmadan önce, üst Işık tüm varoluşu doldurmuştu. Hiçbir boşluk yoktu, ne boş hava ne de bir delik, ama herşey bu sınırsız tek Işık ile dolu idi.

...Ve O'nun tek arzusu üzerine, dünyaları yaratma ve oluşumları oluşturma arzusu geldi; O'nun yaptıklarına, O'nun isimlerine, O'nun unvanlarına mükemmelliğin ışığını getirme arzusu. Bu, dünyaların yaratılışının nedeniydi. Sonra, Eyn Sof kendini, kendi orta noktasında, tam merkezde sınırladı ve ... bir yer oluştu, orada Oluşumlar, Yaratılışlar, Biçimlenişler ve Hareketler yer alabilsin diye.

Ari, Hayat Ağacı 35

Bu bölümde, realitenin yapısı ve üst dünyalarla ilgileneceğiz. Bu bilgi, bize hayatı daha iyi anlama imkânı verecek ve *Zohar Kitabının* sözlerinin ardında neyin gizli olduğunu anlamamıza yardımcı olacak. Biz, Yaradan'ı, yaratılanları ve Yaradan'ın yaratılanlara bağlandığı bir sistemi içeren bir realitenin içinde bulunuyoruz. Bu sistem sayesinde, Yaradan bizi Yaratılışın amacına doğru yönlendirir – bize iyilik yapmak, yani bizim O'na benzer olmamıza imkân vermek için.

Yaradan, sevgi dolu bir baba gibi, kendinde olan her şeyi bizle paylaşmak ister. Fakat Yaradan, bizim bağımsız hale gelmek üzere gelişmemizi sağlamak zorundadır. Bu nedenle, bizim üzerimizdeki etkisini her iki taraftan da, hem merhamet hem yargı ile harekete geçirmelidir. Her ikisi de O'ndan kaynaklansa dahi, bize birbirine zıt güçler olarak görünürler ve bizim tarafımızdan iyi veya kötünün, merhamet veya yargının, aydınlık veya karanlığın etkileri olarak algılanırlar.

Hayatımızdaki olayları deneyimlerken, aklımızda tutmalıyız ki, en zarar verici gibi görünen durumlarda bile, O yalnızca bizim iyiliğimizi ister.

Eğer her şeyi O'na bağlamayı ve O'nun iyiliksever olduğunu hatırlarsak, o zaman bu iki çizgiyi de – merhamet ve yargı – aynı kaynağa tekrar bağlarız. Onları kalbimizde ve aklımızda bağlayan biz olduğumuz için, Yaradan'la *Dvekut*'a [tutunmak] erişen, yani Yaradan'a benzer hale gelen de biz oluruz.

Ancak, bunu yapmayı denediğimiz zaman, her kötü ve iyi şeyi Yaradan'a bağlamanın, her şeyin sadece iyi bir amaç için O'ndan geldiğini anlamanın çok güç olduğunu fark ederiz. Kendimizi, her şeyi O'nunla birleştirebilmemiz için O'ndan güç vermesini dilerken buluruz.

Kabala öğretisini bir grup içinde çalışmak, bizi bu süreç içinde ilerleten ve yönlendiren bir araçtır. Grup içindeki öğrenme ve çalışma sırasında, egomuz büyür ve her aşamada daha güçlü, daha zalim ve daha kaba görünür. Egomuz, bizi yanlış yola sokarak O'ndan başka biri daha olduğunu ve O'nun sadece iyiliksever olmadığını düşünmeye yönlendirir. Bunun sonucunda, egomuzu alt etmek için Yaradan'dan daha çok güç almak üzere, gittikçe daha çok O'na dönmek zorunda kalırız.

Biz egoyla başa çıktıkça, o daha da güçlenir. Tekrar başa çıkarız ve o tekrar güçlenir. Baştan beri içimizde gizli kalmış olan egonun tümünü açığa çıkarmayı ve düzeltmeyi başarana kadar, aşama aşama yükseliriz. O noktada, Yaradan'la tam bir birliğe erişiriz, *Dvekut*'a. Yaradan'a benzer hale geliriz. Bu bizi aynı zamanda sonsuz da yapar. Tüm realiteyi yaşam ve ölüm arasındaki bütün sınırların ötesinde görmemizi, her şeyi anlamamızı ve hissetmemizi, Işık ile dolmamızı sağlar.

Yaradan, tüm işlemi gerçekleştirebilmemiz için, O'nunla bizim aramızda bir iletişim sistemi kurmuştur. Bu sistemin aracılığıyla O bizi yukarıdan yönlendirir ve biz de aşağıdan O'ndan yardım talep edebilir ve yardımını alabiliriz.

Bu sistem birkaç parçaya bölünmüştür:

En tepede *Eyn Sof* (sonsuzluk) dünyası vardır, burada Yaradan'ın gücü açıktadır.

Eyn Sof'un altında, *Adam Kadmon* (İlk Adam) dünyası vardır. Burada Yaradan armağanını, egomuzun seviyesine göre, beş çeşide ayırır.

Adam Kadmon'un altında, *Atsilut* (Oluşum) dünyası vardır. Burası beş kısma bölünmüş olan bir yol gösterme ve yönetme sistemidir: *Keter* (Taç), *Hohma* (Bilgi), *Bina* (Anlayış), *Zer Anpin* (Küçük Yüz) ve *Malhut* (Krallık). Bunlar aynı zamanda, *Atik* (Antik), *Arih Anpin* (Uzun Yüz), *Aba ve İma* (Anne ve Baba), *Dehar* (erkek) ve *Nukva* (dişi) olarak da adlandırılırlar.

Zohar, Atik ve *Arih Anpin*'den "saklı baş" veya *Atsilut* olarak da söz eder.

Bize bütün Işıklar, *Aba ve İma*'dan gelir.

Bu Işıklar, *Zer Anpin*'den geçer ve "Kutsallık" diye adlandırılan *Nukva*'ya, *Atsilut*'un *Malhut*'una ulaşır. Çünkü ruhlar için amaçlanmış olan bütün Işık ondan, Kutsallıktan gelir. *Malhut*, "İsrail Topluluğu" diye de adlandırılır. Çünkü *Yaşar El*'e (Yaradan'a doğru) ulaşmak, yani *Eyn Sof* dünyasına yükselmek isteyen tüm ruhları kendi içinde toplar.

4. *Atsilut* dünyasının altında, ruhlarımızın var olduğu, *Beria, Yetsira* ve *Asiya (BYA)* dünyaları vardır.

5. Nihayet en altta bu dünya vardır.

```
Eyn Sof Dünyası
―――――――――――
Adam Kadmon Dünyası
―――――――――――
  Atik     ⎫
  Arih Anpin │
  Aba ve İma ⎬ Atsilut Dünyası
  Zer Anpin  │
  Malhut    ⎭
―――――――――――
  Beria Dünyası    ⎫
  Yetsira Dünyası  ⎬ Ruhlar
  Asiya Dünyası    ⎭
―――――――――――
Bu Dünya
```

ÇİZİM 10

Zohar'ın dilinde, aynı zamanda *Malhut,* "ülke" olarak, *Bina* (*İma*) da "cennet" olarak adlandırılır. *Zohar*'da, *Zer Anpin* ve *Malhut*'un başka isimleri de vardır: *Şohen* (Oturan, eril formda) ve *Şehina* (Kutsallık, dişil formda), Yaradan ve İsrail Topluluğu, damat ve gelin, erkek ve dişi.

Bunlar sadece birkaç örnektir. Çünkü realitenin bu her bir unsurunun *Zohar*'da, yorumlamalar (Midraş) dilinden alınmış pek çok ismi vardır. Meselenin kalbi ile bağ kurmamıza yardım etmek için, Baal HaSulam, sürekli olarak Kabala terimlerini farklı isimlere bağlamıştır.

Tüm dünyalar, Üst ve alt ve onların içindeki her şey, sadece insan için yaratıldı.

Baal HaSulam, "Kabala Bilgeliğine Önsöz'e Giriş"

Bu dünyalar, herhangi bir fiziksel yerde mevcut değildirler. Aksine, hiç mekânı, hacmi veya ağırlığı olmayan nitelikler gibidirler.

Hâlâ doğuştan var olan bencil arzularının içinde kalan bir kişinin, sahip olduğu nitelikler bakımından bu dünyada olduğu kabul edilir. Eğer kalpteki noktası uyanır ve kişi manevi olarak büyümek isterse, eğer daha yüksek bir boyutu arzularsa, nitelikleri dâhilinde kişinin *BYA* dünyalarında olduğu kabul edilir.

Kişi kendi üzerinde, Kabala öğretisini öğrenen bir grup ile çalışırsa, o kişi, tüm dünyaları geçerek *Eyn Sof* derecesinden gelen Islah Eden Işığı harekete geçirmeye başlar. Bu Işık, tüm grup ile birlikte *Atsilut*'un *Malhut*'una erişme arzusunu yaratır. Kişi *Atsilut*'un *Malhut*'una dâhil olduğu zaman, onda

Yaradan'ı hissetme arzusu uyanır. Yaradan'ın ona verdiklerine karşılık olarak, O'na geri vermeyi arzular.

Ruhların bu genel isteği, *Malhut*'tan *Atsilut*'un *Zer Anpin*'ine kadar yükselir. *Zer Anpin* ise bu isteği, *Atsilut*'un *Aba ve İma*'sına yükseltir ve buradan daha öteye geçerek de *Eyn Sof*'a yükselir. Sonra, Işık *Eyn Sof*'dan aşağı, *Aba ve İma*'ya kadar tüm sistem boyunca akar, *Aba ve İma*'dan *Zer Anpin*'e ve oradan da *Malhut*'a akar. *Malhut*'taki ruhlar bu ışığı alırlar.

Ruhlar, ışığı alınca büyürler ve *Zer Anpin* ile birleşirler. Buna, "Kutsallığın Yaradan ile birleşmesi" veya "ruhların Yaradan ile birleşmesi" denir.

Ruhlardaki arzuların tümü kendini gerçekleştirene kadar, bu işlemin defalarca olması gerekir. Bütün arzular düzeltildiği zaman ve Yaradan'ın onlara verdiği gibi Yaradan'a vermek amaçlandığı zaman, düzeltmenin sonu gelecektir.

Bu sürece sebep olan nedir? Yaradan'ın özünde bir verme isteği vardır. Bu nedenle, bizim genelde hep yaptığımız gibi O'ndan bolluk ve doyum vermesini istemeye gerek yoktur. Yaradan, vereceği şeye sahiptir, aynı zamanda onu vermek için de sonsuz bir arzusu vardır. Fakat bizim sadece alıcı olmamızı, O'ndan aşağı olmamızı istemez. O'na, O'nun niteliklerine - büyük, bağımsız, verici - benzer olmamızı ister.

Doyum istemeye alışmışızdır. Bunun yerine, düzeltme istiyor olmalıyız. Düzeltmeyi edindiğimiz zaman, yani kendimiz veren olduğumuz zaman, hemen Yaradan'ın tüm bolluğunu hissetmeye başlayacağız ve onunla dolacağız. Başka bir deyişle, bizim derdimiz, Yaradan'dan ne istememiz gerektiğini anlamamış olmamızdır. Biz, bolluk, iyilik ve sevinç dolu bir okyanusun içindeyiz. Ancak bunu algılayacak doğru alıcıdan yoksunuz. Bu *Kli* (kap), sevme ve verme niteliğidir ve Yaradan'dan bize vermesini talep etmemiz gereken şey de budur. Bu niteliği daha çok edindikçe, bizi dolduran bolluğu da daha çok hissedeceğiz.

Yaradan tarafında, bizim bu bolluğu almamıza dair tek bir sınırlama vardır: Ona benzer olmalıyız. O, bizim de O'nun kadar keyif almamızı ister.

Bu ne demektir? Diyelim ki ben saygın birini ziyarete giderim. Ev sahibi bana her türlü lezzetli şeyler ikram eder, beni golf oynamaya, klasik müzik dinlemeye davet eder ... fakat nafile, ben eğitimsiz biriyimdir. Bu ikramların hiçbirine ilgi duymam. Bu incelikli keyiflerin hiçbirini daha önce tecrübe etmemişimdir ve onlara karşı hiçbir arzum yoktur. Şaşkınlıkla ev sahibine bakarım ve derim ki, "Benden ne istiyorsun? Ben sana, senin sevdiğin şeylerden keyif almak için gelmedim. Ben ne seviyorsam ondan keyif almak için geldim!"

Ve ev sahibi cevap verir, "Dostum, ben sana senin hayalinin ötesinde olan keyifler vermek istiyorum. Biraz gayret et, bunlara alış ve inan bana, onlardaki güzelliği göreceksin. Bunların sana şimdi hissettiğinden çok daha fazla keyif vereceğini hissedeceksin."

Ne yapmalıyım? Ev sahibine uyup, bunlar için hiç istek duymasam bile bu yeni keyifleri öğrenmeyi deneyebilirim ve sonra gerçekten de gitgide bunlarda çok özel bir keyif bulmaya başlarım, gerçek cennetin keyfini. Ya da ev sahibine şunu söyleyebilirim, "Biliyor musun, bu yeni şeylere alışmak benim için çok zor. Yapamam, haydi bırakalım bunu. Ben kendi basit hayatıma geri dönüyorum."

"İyi, geri dön," diye cevap verir ev sahibi.

Fakat eski hayatıma geri döndüğüm zaman, onun o kadar da iyi bir durum olmadığını hissederim. Sonra, ev sahibinin, o daha üstün olan diğer keyifler hakkındaki sözlerini hatırlarım ve sonuçta ona geri dönerim.

Belki birkaç defa daha eski hayatıma geri döner ve sonra tekrar ona dönerim. Fakat sonunda, ev sahibine benim zevkimi değiştirmesi için geri dönmekten başka çarem olmadığını anlarım. Çünkü artık bilirim ki hayatın tadını ancak onlarda hissedeceğim.

Gerçekte, eğer kalplerimizi o tek meşhur soruyu sormak için hazırlarsak, eminim ki bütün diğer sorular ve şüpheler ufuktan yok olacak ve onların bulunduğu yere baktığınızda gitmiş olduklarını fark edeceksiniz. Bu öfkeli soru, bütün dünyanın sorduğu sorudur: "Hayatımın anlamı nedir?"

Diğer bir deyişle, hayatımızın bize o kadar pahalıya mal olan şu sayılı yılları ve onları tamamlayana kadar çektiğimiz onca acı ve eziyeti düşündüğümüzde, bundan keyif alan kim? Ya da daha doğrusu, kimi memnun etmekteyim?

Gerçekten de tarihçiler bu soru üzerine düşünmekten bıkmışlardır, özellikle de bizim neslimizde. Hiç kimse bu soruyu düşünmek bile istemez.

Ancak bu soru her zamankinden daha da acı ve öfke dolu bir şekilde ortada durmaktadır. Bazen davetsizce gelir ve kendimizi her zamanki gibi hayatın akıntılarına düşüncesizce kaptırdığımız meşhur hilenin içinde bulmadan önce, kafamızı kurcalar ve bizi yerin dibine sokar.

İşte bu büyük muammayı çözmek için şu sözler yazılmıştır, "Tat ve gör ki Yaradan iyidir."

Baal HaSulam, "On Sefirot'un Çalışılmasına Giriş" Madde 2-3

HEPSİ O'NUN SÖZLERİDİR

Bir dinlesen eğer,
Kalbini bir açsan,
Görmeye başlayacaksın
O'nun seninle konuşmak istediğini,
O'nun sana konuştuğunu. Aklından
ve kalbinden,
İçinden ve çevrenden
Geçen her şey, Hepsi
O'nun sözleridir.
İşittiğin her şey,
Gördüğün her şey,
Sadece O'dur.
Yoktur hiçbir şey,
Hiçbir kişi,
Hiç kimse.
Sadece O'nunla konuşuyorsun
Ve bu O'nun dilidir. Dünyanın
görünüşü, Realiteye dair algın,
Kendine dair algın,
Hepsi seninle konuşan
Yaradan'dır.

Anlayışlı Kalp

ZOHAR'I OKUMA DENEYİMİ

Kişi, Zohar'ın ne dediğini hiç anlamadığı zaman bile, Zohar'ın dili ruha şifa olur. Bu durum, bir parfümeriye giren birinin, hiçbir şey satın almasa bile yine de kokuyu içine çekebilmesine benzer.

Sudilkov'lu Kabalist Musa Haim Efraim,

Degel Mahaneh Efraim [Efraim Kampının Sancağı], Alıntılar

Zohar Kitabı harika bir araçtır. Hem hayret verici hem de harika olan ifşalara dair bir dünyanın tamamını bize açabilir. *Zohar*, şu anda bizim duyularımızdan saklı olan esas realiteye açılan bir kapı gibidir. Ancak, onun içindeki gücü etkin bir şekilde kullanabilmek için, *Zohar*'ı nasıl doğru şekilde okuyacağımızı öğrenmemiz gerekir. Aşağıdaki beş kural, kitabın tüm içeriğini özetleyecek ve sizin *Zohar*'ın yollarında büyük bir yolculuğa hazırlanmanıza yardımcı olacaktır.

BİRİNCİ KURAL – KALP ANLAR

Zihinsel Olarak Anlamaya Çabalama

Zohar Kitabı kalp ile çalışılır, yani arzu ve duygu ile. Bu ne demektir? Olguları ve bilgileri zihinsel olarak işlemden geçirmeye dayalı normal çalışma biçimlerinden farklı olarak, biz burada tamamen değişik bir yaklaşım edinmek zorundayız.

Zohar'ı çalışmak, bizde içsel bir değişikliği uyandırmayı ve saklı olan realiteyi kavramak üzere bizi hazırlamayı hedefler.

Başarımızın ölçüsü, sadece bu realiteyi bulmak ve hissetmek için duyduğumuz özlemin ölçüsüne dayanır. Dolayısıyla, hiçbir ön bilgiye, yeteneğe veya özel bir zihinsel beceriye gerek yoktur. Tek gereken şey, kişinin gözlerini ve kalbini kocaman açması ve her şeyi "yiyip yutmak" için içten, gerçek bir arzuya sahip olmasıdır.

İKİNCİ KURAL – İNSAN KÜÇÜK BİR DÜNYADIR

Kelimeleri Doğru Şekilde Yorumla

Zohar Kitabı, bizim dünyamızdan bize aşina olan pek çok tanım ve kavram içerir; "deniz", "dağlar", "ağaçlar", "çiçekler", "hayvanlar", "insanlar" ve "yolculuklar" gibi. Şunu anlamak önemlidir: kitapta sözü geçen bütün bu ayrıntıların, görüntülerin ve olayların hiçbiri, etrafımızdaki dış dünyadan bahsetmez, sadece ve sadece bizim içimizde olanlardan bahseder.

Bu nedenle, *Zohar*'ı okurken, onun içindeki sözcükleri, ruhta gerçekleşen içsel hareketlerin bir ifadesi olarak yorumlamaya çalışmalıyız, metni en derindeki arzularımıza ve niteliklerimize ulaşan bir köprü olarak görmeliyiz.

ÜÇÜNCÜ KURAL – ONUN İÇİNDEKİ IŞIK ISLAH EDER

Işığı Ara

Zohar'da özel bir nitelik olduğunu sık sık duyarız. Bu nitelik, mistik veya hayali bir güç olmayıp, gelişimin doğal kanunudur ve hayatın her sürecinde rol alır.

Kabalistler, maddesel dünyanın tamamen başkalarını sömürmek üzere var olan bencil arzular tarafından yönetildiğini açıklarlar. Manevi dünyada ise, sadece sevmek ve vermek niyeti çalışır. Bu nedenle, bu iki zıt dünyayı birbirine bağlamak amacı ile bize özel araçlar verilmiştir. Başka bir deyişle, niteliklerimizi manevi dünyanın sevme ve verme niteliğine göre yönlendirmemiz için, bize "Islah Eden Işık" verilmiştir.

Işığın bizi hangi yolla etkilediği şu anda bizim anlayışımızdan gizlenmiştir. Bu nedenle ondan Segula [güç, şifa, erdem] veya mucize olarak bahsederiz. Ancak, manevi dünyayı bilen Kabalistler için, burada hiçbir mucize yoktur. Sadece mükemmel bir doğal süreç vardır.

Bize açıkladıkları şudur: tek yapmamız gereken, *Zohar Kitabını* okumak ve bu çalışma sırasında onun içindeki gücün bizi etkilemesini dilemektir. Adım adım, ışığa borçlu olduğumuz bu içsel değişimi hissetmeye başlayacağız. Manevi dünya açılacak ve bize daha önce mucize gibi görünen şey, açık ve basit bir kural haline gelecek.

DÖRDÜNCÜ KURAL – HİÇBİR ŞEY ARZUYU YENEMEZ

Hepimiz, bu dünyada bebeklerin ilk adımlarını atmak için ne kadar çok çaba harcamaları gerektiğini ve bunu ne kadar ilham vereci bir sebatla yaptıklarını biliriz. Asla vazgeçmezler, başarana kadar tekrar tekrar denerler. Benzer şekilde, kendi ayaklarımız üstünde "yürümeye" başlayana ve manevi dünyayı keşfedene kadar, biz de aynı sebat ve sabırla *Zohar*'ı çalışmaya devam etmeliyiz. İlerlememizi sağlayan sistem, bizim için önceden hazırlanmıştır ve getirmemiz gereken tek şey, kendi büyük arzumuzdur.

BEŞİNCİ KURAL – TEK KALPTE TEK İNSAN GİBİ

Birlik Anahtardır

Zohar Kitabı, aralarında mükemmel bir *Kli* inşa etmiş olan, on kişilik Kabalist grup tarafından, realitedeki en büyük gücü – Yaradan'ı – keşfetmek üzere birleşmiş bir arzu ile yazılmıştır. Yalnızca aralarındaki içsel bağ, sevgi ve birlik bağı, onların maddesel dünyanın sınırlarını aşarak, *Zohar*'ın sözünü ettiği sonsuz varoluşun seviyesine yükselmelerine imkân vermiştir. Eğer onları izlemek istersek, kendi aramızda buna benzer bir bağ kurmaya çalışmalı, Kabalist Şimon Bar Yohay'ın öğrencileri arasında var olan bağın gücünü aramalıyız. *Zohar* sevgiden doğmuştu. Dolayısıyla, onun bugün tekrar ortaya çıkışı, ancak sevgi sayesinde mümkün olacaktır.

Kitabı özetleyen bu bölümde, *Zohar*'dan özel alıntılar seçtik. Alıntıların arasına açıklamalar ile okuma sırasında doğru niyette kalmanıza ve *Zohar*'da mevcut olan ışığa bağlanmanıza yardımcı olacak yol göstericiler ekledik.

Bu bölümü yavaş yavaş okumanız tavsiye edilir. Manevi gelişimimiz için yol göstericimiz olan *Zohar Kitabı*, yüzeysel bir okuma için değildir, derin bir içsel arayış içinde yapılan dingin bir okuma içindir.

"Yeni hiçbir şey yaratmıyoruz. Bizim işimiz sadece içimizde saklı olanı aydınlatmaktır."

Kotzk'lu Menahem Mendel

NEDEN TUZ BU KADAR ÖNEMLİDİR?

"Yaradan'ına söz verdiğin kurbandan tuzu eksik etmeyeceksin." Tuz neden bu kadar önemlidir? Çünkü tuz temizler ve acı olana güzel koku verir, onu lezzetli yapar. *Hirik*'in *Masah*'ında [perde] tuz, *Dinim*'dir [yargı]. Burada sağ ve solu birleştiren orta çizgi ortaya çıkar. Orta çizgi, soldaki acı *Dinim*'i, sağ çizgideki *Hasadi*m [merhamet] ile temizler, güzel kokular sürer ve tatlandırır. Orada tuz olmasaydı, orta çizgi çizilemez ve dünya acılığa tahammül edemezdi."

Herkes İçin Zohar, VaYehi [Yakup Yaşadı], Madde 666

Tuz tüm baharatların en temelidir, yemeğe tat katar. Maneviyatta, üst ışığı ruhumuza almaya başladığımızda, lezzetler içimizde yayılıyor diye kabul edilir.

Kötü eğilimimiz, yapılmış olduğumuz bencil malzeme, hiç baharatı olmayan çorba gibidir. Ondan hiç tat almayız. Bu nedenle, şöyle denmiştir: "Kötü eğilimi yarattım; ona şifa olsun diye de Işığı yarattım." Üst ışığın getirdiği ek baharatlarla – doğru niyeti kullanarak – aynı malzeme harika bir lezzet kazanır. Dolayısıyla, bir kötü eğilimimiz vardır ve onun hemen yanında, baharat olarak *Zohar* vardır. Bunların birleşimi orta çizgiyi verir.

Eğer tuz olmasaydı, orta çizgi çizilemez ve dünya acılığa tahammül edemezdi, der *Zohar*. Diğer bir deyişle, eğer egoyu azaltamazsak, ona tahammül edemeyiz.

EY KADINLAR ARASINDA EN GÜZEL OLAN

Ruh, Yaradan'a der ki, "Bana yüce öğretinin sırlarını anlat, Üst Dünyayı nasıl idare eder ve yönetirsin; bu zamana kadar bilmediğim ve öğrenmediğim bilginin sırlarını bana öğret.

Böylece, aralarına geleceğim o yüksek seviyelerde utanç duymayacağım."

Yaradan, ruha cevap verir, " 'Eğer bilmiyorsan, ey kadınlar arasında en güzel olan', eğer geldiysen ve gelmeden önce öğretiye bakmadıysan ve üst dünyanın sırlarını bilmiyorsan, 'kendi yoluna git'. Çünkü bilgiye sahip olmadan buraya girmeye layık değilsin. 'Kendi yoluna git, sürünün ayak izlerinin yanından.' Dünyaya yeniden gel ve bu 'sürünün ayak izleri' sayesinde bilgili hale gel. Bu izler insanların ayaklarıyla çiğnediği kişilerdir. Çünkü onların aşağı olduğunu düşünürler. Hâlbuki, Yaradan'ın yüce sırlarını bilenler onlardır. Onlardan nasıl gözlemleyeceğini ve bileceğini öğreneceksin."

Yeni Zohar, Şarkıların Şarkısı, Madde 485-486

Zohar Kitabını çalışmaya başladığımızda, realiteyi başka türlü algılamamız için, kitap bizi zihinlerimizi "yeniden düzenlemek" zorunda bırakır. *Zohar*, girmemiz gereken o içsel dünyaya göre, kilidine uyması gereken bir anahtar gibi, bizi içeriden "biçimlendirir".

Şimdi bile manevi dünya bizim içimizdedir. Ancak biz onu hissetmeyiz. İçimizde başka bir doğa, yeni algılama araçları ve yeni duyular inşa etmeliyiz ki böylece manevi dünyayı hissedebilelim.

YAKUP, ESAV, LABAN VE BALAM

Biz kendimiz üzerinde çalışırız ve *Zohar Kitabının* tanımladığı tüm ayrımları içimizde bulmayı isteriz.

"Efendim Esav'a şunu söyleyeceksin: 'Hizmetkârın Yakup şöyle der: 'Ben Laban ile yaşadım.'"" Yakup, hemen onun önünde bir köle haline gelmek için hazır oldu. Böylece Esav, babasının onu kutsadığı kutsamalara bakamayacaktı. Çünkü Yakup onları günlerin sonu için terk etmişti.

Yakup ne gördü ki Esav'ı çağırtıp ona, "Ben Laban ile yaşadım" dedi? Bunu, Esav onu görevlendirdi diye mi yapmıştı? Daha doğrusu, Aram Samisi Laban, bir ses olarak dünyada yürüdü. Hiç kimse daha önce ondan kurtulmamıştı. Çünkü o kâhinlerin kâhini, en büyük büyücü ve Be'or'un babası idi. Be'or da Balam'ın babasıydı, yazıldığı üzere, "Balam... Be'or'un oğlu, kâhin." Ve Laban kâhinlik ve büyücülükte onlardan daha tecrübeliydi. Fakat yine de Yakup'u yenememişti. Ve çeşitli yollarla Yakup'u yok etmek istedi, yazıldığı üzere, "Gezgin Aram Samisi benim babamdı." Bu nedenle onu çağırttı ve ona gücünü bildirmek için, "Laban ile yaşadım," dedi.

Bütün dünya bilirdi ki Laban tüm bilgelerin, kâhinlerin ve büyücülerin en büyüğü idi. Ve Laban'ın yok etmek istediği biri onun elinden kurtulamazdı. Ve Balam'ın tüm bilgisi ondan gelirdi. Balam hakkında şöyle yazılıdır, "çünkü bilirim ki eğer sen birini kutsarsan, o kutsanmıştır." Laban için, bu daha da fazlasıyla böyleydi ve bütün dünya Laban'dan ve onun büyüsünden korkardı. Bu nedenle, Yakup'un Esav'a yolladığı ilk sözler, "Ben Laban ile yaşadım," idi. Ve kısa bir süre için değil, onunla tam yirmi yıllık bir geçmişim vardı.

Herkes İçin Zohar, VaYişlah [Yakup Gönderildi], Madde 21-23

Eğer, genel olarak okulda ve hayatta, kutsal kitaptaki hikâyeler hakkında - Yakup, Esav ve diğer bildik isimler hakkında - duyduğumuz bütün o kalıpları ve açıklamaları gözümüzde canlandırırsak ve *Zohar* çalışmasına bunlarla yaklaşırsak, büyük bir karışıklığa düşeriz ve *Zohar*'ın gerçekte ne söylediğine odaklanamayız.[15]

Uzaydaymışız, sanki dünya mevcut değilmiş ve sadece onun üstünde olan biten bir şeyi hayal ediyormuşuz gibi okumalıyız. Nihayetinde, zaman, mekân ve hareket, sadece bizim şu anki algımızda mevcut olan yanılsamalardır.

---

[15] Oysa bu öğretiyi çalışma esnasında sıkı bir koşul vardır — meseleleri hayali ve maddesel konular olarak cisimleştirmemek. Çünkü bu şekilde onlar bozulur. "Kendine ne bir put yapacaksın ne de buna benzer bir davranışta bulunacaksın." (Baal HaSulam, "On Sefirot'un Çalışılmasına Giriş" Madde 156)

Binlerce yıl önce burada birisinin olduğunu hayal etmemiz ve kazılara girişip arkeolojik bulgular bulmamız, sadece bizim aklımızdadır. Yine de buna "realite" deriz. Şimdi bu algıyı değiştirmek istiyoruz. Bu dünyanın, gerçekte olduğu gibi, sadece kendi arzumuzda mevcut olduğunu görmek istiyoruz.

Doğduğumuzdan beri, hayat filmini bu şekilde görmeye alıştık, sanki bizim dışımızda bir şey varmış gibi. Hâlbuki bu filmin tümü bizim arzumuzda meydana gelmektedir. Alışkanlığımıza karşı savaşmalı ve kendimizi tekrar tekrar ikna etmeliyiz ki gerçekte her şey arzunun dâhilinde olmaktadır.

Bu yaklaşım, realiteyi reddetmez. Çünkü arzu gerçektir. Şu anda bile, bir şeyle karşılaştığımızda, aslında bir arzu ile karşılaşıyoruz. Hatta etrafımızda olup bitenlerle ilgili algımız bile, bizim önümüzde bu şekilde beliren güçlerin ve arzuların bir dışavurumudur.

Zohar aracılığıyla bu içsel resmi yaşamaya ne kadar gayret edersek ve kutsal kitabın bilindik hikâyelerine dair tarihi görüntülerin içine batmaktan ne kadar geri durursak, *Zohar* bizi içselliğe, gerçeğe – realitenin esas algısına – o kadar yükseltecektir.

Zamanla her şeyi, güçler, nitelikler ve hepsinin üstünde işleyen güç – Yaradan – olarak görmeye başlayacağız. Bu, arzu duyduğumuz ifşadır ve Yaradan'a eşit hale geldiğimiz ölçüde, bizim arzumuz dâhilinde gerçekleşir. *Zohar*, bizi bu ifşaya doğru yönlendirir.

KORKMA, SEN EY YAKUP'UN KURTÇUĞU

Yaradan, dünyadaki puta tapan milletlerin hepsini, onlar için atanmış vekillerin altına yerleştirdi. Bunların hepsi kendi tanrılarını izlerler. Hepsi kan döker ve savaş yapar, çalar, zina yapar, kötülük yapan kişilere katılır ve daima yaptıkları kötülüğün şiddetini artırır.

İsrail, tek gücü ağzında olan bir kurtçuk gibi, ağzında olan dua dışında, bu milletleri yenecek bir güce sahip değildir. Fakat ağzı ile her şeyi parçalar ve bu nedenle İsrail'e "kurtçuk" denir.

"Korkma, sen ey Yakup'un kurtçuğu." Bu dünyadaki hiçbir yaratık ipekböceği gibi değildir. Tüm soylu giysiler, kral giysileri ondan gelir. İpekböceği kozayı ördükten sonra yumurtlar ve ölür. Daha sonrasında, tam da o yumurtadan eskisi gibi hayata döner ve tekrar yaşar. İsrail de böyledir. Bu kurtçuk gibi, ölseler bile tekrar geri gelirler ve önceki gibi bu dünyada yaşarlar.

Aynı zamanda denmiştir ki, "Çömlekçinin ellerindeki çamur gibi, İsrail halkı, sen de Benim ellerimdesin." Malzeme şu camdır; kırılsa bile düzeltilmiştir ve daha önceki gibi düzeltilebilir. İsrail de böyledir: onlar ölseler bile tekrar yaşarlar.

İsrail, hayat ağacıdır, ZA'dır. İsrail'in çocukları hayat ağacına bağlandıkları için, hayatları olacak, tozdan kalkacak ve dünyada var olacaklar.

Herkes İçin Zohar, VaYişlah [Yakup Gönderildi], Madde 250-254

Kalpteki noktaya, her kişinin içinde uyanabilen içsel tercihe ve kişi nerede olursa olsun doğruca Yaradan'ın sevme ve verme niteliğine ulaşmaya, İsrail, *Yaşar* (doğrudan) *El* (Yaradan'a) denir. Geri kalan benmerkezci eğilimlerimize de "dünya milletleri" denir.

Yaradan'a giden yolda, kalpteki nokta, sonunda "hayat ağacına" bağlanmakla ödüllendirilene kadar birçok farklı durumlardan geçer.

DENİZ CANAVARLARI

"Firavun'a gel." Şöyle demeliydi, "Firavun'a git." Fakat Yaradan, Musa'yı odaların içindeki odalara bıraktı, bir ulu deniz canavarına ki oradan birçok seviye aşağı iner.

Musa korktu ve kendi seviyeleri olan Niller dışındakilere yaklaşmadı. Fakat canavarın kendisinden korkmuştu. Onun yakınına gitmedi. Çünkü onun üst köklerde kökü olduğunu gördü.

Yaradan, Musa'nın korktuğunu gördüğü için ve yukarıda bulunan diğer atanmış temsilcilerden hiçbiri ona yaklaşamadığı için, Yaradan dedi ki, "Bak, ben sana karşıyım, Mısır'ın kralı Firavun, onun nehirlerinin ortasında yatan büyük canavar." Yaradan'ın ona savaş açması gerekiyordu, başkasına değil, yazıldığı üzere, "Ben. Hiçbir temsilci yok." Ve onlar, onun Nilleri ortasında yatan canavarın öğretisini, "o yolda yürüyenlere", Efendilerinin sırrını bilenlere açıkladılar.

Herkes İçin Zohar, Bo [Gel], Madde 36-38

Zohar Kitabı, bizim hakkımızda konuşur. Bize kendi içimizde neler olduğunu anlatır, sadece kendi içimizde olanı. Gerçi çoğu kez bir peri masalı veya tarih kitabı gibi görünen çok tuhaf bir yolla anlatır. Akciğerlere, böbreklere, dalağa ve diğer organlara sahibiz. Buna ek olarak, duygularımızda pek çok arzular, nitelikler, düşünceler ve dürtüler de vardır. Başka bir deyişle, fiziksel bedenin yanı sıra, içimizdeki insan da mevcuttur.

İçimizdeki insan kimdir? Eğer ruhlarımızı açarsak ve onları incelersek, *Zohar*'ın yazarlarının ne hakkında yazdığını bulacağız. İçimizdeki insanda, "Musa", "Firavun", "canavarlar", "Niller", vb. diye bilinen nitelikler vardır. İçimizde bunları bulmaya gayret etmeliyiz.

İçimizde bunları araştırmak bize ne verir? Doğrusu, bize hiçbir şey vermez. Ancak, bu nitelikleri içimizde bulmaya çalışarak, "Islah Eden Işığı" üzerimize çekeriz. İstememiz gereken şey de budur. Burada yanlış anlama tehlikesi yoktur. Her şeyi tersinden anlasak bile, bu hiçbir şeyi değiştirmez. Önemli olan çabamızdır.

Diyelim ki birisi *Zohar* dersinin sonunda dışarı çıkar ve şöyle düşünür, "Bugün durumum iyiydi! Musa'nın ve Firavun'un içimde ne demek olduğunu gerçekten anladığımı hissettim." Fakat bu tamamen anlamsızdır. Bir sonraki defa, aynı kişinin, "Bugün hiçbir şey anlamadım; her şey kuru. Birkaç dakika dışında, dikkatimi bile veremedim," diye hissetmesi pek mümkündür. Ancak, bu birkaç dakikalar o kişinin gerçek kazancıdır.

Baal HaSulam, "On Sefirot'un Çalışılmasına Giriş"te iyi bir nedenle yazmıştır ki gizlilik koşulları, kişinin uğraşıp çalışacağı koşullardır. Karanlıkta zorlanan ve bunun anlamsız olduğunu hisseden bir kişi, egoyu, gururu, aklı ve duyguyu tazeleyecek herhangi bir şey almadan çalışmaya zorlandığı durumların, kendi manevi gelişimi için çok iyi olduğunu anlamalıdır. Tatsız olarak hissedilen durumları iyi karşılamalıyız. Çünkü onlar sayesinde büyürüz.

"Ve Yaradan, büyük deniz canavarlarını yarattı." Bu, balina ve onun dişi eşidir. "Canavar" kelimesi, İbranicede *Yud* kullanılmadan yazılır. Çünkü o, dişisini öldürdü ve Yaradan, dişiyi Hak'tan yana olana yükseltti. Böylece, sadece bir büyük canavar kaldı. Ayrıca, bilin ki balina saf bir balıktır.

Balina ve onun dişi eşi, çok yüce bir kökten gelirler. Çünkü deniz, *Hohma*'nın anlayışında *Malhut*'tur ve tüm deniz yaratıkları içinde en önemli olanı balinadır. Bu nedenle o, denizdeki *Hohma*'nın bütünüdür. Gerçi *Hohma*'nın kendisinden gelmez. *Hohma*'ya geri dönen *Bina*'dan, "Şuruk noktası" diye adlandırılan, içindeki sol çizgiden gelir. Bu nedenle, onlar hakkında yazılıdır ki, "Ve Yaradan, büyük deniz canavarlarını yarattı," çünkü *Bina*'ya *Beria* denir.

Ancak, onun yeri, *Atsilut*'un *Malhut*'u olan denizin kendisi olarak belirlenmemiştir. Bunun yerine, *Beria* dünyasında, *Atsilut*'un dışında, *Atsilut*'un *Malhut*'unun altında bir yer hazırlanmıştır. Bu yer, on adet Nil'dir.

Herkes İçin Zohar, Bo [Gel], Madde 39

Bu tasvir, eğer onu anlamazsak ve onunla nasıl bir bağ kuracağımızı bilmezsek, bize ne verir ki? Baal HaSulam, *Zohar*'ın sözlerini, Kabala dilinin açıklanmasına ek olarak, bize biraz daha yakın olacak, daha duygusal bir tarzda açıklayabilirdi. Ancak, bize onun anlamını, ne için olduğunu ve içimizde nerede olup bittiğini araştırmak üzere çaba göstermemiz için alan bırakmıştır.

Biz, *Eyn Sof*'un içindeyiz ve bizim şu anki algımızdan *Eyn Sof*'a kadar, 125 sır perdesi vardır. "Bilincimizi geri kazanmak" için, gerçek durumumuzu daha canlı şekilde hissetmeye çabalamalıyız. Bu hikâye bize özellikle verilmiştir. Böylece araştırmaya başlayalım diye. Bu araştırma bize, içimizde yeni nitelikler ve farkındalıklar sağlayacaktır. Bunlarla şu anda neyi yapamadığımızı hissetmeye başlayacağız. Aksi takdirde, maneviyatı algılama yeteneğimiz gelişmeyecektir.

Burada bizim tarafımızdan gösterilen bir çaba olmalıdır. "Ödül, gösterilen çabaya göredir," diye yazılmıştır. Burada çabadan başka hiçbir şey yoktur. Bu nedenle şöyle denmiştir, "Çalıştın ve buldun, buna inan." Bulma durumu ne zaman gelecektir? Üst Işık bizi yeteri kadar etkilediği ve manevi algı birinci seviyesinde, içimizde tamamlandığı zaman.

Burada bilmenin önemi yoktur, sadece bunu istemenin önemi vardır. Burada gerçekten ne olduğunu hissetmeyi istemeliyiz, lafları değil. "Manevi edinim," Hazon Iş'ın [36] dediği üzere, "ruhun inceliğinin hassas bir arzusudur." Onu akıl ile elde etmek imkânsızdır. Sadece kalbin isteği ile edinilir.

Zohar Kitabının anlaşılmasının güç oluşunun iyi bir sebebi vardır. Bu kapalı kapıyı açtığımız zaman maneviyata gireriz. Zaman geçtikçe, günler geçtikçe, ne olduğunu anlamadan, birdenbire bir şey hissetmeye başlayacağımız duruma doğru ilerleriz. Bu noktada, *Zohar*'ın sözlerine içsel cevaplar içimizde uyanacaktır. Böylece, içimizdeki realitenin nasıl biçimlendiğini ve içimizde nasıl yeni bir dünyanın yapılanmakta olduğunu doğal olarak hissedeceğiz.

CEHENNEM NEDİR?

"Üst tabakadanmış gibi davranıp da yiyecek ekmeği olmayan biri olmaktansa, alt tabakadan biri olup da bir hizmetkâra sahip olmak daha iyidir." Bu sözler kötü eğilimi anlatır, çünkü o daima insanlardan şikâyet eder. Kötü eğilim, kişinin kalbini ve arzusunu gururla besler. Kişi, saçını ve başını kıvırarak onu takip eder, ta ki kötü eğilim ondan gururunu alıp onu cehenneme atana dek.

Herkes İçin Zohar, VaYişla [Yakup Gönderildi], Madde 16

Biz de bu cehennem durumunu hissedecek miyiz? Kabalistler bunu nereden biliyorlar? Onlar bunu kendileri tecrübe ettiler. Sonuçta, kişinin tecrübe etmediği bir şeyi keşfetmesi imkânsızdır. Öyleyse hepimiz cehennemde olmak zorunda mıyız? Görünüşe göre, olmak zorundayız.

Biz daima önce kötü eğilime batarız ve ancak ondan sonra onun gerçekte ne olduğunu keşfederiz. İlk başta, onun kötü olduğunu görmeyiz. Eğer görseydik, ona girişmezdik. Başlangıçta çekici, parlak, gösterişli ve harikadır. Bu şekilde egomuz bizi kandırır.

Burada *Zohar*, ruhunun farklı parçalarını inceleyen bir kişiden söz eder. Onun başı derde girmelidir ve bu karışıklık yüzünden cehennem durumuna inmelidir. Bu durum her seviyede mevcuttur. Onun için denmiştir ki, "Dünyada iyilik yapan tek

bir Hak'tan yana kişi yoktur ki günah işlememiş olsun."
(Ekleziast, 7:20) Kişi ancak o durumun içinde olduğu zaman, içinde yatan kötülüğü inceleyebilir. Kendi kötülüğü yüzünden ne kadar çok şey kaybettiğini ve Yaradan'ın yardımı olmadan kendi başına bir şey yapmaya gelince ne kadar güçsüz olduğunu fark eder.

Kabalistler tarafından yazılan her kelimenin, onların kendi kişisel edinimlerine dayandığını hatırlamalıyız. Şöyle ki, "Bilmediğimiz şeyi, bir isim veya sözle tanımlamayız." [37] *Zohar*'ın yazarları bu koşulların hepsini kendilerinde deneyimlemişlerdir. Bizlerin de bu koşulları elde edeceğini ümit edelim. Sonuçta bunlar, realiteyi bulma yolunun parçalarıdır.

DERİNDEKİ KAPI

Nuh'un bu üç oğlu tüm dünyanın devamıdır ... ve onlar tüm yeryüzüne yayıldılar, insan ruhlarının tümü onlardan gelir. Çünkü onlar *Bina*'daki üç üst rengin anlamıdırlar, üç çizgi...

Cennet'ten çıkan nehir, *Zer Anpin*, uzanıp geldiği zaman, bahçeyi, *Nukva*'yı [dişi], suladı. Onu, üst *Bina*'dan gelen üç üst çizginin gücü ile suladı ve buradan renkler yayılır – beyaz, kırmızı ve siyah...

Ve seviyelere baktığın zaman, renklerin nasıl tüm taraflara, sağa, sola ve ortaya yayıldığını bulacaksın, ta ki renkler, derini kapatan kapıların yirmi yedi kanalı olarak aşağıya, *Malhut*'a girene kadar.

Herkes İçin Zohar, Nuh, Madde 302-303

Işığa, yani onun verme ve sevme niteliğine ne kadar benzeyebilirsek, onunla o kadar bağ kuracağız ve onun ihsan kanallarını keşfedeceğiz. Aslında, şu anda bile *Eyn Sof* dünyasındayız. Ama bu bizden, içimizde ve arzumuzda var olan tüm dünyalar – *Halamot* [Gizlilikler] – tarafından saklanmıştır. Çünkü arzumuz, *Eyn Sof* dünyasının niteliğine zıddır.

Yirmi yedi harf, Malhut'un son beş harfi ile ona bolluk getiren yirmi yedi kanaldır. Onlar, Malhut'taki Dinim'i kapatan kapılar olmak üzere yapılmışlardı ve "derinler" diye adlandırıldılar.

Herkes İçin Zohar, Nuh, Madde 303

Bu kapıları ve kanalları, kendimiz onların üzerine inşa ederiz. Bu kapılar, ışığa benzerliğimiz ölçüsünde açılıp kapanan vanalar gibi, bazen açılarak ışığa yol verirler, bazen kapanırlar. Çabalarımız sadece tek bir amacı hedeflemelidir – tüm niteliklerimizi manevi niteliklere benzer kılmak ve bu niteliklerle ışığı almak.

İçimizdeki bencilliği ışığa benzer hale getirdiğimiz ölçüde, Yaradan'ın niteliklerini ve yaratılışın düşüncesini içimizde bulacağız. *Zohar Kitabında, Safra de Tzniuta* [Alçakgönüllülük Kitabı] adında özel bir bölüm vardır ve bu bölüm bundan söz eder. Bu nedenle şöyle de denmiştir, "Bilgelik, alçakgönüllü olanla beraberdir." (Atasözleri, 11:2)

GECE YATAĞIMDA

"Geceler boyunca yatağımda, ruhumun sevdiği kişiyi aradım." İsrail topluluğu, Yaradan'ın önünde konuştu ve O'na sürgünü sordu. Çünkü o çocukları ile birlikte diğer milletlerin arasına yerleşmişti ve toz içinde yatıyordu. Başka bir ülkede, kirli bir yerde yattığı için dedi ki, "Yatağımda iken istiyorum. Çünkü ben sürgünde yatıyorum." Sürgüne, "geceler" denir. Bu nedenle, "Ruhumun sevdiği kişiyi aradım," beni sürgünden kurtarsın diye.

"Onu aradım ama bulamadım." Çünkü O'nun yolu benimle sürgünde değil, sadece O'nun sarayında çiftleşmektir. "Ona seslendim ama bana cevap vermedi." Çünkü O'nun oğulları dışında sesini duymayan diğer milletlerin arasında oturuyordum. "Şimdiye kadar kimse Yaradan'ın sesini duydu mu?"

"Geceler boyunca yatağımda," dedi İsrail topluluğu, Kutsallık. "Yatağımda, O'nun önünde öfkelendim, sağ çizgiden bana haz vermek üzere benimle çiftleşmesini ve sol çizgiden beni kutsamasını ve orta çizgiden tam bir sevinç istedim." Kral, *ZA*,

İsrail topluluğu ile çiftleştiği zaman, birkaç Hak'tan yana kişi kutsal mirası, yani üst *Mohin*'i miras alır ve bu dünyada birkaç kutsama bulunur.

Herkes İçin Zohar, Ki Tazria [Bir Kadın Döllendiğinde], Madde 1-3

Zohar'daki her kelimeyi, onun manevi, içsel anlamına çevirmeye çalışmalıyız ve alışıldık maddesel anlamında algılamamalıyız. Eğer maddesel anlamında kalırsak, kutsallığı üst dünyadan bu dünyaya alçaltmış oluruz ki yazılar bunun için yazılmamıştır. Biz onun aracılığıyla bu dünyadan üst dünyaya yükselmeyi arzulamalıyız.

Eğer *Zer Anpin*'e, Yaradan'a erişmek, O'nunla temas kurmak istiyorsak, *Atsilut*'un *Malhut*'u veya "Grup" denen mekanizma aracılığıyla, doğrudan Yaradan'la, yani sevgi ve ihsan etme ile birleşmiş ruhlar topluluğunun aracılığıyla gitmek zorundayız. Başka hiçbir yol yoktur.

Eğer kendimi, içimdeki tüm kırılmış ruhlarla birleşirken ve hepsini Yaradan'la temas etmek ve *Zivug* [çiftleşme] için O'na götürürken göremiyorsam, o zaman "ben" yoktur. Bu daima önümde tutmam gereken bir resimdir. Aksi takdirde, doğru yöne gitmiyorumdur.

Aynı zamanda, "ben" demek, tüm ruhlar arasındaki birleşme mekanizması sayesinde kendimi aldım demektir. *Zohar*

Kitabını açabilmemin tek yolu budur. Neden? Çünkü *Zohar*'ın gücü, şu anda bana ait gibi görünmeyen tüm bu parçalarım arasındaki bağı korumaya yöneliktir.

DOSTLAR

Bütün o dostlar, birbirini sevmeyenler, dünyayı vakitleri dolmadan terk ederler. Raşbi'nin zamanındaki tüm dostlar arasında, ruh sevgisi, can sevgisi vardı. Bu nedenle onun neslinde yaratılışın sırları açığa çıkmıştı. Kabalist Şimon derdi ki, "Birbirini sevmeyen dostların hepsi, kendilerini doğru yoldan saptırırlar." Daha da ötesi, maneviyatta sevgi, kardeşlik ve gerçek bulunduğu için, yazılanlara kusur sokarlar.

İbrahim İshak'ı sevdi; İshak İbrahim'i sevdi ve kucaklaştılar. Her ikisi de Yakup'a sevgi ve kardeşlik ile sıkıca tutundular ve birbirlerine kuvvet ve cesaret verdiler. Dostlar onlar gibi olmalılar ve onlarda kusur bulmamalılar. Çünkü eğer onların arasında sevgi eksikse, onların üstteki değerlerini, yani *Hesed, Gevura, Tiferet* olan İbrahim, İshak ve Yakup'u bozarlar.

Herkes için Zohar, Ki Tissa [Aldığında], Madde 54

Zohar, bir Kabalistler grubu tarafından yazılmıştır. Dolayısıyla, sadece bir grup yapısı içinde anlaşılabilir. Onun içinde gizlenmiş olanla bağ kurmak için, buna özlem duyan tüm diğer insanlarla bağ kurmamız gereklidir. Hep birlikte bir grup oluştururuz.

Yalnızca aramızdaki bağlantı, kitabı açmamıza imkân sağlayacaktır. Çünkü kitapta söz edilen her şey ruhların arasında bulunur. Eğer birleşmek istersek, bu arzularımıza "ruhlar" denecektir ve onlar arasındaki bağda, Yaradan'ı, hepimizi birbirimize bağlayan ışığı bulacağız.

"Birlik içinde bir arada oturmak, kardeşler için ne kadar iyi ve ne kadar hoştur, aynı zamanda." Bunlar, birbirinden ayrılmaz gibi birlikte oturan dostlardır. Başlangıçta, birbirini öldürmek isteyen, savaştaki insanlar gibi görünürler. Daha sonra, kardeşçe dostluk koşuluna gelirler.

Yaradan onlar hakkında ne der? "Birlik içinde bir arada oturmak, kardeşler için ne kadar iyi ve ne kadar hoştur, aynı zamanda." "Aynı zamanda" sözleri, onlarla beraber olan Kutsallığın varlığına işaret eder. Daha da ötesi, Yaradan onların sözlerini dinler ve onlardan memnun ve hoşnuttur.

Ve siz, burada bulunan dostlar, daha önce yakınlık ve sevgi içinde olduğunuz için, Yaradan sizden memnun kalıp size huzur verene kadar, bundan böyle ayrılmayacaksınız. Ve sizin erdeminiz sayesinde dünyada barış olacak. Bu sözlerin anlamı şudur, "Kardeşlerimin ve dostlarımın hatırı için derim ki, 'İçinizde barış olsun.'"

Herkes İçin Zohar, Aharei Mot [Ölümden Sonra], Madde 65-66

Zohar'ı okurken aramızdaki birliği dikkate almazsak, esas noktayı kaçırmış oluruz.

Fakat bekleyin! Şimdiye kadar, bu şeyleri içimizde hissetmemiz ve *Zohar*'da anlatılan ayrıntıları içimizde aramamız gerektiğini söyledik. Şimdi ise, dışımızda olan bir grupla, diğer dostlarla bağ kurmaktan, birleşmekten söz ediyoruz. Burada bir çelişki yok mu?

Şöyle ki aslında grup bile dışarıda değildir. Bizim dışımızdaymış gibi hissettiğimiz her şeyin aslında kendi içimizde olduğunu, her dakika kendimize hatırlatmalıyız.

İçimizdeki "kendi" kavramını, içimizdeki "diğer" kavramı ile bağlamalıyız. Bedenimizin dışında olan "diğerlerini" hissetmeyiz. Ancak, onlar da bizim içimizdedirler, bizim arzularımızın içindedirler. Arzularımız bu şekilde bölünmüştür. Hem içsel *Kelim* (kaplar) hem dışsal *Kelim* vardır ve bizim yapmamız gereken tek şey ise onlar arasındaki bağlantıyı onarmaktır. Gruptaki diğer insanlar, aramızda bağ kuracağımız ilk insanlar olacaktır.

ZOHAR ÇALIŞMASI HAKKINDA SEÇİLMİŞ SORULAR

Zohar Kitabındaki Segula [Güç]

Onun içinde olağanüstü, başka bir güç vardır: Ona kendini veren herkes, onun içinde ne yazdığını hâlâ anlamıyor olsa bile, onunla arınmış olur. Üst Işık onlara daha yakınlaşır.

Baal HaSulam, "Kabala Öğretisi ve Onun Özü"

Soru: *Zohar Kitabındaki Segula*'nın nasıl çalıştığından emin değilim.

Cevap: Şimdi içinde bulunduğumuz durumda, bunu anlamak zordur. Bu nedenle ona *Segula* denir.

Diyelim ki bana, belli bir noktanın üstünde on kere sıçrarsam, tavandaki ışığın yanacağı söylendi. Ben onların arasındaki bağlantıyı bilmiyorum. Belki elektrik düğmesi döşemenin altına yerleştirildi ve orada ona kadar sayan bir sayaç var, on saydan sonra düğmeyi açıyor. Ama ben bunu bilmiyorum. Orada bir bağlantı olmalı, ama bu benden gizlidir. Kabalada böylesi gizli bağlantıya, *Segula* denir.

Başka bir deyişle, *Segula*, doğada mevcut olan bir kanundur. Ama benim henüz bilmediğim bir kanundur. Onu ve kendilerini daha önceden çalışmış olanlar bana diyorlar ki, "Eğer onu falan şekilde kullanırsan, onu harekete geçireceksin. Onu görmezsin, ama onu bu şekilde harekete geçirirsin."

Eğer başka bir gezegenden dünyamıza bir uzaylı gelse, bir insan bebeğine ve bir de yeni doğmuş bir buzağıya baksa, der ki, buzağı önemli bir figür olmak üzere ve bebek de küçük ve çaresiz biri olmak üzere büyüyecek. Ancak biliyoruz ki, her ikisine de ihtiyaçları olanı verirsek, biri büyüyüp bir inek veya öküz olacak, diğeri ise insan olacaktır. Bu bir mucizedir, bir *Segula*'dır. Bunun olmasına alışmış hale geldik, ama bu gerçekten de bir mucizedir.

Küçük bebek birdenbire anlamaya, tepki vermeye, her türlü hareketi yapmaya başlar. Her gün yeni yetenekler ortaya çıkar. Bu nasıl olur? Sonuçta, bunun olması için biz bir şey yapmadık. Biz, bir gelişim sürecinin varlığına alıştık. Fakat aslında o, yaşam gücünün, yaratılan üzerinde çalışan ve bu şekilde görünen manevi gücün belirtisidir.

Manevi gelişimimizde de aynı şey olur. Sonuçta, manevi gelişimin kanunları çok da farklı değildir. Ancak bu gelişim halen bizden gizlidir; ona alışık değilizdir. Fakat insanların bu kanunları da tıpkı doğanın diğer kanunları gibi kullanacağı günler çok uzakta değildir.

Kabalistler, *Zohar Kitabını* çalışarak etkisini kendimize çekebileceğimiz bir gücün doğada var olduğunu bize söylüyorlar. Bu kitabı ne kadar çok çalışırsanız o kadar güçlü, akıllı, daha hassas ve daha anlayışlı hale geleceksiniz. Bu süreç sayesinde, maneviyat size belirecektir. Çünkü bu kitap sizi değiştirme gücüne sahiptir.

Fakat beni değiştiren başka kitaplar da yok mu? Tabii ki vardır. Realite algımızı değiştiren ve gizli âlemleri bulmamız için bize yardım eden başka kitaplar vardır. Ancak *Zohar Kitabı*, diğer tüm kitaplardan daha güçlü bir şekilde değişimi etkiler, fakat etkisi yine de daha yumuşaktır.

Arzular Dünyası

Karanlıkta olan ve her zaman karanlıkta kalmış olan kişi için, ona Işık vermek istediğiniz zaman, önce iğne deliği gibi küçük bir Işık yakmanız gerekir ve sonrasında biraz daha büyük bir Işık. Böylece, her seferinde biraz daha fazla, ta ki tüm Işık onun üstünde tamamen parlayana kadar.

Herkes için Zohar, VaYişlah [Yakup Gönderildi], Madde 91

Soru: Eğer her şeyin kendi içimde olduğunu duyduysam, etrafımda olan bu insanlarla nasıl ilişki kurmalıyım? Dünyayı nasıl görmeliyim? Beni sevenler ve benden nefret edenler için ne düşünmeliyim ve genel olarak etrafımda olan olaylarla nasıl ilişki kurmalıyım?

Cevap: Şunu anlamalıyız ki bir ideal olan vardır, bir de realite vardır. İdeal olan, gelecekte, düzeltilmiş olduğumuz durumda keşfedeceğimizdir. Şimdilik, her şeyin içimizde yer aldığı başka bir realitenin var olduğunu öğreniyoruz sadece. Şimdilik, hiçbir şey bizim için gerçek değildir ve muhtemelen geleceğin resmi diye hayal ettiğimiz her şey, onu gördüğümüz gibi değildir.

Bu resmi bir kere keşfettiğimizde, hayatlarımızın nasıl değişeceği hakkında hiçbir fikrimiz yoktur. Bu, bizim dünyamızın bir ölçüye kadar değişmesi durumu değildir, yepyeni bir dünya önümüzde belirecektir. Bu nedenle, *Zohar Kitabını* okurken, kendimizi bildiğimiz her şeyden ayırmalı ve sadece onun içine "dalmaya" çalışmalıyız. Şu an, aynı anda iki dünyada birden bulunamayız. Şimdilik, sadece bir dünyada olabiliriz.

Dolayısıyla, kendimizi maddesel realiteden ayırıp, büyümek isteyen bir çocuk gibi başka bir resim oluşturmaya çalışmalıyız. Çocuklar, her bakımdan büyükler gibi olmak isterler; nasıl giyindikleri, nasıl davrandıkları ve başkalarının gözünde nasıl oldukları bakımından. Herkesin onlara, büyüklere davranıldığı gibi davranmasını isterler.

Biz de, yapabildiğimiz her şekilde, *Zohar Kitabının* bizim yeni dünyamız hakkında konuştuğunu ve bizim de orada olduğumuzu hayal etmeliyiz. Diğer bir deyişle, bu kitap, içinde var olduğumuz içsel niteliklerimizi ele alır ve bu nitelikler içinde yeni bir realite görürüz. Bu oyun, ıslah eden ışığın üzerimize etki yapmasını sağlar ve bu yeni dünya belirir.

Böylece bu yeni dünya belirdiği zaman, eski dünya kaybolur mu ve biz cennete uçar mıyız? Pek öyle değil. Arzularımızda yeni bir hayatı keşfederiz. İki arzu – kendimizinki ve Yaradan'ınki – birbirinin zıddı olarak içimizde belirir. Onları hissederiz ve bir orta çizgi gibi onların arasında oluruz, "kendimiz" olarak. Bundan başka da hiçbir şey yoktur. İki gücün arasında ben varım.

Musa'nın Yazıları ve Zohar Arasındaki Fark

"Gözlerimi aç, böylece Senin kanununun harikalarını görebilirim." İnsanlar ne kadar budala, çünkü yazılanları bilmiyorlar ve onunla meşgul olmayı düşünmüyorlar. Fakat bütün hayat ve her özgürlük, her iyilik Işıktır.

Herkes için Zohar, Hayey Sara [Sara'nın Hayatı], Madde 219

Soru: Halen elimizde Musa'nın yazıları varken, neden *Zohar*'a ihtiyacımız var?

Cevap: *Zohar*, Musa'nın yazılarının Kabalistik açıklamasıdır. Musa temeli attı, fakat yazıları şifrelenmiş bir kitaptır. Onun içinde tek bir şifre vardır, ama o çok derindir. Yazılar, "dalların dilinde" ¹⁶ yazılmıştır. Kabala öğretisi, dalların dilini açıklar ve okumamıza, Musa'nın gerçekte ne dediğini anlamamıza yardım eder.

İnsanlar ise eski bir kabilenin başarılarını anlatan tarihi bir öykü olarak ilişki kurmaya alışmıştır. Ancak, Kabala bütün bunlar vasıtasıyla üst kökleri, dünyamızda bu tür olayları harekete geçiren üst güçleri görmemize imkân verir. Kabala aracılığıyla, dünyamızı yöneten güçler sisteminin seviyesine yükselebilir ve oradan realiteyi düzeltebilir ve yönetebiliriz.

Musa'nın zamanından, insanoğlunun manevi dünyayla ilişkisinin kesilmesini simgeleyen Tapınağın yıkımına kadarki sürede yaşayanlar için, yazılanlar bir düzeltme yöntemi olarak hizmet etti. O zamanda, Musa'nın yazıları bize çok uzak olduğu, bu nedenle de kendimizi doğrudan onunla düzeltemediğimiz belli oldu.¹⁷

---

[16] Kabalistler, bencil bir kişinin algılama alanının ötesinde olan üst dünyayı çalışırlar. Onlara göre, manevi dünyada olan ve "kök" diye adlandırılan her nesneden, bir güç basamak basamak bizim dünyamıza iner ve burada "dal" diye adlandırılan bir nesne oluşturur. "Kabala Öğretisinin Özü" adlı yazısında Baal HaSulam bunu şöyle açıklar: "Alt dünyada, iki su damlası gibi aynı olan, benzerini yukarı dünyada bulamayacağın, hiçbir realite unsuru veya realite oluşumu yoktur. Ve bunlar "Kök ve Dal" diye adlandırılırlar. Bu demektir ki alt dünyadaki öğe, üst dünyada bulunan ona ait yapının dalı olarak kabul edilir. O yapı alttaki öğenin köküdür. Çünkü burada alt dünyadaki o öğe işlenmiş ve oluşturulmuştur."

[17] Bu konuda daha fazla bilgi için, bakınız: Baal HaSulam "On Sefirot'un Çalışılmasına Giriş"

Musa'nın yazıları, maddeselliğe düşmüş olan ruhlara yol göstermek için çok fazla şifreliydi. Bu düşüş, yol gösterecek başka bir kaynağa ihtiyaç yarattı. O zamanda da *Zohar Kitabı* yazıldı. Ancak, *Zohar,* sürgünün başlangıcı olan o günlerde yaşayanlar için yazılmamıştı, sürgünün sonu olan bizim zamanımız için yazılmıştı.

"Yazılanların edebi hikâyeler ve Esav ile Laban'ınki gibi cahil sözler anlatmak için geldiğini söyleyenlere yazıklar olsun. Eğer bu böyle olsaydı, bugün bile eğitimsiz bir kişinin sözlerini bir kanuna, hem de onlarınkinden daha iyi bir kanuna çevirebilirdik. Kaldıki eğer dünyevi meselelere işaret ediyorsa, bu dünyayı yönetenler arasında bile daha iyi şeyler vardır, öyleyse onların arkasından gidelim ve aynı şekilde onları bir kanuna çevirelim. Ancak, O'nun tüm sözleri en üst anlama sahiptirler.

Üst dünya ve alt dünya aynı şekilde yargılanır. Aşağıda Yaradan'a Doğru olanlar, yukarıdaki yüce meleklere karşılık gelir. Yüce melekler için şöyle denmiştir, "Kim rüzgârları O'nun habercileri yapar?" Onlar aşağı indikleri zaman, bu dünyanın kıyafetlerini giyinirler. Bu dünyadaki gibi kıyafetler giyinmeselerdi, bu dünyada kalamazlardı ve bu dünya onlara tahammül edemezdi.

Ve eğer melekler için bu böyleyse, melekleri ve tüm dünyaları yaratan kanun için bu daha da fazlasıyla böyledir ve onlar bu kanun için var olurlar.

Daha da ötesi, bu dünyaya indiğinde, cahil kişilerin hikâyeleri ve sözleri olan bu dünyevi kıyafetleri giyinmezse, dünya ona tahammül edemez.

Bu nedenle, yazılardaki bu hikâye, Işığın kıyafetidir. Ve bu kıyafeti başka bir şey olarak değil de gerçek olarak farz eden kişinin ruhu, lanetlenecektir ve onun sonraki dünyada hiçbir hakkı olmayacaktır."

Herkes için Zohar, BeHaalotha [Yükseldiğinde], Madde 58-60

Bu bölüm *Zohar*'ın sadece tadına bakmak içindir. Sizi, çalışmaya katılmanızı kolaylaştırmak amacıyla, *Zohar*'dan alıntılar okuyarak gezdirmeye çalıştık. Ekler bölümünde, *Zohar*'dan seçilmiş alıntılar bulacaksınız. Aynı zamanda, büyük Kabalistlerin *Zohar*'ı çalışmanın önemine dair sözlerinden alıntılar olacak. Baal HaSulam'ın *Zohar*'ı çalışmaya dair yaklaşımı açıklayan sözlerini daha derinden incelemek isterseniz, ek bölümündeki "Baal HaSulam'ın Zohar Kitabına Yazdığı Giriş Yazıları"nda bunu yapabilirsiniz.

Başlangıçta, *Zohar*'ı okurken hiçbir şey hissetmediğinizi hissetseniz bile, internet üzerinden alacağınız on dersten sonra, *Zohar*'ın sizi nasıl etkilediğini çok belirgin şekilde hissedebilir olacaksınız.

Zohar'ı çalışmanın etkisi gerçekten de çok güçlüdür ve yukarıda da söylediğimiz gibi, bizim anlama seviyemize bağlı değildir. Daha ziyade, *Zohar*'ın neden bahsettiğini algılama çabalarımıza bağlıdır. Sadece hissetmek isteği ile dinlememiz gerekir. Bu dünyayı ve aynı zamanda manevi dünyayı bilmenin tek yolu budur.

Zohar Kitabı, bize Yaradan tarafından atılmış bir cankurtaran ipidir. Eğer bu ipin ucunu yakalarsak, *Eyn Sof*'a kadar tüm yolu tırmanabiliriz.

"Senin iyiliğin o kadar yüce ki Senden korkanlar için onu sakladın."

"İyiliğin o kadar yüce ki," yani "iyi"diye adlandırılan o Üst Işık o kadar yüce ve değerli ki.

Bu gizli Işıktır ve Yaradan onunla dünyada iyilik yapar. Onu hiçbir gün esirgemez, dünya onunla ayakta kalır ve dünya onun üstünde durur.

Herkes için Zohar, Emor [Söyle], Madde 3

SON NOTLAR

1. Ziditşov'lu Kabalist Tzvi Hirş Eichenstein, Ateret Tzvi, Behaalotha [Yükseldiğinde]

2. İbrahim Ben Mordehay Azulay, Or Hahama Kitabına Giriş (Güneşin Işığı), Sayfa 81

3. Kabalist Raiah Kook, Orot [Işıklar], 57

4. Komarno'lu Kabalist İsak Yehuda Yehiel Safrin, Notzer Hesed [Merhameti Muhafaza Etmek], Bölüm 4, Öğreti 20

5. Komarno'lu Kabalist İsak Yehuda Yehiel Safrin, Notzer Hesed [Merhameti Muhafaza Etmek], Bölüm 4, Öğreti 20

6. Kabalist Musa Bar İlyas, Bağlantının Kapısı, Kapı 1, Öğüt 5, Makale no. 2

7. Kabalist Şalom Ben Musa Buzzaglo, Kralın Tahtı, Tikun [Islah] 43, Madde 60

8. Herkes için Zohar, VaYikra [Yaradan Çağırdı], Madde 1

9. İsaiah, 14:14

10. "Dünya altı bin yıl boyunca var olur." Babil'in Talmud'u, Sanhedrin 97a

11. Yaratılış, 11:1

12. Yaratılış, 25:6

13. Midraş Raba, Eyiha Raba, Giriş, Paragraf 2

14. Johannes Reuchlin, De Arte Cabbalistica

15. Zohar Kitabı, VaYera [Yaradan Göründü], Madde 460 148, Zohar'ın Kilidini Açmak

16. Gaon, Vilna'lı Kabalist İlyas (gRA), Even Şlemah [Mükemmel ve Adil Ağırlık], Bölüm 11, 3

17. Kabalist Musa Haim Luzzato (Ramhal), Şaarey Ramhal [Ramhal'ın Kapıları], "Çekişme" Sayfa 97

18. Kabalist Şalom Şarabi, (Raşaş), Raşaş'ın Işığı, Sayfa 159

19. Baal HaSulam, "Kabala Öğretisi ve Onun Özü"

20. Baal HaSulam, "Kabala Öğretisi ve Onun Özü"

21. "Ben Yaradan'ım, Seni Hak'tan yana olmaya çağırdım ve Senin elinden tutacağım ve Sana göz kulak olacağım ve Seni insanlara bir anlaşma olarak atayacağım, milletlere bir Işık olarak." (İsaiah, 42:6).

22. Baal HaSulam, Şamati [Duydum], Makale No. 89, "Kutsal Zohar'ın Kelimelerini Anlamak"

23. Baal HaSulam, "Mesih'in Şofar'ı"

24. Baal HaSulam, "Zohar Kitabına Önsöz" Madde 34

25. Gözlerin Işığı kitabında Baal Şem Tov adına sunulmuştur, Hukot bölümünün başlangıcı [Kanunlar]

26. Bu konu hakkında daha fazla bilgi sahibi olmak için Baal HaSulam'ın "Zohar Kitabına Önsöz" adlı kitabına bakınız.

27. Collections dergisinden, dokuzuncu kitap, Kudüs, 1995, Editör: Meir Benayahu, Sayfa 152-154

28. Collections dergisinden, dokuzuncu kitap, Kudüs, 1995, Editor: Meir Benayahu, Sayfa 152-154

29. Collections dergisinden, dokuzuncu kitap, Kudüs, 1995, Editor: Meir Benayahu, Sayfa 152-154

30. "Musa'nın Yükselmesine İzin Ver" adlı kitaptan, Sayfa 11-15

31. Babil'in Talmud'u, Kiduşin, 30b

32. Rabaş — Toplumsal Yazılar, "Kişi Her Zaman Evinin Kirişlerini Satmalı"

33. Komarno'lu Kabalist İsak Yehuda Yehiel Safrin, Notzer Hesed [Merhameti Muhafaza Etmek], Bölüm 4, Öğreti 20

34. Bu konu hakkında daha fazla bilgi sahibi olmak için Baal HaSulam'ın "Yaradan'ın İfşası" ve "Arvut [Karşılıklı Sorumluluk]" makalelerine bakınız.

35. Ari, Hayat Ağacı, Kapı 1, Dal 2

36. Kabalist İbrahim İsaiah Karlitz (1878-1953), İnanç ve Güven

37. Baal HaSulam, "Kabala Bilgeliğinin Özü"

EK 1

Zohar'a Övgü Yapan

Seçilmiş Kaynaklar

HERKES İÇİN ZOHAR

Gerçek bilgelik öğretisinin açıkça çalışılması, 1490'da son bulan sınırlı bir dönem boyunca Yukarıdan yasaklanmıştır. Bu dönemden sonra, kendisine yasağın kaldırıldığı ve *Zohar Kitabının* sunulduğu son neslin geldiği kabul edilir. 1540 yılından itibaren, kitlelerin, genç ve yaşlı, *Zohar* çalışması çok önemli bir *Mitsva* (sevap) olmuştur.

İbrahim Ben Mordehay Azulay,

Or Hahama Kitabına Giriş (Güneşin Işığı) 81

Kutsal *Zohar*'ın sözlerinde ruh için güç vardır ve İsrail'deki her ruh, küçük veya büyük, herkes kendi anlayışına ve ruhunun köküne göre ona yaklaşabilir.

Bakşvitz'li Kabalist Tzvi Hirş Horovitz,

Hanhagot Yeşarot (Doğru Rehberlik), Madde 5

İsrail insanının yaşamı, *Zohar Kitabını* sevinç ve memnuniyetle, korku ve sevgiyle ve her kişinin kendi edinimine ve kutsallığına göre çalışmasına bağlıdır ve tüm İsrail kutsaldır.

Komarno'lu Kabalist İsak Yehuda Yehiel Safrin,

Notzer Hesed [Merhameti Muhafaza Etmek], Bölüm 4, Öğreti 20

Ari dedi ki, saklı olan o zamanda açığa çıkacak. Yaratılışın sırlarının öğrenilmesi ve Yaradan'a Doğru olan herkes için bu sırların açığa çıkarılması, Yaradan'a büyük sevinç verir.

Komarno'lu Kabalist İsak Yehuda Yehiel Safrin,

Heyhal HaBrah (Kutsamanın Büyük Salonu), Devarim 208

Zohar Kitabı adındaki bu eser, içinde pek çok türün bulunduğu Nuh'un gemisi gibidir ve bu türler ancak gemiye binerek türlerini devam ettirmişlerdir. Aynı şekilde ... Hak'tan yana olan, bu eserin ışığının anlamını hayatta kalmak için yayacaktır. Dolayısıyla, bu eserin gücü şudur ki kim onunla gönüllü olarak ilgilenirse, Yaradan'ın sevgisi o kişiyi mıknatısın demiri çektiği gibi çekecektir. Ve kişi, aklını, ruhunu, canını ve ıslahını kurtarmak için bu eserin içine girecektir. Kötü birisi olsa bile, içeri gelmekten korkmamalıdır.

Kabalist Musa Kordovero (Ramak),

Or Yakar [Kıymetli Işık], Kapı 1, Madde 5

Umalım ki İsrail halkındaki zengin ve fakir, genç ve yaşlı, tüm kardeşlerimiz *Zohar Kitabını* birlikte çalışsınlar. Eğer *Zohar*'ı çalışmak için dostluk kurmaya çalışırlarsa, ne kadar iyi ve ne kadar hoş olur. Özellikle şimdi, kurtuluşun kıvılcımları tomurcuklanmaya başladığında, bu kutsal çalışma için uğraşmalıyız.

Kabalistlerin Zohar'a Giriş Yazılarından, Jerba Basım

Mesih'in günleri yaklaştığında, dünyadaki küçük çocuklar bile öğretinin sırlarını keşfedecekler ve o sırların içinde kurtuluşun hesaplarını ve sonunu fark edeceklerdir. Aynı zamanda, o herkes için açığa çıkacaktır.

"Çünkü sonra insanlara döneceğim," sözlerinin anlamı budur. "Sonra" ne demektir? Bu, İsrail topluluğunun tozdan kalktığı ve Yaradan'ın onu kaldırdığı zamandır. Sonra, "İnsanlara açık bir dil vereceğim. Böylece hepsi Yaradan'ın ismini çağırabilirler, omuz omza O'na hizmet etmek için."

Sulam (Merdiven) Açıklaması ile Zohar Kitabı, VaYera, Madde 460

GÜNÜMÜZDE ZOHAR'I ÇALIŞMANIN GEREKLİLİĞİ

Tarihin bu noktası, yazılardaki içselliğin hızlandırılmış olarak edinilmesini gerektirir. *Zohar Kitabı* yeni yollar açar, çöle bir otoyol inşa eder. *Zohar* ve onun tüm ürünleri, kurtuluşun kapılarını açmaya hazırdır.

Kabalist Raiah Kook,

Orot [Işıklar], 57

Tüm defterlerimde ve bütün yazdıklarımda tek amaç, genç ve yaşlı, akıllı öğrencilerin kalplerini uyandırmaktır; yazılanların içselliğini çalışmakla meşgul olmaları için.

Kabalist Raiah Kook,

Igrot (Mektuplar), Cilt 1, Sayfa 41-42

Bu nedenle, *Zohar*'da denmiştir ki, *Zohar Kitabı* ancak günlerin sonunda, Mesih'in günlerinde açığa çıkacaktır... Ve *Zohar* bizim neslimizde belirdiği için, bu bizim çoktan Mesih'in günlerinde olduğumuza dair açık bir delildir. Bu neslin başlangıcında, onunla ilgili olarak şöyle denmiştir, "çünkü yeryüzü Yaradan'ın bilgisi ile dolacak."

Baal HaSulam,

"Zohar'ın Bitişi Şerefine Bir Konuşma"

Kabala kitapları ve *Zohar*, dünyevi sembolik hikâyelerle doludur. Dolayısıyla, insanlar kazanacaklarından daha fazlasını kaybedecekler diye korkarlar... Ve bu beni, Ari'nin yazılarını ve şimdi de kutsal *Zohar*'ı anlamaya yeterli olacak yorumlamalar yazmaya yöneltti ve bu endişeyi tamamen giderdim. Çünkü her şeyin manevi anlamını açıkça açıkladım ve kanıtladım. Okuyucuların da göreceği gibi, tüm İsrail'in *Zohar*'ı çalışmasına ve onun kutsal Işığı ile ısınmasına imkân vermek için, onun soyut olduğunu, her türlü maddesel görüntüden uzak olduğunu, zaman ve mekânın ötesinde olduğunu açıkladım.

Baal HaSulam,
"Zohar Kitabına Giriş" Madde 58

ZOHAR'IN ORTAYA ÇIKIŞI

Zohar saklanmaya yazgılıydı ... ta ki zamanların sonunda son neslin gelişine kadar ki bu onun ortaya çıkma zamanıydı.

Kabalist Isaiah Horovitz (Kutsal Şlah),

On İfadede, "İlk Makale" Sayfa 17

Bu zamanda, bizi tüm kötülüklerden kurtarmak ve korumak için *Zohar*'ı çalışmak çok gereklidir. Çünkü bu öğreti şimdi, kusurlu nesiller içinde ortaya çıkmıştır.

Bilge Yakup Tzemah'ın Hayat Ağacına Giriş kitabından

Mesih'in zamanında, kötülük, utanmazlık ve ahlaksızlık artacaktır ve karışık kalabalığın başları tarafından yönetilecektir. Sonra, cennetten Gizli Işık – *Zohar Kitabı* ve *Tikunim* [Islahlar] - ve onları takiben öğretmenimiz Ari'nin yazıları belirecektir. Bu çalışma, kişinin ruhundan kötülüğün kökünü sökecektir. Kişi, Üst Işıkla bir olmakla ve dünyanın tüm erdemleri ile ödüllendirilecektir.

Komarno'lu Kabalist İsak Yehuda Yehiel Safrin,

Heyhal HaBerahah [Kutsamanın Büyük Salonu], Devarim 208

Aslında kötülüğün çok artmış olması ve İsrail topluluğunun düşüyor olması yüzünden, bu çalışma özellikle bu zamanda, bu kadar parlak ve bu kadar geniş bir şekilde açığa çıkmıştır. Bu çalışma aracılığıyla ruh arındırılır. Gerçekten de, sırları ve özellikle *Zohar Kitabını* ve *Tikunim*'i [Islahlar] çalışırken, ruh aydınlanır.

Komarno'lu Kabalist İsak Isaac Yehuda Yechiel Safrin,

Emirlerinin Yolu, Giriş, "Birleşmenin Yolu" 1, Madde 4

Kabalist Şimon Bar Yohay, ıslahlarda, kitabın kendisinin son nesle kadar, Mesih'in nesline kadar saklı kalacağını doğruladı. Çünkü Yaradan'ı O'nun Kutsallığı ile birleştirmek ve onu sürgüne bağlamak için bu öğretiyle meşgul olmak büyük bir ihtiyaçtır. Bu nedenle, *Zohar Kitabı*, Kutsallığa yardım etmek ve destek olmak için, gerçekten çalışılıp çalışılmayacağını görmek üzere bu son nesilde ortaya çıktı.

İbrahim Ben Mordehay Azulay, Or Hahama (Güneşin Işığı)

Sayfa 105, Ramak Adına

SÜRGÜNDEN KURTULUŞA

İsrail, Hayat Ağacı'ndan, yani kutsal *Zohar Kitabından* tatmaya yazgılı olduğu için, onun aracılığıyla sürgünden kurtulacaktır.

Kabalist Şimon Bar Yohay,

Zohar Kitabı, Bölüm Naso, Madde 90

Kurtuluş, kutsal *Zohar*'ı çalışmak sayesinde gerçekleşecektir.

Kabalist Eliahu Ben Sulimani,

İlyas'ın Tahtı, Kapı 4

Kutsal *Zohar*'ın düzeltmelerini çalışmak, bedeni ve ruhu arındırır ve bizim zamanımızda pek yakında kurtuluşu getirme gücüne sahiptir.

Kabalist Efraim Ben Avraham Ardot,

Mateh Efraim (Efraim'in Asası), Mateh'in (Asa) Ucu, Madde 23

İnsanın kurtuluşu ve yükselişi, *Zohar*'ı ve içselliği çalışmaya dayanır.

Baal HaSulam,

"Zohar Kitabına Giriş" Madde 69

Bu kitapla meşgul olan her kişi, kurtuluşu yakınlaştırır ve Yaradan'a büyük memnuniyet verir ... Çünkü Yaradan böyle hüküm vermiştir - günlerin sonuna kadar açığa çıkmayacak, saklı kalacak ve onun erdemiyle özgürlük gelecek. Çünkü onda, başka hiçbir güç değil ama bu güç vardır.

Kabalist Şalom Ben Musa Buzaglo,

Kralın Tapınağı, Zohar'ın düzeltmeleri üzerine

ZOHAR BOLLUK GETİRİR

Kutsal *Zohar*'ın sözlerinin ve söyleminin kendisi, kişiyi sonsuzluğa bağlar.

Kabalist Musa İsrail Bar Eliahu,

İsrail'in Kalıntıları, Bağlantının Kapısı, "Birinci Kapı" Midraş 5, Deneme 2

Pek çok akılsız, Ari'nin ve *Zohar Kitabının* sırlarını öğrenmekten kaçar. Hâlbuki onlar bizim hayatımızdır. Eğer halkım, kötülük ve sapkınlığın arttığı zamanda, Mesih'in zamanında bana kulak verirse, *Zohar Kitabını, Tikunim*'i ve Ari'nin yazılarını her gün derinlemesine çalışacaklar. Bütün sert hükümleri iptal edecekler. Bolluğu ve Işığı yayacaklar.

Komarno'lu Kabalist İsak Yehuda Yehiel,

Notzer Hesed (Merhameti Muhafaza Etmek), Bölüm 4, Öğreti 20

Zohar'ı çalışmak her tür felaketi iptal eder.

Kudüs'lü Kabalistler, 1921

Kim her gün *Zohar* okursa, o kişi edinim sahibi olacaktır.

Kuritz'li Kabalist Pinhas Şapira,

Midraş Pinhas

ZOHAR'IN IŞIĞI

"Ve bilge olanlar, gökyüzünün aydınlığı gibi ışıldayacaklar" sözleri, Kabala yazarlarını ifade eder. Onlar, *Zohar Kitabı* denen bu aydınlıkta çaba sarf edenlerdir. *Zohar Kitabı*, Nuh'un gemisi gibidir. Bir şehirden iki kişiyi ve yedi krallığı ve bazen bir şehirden bir kişiyi ve bir aileden iki kişiyi toplar ki, "Doğan her erkek evladı nehre atacaksın" sözleri onlarda gerçekleşir... İşte bu, *Zohar Kitabının* ışığıdır.

Sulam (Merdiven) açıklamasıyla Zohar Kitabı, BeHaalotha,

Madde 88

Onun ışığına göre hareket etmekle ve üst aydınlıktan, kutsal Işıktan gelen hoş sözler üzerine düşünmekle ödüllendirilmiş olduğumuz için, öyle mutlu ve kutluyuz ki. Bu damağa tatlı gelir ve hep sevinçtir. Anlamak, Yaratılış olayı ve *Merkava* [yapı, birleştirme] çalışması ile eğitilmek ve ruhun kendi kaynağına ve köküne geri dönmesi ve birleşmesi için *Merkava* olmak, sonsuz, sınırsız bir sudur. Bu önceden belirlenmiş ve ruhuma kazınmıştır: *Zohar Kitabının* Işığını görmemiş kimse, Işığı hiç görmemiştir.

Ziditşov'lu Kabalist Tzvi Hirş,

Ateret Tzvi [Şanın Tacı] Paraşat BeHaalotha

Zohar ve öğretmenimiz Ari aracılığıyla gerçekten yeni bir yaratılış haline gelene kadar, yeni bir Işık her an yenilenir.

Heyhal HaBraha (Kutsamanın Büyük Salonu), Devarim Sayfa 11

Üst Aydınlıktan (Zohar) gelen o Işığın etkisinden dolayı, bu kitap *Zohar Kitabı* olarak adlandırılacaktır. Onun Işığı aracılığıyla, ona kendini veren herkese, Yaradan pay verir, çünkü Üst Işık ve mantık ötesi bolluk, yaratılışın sırlarında açığa çıkacaktır. Oradan aktığı için bu yapıta, *Zohar Kitabı* denmiştir, yani o *Zohar*'dan (Işıktan) gelmiştir.

Ramak, Atalarının Yaradan'ını Tanı 2

Halkın kalbini, Yaradan için heveslendirmek, baldan ve nektardan daha da tatlı olan içsel öğretiyi öğrenmek için heveslendirmek, gözleri açar ve ruhları canlandırır. Gizli tat, gözlere Işık kadar tatlıdır ve ruh için iyidir. Ruhu, iyi ve doğru niteliklerle düzeltir ve aydınlatır. *Zohar* öğretisi sayesinde, sonraki dünyanın gizli Işığının lezzetini bu dünyada tadar.

Komarno'lu Kabalist İsak Yehuda Yehiel Safrin,

Netiv Mitsvoteha [Emirlerinin Yolu], Giriş

Zohar çalışan kişinin yüzü Işık yayar. Bu nedenle ona *Zohar Kitabı* [Işığın Kitabı] denmiştir. ... Yüce işlerin bildirisidir, çünkü *Gematria*'da *Zohar* kelimesi, *Eyn Sof* [sonsuzluk] demektir.

Zohar, Livorno, yayıncının giriş yazısından

Kişi, bu yapıta kendini verdiğinde, ruhların gücünü Musa'nın ruhunun gücü ile uyandırır. Bu böyledir çünkü onlar bu yapıtla uğraşırken, onun derlenmesi sırasında yaratılan Işığı yeniden canlandırırlar. Ve Kutsallık, ilk yaratıldığı zamanki gibi bu Işıktan parlar ve aydınlatır. Ve ona kendini veren herkes, Raşbi ve dostlarının onu derlerken ifşa ettikleri bu ilk Işığı ve aynı faydayı yeniden uyandırır.

Ramak, Or Yakar [Kıymetli Işık], Kapı 1, Madde 5

ZOHAR ANLAŞILMASA DA ETKİLER

Kişi, onun ne dediğini anlamasa bile, *Zohar*'ın dili ruha şifa olur. Bu, parfümeriye giren birinin, hiçbir şey satın almasa bile yine de kokuyu içine çekebilmesine benzer.

Sudilkov'lu Kabalist Musa Haim Efraim,

Degel Mahaneh Efraim [Efraim'in Kampının Sancağı],

Alıntılar

Kişi, *Zohar*'ı anlamakla ödüllendirilmese bile onu okumalıdır. Çünkü onun sözleri ruhu arındırır ve olağanüstü bir parlaklıkla ruhu aydınlatır.

Kabalist Şabtay Raşkovar'ın dua kitabı, "Çalışmanın Düzeni"

Sayfa 17

Zohar çalışması, ruh için büyük bir tamamlanmadır. Ve kişi anlamasa bile *Zohar*'ın sözleri yine de çok etkilidir.

Alsek'li Kabalist Hanoh Hanih,

Çalışmanın Düzeni, Madde 2

Yoğun olarak uğraşan biri, çalışmasının en büyük bölümünü, anlamasa bile *Zohar* çalışmaya ayırmalıdır. Eğer anlamıyorsa bile bunu yapmasının nedeni, onun *Segula* (özel bir şifa) olmasıdır.

Ladd'li Kabalist Schneier Zalman,

Yaşlı ADMOR'un Kısa Denemeleri, Sayfa 571

Zohar'ın sözlerinin, hiçbir şey bilmeyen bir kişinin bile ruhunu arındırabildiğini kabul ettiğimiz doğrudur.

Kabalist Tzvi Elimeleh Şapira (MAHARTZA),

MAHARTZA Eklemeler, Madde 9

İki büyük ışığın, *Islahlar Kitabı* ve *Zohar Kitabının* paha biçilemez ışığının parladığı zamandan beri, İsrail topluluğu, düzeltmelerin ve *Zohar*'ın kutsal öğretisini korumayı kendi üstüne almıştır; genç ve yaşlı, tek başına ve diğerleriyle birlikte. Ve bu kutsal kitaplardaki saf sözlerin anlamını edinemeseler ve anlayamasalar bile, yine de onun sözlerini iştahla içerler ve büyük bir hevesle okurlar.

Bağdat'lı Kabalist Yusuf Hayat,

Yaşayan Adamın Oğlu, Benaiahu, Giriş

Zohar Kitabını çalışmak, ruhu arındırmak ve kutsamak için çok yücedir. Kişi, onun ne dediğini anlamasa ve içinde çok kez yolunu kaybetse bile, bu çalışma Yaradan tarafından kabul edilir, yazıldığı üzere, "Ve benim üstümde onun sevgisinin sancağı var." Ustalarımız şöyle yorumladılar, "Ve benim üstüme sevgi saçar."

Bu neye benzer? Bu hiçbir şey bilmeyen bir bebeğin, yarım yarım sözlerle kekeleyen bir dille konuşması, anne ve babasının onun sesiyle neşelenerek ona gülmesi gibidir. İnsan, maneviysatı sevip onu çalışmak isteyince ama henüz aklı ona erişemeyince veya ona öğretecek kimse bulamayınca ve ancak bildiği zaman öğrenince, yukarıda oturan Yaradan da keyifle güler. Kişi, kesinlikle Yaradan'a memnuniyet verir ve bunun ödülünü alır. Bu nedenle, nasıl çalışacağını bilmemek mazeret değildir. Bu savunma onu yargı gününden muaf tutmaz. Çünkü öğrenebileceğini bilmektedir.

Kabalist Eliezer Bar İsak Pappo,

Mükemmel Öğütçü, Giriş: Zohar

Sözleri gizli ve kapalı olan *Zohar Kitabının* büyük kutsallığı ve faydası, yanan meşaleler gibi aydınlatır ve parlar, diye kim söyleyebilir. Gözleri açar, hayatın kaynağıdır, ruhların hayatıdır. Onun içeriği, değişmeyen sevgidir. Onun sözleri, korkunç ve onurlu olan Yaradan'ı sevmek ve O'ndan korkmak üzere kalpleri heyecanlandırır. Ve kişi, onun sözlerinin içsel kapsamını anlamasa bile, her damak onu tadar ve dilini öğrenir. Onun sözleri ruhu aydınlatmaya ve arındırmaya muktedirdir.

Zohar Kitabı için Amsterdam Adalet Sarayı yayınının Giriş yazısı, 1804

Liazni'de Büyük Admor'dan açıkça duyduk ki akılsızlık varmış ve *Zohar*'ı okumak buna da iyi gelirmiş, kişi onun ne dediğini anlamasa bile.

Hamil'li Kabalist İsak, İshak HaLevi Epstein,

Ariel Kamp Kurdu, Toplu Göç, Sayfa 64

RUHUN ISLAHI

Baal Şem Tov der ki ... *Zohar*'ı okumak ruha iyi gelir.

RAŞİ'nin Yolu, Paritç'li Kabalist Hilel Adına

Zohar Kitabındaki her bir harf ve büyük öğretmenimiz Kabalist Haim Vital'in yazdıkları ... ruh için, yeniden vücut bulanlar için büyük düzeltmelerdir.

Komarno'lu Kabalist İsak Yehuda Yehiel Safrin,

Notzer Hesed [Merhameti Muhafaza Etmek], Bölüm 4, Öğreti 20

Oğullarım ve kardeşlerim, kendinizi *Zohar*'ın sözlerini ve ıslahlarını çalışmak için gayret etmeye alıştırmalısınız. *Zohar*'ın baldan daha tatlı olan Işığını hiç görmemiş olan kişi, hayatında asla Işık görmemiştir ve sevginin tadını asla almamıştır. Dahası, o, ruhu arındırır ve temizler. Sadece dudaklarda bir ses olması bile ruhun ıslahı için büyük bir şifadır. Özellikle, ruhun herhangi bir kusur, hata ve hastalığını ıslah eden bir ıslahlar kitabıdır.

Komarno'lu Kabalist İsak Yehuda Yehiel Safrin,

"Atzei Eden'e Giriş [Cennetin Ağaçları]"

Kişi, Kabala çalışmayı alışkanlık edinmelidir. Çünkü Kabala çalışmak bu haksızlığın düzeltilmesidir. Bu nedenle Kabalistlere, "tarlanın hasatçıları" denir. Çünkü tüm *Klipot*'u (kabuklar) kesip atarlar. *Zohar Kitabını* çalışmak ise bu ıslahın parçasıdır.

Hak'tan Yana Olanın Boynuzları, Madde 53

Kutsal *Zohar*'dan her gün beş sayfa, ruhu aydınlatmak, arındırmak ve düzeltmek için ona büyük bir fayda ve büyük bir düzeltme olur. Ruhun günahlarını ve suçlarını iyileştirir ve düzeltir.

Efraim'in Asası, Madde 516, Alt Madde 7

Yorumcular şöyle yazmıştır: Kutsal *Zohar*'ı çalışan kişi, üst dünyaları düzeltir ve düzeltmeleri çalışan kişi de *Klipot*'u [kabuklar] uzaklaştırır ve *Asiya* dünyasını düzeltir. Kabalist Şimon Bar Yohay'ın kutsal *Zohar Kitabını* çok sayıda ve düzeltmeler kitabını az sayıda oluşturmasının sebebi budur. "Ve Yaradan iki büyük Işık yarattı" sözleri, *Zohar* ve düzeltmeler kitabına işaret etmektedir ... Bu nedenle onları öğrenmek, gök kubbedeki ve yeryüzündeki dünyaları düzeltmek için önemlidir.

Kabalist Haim Huri, Merhamet ve Gerçek

KALBİN TEMİZLENMESİ

Zohar'ı okumak kalbi arındırabilir.

Doğrunun Işığı, "Saf Myrrh"

Daima ruhunla *Zohar*'a ve öğretmenimiz Ari'nin yazdıklarına bağlı kal. Amacın bir haham ve bir lider olmak olmasın diye ruhunu, korku, sevgi ve alçakgönüllülükle sadık tut, çünkü bu gerçekten puta tapmaktır. Bu nedenle, kardeşlerim, oğullarım, yüce ve yükselmiş sevgili ruhlar, ruhunuzu *Zohar Kitabına* sadık tutun.

Komarno'lu Kabalist İsak Yehuda Yehiel Safrin,

Notzer Hesed [Merhameti Muhafaza Etmek], Bölüm 4, Öğreti

1

O, gururdan kurtulmak için hocasına danıştığını ve bunun için ona sürekli yalvardığını da söyledi. Hocası ona dedi ki, "*Zohar*'ı çalış," ve o, "*Zohar*'ı çalışıyorum," diye cevapladı. Hocası da cevap verdi, "*Zohar*'ı çok çalış."

Kuritz'li Kabalist Pinhas Şapira, Midraş Pinhas, 36, Madde 73

ZOHAR'I ÇALIŞMANIN DİĞER ÇALIŞMALARLA KARŞILAŞTIRILMASI

Zohar'ın sözlerini okumak, Kutsallık ve ruh için diğer yazıları çalışmalarından daha faydalıdır.

Hoşhaana Rabah gecesinin düzeltilmesi [Büyük Yalvarış]

Bizim için, bu kutsal kitaptan, *Zohar Kitabından* daha büyük ne vardır, yolları yorumlayan, patikadan taşları kaldıran, kişinin kalbine sevgiyi ve korkuyu sokan, öğreten, yargı anında yol gösteren ve bizi rahata ve mirasa götüren.

Zohar, Mentoba yayıncılık, yayıncının giriş yazısından

Kişi, ancak *Zohar* çalışarak hayata ulaşabilir... Ve kutsallığın ruhunda dendiği üzere, bu nesilde *Zohar* ve Ari ve Kabalist Haim Vital'in yazıları dışında başka bir şeyle Üst *Şehina*'yı (Kutsallık) çekmek imkânsızdır. Ve bu nesilde, kutsallık olmadan tek bir günü ziyan etmeden, "Yaşamayı isteyen ve günleri seven kişi kimdir?" Onun, sonraki dünyanın iyiliğini bu dünyada görmesi için, ruhunu sadece *Zohar Kitabına* ve Ari ve Kabalist Haim Vital'in yazılarına bağlamasına izin verin.

Heyhal HaBraha (Kutsamanın Büyük Salonu), Devarim 58

Zohar Kitabını çalışmanın üstünlüğü zaten bilinmekte, Ari'nin dediği gibi, "Bir tek gün *Zohar Kitabını* ve yaratılışın sırlarını çalışmak, yazılı olanı bütün bir yıl boyunca çalışmaya eşittir.

Bu çalışma sayesinde, Yaradan onların iyilik içindeki günlerini ve memnuniyet, zenginlik ve onur içindeki yıllarını uzatacaktır. Oğulları ve oğullarının oğulları ile bütün hale gelecekler, evleri bollukla, Yaradan'ın kutsaması ve İlyas'ın kutsaması ile dolacaktır."

Zohar, Livorno Baskı, Giriş

Zohar'ı çalışmak ... dünyalar inşa eder. Eğer kişi yazının anlamını çalışmak ve anlamakla ödüllendirilirse, bu daha da böyledir. Kişiyi bir saatte, bir yıllık edebi çalışmadan daha fazla düzeltecektir.

Kabalist Şalom Ben Musa Buzzaglo,

Kralın Tahtı, Tikun [Islah] 43, Madde 60

Ustalarımızın, *Zohar* çalışmak huşu verir ve yücedir diye yazmasının sebebi ... tüm yazılanların içinde *GİZ* vardır ve tüm bu çalışmalarda, gizli olan hiç belli değildir. Tam tersine, okuyucu sadece edebi olanı tekrarlarsa, bir sır olduğunu hiçbir şekilde anlamaz. *Zohar Kitabında* bu böyle değildir; sırlar açıktır ve öğrenci onun, Işığın harikalarını ve sırlarını anlattığını bilir. Bu nedenle de ruhun ıslahı için önemli bir araçtır.

Voluzhin'li Kabalist Haim, Nefeş Hahaim [Hayatın Ruhu], Set 7

Şüphesiz ki kutsal yazılara dair her çalışma yücedir, yükseltici ve yücelticidir, özellikle eğer gerçekten *Lişma* ise (O'nun rızası için yapılıyorsa). Kişinin yukarı yükselişlerini inşa eder, dünyaları düzeltir ve sevenleri birleştirir.

Ancak, *Zohar* çalışmak çok iyidir. Kutsal kitap, Mişna ve Talmud çok fazla örtülüdür ve bu kitaplarda anlam hiç açık değildir. *Zohar*'da ise bu böyle değildir; yaratılışın sırlarını açıkça söyler. Onu okuyup da sözlerini, sırlarını derinlemesine anlamayacak tek bir budala yoktur. Işığın sırları örtülü olmadan açığa çıktığı için, ruhu parlatır ve aydınlatır.

Kabalist Haim Yusuf Davud Azulay (CHIDA),

CHIDA için Büyük Olanlar, "Kitapların Bir Sistemi" Madde 2

Zohar Kitabını çalışmak, kişi onun ne dediğini bilmese bile ve hatta okurken hata yapsa bile, kişiyi diğer her çalışmadan daha çok yükseltir. Musa'nın yazılarının tümü, çeşitli hikâyelere büründürülmüş olan Yaradan'ın isimleri olsa da ve kişi bu hikâyeleri sadece onların düz anlamlarını göze alarak okuyup anlasa da, ruh için büyük bir ıslahtır. Ancak, *Zohar*'ın kendisi sırların açıklanmasıdır ve okuyucu bunların sırlar ve anlamları olduğunu bilir, ama edinim eksikliğinden ve edinilenin derinliğinden dolayı bu algılanmaz.

Kabalist Haim Yusuf Davud Azulay (CHIDA),

Parmakla İşaret Etmek, Madde 44

Gördüğümüz şey şu ki zihinleri *Zohar Kitabı* ve Ari'nin kitapları gibi kutsal ve müthiş kitaplara çekilmeyen kişiler vardır. Bu kitaplarda gözü aydınlatan ve baldan tatlı olan müthiş yenilikler olmasına rağmen, bu kişiler incelemek, araştırmak gibi başka meselelerin ardından giderler. Kendi huyları gereği, gerçekten kutsal meselelere tahammül edemezler. Aslında, kişinin, kötü huyunu değiştirmek için seçimi ve gücü vardır. Ancak, zaten bu kötü huyla doğmuş olduğu için, kendi kötü huyunu ve doğasını değiştirmek için büyük acı çekmesi gerekir.

Breslev'li Kabalist Nahman, Kabalist Nahman'ın Konuşmaları, 40

Zohar'ı çalışan kişi, kurtuluşu yakınlaştırır. *Zohar* ve ıslahlar adlı kitaba yazdığı giriş yazısında, Yakup bunu yazdı. O, açıkça uyarıda bulundu ki yazılı ve sözel Musa'nın yazılarını çalışan kişi, eğer *Zohar Kitabını* ve Kabala öğretisini çalışmazsa ciddi bir şekilde cezalandırılacaktır.

Zohar, Livorno Yayıncılık, yayıncının giriş yazısından

Açığa çıkanı çalışmanın verdiği canlılık ve keyif ile *Zohar*'ı ve ıslahları çalışmak arasında hiçbir karşılaştırma yapılamaz.

Koritz'li Kabalist Pinhas Şapira, Midraş Pinhas, 72, Madde 3

En önemli olan, *Zohar*'dır ve ıslahlardır.

Bütünlük, Gerçeğin Sözleri, Madde 39

YARATAN'I KEŞFETME ARACI OLARAK ZOHAR

Zohar Kitabının tamamını bilmek ve onu zorunlu olarak çalışmak, ona sadık kalmak ve Yaradan'ın, özele ve birlikteliklere dair kutsal bilgide, sevgi, korku ve birlik ile bulunduğunu bilmek, bütün bunlar olumlu bir *Mitsva*'dır [belli bir davranışı yapmak için verilen emirdir].

Komarno'lu Kabalist İsak Yehuda Yehiel Safrin,

Netiv Mitsvoteha [Emirlerinin Yolu], Yol 2, Madde 3

Kardeşlerim ve bana eşlik edenler, dostlarım, gerçeği, kalple yapılan çalışmaya dair gerçeği arayanlar ve buna özlem duyanlar, Yaradan'ın memnuniyetine bakmak ve O'nun sarayını ziyaret etmek için beni dinleyin: Bu kutsal kitaba bağlanmanın gücünü eski ustalarımızdan bildiğimiz üzere, benim ruhum eğilecek ve *Zohar Kitabına* sarılacak.

Ziditşov'lu Kabalist Tzvi Hirş EichenstEyn,

Sur MeRa [Kötülükten Ayrıl], Sayfa 4

Zohar'ı çalışmanın gerçekten etkili olduğu bilinir. *Zohar*'ı çalışmak arzu yaratır ve *Zohar*'ın kutsal sözleri, Yaradan'ın çalışmasını fazlasıyla harekete geçirir.

Breslev'li Kabalist Nahman, Kabalist Nahman'ın Konuşmaları,

108

Yaradan'ın sözleri olan *Zohar Kitabı* ve ona eşlik eden tüm kitaplar üzerine, gerçeğin ustalarına ait sözler üzerine ve Ari'nin yazdıkları üzerine düşünen kişinin kazancı ölçülemez. Sonsuza kadar yaşayan ve kutsanmış olan Onur Kralı'nın sarayına yaklaşmayı arzulayan ruhlara sahip olanlar, Yaradan'ın yolunu içtenlikle izleyenler, sürekli çabaları sayesinde, ışığın kapılarını ve herkes için olan öğretinin kapılarını bulacaklardır. Bu nedenle, bu öğretiyle her gün, günde bir veya iki saat gönüllü olarak uğraşan herkes ... ve Yaradan bir davranışa iyi bir düşünce ekler. Bütün gün Yaradan'ın huzurunda kalmış olarak kabul edilir ve Tora'nın sırlarında yaşıyor sayılır.

Kabalist Raiah Kook, Raiah'ın Mektupları, Bölüm Bir, Sayfa 85

Kabala öğretisi olan *Zohar*'ı çalışan kişi, Yaradan'ın oğlu haline gelir.

Zohar, Livorno, yayıncının giriş yazısından

Birkaç kere *Zohar*'ı çalışmaktan ayrılmaya teşebbüs edecek olsa bile, insanaoğluna *Zohar* ile güçlenmesi için izin verin. Kendi malzemelerinde vücut bulmuş neslin palyaçoları tarafından ayrılmaya teşebbüs ettirilmiş olsa bile ve onların arasında, dikenler arasındaki zambak gibi oturur...

İnsan ruhu olan kişiye, Yaradan'a sadık olarak bağlı kalmak isteyene, izin verin ... bazen bu ona dikenler arasında bir zambakmış gibi görünse bile, buna aldırış etmesin. Kendi ve ismi kutsal olan *Eyn Sof*'un gücü ile kuvvetli olalım ve giderek daha da kuvvetlenelim.

Kabalist Eliezer Bar İsak Pappo (Şam'lı Eliezer),

Giriş, Kutsallığın Yolu, Madde 12

BİLGELER TARAFINDAN TAVSİYE EDİLEN ÇALIŞMA SAATLERİ

Baal Şem Tov, kendi insanlarına *Zohar*'ı duadan önce çalışmalarını tavsiye etti.

Kabalist İsak Bar Yişaiah Atia,

Doreş Tov (Yaradan'ı Aramak), "Zohar ile İlgili Olarak"

Duadan önce, mümkün olduğu kadar az konuşun ve kutsal *Zohar* veya düzeltmelerden veya yeni *Zohar*'dan bir parça çalışın.

"Günün Düzeni ve Kutsallığın Basiretleri" Harun'un Evinde dua kitabı

Kişi, çok veya az da olsa, kutsal *Zohar* çalışmadan dua etmemelidir.

Saf Masa, Paragraf 93, Madde 2

Her gece uyumadan önce, kutsal *Zohar*'ı veya efsaneleri mutlaka çalışın.

Zlotkov'lu Kabalist Yehiel Mihal,

Zlotkov'lu Kabalist Michal'ın Davranışları, Madde 21

Bizim öğretmenimiz Baal Şem Tov, Kabalist Michaelikov'lu Davud'a kâbus görmemek için şu tavsiyeyi yazdı: Gece uyumaya gitmeden önce, *Zohar*'ın ıslahlarından birini çalış.

Şem Tov'un Tacı,

Kabalist Israel Baal Şem Tov'un Adına, BAAŞT

Eğer kişi kutsal *Zohar*'ı çalışma göreviyle ödüllendirilmiş ise, ona şükürler olsun ki insan, gece gibi olan sürgünden kurtulacaktır.

Dua kitabı, Cennetin Kapısı, kadim olanların yazdığı çalışmanın düzeninde

Ruhum, *Zohar*'a o kadar bağlıdır ki yatsam da kalksam da onu yanımdan ayırmam. Kalbim ne sakin ne de rahattır. Çünkü aslında, ona bağlanmanın meşhur gücü bilinir; o, korkusu olanların bütün kitaplarının kaynağıdır.

Ateret Tzvi'nin yazarının öğretmenine yazdığı bir mektuptan, Afta'lı Raia

Bazıları kutsal *Zohar*'ı tüm yıl boyunca, sayfaları yılın bütün günlerine bölerek çalışırlar. Onlara ve onların topluluğuna ne mutlu.

Kabalist Eliahu Ben Sulimani, Elijah'ın Tahtı, Kapı 4

Hak'tan yana olan Gaon, Kabalist Şlomo Bloh, kendi ustası Hafets Haim adına dedi ki, "*Zohar*'ı çalışmada hiçbir sınırlama yoktur. Çünkü onun çoğu *Midraş*'tır (açıklamalardır). Hafets Haim, her Şabat'ta herkesi, hatta evli olmayan erkekleri bile,

Zohar'ın *Paraşa* (Tora'nın haftalık bölümü) bölümünü çalışmak üzere harekete geçirirdi.

Pojin'li Kabalist Yusuf Ben Şlomo,
Hosafot Binian Yusuf (Yusuf'un Yapı İlaveleri)

Birinci kural, sürekli çalışma düzeni kurmaktır. Böylece kutsal *Zohar Kitabı* ve ıslahlar çalışması durmayacaktır; her biri kendi bölümünü birer birer öğrenecektir.

Musa Yükseldiğinde, Kabalist Musa Haim Lozzato'dan mucizevi olaylar, Ramhal

Kendi okulunda, *Zohar*'ın, ıslahların ve *Yeni Zohar*'ın, gündoğumundan günbatımına kadar sürekli çalışılmasını düzenledi.

Musa Yükseldiğinde, Kabalist Musa Haim Lozzato'dan mucizevi olaylar, Ramhal

Oğullarım, her sabah, boş bir kalp ile, kutsal *Zohar*'dan mutlaka bir ders çalışın veya hiç değilse okuyun. Bu, ruhun arınması için çok iyidir.

Bir Babanın Merhameti, Paragraf 3

Kişi, her gün beş sayfa *Zohar* çalışmaya kararlı olmalıdır. Bu çok faydalıdır ve ruhu aydınlatmak, arındırmak, düzeltmek ve dikenlerini, kötü niteliklerini ve zararlı isteklerini temizlemek için büyük bir ıslahtır ve Yaradan'ın memnuniyeti ile ödüllendirilir.

Komarno'lu Kabalist İsak Isaac Yehuda Yehiel Safrin,

Emirlerinin Yolu, Giriş, "Işığın Yolu" 1, Madde 31

Benim hocam (Ari), Kabalist İbrahim HaLevi'ye, Yaradan'a erişmeye ilişkin iyi bir tavsiye verdi – *Zohar*'ı sadece bilgi için, derin olarak çalışmadan, her gün otuz ya da kırk sayfa çalış ve *Zohar Kitabını* pek çok defa oku.

Kabalist Haim Vital, Ari'nin Yazıları, "Kutsal Ruhun Kapısı"

Kişi, her yıl, eski *Zohar*'ı ve *Yeni Zohar*'ı ve ıslahları tamamlamaya bakmalıdır. Her ne kadar kutsal *Zohar*'ı her hafta bir bölüm olarak düzenlese de, bazı uzun bölümler için iki veya üç hafta gerekebilir.

Bu nedenle, kişi kutsal *Zohar* ve ıslahları her gün üç sayfa çalışmak üzere düzenlerse, böylece *Zohar, Yeni Zohar* ve ıslahların hepsini her yıl tamamlayabilir. Ve üç sayfa çalıştıktan sonra, kişi kendini Kabalistlerin geri kalan kitaplarını çalışmak üzere düzenler ve Kabalistlerin kitaplarını, mevcut kitapların hepsini tamamlamak üzere çalışır. Ancak, kişi kutsal *Zohar* ve ıslahları her yıl tamamlayacağından emin olmalı ve hayatı boyunca bunu böyle yapmalıdır.

Hrodna'lı Kabalist Alexander Ziskind,

Çalışmanın Kökü ve Temeli, "Altıncı Kapı, Kıvılcımın Kapısı!"

ZOHAR'I ÇALIŞMADAKİ ÇABA

Zohar Kitabının her gün başka bir anlamı vardır.

Sudilkov'lu Kabalist Musa Haim Efraim,
Degel Mahaneh Efraim [Efraim'in Kampının Sancağı], Bölüm: Bo [Gel], Sayfa 84

Zohar'ı çalışırken, kişi her bir sözün gerçeğin bilgeliği olduğuna inanmalıdır.

Kabalist Şabtai Raşkovar'ın dua kitabı, "Çalışmanın Düzeni" Sayfa 17

Zohar'ı çalışırken, kişi her bir söz üzerinde derin düşünmelidir. Çünkü her bir harf, özünde bir yeniliktir ve düz anlamlı görünen şeyler aslında bir sırdır. Çünkü *Zohar* tamamen Işıktır.

Kabalist Haim HaCohen, İyi Davranışlar, Madde 46

Zohar'ı çalışırken, kişi anlamasına izin verilene kadar çok ağlamalıdır.

Breslev'li Kabalist Nahman hakkında, Kabalist Nahman'ın Konuşmaları, 8

ZOHAR ÖĞRETİSİ VE DÜNYEVİ ÖĞRETİLER

Zohar Kitabını tadan biri, dünyada, Işığın lezzetindeki sırların derinliğine dair olan bu öğreti gibi başka bir öğreti daha olup olmadığını kendi tadacaktır ve onun yanında tüm öğretiler bir hiç olarak ve biçimsiz sayılır.

Ziditşov'lu Kabalist Tzvi Hirş, Kötülükten Ayrıl ve İyilik Yap

Tikuney Zohar'ı [*Zohar*'ın düzeltmelerini], kutsallığına büyük bir övgü ile kapsamlı olarak anlatırdı. Onu kapsamlı olarak çalışmayı alışkanlık edinmişti ... ve o, düzeltmeler kitabının dünyanın tüm öğretilerini içerdiğini söyledi.

Breslev'li Kabalist Nahman, Kabalist Nahman'ın Konuşmaları, 128

RAŞBİ VE ZOHAR'I YAZAN GRUP

Raşbi ve dostları olmasaydı, Musa'nın yazılarının elbiselerini soymaya hiçbir zaman gücümüz yetmezdi.

Ramak, Atalarının Yaradan'ını Tanı, 16

Ve Kabalist Şimon Bar Yohay, yazılanların sırlarını açıklardı ve dostları, her biri kendi bölümünü cevaplayarak, ona bu derlemede katılarak, onun sesini dinlerdi ... Ve burada Kabalist Şimon Bar Yohay, Kabalist Aba'yı, bilgelerin, okulun öğrencilerinin söylediği tüm sözlerin yazarı ve düzenleyecisi olarak görevlendirdi.

Ramhal, Adir BaMarom [Yüksekteki Kudretli Olan], 24

Raşbi, *Zohar Kitabını* mağarada ıslah olurken, ona gelen aydınlanmaya göre derledi... O çok büyük ve müthiş bir derlemedir, yazıların sırlarının derinliklerini büyük bir açıklıkla ortaya çıkarır ve buna, "Tora'nın içselliğinin ifşa olması" denir.

Ramhal, Adir BaMarom [Yüksekteki Kudretli Olan], 24

Yalnızca Raşbi'nin zamanında, 13 yıl mağarada kaldıktan sonra, günlerin sonuna kadar insanların tümü için parlamak üzere, öğretinin kapıları ona açıldı.

Ramhal, Adir BaMarom [Yüksekteki Kudretli Olan], 13 duksiyon, 1892

EK 2

Baal HaSulam'ın Zohar Kitabına Yazdığı Giriş Yazısı

Seçilmiş Alıntılar

ZOHAR KİTABINA GİRİŞ

1) Bu giriş yazısında, basit gibi görünen konuları açıklayacağım. Herkesin yanlış ele aldığı, açıklama girişimi ile üzerine çok mürekkep sarf edilmiş olan konular. Şimdiye kadar, onlar hakkında elle tutulur, yeterli bir bilgiye erişememiş bulunuyoruz. Sorular buradadır:

Bizim özümüz nedir?

Yalnızca küçük bir halkası olduğumuz realite zincirinde bizim rolümüz nedir?

Kendimizi incelediğimiz zaman, olabilecek en yoz ve en aşağılık düzeyde olduğumuzu görürüz. Ve bizi yapmış olan teknisyeni incelediğimiz zaman, en yüksek derecede olmak zorundayız. Çünkü O'nun kadar övgüye değer kimse yoktur. Çünkü kusursuz işleyenin, sadece kusursuz bir teknisyenden gelmesi gerekir.

Aklımız, O'nun kıyas ötesinde iyiliksever olması gerektiğini söyler. O halde nasıl olur da O, bütün hayatı boyunca acılar çekerek kıvranan yaratıklar yaratır? İyi olanın yolu iyilik yapmak değil midir ya da en azından zarar vermemek?

Sonsuz olan, ne başlangıcı ne de sonu olan, nasıl olur da sonlu, ölümlü, hatalı yaratıklar ortaya çıkarır?

3) Bilgelerimiz dediler ki insan realitenin merkezidir. Üst Dünyalar ve maddesel dünya ve onların içindeki her şey onun için yaratılmıştır (*Zohar, Tazria*, 40) ve insanı, dünyanın onun için yaratıldığına inanmaya mecbur eder (*Sanhedrin* 37).

Bu dünyanın realitesine göre değeri bir tutamcıktan daha fazla olmayan, Yüksekliği ve Yüceliği ölçülemez Üst Dünyalara göre ise daha da az değerli olan bu önemsiz insanoğlu için, Yaradan'ın bütün bunları onun için yaratma zahmetine girdiğini anlamak zor gözükür. Ayrıca, insanın tüm bunlara neden ihtiyacı olacak ki?

4) Bu soru ve soruşturmaları anlamak için tek yöntem, Yaratılışın amacı olan olayın sonunu incelemektir. Sürecin ortasında hiçbir şey anlaşılamaz, ancak sonunda anlaşılır. Açıktır ki amacı olmayan hiçbir hareket yoktur. Çünkü yalnız deli olan, amaçsızca hareket eder.

6) Ustalarımız zaten, Yaradan'ın dünyayı yalnızca yarattıklarını memnun etmek üzere yarattığını söylemişlerdir. Ve burası, tüm aklımızı ve düşüncelerimizi vermemiz gereken yerdir. Çünkü dünyanın yaratılış hareketinin en son amacı budur. Ve şunu aklımızda tutmalıyız ki Yaratılışın Düşüncesi yarattıklarına ihsan etmek olduğu için, onlara vermeyi düşündüklerini almaları için ruhlarda büyük ölçüde bir arzu yaratmak zorundaydı. Her keyif ve hazzın ölçüsü, onu alma isteğinin ölçüsüne bağlıdır. Alma isteği ne kadar büyükse, haz

da o kadar büyüktür. İstek küçük ise, onu almaktan duyulan haz da küçüktür.

Bunun için, Yaratılışın Düşüncesi, Yaradan'ın ruhlara ihsan etmeyi düşündüğü muazzam hazzı almaya uygun olmaları için, ruhlarda büyük bir alma isteği yaratmayı zorunlu kılar. Büyük haz ve büyük alma arzusu el ele gider.

9) Fark edeceğiniz üzere, maneviyatta form eşitsizliği, maddesel dünyada kesip ayıran balta gibi işlev görür ve aralarındaki uzaklık, formların zıtlığı ile orantılıdır. Buradan şunu öğreniriz ki O'nun hazlarını alma isteği ruhlara kazınmış olduğu için ve Yaradan'da bu form (alma isteği) olmadığı için - O, kimden alacak ki - ruhların edindiği form eşitsizliği, onları Yaradan'ın özünden, baltanın bir taşı dağdan ayırdığı gibi ayırır. Ve form eşitsizliği yüzünden ruhlar Yaradan'dan ayrılır ve yaratılan olurlar. [...]

10) [...] Bu ayrılığı tamir etmek, ruhlar *Kli*'sinin üstüne yüklenmiştir. O, tüm dünyaları yarattı ve iki sisteme ayırdı, şu dizede dendiği gibi, "Yaradan onların birini diğerine karşı yaptı," dört saf olan dünya *ABYA* ve onlara karşıt, dört saf olmayan dünya *ABYA*. Saf *ABYA* sistemine ihsan etme arzusunu kazıdı ve onlardan kendileri için alma isteğini çıkarttı ve bunu saf olmayan *ABYA* dünyaları sistemine koydu. Bu nedenle onlar Yaradan'dan ve tüm kutsal dünyalardan ayrıldılar.

Dolayısıyla *Klipot*, "ölü" olarak adlandırılır, şu dizedeki gibi, "ölüme verilen kurbanlar." (İlahiler 106, 28) Onları izleyen kötüler, ustalarımızın dediği üzere, "Kötü olanlara, hayattayken 'ölü' denir." Çünkü alma isteği onlara, Yaradan ile form eşitsizliği olarak kazınmıştır. Onları Hayatların Hayatı'ndan ayırır. O'ndan bir uçtan diğerine olduğu kadar ayrıdırlar. [...]

11) Dünyalar, bu maddesel dünyaya kadar kademeli bir dizi halinde aşağı gelirler; beden, ruh, yozlaşma zamanı ve ıslah zamanı olan yere. [...]

14) Bütünde ruhun üç durumu olduğunu bilmeniz gerekir:

Birinci Durum: *Eyn Sof*'daki var olma durumları, Yaratılışın Düşüncesindeyken ve halen Son Islahın gelecekteki formları mevcutken.

İkinci Durum: Yukarıdaki iki sisteme, ruha ve bedene bölünmüş, altı bin yıllık var olma durumu. Alma isteğini tersine çevirmek, kendilerine değil de Yaradan'a memnuniyet verme isteğine çevirmek için, Tora ve *Mitsvot* çalışması [manevi çalışma metodu ve ıslah] verilmiştir.

Bu durum sırasında, bedenlere hiçbir düzeltme gelmeyecek, sadece ruhlara gelecektir. Bu demektir ki onlar, beden sayılan kendi için alma formunun her türünü bırakmak ve sadece ruhlar içindeki form olan ihsan etme arzusuyla kalmak zorundadırlar. [...]

Üçüncü Durum: Ölünün dirilmesinden sonra, ruhların son ıslahıdır. Bu zamanda bedenlere de tam ıslah gelecektir ve bedenin formu sadece verme formunu alacağı için, buradan kendileri için almaya da döneceklerdir. Ve Yaratılışın Düşüncesindeki tüm haz ve sevinçleri kendileri için almaya değer hale geleceklerdir.

Ve bütün bunlarla, Yaradan ile form eşitliğine gelmenin gücü sayesinde, kuvvetli bir birleşme edineceklerdir; alma arzuları yüzünden değil de, kendilerini yapana memnuniyet vermek için aldıkları için. Çünkü onlar O'ndan aldığı zaman, O memnun olur. [...]

16) Bu nedenle kişi, seçimin bizim elimizden alınmış olmasına hayret etmemelidir. Çünkü tamamlanıp üçüncü duruma gelmemiz gerekmektedir ve bu zaten birinci durumun içinde mevcuttur. Şöyle ki Yaradan'ın bizi üçüncü duruma getirmek üzere ikinci durum içinde bizim için hazırladığı iki yol vardır:

Islahın olmanın yolu.

Istırabın yolu. Çünkü acının kendisi bedeni arındırır ve sonunda alma arzumuzu, ihsan etme arzusu formuna çevirmeye ve O'na bağlanmaya mecbur eder. Bilgelerimizin dediği üzere (*Sanhedrin*, 97b), "Eğer pişmanlık gösterirsen iyi;

yoksa senin üstüne Haman gibi bir kral yerleştiririm ve o seni pişman olmaya mecbur bırakır." Ustalarımız, "onu kendi vaktinde iken hızlandıracak" sözleri için dediler ki, "Eğer ödüllendirilmiş iseler, onu hızlandıracağım; yoksa kendi vaktinde."

Bu demektir ki eğer manevi çalışma ve ıslahı uygulayarak birinci yoldan kabul edilirsek, böylece ıslahımızı hızlandırırız. Zor ıstıraplara ve bizi ıslah olmaya mecbur etmesi için onları uzun süre tecrübe etmemize gerek kalmaz. Yoksa, "kendi vaktinde" olacak, yani sadece ıstırap ıslahımızı tamamlayacak ve ıslah süresi bize zorunlu verilecek. […]

18) Ve dünyadaki başka varlıkların durumuna değil, sadece insana kafa yormalıyız. Çünkü insan Yaratılışın merkezidir, aşağıda yazılı olduğu gibi (39. madde). Diğer yaratıkların kendi başlarına bir değeri yoktur. İnsanın mükemmelliğe erişmesine yardımcı oldukları ölçüde değerlidirler. Bu nedenle kendilerini dikkate almadan, insanla yükselir ve düşerler.

19) Aslında, tüm insanlar, alma arzularını iptal etmeyi, kökünden sökmeyi onayladıkları zaman, dostlarına ihsan etmekten başka hiçbir arzuları olmadığı zaman, dünyadaki bütün endişeler ve tehlikeler sona erecektir. Ve bütün dünya her birimize bakmaya ve ihtiyaçlarımızı gidermeye hazır olduğu için, hepimize tam ve sağlam bir hayat garanti edilmiş olacaktır.

Hepimizin sadece kendimiz için alma arzusu vardır, bu da kaçınamadığımız tüm endişelerin, savaşların ve katliamların kaynağıdır. Bedenimizi her çeşit yara ve hastalıkla zayıflatırlar. Dünyadaki tüm ıstırapların, bedenin kötü *Klipa*'sını iptal etmemiz ve tam bir ihsan etme arzusu formunu üstlenmemiz için bizi harekete geçirmek üzere gözlerimiz önüne sunulan belirtilerden başka bir şey olmadığını fark edersiniz. Ve söylediğimiz gibi, ıstırap yolunun kendisi, bizi istenen biçime getirebilir. Aklımızda tutalım ki insan ile insan arasındaki *Mitsvot*, insan ile Yaradan arasındaki *Mitsvot*'tan önce gelir. Çünkü dostuna ihsan eden, aslında dostunu Yaradan'a ihsan etmiş olur.

33) Şimdi sıra altıncı sorunun, Üst ve alt tüm dünyalar sadece insan için yaratılmıştır diyen ustalarımızın sözlerinin açıklanmasına gelir. Bu dünyanın realitesine göre değeri bir tutamcıktan daha fazla olmayan, Yüksekliği ve Yüceliği ölçülemez Üst Dünyalara göre ise daha da az değerli olan bu önemsiz insanoğlu için, Yaradan'ın bütün bunları yaratma zahmetine girmesi tuhaf görünür. Ve insanın bütün bu uçsuz bucaksız Manevi Dünyalara neden ihtiyaç duyacağı daha da tuhaftır.

Şunu bilmelisiniz ki Yaradan'ın yarattıklarına ihsan etmekten duyduğu haz, yarattıklarının O'nu – O'nun veren olduğunu ve O'nun onlara haz veren olduğunu - hissetmesinin ölçüsüne bağlıdır. Çünkü o zaman O, sevgili oğlu ile oynayan bir baba gibi, oğlunun babasının büyüklüğünü ve yüceliğini hissettiği ve fark ettiği ölçüde, onlardan büyük haz alır ve baba, oğlu için hazırladığı bütün hazineleri ona gösterir. Şöyle yazılmıştır: "Efraim, sevgili oğlum, anne ve babasının neşe kaynağı değil mi? Çünkü ne zaman ondan bahsetsem, içtenlikle hâlâ onu hatırlarım. Bu nedenle, kalbim onu özler, kesinlikle ona şefkat duyacağım, der Yaradan." (Jeremiah 31, 19)

Bu sözleri dikkatle izle, O'nu hissetmeye ve onlar için hazırlamış olduğu tüm hareketlerde O'nun büyüklüğünü fark etmeye hak kazanmış, tamamlanmış olanlarla beraber, Yaradan'ın sunduğu büyük hazları öğrenebilirsin; onlar, anne babasının neşesi olan sevgili oğlun babası gibi olana kadar. Buna devam etmemize gerek yok. Çünkü bizim için bilmek yeterlidir ki o tamamlanmış olanlarla hissedilen bu memnuniyet ve hoşnutluk, Yaradan'ın tüm Üst ve alt dünyaları yaratmasına değer olmuştur.

39) Şimdi gösterdik ki Yaradan'ın, O'nun yarattığı Yaratılış için arzuladığı amaç, yarattıklarına ihsan etmektir. Böylece onlar, O'nun dürüstlüğünü ve büyüklüğünü bilecekler, O'nun onlar için hazırladığı tüm haz ve keyfi alacaklar; şu mısrada tasvir edildiği ölçüde: "Efraim, sevgili oğlum, anne ve babasının neşe kaynağı değil mi?" (Jeremiah 31, 19). Böylece, bu amacın, her ne kadar aydınlık olurlarsa olsun, dünya, ay

veya güneş gibi büyük küreler için ve cansız, bitkisel veya hayvansal olanlar için geçerli olmadığını açıkça fark edersiniz. Çünkü onlarda, kendi cinsleri içinde bile ötekini hissetme duygusu yoktur. Bu nedenle, Yaradan'ı ve O'nun takdirini nasıl hissedebilirler ki?

Sadece insanoğlu, kendi cinsini, ona benzer olan başkalarını hissetmek üzere hazırlanmıştır. Islahıyla uğraştıktan sonra, alma arzusunu ihsan etme arzusuna dönüştürdüğü ve Yaradan ile form eşitliğine geldiği zaman, *NaReNHaY* adlı Üst dünyalarda onun için hazırlanmış tüm seviyeleri alacaktır. Bununla, Yaratılışın Düşüncesinin amacını almaya uygun nitelik kazanacaktır. Sonuçta, tüm dünyaların yaratılışındaki amaç, sadece insan içindir.

40) Ve bunun, bazı filozofların gözünde tamamıyla kabul edilmeyeceğini biliyorum. Zayıf ve değersiz olduğunu düşündükleri insanın, bu harikulade yaratılışın merkezi olduğunu kabul edemezler. Ama onlar turp içinde doğmuş olan kurtçuk gibidirler. Orada yaşar ve Yaradan'ın dünyasını da, içinde doğduğu turp gibi acı, karanlık ve küçük diye düşünür. Ama turbun kabuğunu delip dışarı göz atar atmaz, şaşkınlık içinde diyecektir ki: "Bütün dünyanın, içinde doğduğum turp büyüklüğünde olduğunu düşündüm, ama şimdi önümde büyük, güzel ve harika bir dünya görüyorum!"

Birlikte doğmuş oldukları alma isteğinin *Klipa*'sına (*Klipot*'un tekili) batmış olanlar da, manevi çalışmanın eşsiz tadını denemek istemeyenler de böyledir. Hâlbuki onlar, kendilerini düzeltmek için çalıştıkça bu sert *Klipa*'yı kırabilirler ve onu Yaradan'a memnunluk verme arzusuna çevirebilirler. Belli ki kendi değersizliklerini ve boşluklarını saptamış olmalılar, gerçekten de öyleler ve bu harikulade realitenin yalnızca onlar için yaratılmış olduğunu anlayamazlar.

Aslında, Yaradan'a memnunluk vermek üzere gerekli tüm saflıkla maneviyat uğraşırlarsa ve içine doğmuş oldukları alma isteğinin *Klipa*'sını kırmak ve ihsan etme arzusunu edinmek için çalışırlarsa, görmek ve onlar için Manevi Dünyalarda hazırlanmış olan tüm bilgelik seviyelerine, zekâya ve zihin açıklığına erişmek için gözleri derhâl açılacaktır. Ondan sonra, onlar, bizim ustalarımızın söylediğinin aynısını kendileri söyleyeceklerdir, "İyi bir misafir ne der? Ev sahibi yaptığı her şeyi yalnızca benim için yapmıştır."

41) Ama hâlâ, Yaradan'ın onun için yarattığı tüm Üst Dünyalara neden insanın ihtiyacı olduğu açıklama gerektirir. Onların insana ne gibi bir yararı vardır? Akılda tutmak gerekir ki tüm dünyaların realitesi genel olarak beşe ayrılmıştır: a) *Adam Kadmon*, b) *Atsilut*, c) *Beria*, d) *Yetsira* ve e) *Asiya*. Her biri içinde sayısız ayrıntı vardır, bunlar beş *Sefirot KaHaBTuM*'dur (*Keter, Hohma, Bina, Tiferet* ve *Malhut*). AK

(*Adam Kadmon*) dünyası *Keter*, *Atsilut* dünyası *Hohma*, *Beria* dünyası *Bina*, *Yetsira* dünyası *Tiferet*, *Asiya* dünyası *Malhut*'tur.

Ve bu beş dünyada kıyafetlenmiş Işıklara *YHNRN* denir. *Yehida* Işığı *Adam Kadmon* dünyasında, *Haya* Işığı *Atsilut* dünyasında, *Neşama* Işığı *Beria* dünyasında, *Ruah* Işığı *Yetsira* dünyasında ve *Nefeş* Işığı *Asiya* dünyasında parlar.

Bütün bu dünyalar ve içlerindeki her şey, Kutsal İsmin, *Yud-Hey-Vav-Hey* ve *Yud*'un ucu içindedir. İlk dünya *AK* ile ilgili hiçbir algımız yoktur. Dolayısıyla, Kutsal İsmin *Yud*'unun ucu ile belirtilir. Bu nedenle de onun hakkında konuşmayız ve her zaman sadece dört dünyadan, *ABYA*'dan söz ederiz. *Atsilut* dünyası *Yud*, *Beria* dünyası *Hey*, *Yetsira* dünyası *Vav* ve *Asiya* dünyası da alttaki *Hey*'dir.

42) Şimdi, *Eyn Sof*'dan bu dünyaya kadar uzanan manevi realitenin tümünü içeren beş dünyayı açıkladık. Bununla birlikte, her biri diğerini içerir, her dünyanın içinde beş dünya, beş *Sefirot KHBTM*, bunların içinde de beş dünyaya karşılık gelen, beş kıyafetlenmiş Işık *NRNHY* vardır.

Beş *Sefirot KHBTM*'un yanısıra, her dünyada dört manevi bölüm vardır - Cansız, Bitkisel, Hayvansal ve Konuşan. Bunun içinde, insan ruhu konuşan sayılır, hayvansal ise o dünyadaki melekler sayılır, bitkisel bölüm "elbiseler" diye adlandırılır ve cansız bölüm de "salonlar" diye adlandırılır. Ve her biri diğerini kıyafetlendirir: insanların ruhu olan konuşan bölüm, o dünyadaki Kutsallık olan beş *Sefirot KHBTM*'u kıyafetlendirir. Hayvansal bölüm, ruhları kıyafetlendiren meleklerdir. Bitkisel bölüm, melekleri kıyafetlendiren elbiselerdir ve cansız bölüm, salonlardır ve bunların hepsinin etrafında döner.

Kıyafetlendirmek demek, biri diğerine hizmet eder ve biri diğerine değişir demektir, bu dünyadaki cansız, bitkisel, hayvansal ve konuşan ile açıkladığımız gibi (35-38. maddeler): üç bölüm - cansız, bitkisel ve hayvansal - kendilerini geliştiremez, ama yalnız dördüncü bölüm, insan gelişebilir ve onlar aracılığıyla yükselebilir. Bu nedenle de, onların rolü yalnızca insana hizmet etmek ve faydalı olmaktır.

Tüm manevi dünyalarda da bu böyledir. Üç bölüm - cansız, bitkisel ve hayvansal - orada yalnızca konuşan bölüme - bu insanın ruhudur - hizmet etmek ve yararlı olmak için ortaya çıkarlar. Bu nedenle bunların hepsinin, insanın ruhunu kıyafetlendirdiği yani ona hizmet ettiği kabul edilir.

43) İnsan doğduğunda, hemen *Keduşa*'nın (Kutsallığın) *Nefeş*'ine sahip olur. Ama bu gerçek *Nefeş* değildir, onun arka yüzüdür, onun son muhakemesidir ki küçüklüğü yüzünden "nokta" olarak adlandırılır. Kişinin kalbinde, kişinin alma arzusunda kıyafetlenir ki kişinin kalbinde öncelikle alma isteği bulunur. [...]

55) Böylece şu sorumuzu açıkladık, "Yaradan'ın onun için yarattığı tüm Üst Dünyalara neden insanın ihtiyacı vardır? İnsanın onlara ne ihtiyacı var?" Şimdi göreceksiniz ki eğer bu dünyaların yardımı olmazsa, kişi Yaradan'a mutluluk getiremez. Çünkü alma arzusunun saflığının ölçüsüne göre, Işıklara ve ruhunun *NRNHY* diye adlandırılan seviyelerine ulaşır. Ulaştığı her seviyeyle birlikte, o seviyenin Işıkları, ona arınması için yardım eder.

Böylece, Yaratılışın Düşüncesinin son hedefindeki eğlenceye erişene kadar bu seviyelerde yükselir (madde 33). "Kim arınmak için gelirse, ona yardım edilir," mısrasıyla ilgili *Zohar*'da (Nuh, madde 63) yazılıdır. Sorar, "Ne ile yardım görür?" Ve kutsal ruh ile yardım görür, diye cevaplar. Çünkü Yaratılışın Düşüncesinde arzulanan arınmaya, ruhun bütün *NRNHY* seviyelerinin yardımı olmadan erişmek mümkün değildir.

57) Şimdi, bu nesilde bizim üstümüze çöken, böylesini daha önce görmediğimiz çoraklık ve karanlığı anlayabilirsiniz. Çünkü Yaradan'a inananlar bile Musa'nın yazılarının sırları ile uğraşmayı terk ettiler.

Maymonides bununla ilgili doğru bir alegori vermiştir: Eğer bin tane kör bir yol boyunca yürüyorsa ve içlerinde en az bir tane gören liderleri varsa, kesinlikle doğru yolu bulurlar ve çukurlara veya engellere düşmezler. Çünkü gören birini takip etmektedirler. Ama eğer gören biri yoksa, yoldaki her engele takılacakları ve hepsinin çukura düşeceği kesindir.

Önümüzdeki mesele de aynıdır. Hiç değilse Yaradan'a inananlar içsellikleriyle uğraşsalardı ve *Eyn Sof*'dan tam bir Işık uzansaydı, tüm nesil onları takip edecekti. Ve herkes kendi yolundan emin olacak ve düşmeyecekti. Ama Yaradan'ın hizmetkârları bile kendilerini bu öğretiden uzaklaştırdılarsa, tüm neslin onlar yüzünden düşüyor olmasına şaşmamak gerekir. Ve büyük üzüntüm nedeni ile bunun ayrıntılarına giremem.

58) Aslında, sebebini biliyorum: çünkü genel olarak inanç, özellikle de kutsal kişilere, tüm nesillerin bilge adamlarına olan inanç azaldı. Ve Kabala kitapları ve *Zohar*, maddesel hikâyelerle dolu. Bu nedenle de insanlar, kazanacaklarından daha çok kaybedecek olmaktan korkuyorlar. Çünkü rahatlıkla maddiyatçılığa düşebilirler. Ve bu beni, Ari'nin yazdıklarını ve şimdi de Kutsal *Zohar*'ı yorumlayan derlemeler yazmaya teşvik etti. Ve bu kaygıyı tamamen kaldırdım. Çünkü soyut ve maddesel bir görüntüden yoksun olan, mekân ve zaman ötesinde olan her şeyin manevi anlamını açıklayarak ve kanıtlayarak, okurun da göreceği üzere, tüm İsrail'in *Zohar Kitabını* çalışmasına ve onun kutsal Işığı ile ısınmasına imkân yarattım.

Ve açıklama yazımın amacının, herhangi bir merdivenin rolü gibi olduğunu göstermek için, bu açıklama yazısına *Sulam* (Merdiven) adını verdim: eğer fazlasıyla doldurulmuş bir çatı katınız varsa, oraya erişmek için bir merdivene ihtiyacınız vardır. Ve böylece dünyanın tüm ödülü elinizde olacaktır. Ama merdivenin kendisi amaç değildir. Eğer basamaklarında durur ve çatıya erişmezseniz, amacınıza erişemeyeceksiniz.

Benim *Zohar* açıklamam için de bu böyledir. Çünkü bu çok büyük derinliği olan sözleri tamamen açıklayacak bir yol henüz yaratılmamıştır. Bununla beraber, açıklama yazımla, herkesin *Zohar Kitabına* yükselmesi, onun içine dalması ve onu araştırması için bir yol ve giriş hazırladım. Çünkü ancak o zaman benim açıklamam amacına ulaşmış olacak.

59) Kutsal *Zohar Kitabının* girdi çıktılarını bilen herkes, yani onun içinde yazılı olanı anlayan kişiler, kutsal *Zohar Kitabının* Kutsal Tanna (bilge) Kabalist Şimon Bar Yohay tarafından yazıldığı konusunda aynı fikri paylaşırlar. Sadece bu öğretiden uzak olan bazıları, bunun doğruluğundan şüphe duyarlar ve bu öğretiye karşıt olanların uydurma hikâyelerine dayanarak, yazarın Kabalist Musa De Leon veya başka çağdaşlarının olduğunu söylemek eğilimindedirler.

60) Bana göre ise, Yaradan'ın Işığının bana bağışlandığı günden beri, bu kutsal kitaba bir kere göz attıktan sonra, aklımdan onun kaynağını sorgulamak geçmemiştir; basit bir

nedenle, kitabın içeriği benim kalbime, başka ustaların değil ama Tanna Raşbi'nin (Kabalist Şimon Bar Yohay) erdemini getirmiştir. Ve eğer onun yazarının başka biri, mesela Kabalist Musa De Leon olduğunu açıkça görseydim, onu Raşbi dâhil tüm bilgelerden daha fazla överdim.

Aslında, bu kitaptaki öğretinin derinliği ile değerlendirdiğimde, eğer onun yazarının, kırk sekiz peygamberden biri olduğunu açık olarak bulsaydım, onu bilgelerden birine ilişkilendirmekten ziyade, bunu kabul edilir sayardım. Daha da ötesi, eğer Musa'nın Sina Dağı'nda onu Yaradan'ın kendisinden almış olduğunu bulmuş olsaydım, böyle bir derleme ancak onun değerinde olduğu için, zihnim gerçekten rahat olurdu. Kitapta yazılanın, her araştıranın anlamasına imkân veren yeterli bir yorumlamasını yazmak bana nasip olduğu için, sanırım araştırmak için daha fazla zahmete girmeme gerek yoktur. Çünkü *Zohar* hakkında bilgi sahibi olan herkes, Tanna Raşbi'nin onun yazarı olduğundan daha farklı bir şey söylemeyecektir.

61) Bu şartlar altında şu soru ortaya çıkar, "*Zohar* neden daha önceki nesillerde ortaya çıkmadı, şüphesiz sonrakilerden daha erdemli ve daha layık kişilerdi?" Aynı zamanda şunu da sormalıyız, "*Zohar Kitabının* açıklaması neden Ari'nin zamanından önce ve ondan önce gelen Kabalistler zamanında ortaya çıkmadı?" Ve en şaşırtıcı soru, "Neden Ari'nin sözleri ve

Zohar'ın sözleri üzerine yazılan açıklamalar, Ari'nin zamanından bizim neslimize kadar ortaya çıkmadı?"

Cevap şu; dünya, altı bin yıllık varlığı sırasında bir *Partsuf* gibi üçe ayrılmıştır: *Roş* (baş), *Toh* (iç kısım), *Sof* (son), yani şu anlamda HBD (*Hohma, Bina, Daat*), HGT (*Hesed, Gevura, Tiferet*), NHY (*Netzah, Hod, Yesod*). Ustalarımız şöyle yazmıştır, "İki bin yıl *Tohu* (kaos), iki bin yıl Tora ve iki bin yıl Mesih'in günleri." (*Sanhedrin* 97a)

Roş ve HBD olarak kabul edilen ilk iki bin yılda, Işıklar çok küçüktü. Bunlar, yalnızca *Nefeş* Işığını alan, *Guf*'suz (bedensiz) *Roş* (baş) olarak kabul edilirdi. Bu böyledir çünkü Işıklar ve kaplar arasında ters bir ilişki vardır: *Kelim* (kaplar) için kural, her *Partsuf*'da önce ilk *Kelim* büyür. Işıklar için ise kural tersidir, en küçük Işıklar *Partsuf* içinde ilk olarak kıyafetlenirler.

Böylece, yalnızca üst bölümleri *Kelim* içinde, HBD *Kelim*'i içinde, olduğu sürece, orada sadece en küçük Işıklar olan *Nefeş* Işığı kıyafetlenir. Bu nedenle ilk iki bin yılın *Tohu* olarak kabul edildiği yazılmıştır. Ve dünyanın ikinci iki bin yılında, HGT *Kelim*'i içinde, *Ruah* Işığı dünyaya iner ve kıyafetlenir. Bu Tora olarak kabul edilir. Bu nedenle, ortadaki iki bin yıl için Tora'dır denmiştir. Ve son iki bin yıl, NHYM (*Netzah, Hod, Yesod, Malhut*) *Kelim*'idir. Bu nedenle, o zaman, daha büyük bir Işık, *Neşama* Işığı dünyada kıyafetlenir, bunlar Mesih'in günleridir.

Her bir *Partsuf*'da belirli bir davranış da vardır. *HBD, HGT* kaplarının içinde, *Haze*'he (göğüs) doğru Işıklar kapatılır ve *Hasadim* üzerine parlamaya başlamaz. Bu demektir ki yüce *Hohma* Işığı, kendi *NHYM*'un içinde sadece *Haze*'den aşağıda belirir. *NHYM Kelim*'i dünyanın *Partsuf*'unda görülmeye başlamadan önce ki bu son iki bin yılda olur, özellikle *Zohar*'ın öğretisinin ve genel olarak Kabala öğretisinin dünyadan saklı olmasının nedeni budur.

Ama Ari'nin zamanında, *Haze*'hin altındaki *Kelim*'in tamamlanması yakınlaştığı zamanda, bu büyük Işığı almaya hazır olan, yüce Kabalist İshak Luria (Ari) aracılığıyla, yüce *Hohma* Işığı dünyada ifşa olmuştur. Bundan dolayı, Ari, kendinden önce gelenleri gölgede bırakarak, *Zohar Kitabının* ve Kabala öğretisinin temellerini açıklamıştır.

Ancak, *Kelim* henüz tamamlanmamış olduğu için (1572'de öldüğü için), dünya henüz onun sözlerini keşfetmeye değer kazanmamıştı ve onun kutsal sözleri sadece seçilmiş birkaç kişi tarafından bilindi; onların da bunları dünyaya açıklaması yasaklanmıştı.

Şimdi, bizim neslimizde, son iki bin yılın sonuna yaklaştığımız için, onun sözlerini ve *Zohar*'ın sözlerini büyük ölçüde dünyaya açmamıza izin verilmiştir. O şekilde ki bizim neslimiz ve sonrasında, *Zohar* dünyada artarak daha da çok ortaya çıkacaktır, ta ki Yaradan'ın istediği gibi, tamamen ortaya çıkana kadar.

63) Şimdi anlayabildiğiniz gibi, gerçekten ilk nesillerin erdemi, son nesle göre sonsuzdur. Dünyalardaki ve ruhlardaki her *Partsufim* (*Partsuf*'un çoğulu) için kural şudur: en temiz olan, ilk olarak *Partsuf*'un içine seçilir. Bu nedenle, daha saf olan *HBD Kelim'i*, dünyada ve ruhlarda ilk olarak seçilmiştir.

Dolayısıyla, ilk iki bin yılda ruhlar çok daha yüceydi. Ancak, dünyada ve kendilerinde eksik olan aşağı parçalar yüzünden, yani *HGT NHYM* yüzünden Işığı tüm ölçüde alamadılar.

Ve daha sonra, orta iki bin yılda, *HGT Kelim'i* dünyaya ve ruhlara seçildiğinde, bu ruhlar gerçekten de özlerinde çok temizdiler. Bunun nedeni, *HGT Kelim*'inin erdemi *HBD*'ye yakındır. Yine de, *Haze* altındaki *Kelim*'in dünyada ve ruhlarda eksik olması yüzünden, Işıklar dünyada hâlâ gizliydi.

Bizim neslimizde, ruhların özü daha kötü olmakla beraber, bu yüzden de bu zamana kadar *Keduşa* için seçilmemişlerdi, *Kelim*'e göre dünyanın *Partsuf*'unu ve ruhların *Partsuf*'unu tamamlayacak olanlar onlardır ve bu iş ancak onlarla tamamlanacaktır.

Çünkü şimdi, *NHY Kelim'i* tamamlandığı ve bütün *Kelim* - *Roş, Toh* ve *Sof* - *Partsuf* içinde olduğu için, *Roş, Toh* ve *Sof* içindeki tam ölçüdeki Işık, tüm layık olanlara, yani tam *NRN* olanlara kadar uzanır. Ancak bu aşağı ruhların tamamlanmasından sonra Üst Işıklar ortaya çıkabilir, bundan önce değil.

66) Akılda tutun ki her şeyde içsellik ve dışsallık vardır. Genellikle dünyada, İbrahim, İshak ve Yakup'un nesilleri - dünyanın içseli olarak kabul edilir ve yetmiş millet ise dünyanın dışsalı olarak kabul edilir. Ayrıca, halkın kendi içinde de içsellik vardır ki bunlar tüm kalpleriyle Yaradan için çalışanlardır ve dışsallık vardır ki bunlar da kendilerini Yaradan için çalışmaya adamayanlardır. Dünya milletleri arasında da içsellik vardır ki bunlar Dünyanın Hak'tan Yana Milletleridir ve dışsallık vardır ki bunlar onların arasında seviyesiz ve zararlı olanlardır.

İlaveten, Yaradan'ın Oğullarının arasındaki hizmetkârları arasında da içsellik vardır ki onlar içselliğin ruhunu ve onun sırlarını anlamakla ödüllendirilmiş olanlardır ve dışsallık da sadece dünyevi gereklilikleri yerine getirenlerdir.

Aynı zamanda, Yaradan'a Doğru olan her kişi içinde içsellik vardır ki bu kalpteki noktadır ve dışsallık vardır ki bu kişinin içindeki Dünya Milletleridir, bedenin kendisidir. Ancak, bu kişideki içsel Dünya Milletleri bile yön değiştirmiş sayılırlar, çünkü onlar içselliğe bağlanarak, Dünya Milletleri arasından din değiştirenler gibi olurlar, gelip tüm Yaradan'a Doğru olanlara bağlanırlar.

67) Yaradan'a Doğru bir kişi, içselliğini, içindeki Dünya Milletleri olan dışsallığın üzerine yükselttiği ve yücelttiği zaman, yani kişi çabalarının büyük kısmını ruhuna fayda sağlamak üzere kendi içselliğini geliştirmeye ve yükseltmeye adadığı zaman ve içindeki Dünya Milletlerini, yani sadece dünyevi hayatın bedensel ihtiyaçlarını karşılamak üzere çaba verdiği zaman, yazıldığı üzere (Avot, 1), "Manevi çalışmanı kalıcı ve çabanı geçici kıl," böyle yaparak, kişi dünyanın hem içselliğinde hem de dışsallığında yukarı doğru hızla yükselmesini sağlar ve dışsallık olanlar manevi çalışmada olanların değerini fark ederler ve kabul ederler.

Ve Yaradan korusun, eğer bunun tersi olursa ve içsellikten bir kişi, dışsallığına yani içindeki dışsal arzulara, içindeki içsellikten daha fazla değer verip onu yükseltirse, yazıldığı üzere (Deuteronomy 28), "içindeki yabancı", yani o kişinin içindeki dışsallık yükselir ve artarsa, sen kendin, içselliğin dibe batar. Bu hareketlerle, kişi genel olarak dünyanın dışsallığının hiç olmadığı kadar yükselmesine ve içselliğin seviyesini yere indirir ve dünyanın içselliği, dibe batar.

68) Tek bir kişinin hareketlerinin, tüm dünyayı yükseltmesine ya da düşürmesine şaşırmayın. Çünkü genelin ve özelin, aynı kabuk içindeki iki bezelye tanesi gibi eşit olması, hiç

değişmeyen bir kanundur. Genel için geçerli olan her şey, aynı zamanda özel için de geçerlidir. Dahası, parçalar, bütünde bulunanı oluştururlar, çünkü ancak genel içindeki parçalar, nicelik ve niteliklerine bağlı olarak ortaya çıktıktan sonra, genel de ortaya çıkabilir. Açıkça belli olduğu üzere, bir parçanın davranışının değeri, bütünün tamamını yükseltir veya düşürür.

Bu, *Zohar*'da yazılmış olanı sizler için açıklığa kavuşturacaktır; onlar, *Zohar Kitabı* ve gerçeğin öğretisi ile uğraşarak, sürgünden tamamen kurtuluş ile ödüllendirilecekler (*Tikunim, Tikun*'un Sonu No. 6). Şöyle sorabiliriz, *Zohar* çalışmanın, topluluğun kurtuluşu ile ne ilgisi vardır?

69) Yukarıda yazılanlardan iyice anlayabiliriz ki tüm dünya içsellik ve dışsallık içerir. Dolayısıyla, maneviyatla uğraşan kişi de aynı zamanda bu iki seviyeye sahiptir. Kişi, kişi maneviyatına ve Yaradan'ın sırlarına verdiği çabayı artırdığı ölçüde, dünyanın içselliği – erdeminin, dünyanın dışsallığı - üzerine hızla yükselmesini sağlar. Ve tüm insanoğlu içselliğin değerini kabul edecek ve onaylayacaklar, ta ki şu sözler gerçekleşene kadar, "Ve insanlar onları alacaklar ve kendi yerlerine getirecekler ve aynı zamanda, "Böylece Yaradan der ki, Bak, elimi milletler için kaldıracağım ve kendi niteliğimi insanlara yerleştireceğim: ve onlar kollarında senin oğullarını getirecekler ve senin kızların onların omuzlarında taşınacak."

Ancak, Yaradan korusun, eğer tersi olursa ve içsellikten bir kişi, ruhlarımızın ve onların seviyelerinin idaresiyle uğraşan bu çalışmada Işığın manevi erdemini ve onun sırlarını aşağılarsa ve sadece fizisellikle uğraşıp dışsallığının faydasına göre, ıslahın algısını ve tatlarını küçümserse? Ayrıca, eğer kişi ara sıra Işığın içselliğiyle uğraşsa, gece ve gündüz olmaksızın zamanının az bir kısmını sanki gereksizmiş gibi buna adasa bile, böyle yapmakla, dünyanın içselliğine leke sürer ve onu küçük düşürür ve dünyanın dışsallığını, onların üzerine yükseltir. Onlar, Yaradan korusun, içselliğin parçalarını aşağılayacak ve küçültecekler ve sanki dünyanın onlara ihtiyacı yokmuş gibi, gereksiz görecekler.

Daha da ötesi, böylelikle, dışsallığın bile kendi içselliklerini yenmesini sağlarlar, çünkü dışsallıkla ilgilenenler arasında en kötü olanlar, dünyaya zarar verenler ve onu yok edenler, Hak'tan Yana olanların üzerine yükselirler. Dahası, neslimizin tanık olduğu tüm yıkımı ve iğrenç katliamı yaparlar, bu andan itibaren Yaradan bizi korusun.

Böylece görüyorsunuz ki manevi bir topluluğun kurtuluşu ve içselliğin bütün erdemi *Zohar*'ı ve ihsan etme niteliği olan içselliğin çalışılmasına bağlıdır. Bunun tersi olarak, halkın tüm yıkımı ve düşüşü, içselliği bırakmış olmalarından dolayıdır. Onun değerini düşürmüşler ve görünürde onu gereksiz kılmışlardır.

70) *Zohar*'ın *Tikunim*'inde (*Tikun* 30) (ıslahlar) şöyle yazılmıştır: "Uyan ve Yüce Kutsallığa yüksel, çünkü o senin içinde olsa da, onu bilmenin ve onu edinmenin anlayışına sahip olmayan, boş bir kalbin var." Bunun anlamı şudur, yazıldığı üzer, Yaradan'a Doğru olan her kişinin kalbinde, Yaradan'dan bir parça tüm ruhların toplamı olan Yüce Kutsallığı yükseltmek için ağlamak ve dua etmek üzere seslenir. Fakat Kutsallık der ki, "Benim kendimi tozdan kaldıracak hiç gücüm yok, çünkü 'tüm beden ottur', onların hepsi saman ve ot yiyen hayvanlar gibidir." Bu demektir ki onlar sevap diye bildiklerini düşüncesizce, hayvanlar gibi yerine getiriyorlar, "ve bu yüzden tüm iyilik tarladaki çiçek gibidir, onlar yaptıkları tüm iyi işleri kendileri için yaparlar."

Bu demektir ki yerine getirdikleri dini vecibelerle, Yaradan'a memnunluk vermek üzere yapmaya hiç niyetleri yoktur. Aksine, dini görevlerini sadece kendi menfaatleri için yerine getirirler ve aralarında bütün zamanlarını kitaplarıyla uğraşmaya adayan en iyileri bile, bunu sadece kendi bedenlerine fayda sağlamak üzere yaparlar, arzu edilen amaç olan Yaradan'a memnunluk vermek uğruna değil.

O dönemin nesli için denmiştir ki, "Bir ruh ayrılır ve dünyaya geri dönmeyecek," yani Mesih'in ruhunu kasteder ki o, tam bir kurtuluşa kadar Yaradan'a yönelenleri tüm dertlerinden kurtarmalıdır, şu sözleri yerine getirmek üzere, "çünkü yeryüzü Yaradan bilgisi ile dolu olacak." O ruh gitti ve dünyayı aydınlatmıyor.

Yazıklar olsun onlara, Mesih'in ruhunun dünyayı terk etmesine ve dünyaya geri dönememesine neden olanlara. Onlar, hiçbir anlayış ve mantık damlası olmaksızın maneviyatı kurutanlardır. Kendilerini inançalarının bedensel uygulamalarıyla sınırlayıp, Yaradan'ın sırlarını ve ıslahın tatlarını bilmek ve anlamak üzere Kabala öğretisini anlamayı denemek istemezler. Yazıklar olsun onlara, çünkü onlar bu davranışlarla, dünyada yoksulluğun, yıkımın, hırsızlığın, yağmanın, öldürme ve yok etmenin varlığına neden oluyorlar.

71) Açıkladığımız üzere, onların sözlerinin nedeni şudur, yazıların fiziksel eylemleriyle uğraşanlar, sanki bu dünyada ona gerek yokmuş gibi onu bırakıp, kendi içselliklerini ve manevi ıslahı küçük düşürdükleri zaman ve onunla sadece ne gece ne de gündüz olan zamanda uğraştıkları zaman ki bu bakımdan duvarı arayan kör gibidirler, böyle yapmakla, kendi dışsallıklarını, kendi bedenlerinin iyiliğini güçlendirirler. Ayrıca, maneviyatın dışsallığını, içselliğinden daha yüksek sayarlar ve bu hareketlerle, her biri kendi özüne göre, dünyadaki tüm dışsallık biçimlerinin, dünyadaki tüm içsel parçalara üstün gelmesine neden olurlar.

Bu böyledir çünkü Yaradan'a Doğru olanların tümündeki dışsallık, yani onların içindeki diğer Milletleri, içsellikte çok iyi olanları, yener ve hükümsüz kılar. Ayrıca, dünyadaki dışsallık - aralarındaki bozguncular - güçlenir ve aralarındaki içselliği, yani Dünya Milletlerinin Hak'tan Yana Olanlarını hükümsüz kılar. Ek olarak, bütün dünyanın dışsallığı güçlenir ve dünyanın içselliğine ait olanları hükümsüz kılar.

Böyle bir nesilde, Dünya Milletleri arasındaki tüm bozguncular, başlarını kaldırırlar ve öncelikle kalpleri Yaradan'a Doğru olanları yok etmek ve öldürmek isterler, yazıldığı üzere, "Dünyaya gelen felaketler sadece Yaradan'a Doğru olanlar için gelir." Bu demektir ki yukarıdaki ıslahlarda da yazıldığı üzere, onlar tüm dünyadaki yoksulluğa, yıkıma, hırsızlığa, öldürme ve yok etmeye neden olurlar.

Yaptığımız birçok hata sayesinde, yukarıdaki *Tikunim*'de sözü edilenlerin hepsine tanıklık ettik ve dahası, en iyilerimizi yargı vurdu, ustalarımızın dediği üzere, "Ve önce Hak'tan yana olanlardan başlar." Polonya, Litvanya vb. ülkelerde Kabalistlerin sahip olduğu şan ve şereften geriye, sadece kalıntılar kalmıştır. Şimdi bu korkunç yanlışı düzeltmek bizim üzerimize, kalıntılara, kalmıştır. Geride kalmış olan her birimiz, tüm kalbimiz ve ruhumuzla, bundan böyle Yaradan'a Doğru içselliğini güçlendirmeyi ve ona, dışsallığı üzerindeki üstünlüğüne göre hak ettiği yeri vermeyi, kendi üzerimize almalıyız.

Böylece, her birimiz kendi içselliğimizi yani içimizdeki Yaradan'a ait olan o parçayı - ruhun ihtiyaçlarını, kendi dışsallığımız olan bedenin ihtiyaçları, üzerinde güçlendirmekle ödüllendirilecek. Bu güç Yaradan'a Doğru olanların hepsine gelecek, ta ki içimizdeki dışsallık, içselliğin üstünlüğünü fark edip kabul edene ve ona itaat edene kadar.

Ayrıca, Dünya Milletlerinin içselliği, Dünya Milletlerinin Hak'tan Yana Olanları, bozguncular olan dışsallıklarını yenecekler. Dünyanın içselliği dünyanın dışsallığı üzerinde, bütün üstünlüğü ve erdemi ile yükselecek. Böylece, dışsallıkta olan tüm insanlar içselliğe ait olanların erdemliğini fark edip kabul edecekler.

Ve şu sözleri takip edecekler, "Ve insanlar onları alacaklar ve kendi yerlerine getirecekler: Ve Yaradan'a Doğru olanlar onlara Yaradan'ın arzusunda sahip olacak." Ve ayrıca şu sözleri, "Ve onlar kollarında senin oğullarını getirecekler ve senin kızların onların omuzlarında taşınacak." *Zohar*'da (*Nasoh*, sayfa 124b) yazılan şudur, "bu yapıt sayesinde," ki bu *Zohar Kitabıdır*, "onlar sürgünden merhametle kurtarılacaklar." Böyle olması için dua edelim.

ZOHAR KİTABINA ÖNSÖZ

1) Kutsal *Zohar Kitabındaki* öğretinin derinliği kapatılmış ve binlerce kilit arkasına hapsedilmiştir ve bu kitaptaki bir şeyi sonuna kadar yorumlamak üzere bizim insani dilimiz, bize yeterli ve güvenilir açıklamaları sağlamak için çok fakirdir. Ayrıca, benim yaptığım yorumlamalar ancak, meselelerin yüksekliğine çıkmak ve kitabın sözlerini incelemek üzere araştırmacıya yardım edecek bir merdivendir. Bundan dolayı, okuyucuyu hazırlamayı ve kitabı nasıl düşünüp nasıl çalışması gerektiğine dair ona güvenilir tanımlamalarla doğru rotayı ve girişi vermeyi gerekli buldum.

2) Öncelikle şunu bilmelisiniz ki *Zohar*'da söylenen her şey, hatta onun içindeki efsaneler bile, *KHB (Keter, Hohma, Bina), HGT (Hesed, Gevura, Tiferet), NHYM (Netzah, Hod, Yesod, Malhut)* diye adlandırılan on *Sefirot*'un ve onların permütasyonlarının adlarıdır. Konuşulan dildeki yirmi iki harf ve onların permütasyonları, her nesneyi ve kavramı ortaya çıkarmaya yeterli olduğu gibi, on *Sefirot*'taki kavramlar ve kavramların permütasyonları da, bu semavi kitaptaki öğretiyi açığa çıkarmak için yeterlidir. Ancak, kişinin çok ihtiyatlı olması gereken üç sınırlama vardır ve kitabın sözlerini çalışırken bunları aşmamalıdır.

3) İlk sınırlama: Öğrenme sürecinde, "Madde", "Maddenin Formu", "Soyut Form" ve "Öz" denilen dört kategori vardır. On

Sefirot'ta da bu aynıdır. Bilinmelidir ki *Zohar Kitabı*, on *Sefirot*'taki Öz ve Soyut Form ile hiçbir şekilde ilgilenmez, sadece onlardaki Madde veya onlardaki Maddeye bürünmüş Form ile ilgilenir.

4) İkinci sınırlama: Her şeyi kapsayan İlahi realiteyi, ruhların yaratılışı ve onların varoluşlarının yönetimi ile ilgili olarak üç bölüme ayırırız:

Eyn Sof (sonsuzluk),

Atsilut dünyası,

Beria, Yetsira ve *Asiya* diye adlandırılan üç dünya.

Bilmelisiniz ki *Zohar*, sadece *BYA (Beria, Yetsira, Asiya)* dünyalarının, *Eyn Sof* ve *Atsilut* dünyalarından aldığı ölçülerle ilgilenir. Ancak *Zohar Kitabı*, *Eyn Sof* 'un ve *Atsilut* dünyasının kendisi ile hiçbir şekilde ilgilenmez.

5) Üçüncü sınırlama: *BYA* dünyalarının her biri içinde üç muhakeme vardır:

On *Sefirot*, bunlar o dünyada parlayan Yaradan'ın nitelikleridir;

İnsanların ruhları *(Neşamot),* canları *(Ruhot)* ve yaşamı *(Nefeşot)*;

Onun içindeki realitenin geri kalan kısmı, "melekler", "elbiseler" ve "saraylar" diye adlandırılır ve bunların sayısız unsuru vardır.

Akılda tutun ki her ne kadar *Zohar* her dünyanın detaylarını geniş bir şekilde izah etse de, *Zohar*'ın sözlerinin özünün, daima o dünyadaki insanların ruhları üzerine odaklandığını bilmelisiniz. Diğer muhakemeleri, sadece ruhların onlardan ne dereceye kadar aldığını bilmek üzere açıklar. *Zohar*, ruhların alışıyla ilgili olmayan şeyden tek bir kelime dahi söz etmez. Bu nedenle, *Zohar Kitabında* sunulan her şeyi sadece ruhun alışıyla ilişkili olarak öğrenmelisiniz. [...]

11) Birinci sınırlamada tanıttığımız dört algı durumunu burada incelemeliyiz:

Madde;

Maddeye Bürünmüş Form;

Soyut Form;

Öz.

Şimdi, önce onları bu dünyadan elle tutulur örneklerle açıklayacağım. Örneğin, birisi için, o kuvvetlidir, dürüsttür veya hilecidir, vb. dediğinizde, önünüzde olanlar şunlardır:

Onun maddesi, yani bedeni;

Maddeye bürünmüş formu - kuvvetli, dürüst veya hileci;

Soyut formu. Kuvvetli, dürüst veya hileci formu, bu kişinin maddesinden ayırabilir ve bu üç formu, özünde, maddeden veya bedenden soyunmuş olarak çalışabilirsiniz, yani güç, dürüstlük ve hilecilik niteliklerini araştırır ve onlardaki erdemliğin veya erdemsizliğin, onlarda herhangi bir madde yokken de muhakemesini yapabilirsiniz.

Kişinin özü.

12) Biliniz ki dördüncü durumda, kişinin maddesiz özüne dair hiçbir algımız yoktur. Çünkü bizim beş duyumuz ve hayal gücümüz, bize ancak özün hareketlerdeki görünüşünü verir, özün kendisini değil.

Örneğin, görme duyumuz bize yalnızca görünür özün gölgelerini verir. Çünkü onlar ışığın tersi olarak form alırlar.

Benzer şekilde, duyma duyusu, sadece bir miktar özün havaya vurma gücüdür. Ve onun vuruşuyla itilen hava kulak zarına çarpar ve biz de bizim yakınımızda bir miktar öz olduğunu duyarız.

Koklama duyusu, sadece özden gelen ve bizim koku sinirlerimize çarpan havadır ve biz kokuyu alırız. Tat duyumuz da bizim tat sinirlerimizin bir miktar özle temasının bir sonucudur.

Dolayısıyla, bütün bu dört duyunun bize verdiği, bir özden kaynaklanan işlemlerden ortaya çıkandır, fakat özün kendisi değildir.

Duyularımız içinde en güçlü olan, soğuğu sıcaktan, serti yumuşaktan ayırabilen dokunma duyusu bile, tüm bunlar, özün içindeki işlemlerin dışavurumundan başka bir şey değildir; sadece öze dair olaylardır. Bu böyledir çünkü sıcak soğuyabilir, soğuk ısıtılabilir, kimyasal işlemler sayesinde katı olan sıvıya ve sıvı havaya yani gaza dönüşebilir ve beş duyumuzdaki herhangi bir karar geçerliliğini yitirir. Ama yine de öz onun içinde mevcuttur. Çünkü havayı tekrar sıvıya ve sıvıyı da katıya çevirebilirsiniz.

Besbelli ki beş duyumuz bize asla hiçbir öz göstermez, yalnızca özden gelen işlemlerin olaylarını ve belirtilerini gösterir. Bilinir ki hissedemediğimizi hayal edemeyiz ve hayal edemediğimiz de asla düşüncelerimizde beliremez ve onu algılamak için hiçbir yolumuz yoktur.

Bu nedenle, düşüncenin öze dair herhangi bir algısı yoktur. Dahası, biz kendi özümüzü de bilemeyiz. Ben, dünyada yer kapladığımı, katı ve sıcak olduğumu ve düşündüğümü ve özümün buna benzer diğer işlemlerinin belirtilerini hisseder ve bilirim. Fakat bana bütün bu belirtilerin kaynaklandığı kendi özüm hakkında soru sorarsanız, size nasıl cevap vereceğimi bilmem.

Dolayısıyla, Yaradan'ın bizim herhangi bir öze erişmemizi engellemiş olduğunu görürsünüz. Biz yalnızca özden kaynaklanan işlemlerin belirtisine ve görüntüsüne erişebiliriz.

13) İlk durumda, **maddede**, yani özden ortaya çıkan bütün işlemlerin görünüşünde, tam bir algıya sahibiz. Çünkü bunlar maddede bulunan özü, bize öyle bir yolla yeteri kadar açıklarlar ki özün kendisine erişememenin eksikliğini duymayız.

Nasıl ki elimizde altıncı bir parmağın eksikliğini hissetmiyorsak, benzer şekilde onun da eksikliğini hissetmeyiz. Maddeyi edinmek, yani özün işlemlerinin görünüşünü edinmek, hem kendi varlığımızı hem de bizim dışımızda var olan her şeyi edinmek için bizim her ihtiyacımız ve öğrenişimiz için gayet yeterlidir.

14) İkinci durum, **maddeye bürünmüş form** da yeterli ve açık bir edinimdir. Çünkü her maddenin davranışında bulduğumuz uygulamalı ve gerçek deneyler aracılığıyla onu elde ederiz. Yüksek ve güvenilir bilgimizin hepsi, bu anlayıştan gelir.

15) Üçüncü durum, **soyut formdur**. Bir kere maddeye bürünmüş olarak, form ortaya çıktıktan sonra, hayal gücümüz onu her maddeden tamamıyla soyutlayabilir ve onu herhangi bir cisim olmaksızın algılayabilir. Ahlak kitaplarında görülen erdemler ve iyi nitelikler böyledir, burada herhangi bir madde

içermeyen, dürüstlük ve yalancılık, öfke ve metanet vb. özelliklerden bahsederiz. Onları, soyut oldukları halde bile, erdemli veya erdemsiz olarak kabul ederiz.

Bilmelisiniz ki bu üçüncü durum tedbirli bir bilge kişi tarafından kabul edilemez. Çünkü ona yüzde yüz güvenmek imkânsızdır; maddeye bürünmemişken incelendikleri için, bunlarda hata yapabilirler.

Örneğin, idealist ahlakı olan, yani dindar olmayan birini ele alalım. Bu kişi, doğruluk erdemine soyut formundayken aşırı olarak bağlandığı için, insanlara yalan söyleyerek onları ölümden kurtarabilecek olsa bile, bütün dünyanın ölüme gittiğini bilse bile, kasıtlı bir yalan söylememeye karar verebilir. Bu, ıslah metodunun görüşü değildir. Çünkü hayat kurtarmaktan daha önemli hiçbir şey yoktur.

Doğrusu, kişi, gerçek ve yalanın formlarını maddeye bürünmüş olarak öğrenirse, yalnızca maddeye yararlı veya zararlı oluşları bakımından anlayacaktır.

Diğer bir deyişle, onlar, dünyanın çektiği onca sıkıntıdan sonra, hilekâr insanların yalanlarıyla sebep oldukları pek çok yıkım ile zararı ve dürüst insanların kendilerini sadece gerçeğin sözlerini söylemekle sınırlayarak getirdikleri büyük faydaları görmüş bulunarak, doğruluk niteliğinden daha önemli bir erdem olmadığı ve yalancılık niteliği gibi bir utanç olmadığı üzerine anlaşmışlardır.

Ve eğer idealist kişi, tek bir kişiyi bile ölümden kurtaracak olan yalanın, gerçeğin soyut niteliğinin tüm erdemi ve övgüsünden çok daha önemli olduğunu anlayabilseydi, maneviyatın görüşüyle kesinlikle hemfikir olurdu. Dolayısıyla, üçüncü duruma dair **bu kavramlarda asla hiçbir kesinlik yoktur**. Bunlar soyut formlardır, hiçbir cisme bürünmemiş soyut formlarda bu kesinlik çok daha azdır. Bu kavramlar sadece zaman kaybıdır.

16) Şimdi bu dört durumu - Madde, Maddeye Bürünmüş Form, Soyut Form ve Öz - elle tutulur şeylerle iyice öğrendiniz. Dördüncü durum için, öz için, hiçbir algımızın olmadığı ve üçüncü durumun bizi yanlış yere götürebilecek bir kavram olduğu açıklandı. Sadece Madde olan birinci durum ve Maddeye Bürünmüş Form olan ikinci durum, açık ve yeterli bir edinim için bize Üst Yönetim tarafından verilmiştir.

Bunların aracılığıyla, manevi nesnelerin varlığını da, yani *ABYA* Üst Dünyalarını da algılayabileceksiniz. Çünkü yukarıdaki dört duruma ayrılmamış tek bir küçük ayrıntı bile onlarda yoktur. Eğer, mesela, *Beria* dünyasından belli bir unsuru alırsanız, orada kırmızı renkte olan *Kelim* vardır, onların aracılığıyla *Beria*'nın Işığı *Beria*'da oturanlardan geçer. Bu nedenle, *Beria*'nın kırmızı renkli *Kli*'si, Madde veya nesne sayılır, yani ilk durumdur.

Ve sadece renk bile olsa, bu nesne içindeki bir işlemin oluşumu ve görünüşüdür. Daha önce de dediğimiz gibi, bizim özün kendisinde hiçbir edinimimiz yoktur, yalnızca özden gelen işlemin görünüşünü edinebiliriz. Ve bu görünüşden de Öz veya Madde veya beden veya *Kli* diye söz ederiz.

Ve kırmızı renk aracılığıyla hareket eden ve kıyafetlenen İlahi Işık, nesneye bürünmüş olan formdur, yani ikinci durumdur. Bu nedenle, Işığın kendisi, nesne aracılığıyla kıyafetlendiğini ve aydınlandığını belirterek, kırmızı gibi görünür, bu da bedeni veya nesnesi, yani kırmızı renk olarak kabul edilir.

Ve İlahi Işığı nesneden - kırmızı ışıktan – ayırmak ve onu özünde, bir nesnede kıyafetlendirmeden tartışmak isterseniz, bu üçüncü duruma aittir - maddeden ayrılmış form – ki bu hatalara maruz olabilir. Bu nedenle, Üst Dünyaları çalışırken, bununla uğraşmak kesinlikle yasaktır ve hiçbir gerçek Kabalist bununla uğraşmaz, *Zohar*'ın yazarları ise hiç uğraşmazlar.

Beria'daki bir unsurun özü açısından, bu durum daha da böyledir. Çünkü maddesel nesnelerin özüne ilişkin hiçbir algımız yoktur. Manevi nesnelerin özüne ilişkin ise bu durum daha da çok böyledir.

Böylelikle, önünüzde dört durum bulunur:

Beria'nın *Kli*'si, kırmızı renktir, *Beria*'nın nesnesi veya cismi olarak kabul edilir;

İlahi Işığın, *Beria*'nın *Kli*'sinde kıyafetlenmesi, bu nesnenin formudur;

İlahi Işığın kendisi, *Beria*'daki nesnesinden ayrılmıştır;

Bu maddenin özü.

Böylece, birinci sınırlama iyice açıklanmıştır. Bu da şudur, tüm *Zohar*'da üçüncü ve dördüncü durumdan söz eden tek bir söz yoktur, sadece birinci ve ikinci durumdan söz edilir.

17) Bununla birlikte, ikinci durum açıklanmıştır. Biliniz ki özellikle *Beria* dünyasında tek bir unsurda dört durumu açıkladığımız gibi, genel dört dünya *ABYA* için de durum aynıdır. Üç renk – kırmızı, yeşil, siyah - *BYA*'nın üç dünyasında cisim veya nesne olarak kabul edilir. *Atzilut* dünyası sayılan beyaz renk, *BYA* diye adlandırılan üç renk içinde, maddede kıyafetlenmiş formdur.

Eyn Sof'un kendisi özdür. Birinci duruma ilişkin olarak söylediğimiz budur ki dördüncü durum olan öze dair hiçbir algımız yoktur, o tüm nesnelerde hatta bizim dünyamızdaki nesnelerde bile gizlidir. Beyaz renk, *BYA*'nın üç renginde kıyafetlenmediği zaman, yani *Hohma* Işığı, *Bina*, *Tiferet ve Malhut*'ta kıyafetlenmediği zaman, soyut formdur ve biz onunla uğraşmayız.

Zohar, bu durumdan hiç söz etmez, ama yalnız, *BYA*'nın üç rengi olan ve *Bina, Tiferet ve Malhut* diye adlandırılan üç

Sefirot'un cismi kabul edilen ilk durumdan ve *BYA*'nın üç renginde kıyafetlenen *Atsilut*'un, yani *Bina, Tiferet* ve *Malhut*'ta kıyafetlenen *Hohma* Işığı'nın aydınlattığı ve böylece maddede kıyafetlenen biçim olduğu ikinci durumdan söz eder. *Zohar Kitabının* her yerinde göz önüne alınan, bu iki durumdur.

Bu nedenle, eğer okur, *Zohar*'ın sözlerini öğrenirken, düşüncelerini ve anlayışını her zaman yukarıda sözü edilen iki durumla sınırlamaya dikkat etmezse, sözleri bağlam dışına çıkarmış olacağı için, konu derhal ve tamamen yanlış anlaşılacaktır.

19) Şimdi üçüncü sınırlamayı açıklayacağız. *Zohar*, her bir dünyada, o dünyada parlayan Tanrısallık olan *Sefirot*'la ilgilenir ve aynı zamanda o dünyanın yaratılanları olan CBHK'nın (Cansız, Bitkisel, Hayvansal ve Konuşan) her maddesi ile de ilgilenir. Ancak, *Zohar* öncelikle o dünyadaki Konuşana gönderme yapar.

Bu dünyada olanlarla ilgili bir örnek verelim. "Zohar Kitabına Giriş"te (Madde 42) açıklandı ki her dünyadaki 4 tür - Cansız, Bitkisel, Hayvansal ve Konuşan - ve hatta bu dünyadaki bile, alma arzusunun dört bölümüdür. Her biri kendinde bu dört CBHK türlerini içerir. Bu nedenle, bu dünyadaki bir kişi, bu dünyadaki CBHK'nın dört türünü beslemeli ve onlardan beslenmelidir.

Bu böyledir çünkü insanın besini de, insanın bedenindeki CBHK'nın dört türünden uzanan bu dört türü içerir. Bunlar a) kişinin yaşamını devam ettirmesi için gerekli olan ölçüye göre almayı istemesi; b) kişinin yaşamını devam ettirmesi için gerekli olandan fazlasını istemesi, lükse özlem duyması, ama kendini yalnızca fiziksel arzularla sınırlaması; c) onur ve güç gibi insani arzulara özlem duyması; d) bilgiye özlem duyması.

Bunlar içimizdeki alma arzusunun dört parçasına uzanırlar:

Gerekli olan kadarını istemek, alma arzusunun Cansızı kabul edilir.

Fiziksel olana aşırı istekli olmak, alma arzusunun Bitkiseli kabul edilir. Çünkü bunlar yalnızca kişinin *Kli*'sini (kap) yani bedeninin arzusunu artırmak ve haz vermek için gelirler.

İnsani arzular, alma arzusunun Hayvansalı kabul edilir. Çünkü bunlar kişinin canlılığını artırırlar.

Bilgi isteği, alma arzusunun Konuşanı kabul edilir.

20) Böylece, birinci türde - kişinin yaşamını sağlayan gerekli ölçü - ve ikinci türde – kişinin yaşamını sağlayan gerekli ölçüyü aşan fiziksel arzular - kişi kendinden daha aşağıda olan şeylerle beslenir: cansız, bitkisel ve hayvansal. Ancak, üçüncü türde - güç ve saygınlık gibi insani arzular - kişi kendi cinsinden, kendi eşitinden alır ve beslenir. Ve dördüncü türde

- bilgi - kişi kendinden daha yüksek bir türden – manevi olan gerçek bilgi ve zekâdan - alır ve beslenir.

21) Üst, Manevi Dünyalarda da benzer durumu bulacaksınız. Çünkü dünyalar, Yukarıdan aşağıya doğru, birinden diğerine damgalanmıştır. Bu şekilde, *Beria* dünyasındaki CBHK'nın bütün türleri, *Yetsira* dünyasında izlerini bırakırlar. Ve *Asiya*'nın CBHK'sı, *Yetsira*'nın CBHK'sından iz almıştır. En son olarak da, bu dünyanın CBHK'sı, *Asiya* dünyasının CBHK'sından iz almıştır.

"Zohar Kitabına Giriş"te (Madde 42) açıklandığı gibi, manevi dünyalardaki cansız *Heyhalot* (Saraylar), bitkisel *Levuşim* (Kıyafetler veya Elbiseler), hayvansal *Mala'ahim* (Melekler) diye adlandırılır ve konuşan da insanların o dünyadaki *Neşamot*'u (Ruhlar) olarak kabul edilir. Ve o dünyadaki On *Sefirot* Tanrısallıktır.

İnsanların ruhları, her dünyada merkezdir ve o dünyanın manevi realitesi ile beslenir, aynen bu dünyada maddesel konuşanın, tüm maddesel realite ile beslendiği gibi. Böylece, birinci tür, kişinin yaşaması için gerekli olan alma arzusu, *Heyhalot* ve *Levuşim*'in oradaki aydınlığından alınır. İkinci tür, kişinin bedenini artıran hayvansal fazlalık, oradaki *Mala'ahim*'den alınır. Bunlar, kişinin yaşaması için gerekli olan ölçülerin ötesindeki manevi aydınlanmalardır. Manevi *Kelim*'i büyütürler ki kişinin ruhu onun içinde kıyafetlenir.

Böylece, kişi, birinci türü ve ikinci türü, kendinden daha aşağıdaki türlerden alır. Bunlar oradaki *Heyhalot, Levuşim ve Mala'ahim*'dir ve insan *Neşamot*'undan (ruhlar) daha aşağıdadırlar. Üçüncü tür, kişinin canlılığını artıran insani arzular, bu dünyada kişinin kendi cinsinden olanlardan alınır. Bundan çıkan sonuç şudur ki kişi kendi cinsinden olanlardan da, o dünyadaki tüm *Neşamot*'tan da alır. Onlar sayesinde kişi, ruhunun *Ruah* aydınlığını artırır.

Dördüncü tür arzu, bilgi için olan arzu, o dünyadaki *Sefirot*'tan alınır. Kişi, onlardan ruhuna *HBD* alır.

Şu sonuç çıkar ki her bir dünyada bulunan insan ruhu büyümeli ve o dünyada var olan tüm türlerle tamamlanmalıdır. Sözünü ettiğimiz üçüncü sınırlama budur.

Kişi bilmelidir ki *Zohar*'daki tüm dünyalar, Üst Dünyalarda uğraşılan her bir madde - *Sefirot, Neşamot, Mala'ahim, Levuşim* ve *Heyhalot* - ile kendileri içinmiş gibi uğraşır. Bu böyle görünse de, inceleyen kişi bilmelidir ki aslında, oradaki insan ruhunun onlardan aldığı ve onlardan beslendiği ölçüde onlardan söz edilmektedir. Bu nedenle, onların bütün sözleri, ruhun ihtiyaçlarına aittir. Ve eğer her şeyi bu doğrultuda öğrenirseniz, anlayacaksınız ve bu yolda başarılı olacaksınız.

23) Bunu anlamak için, yukarıda 17. maddede açıklananı hatırlamalısınız. Bu maddede açıklanır ki gerekli olan bir nesne, bir özdür ki ona dair hiçbir algımız yoktur, maddesel

özlerde bile ve hatta kendi özümüzde bile ona dair algımız yoktur. Yaradan için bu daha da böyledir.

Atsilut dünyası bir formdur ve *BYA*'nın üç dünyası ise maddedir. *Atsilut*'un *BYA*'daki aydınlığı, maddeye bürünmüş formdur. Dolayısıyla, görüyorsunuz ki *Eyn Sof* ismi, Yaradan'ın özü için bir isim kesinlikle değildir. Çünkü edinemediğimizi, ona bir isim vererek nasıl tanımlayabiliriz ki?

Hayal gücümüz veya beş duyumuz, maddesel olanda bile, öze ilişkin olarak bize hiçbir şey vermediği için, orada nasıl bir düşünce veya söz sahibi olunabilir? Yaradan'ın kendisine dair bu durum daha da az böyledir. Bunun yerine, *Eyn Sof* ismini, bize üçüncü sınırlamada tanımlandığı gibi anlamalıyız, yani *Zohar Kitabının* tüm anlattıkları, tamamen ruhlara aittir (Madde 21).

Bu yüzden, *Eyn Sof* ismi hiçbir şekilde Yaradan'ın kendisi değildir. Ama "Bir eylemin sonucu, başlangıçtaki düşüncededir" yoluyla, Yaratılışın Düşüncesine, O'nun içine dâhil olan bütün dünyalara ve bütün ruhlara aittir. Dolayısıyla, *Eyn Sof*, bağın ismidir ve bütün Yaratılış ıslahın sonuna kadar ona bağlıdır.

Bunu, "ruhların Birinci Durumu" diye adlandırırız ("Zohar Kitabına Giriş", Madde 13). Çünkü bütün ruhlar, ıslahın sonunda gerçekten alacakları son Yükseklikte, tamamen hoşnutluk ve güzellik ile dolu olarak, O'nun içinde var olurlar.

24) Bu dünyanın işlerinden bir örnek verelim: Bir kişi güzel bir ev inşa etmek ister. İlk düşüncede, önünde, inşası bittiğinde olacağı haliyle, bütün odaları ve detayları ile zarif bir ev görür.

Sonrasında, uygulama planını bütün detaylarına kadar tasarlar. Vakti gelince, işçilere her detayı açıklayacaktır: ahşap, tuğla, demir, vb. Sonra, ilk düşüncede düzenlendiği gibi sonlandırmak üzere evin esas inşaatına başlayacaktır.

Bilin ki *Eyn Sof* bu ilk düşünceye aittir. Bu düşüncede, tüm Yaratılış, Yaradan'ın önünde tamamen bitmiş olarak resmedilmiştir. Bununla beraber, ders tam da örnekteki gibi değildir. Çünkü Yaradan'da, gelecek ve şimdi eşittirler. O'nda düşünce tamamlanır. O, bizim ihtiyaç duyduğumuz hareket araçlarına ihtiyaç duymaz. Çünkü O'nda, o esas realitedir.

Atsilut dünyası, düşünülmüş planın, daha sonra evin gerçek inşası başladığında ortaya çıkacak olan gerekli detayları gibidir. Biliniz ki bu ikisinde, yani *Eyn Sof* olan başlangıçtaki düşüncede ve vakti gelince yapılacak uygulamanın detaylarını düşünen tasarımda, hâlâ yaratılanlara dair bir iz bile yoktur, zira bu halen olası bir durumdur, gerçekleşmiş bir durum değildir.

İnsanlarda da aynısıdır: planın gerçekleşmesi için gerekli olan bütün detayları hesaplasalar da - ahşap, tuğla ve metal – bu esas olarak sadece kavramsal bir durumdur. Orada gerçek ahşap ve tuğlanın izi bile yoktur. Tek fark, kişinin durumunda, düşünülmüş olan bu tasarım esas realite olarak kabul edilmez. Fakat Yaratılışın Düşüncesinde bu tasarım, esas, gerçek yaratılanlardan çok daha gerçek bir realitedir.

Böylece, *Eyn Sof* ve *Atsilut* dünyasının anlamlarını açıkladık. Onlar hakkında her söylenen, yalnızca yaratılanların yaratılışına ilişkindir. Bununla beraber, hâlâ olası durumdadırlar ve özleri daha ortaya çıkmamıştır. Hiçbir ahşap, tuğla ve metal içermeyen planı tasarlayan kişi hakkındaki benzetmemiz gibidir.

25) *BYA*'nın üç dünyası ve bu dünya, olası durumdan gerçek duruma getirme sayılırlar, yani evini gerçek olarak inşa eden ve ev tamamlanana kadar ahşabı, tuğlaları ve işçileri getiren kişi gibi.

26) Yukarıdaki benzetmede, bir ev inşa etmeyi düşünen kişideki şu üç muhakemenin, birbirine sebep ve sonuç ilişkisiyle nasıl bağlı olduğunu bulursunuz. Hepsinin kökü ilk düşüncedir, çünkü planlanmış tasarımda, başlangıçtaki düşüncede kişinin önünde beliren hareketin sonuna ilişkin olan dışında hiçbir madde belirmez.

Aynı zamanda, kişi, inşaat sırasında, önündeki tasarıma göre düzenlenmiş detaylardan başka bir şey uygulamaz. Böylece görürsünüz ki dünyalarla ilgili olarak, ruhların ilk durumundan, *Eyn Sof*'dan uzanmayan tek bir küçük nesil bile dünyalarda yoktur. Onlar orada, "Bir eylemin sonucu, başlangıçtaki düşüncededir," sözünde olduğu gibi, son ıslahın en yüksek mükemmelliğindedirler. Dolayısıyla, son ıslah sayesinde açığa çıkacak her şey orada bulunmaktadır.

Başlangıçta, o *Eyn Sof*'dan *Atsilut* dünyasına uzanır, benzetmede olduğu gibi, tasarımın ilk düşünceden uzanması gibi. Her bir unsur, *Atsilut* dünyasından *BYA* dünyasına uzanır, benzetmede olduğu gibi, evin inşaatı sırasında gerçekten uygulanan bütün detaylar tasarımdan kaynaklanır.

Dolayısıyla, *Eyn Sof*'dan, ruhların ilk durumundan uzanmayan, bu dünyada oluşturulan, bir tek küçük madde bile yoktur. Ve *Eyn Sof*'dan, *Atsilut* dünyasına uzanır, yani bu dünyada gerçekten oluşturulan şeyle özellikle bağlantılıdır. Ve nesil, *Atsilut* dünyasından *BYA*'nın üç dünyasına uzanır ve burada nesil gerçek bir durum olarak belirir. *Kutsallık* olmaktan çıkıp yaratılan haline gelir ve oradan *Yetsira* ve *Asiya*'ya ve bu dünyada en aşağı olana kadar uzanır.

Bundan şu sonuç çıkar ki dünyada, *Eyn Sof*'daki genel kökünden ve *Atsilut*'taki özel kökünden uzanmayan hiçbir nesil yoktur. Sonrasında, *BYA* boyunca yol alır ve yaratılan biçimini alır ve sonra bu dünyada yapılmış olur.

31) [...] Ancak, Yaratılışın Düşüncesi yarattıklarını hoşnut etmek olduğu için, bu bize O'nun ihsan etme arzusuna sahip olduğunu öğretir. Bu dünyadan anlarız ki verenin memnuniyeti, O'ndan alanlar çoğaldıkça artar ve O, alıcıların çoğalmasını ister. Bu bakımdan deriz ki *Atsilut*'taki Işıklar, aşağıdakiler *Atsilut*'un bağışına verildiği zaman büyür ve onları besler. Tersine olarak, aşağıdakilerden O'nun bolluğunu almaya layık olan kimse yoksa, o ölçüde Işıklar azalır, yani onlardan alacak hiç kimse yoktur.

32) Onu bir mum ile karşılaştırabilirsiniz. Ondan binlerce kandil yaksanız da veya hiç yakmasanız da, bunun kandilin kendisinde herhangi bir değişikliğe sebep olmadığını göreceksiniz. Bu *Adam HaRişon* için de böyledir: bugün bizim gibi binlerce evladı olsa da veya hiçbir evladı olmasa da, bu *Adam HaRişon*'un kendisinde hiçbir değişikliğe sebep olmaz.

Aynı şekilde, *Atsilut* dünyasının kendisinde de hiçbir şey değişmez; aşağıda olanlar onun yüce bolluğunu ister istekle alsınlar, ister hiçbir şey almasınlar. Yukarıda sözü edilen bu yücelik, sadece aşağıda olanların üstünde uzanır.

33) Öyleyse, neden *Zohar*'ın yazarları, *Atsilut* dünyasının kendisinde olan tüm o değişiklikleri tanımladılar? Yalnızca *BYA*'nın alıcıları bakımından açıkça konuşmalıydılar ve bizi

cevaplar bulmaya zorlayarak, *Atsilut'*tan o kadar ayrıntılı olarak konuşmamalıydılar.

Aslında, burada çok keskin bir sır vardır: "elçilerin görevlileri aracılığıyla benzerlikleri kullandım" (Hosea 12) sözlerinin anlamı budur. Gerçek şudur ki burada İlahi bir irade vardır, yalnızca alıcı olanların ruhlarında çalışan bu benzerlikler, ruhlara, Yaradan'ın kendisi ruhların edinimini büyük ölçüde artırmak üzere onlara katılıyor gibi, görünecektir.

Bu, kendi sevgili çocuğuna üzüntülü bir yüz ve memnun bir yüz göstermek üzere kendini zorlayan bir baba gibidir. Aslında kendisinde ne üzüntü vardır ne de memnunluk. Bunu sadece, sevgili çocuğunu etkilemek ve onun anlayışını artırmak için yapar, onunla oynamak amacıyla.

Ancak büyüdüğü zaman, babasının tüm yaptıklarının gerçek olmadığını ama yalnızca onunla oyun oynadığını öğrenir ve anlar. Bizim önümüzdeki konu da aynıdır: bütün bu görüntüler ve değişiklikler yalnızca ruhun izlenimleriyle başlar ve biter. Ancak, Yaradan'ın iradesi ile, onlar O'nun Kendisinin içindeymiş gibi belirirler. Bunu, Yaratılışın Düşüncesi doğrultusunda, yaratılanları hoşnut etmek üzere, ruhların edinimini en yüksek oranda genişletmek ve artırmak için yapar.

34) Maddesel algımızda da böyle bir davranış bulunca şaşırmayın. Görme duyumuzu ele alın. Mesela: Önümüzde

harikulade bir şekilde doldurulmuş, kocaman bir dünya görürüz. Ama aslında yalnızca kendi içimizde olanı görürüz. Diğer bir deyişle, beynimizin arka bölümünde bir çeşit fotoğraf makinası vardır, dışımızda olanı değil ama bize beliren her şeyi görüntüler.

Bu amaçla, O, bizim için beynimizde, orada görünen her şeyi ters çeviren bir çeşit cilalı ayna yapmıştır. Böylece onu beynimizin dışında, yüzümüzün önünde görürüz. Ancak, dışarıda gördüğümüz şey gerçek değildir. Bununla beraber, O'nun takdirine, her şeyi kendi dışımızda görmemize ve algılamamıza olanak veren, beynimizdeki bu cilalı aynayı yaratmasına şükran duymalıyız. Çünkü böylelikle O, her şeyi açık bir bilgi ve edinimle algılama ve her şeyi içsellikten ve dışsallıktan ölçümleme gücünü bize verdi.

Bu olmasaydı, algımızın çoğunu kaybederdik. Aynı durum, İlahi irade ve İlahi algı için de doğruluğunu korur. Her ne kadar bütün bu değişimler, alıcı olan ruhların içinde gelişse de, onlar yine de bunların hepsini Yaradan'ın Kendisinin içinde görürler. Çünkü onlar yalnızca bu şekilde, Yaratılışın Düşüncesindeki tüm hoşluk ve tüm algılar ile ödüllenirler.

Yukarıda anlatılandan şunu da çıkarabilirsiniz. Her ne kadar her şeyi gerçekte önümüzdeymiş gibi görsek bile, her mantıklı insan, gördüğümüz her şeyin yalnızca beynimizin içinde olduğunu kesinlikle bilir.

Ruhlar da böyledir: Bütün görüntüleri Yaradan'ın içinde görmelerine rağmen, yine de bütün bunların yalnızca kendi içlerinde olduğundan ve asla Yaradan'da olmadığından hiç şüpheleri yoktur.

40) O kendisini, O'nun içindeki her nitelik bilinebilsin diye, *El, Elohim, Şaday, Tzvaot ve Ekie* diye adlandırdı. Öğretide silinmeyecek olan on isim, on *Sefirot*'a aittir, *Zohar*'da *(Vayikra,* Madde 168*)* yazıldığı üzere:

Sefira Keter, Ekie diye adlandırılır;

Sefira Hohma, Koh diye adlandırılır;

Sefira Bina, HaVaYaH (noktalı *Elohim*) diye adlandırılır;

Sefira Hesed, Kel diye adlandırılır; *Sefira*

Gevura, Elohim diye adlandırılır; *Sefira*

Tiferet, HaVaYaH diye adlandırılır;

İki *Sefirot, Netzah* ve *Hod, Tzvaot* diye adlandırılır;

Sefira Yesod, El Hay diye adlandırılır;

Sefira Malhut, Adni diye adlandırılır.

41) Eğer O'nun Işığı, görünürde bu kutsal *Sefirot*'larda kıyafetlenerek tüm yaratılanlar üzerine uzanmasaydı, yaratılanlar O'nu nasıl bilebilirlerdi ki? Ve "tüm dünya O'nun ihtişamı ile dolu" mısrasını nasıl tutabilirlerdi ki? Başka bir

deyişle, böylelikle İlahi isteğin ruhlara, sanki *Sefirot*'lardaki tüm değişimler O'nun içindeymiş gibi belirmesini açıklar. Bu, O'nun yeterli bilgisi ve edinimi için, ruhlara yer vermek üzere böyledir. Çünkü o zaman, "tüm dünya O'nun ihtişamı ile dolu" mısrası gerçek olacaktır.

KABALA ÖĞRETİSİNİN ÖNSÖZÜNE GİRİŞ

1) *Zohar, Vayikra, Paraşat Tazria,* sayfa 40'da yazıldığı üzere, "Gel ve gör, dünyada var olan her şey, insan için var ve her şey onun için var olur, yazıldığı üzere, 'Sonra Yüce Yaradan insana şekil verdi,' tam bir isimle, belirlediğimiz üzere o her şeyin tamamıdır ve her şeyi içerir. Yukarıdaki ve aşağıdaki her şey, bu görüntünün içindedir."

Bu şekilde, Üst ve alt, tüm dünyaların insanın içinde olduğunu açıklar. Ve aynı zamanda, bu dünyalardaki tüm realite de yalnızca insan içindir.

EK 2'de Kullanılan Kısaltmalar

ABYA – Atzilut, Beria, Yetsira, Asiya

AK – Adam Kadmon

BYA – Beria, Yetsira, Asiya

CBHK (Cansız, Bitkisel, Hayvansal ve Konuşan)

HaVaYaH – Yud, Hey, Vav, Hey

HBD – Hohma, Bina, Daat

HGT – Hesed, Gevura, Tiferet

KHB – Keter, Hohma, Bina

KHBTM – Keter, Hohma, Bina, Tiferet ve Malhut

NHY – Netzah, Hod, Yesod

NHYM – Netzah, Hod, Yesod, Malhut

NRN – Nefeş, Ruah, Neşama

NRNHY – Nefeş, Ruah, Neşama, Haya, Yehida

YHNRN – Yehida, Haya, Neşama, Ruah, Nefeş

EK 3

HERKES İÇİN ZOHAR`dan

Seçilmiş Alıntılar

İBRAHİM

UYANIŞ VE ARZU

Leh Leha [İleri Git]

28) Yaradan, onun uyanışını ve arzusunu gördüğü için, hemen Kendisini ona gösterdi ve ona, kendini bilmen ve kendini düzeltmen için "İleri git" dedi.

223) "Doğudan yükselen kişi," İbrahim'dir. O Yaradan'a uyanışını yalnızca doğudan aldı. Çünkü güneşin sabah doğudan doğuşunu gördüğü zaman, kendine bunun Yaradan olduğu uyanışı geldi. Güneş hakkında, "Bu beni yaratan Kraldır," dedi ve bütün gün güneşe tapındı. Akşam vakti, güneşin battığını ve ayın doğduğunu gördü. Ay hakkında dedi ki, "Bu bütün gün tapındığım şeyi, güneşi, idare ediyor olmalı. Çünkü güneş aydan önce karardı ve parlamıyor." Böylece bütün o gece boyunca aya tapındı.

224) Sabahleyin, ayın karardığını ve doğunun aydınlandığını gördü. Dedi ki, "Bütün bunları idare eden, bunları yöneten bir Kral olmalı." Yaradan, İbrahim'in arzusunu görünce, onun önünde belirdi ve ona konuştu, yazıldığı üzere, "O, Hak'tan yana oluşu Kendi ayağına çağırır." Hak'tan yana olmak, Yaradan'dır; O, onu çağırdı ve ona konuştu ve onun önünde belirdi.

VE İBRAHİM SARA'YI ALDI

Leh Leha [İleri Git]

58) "Ve İbrahim, karısı Sara'yı aldı." Bu, iyi şeylere yapılan ilavedir. Çünkü erkeğin karısını onun isteği dışında başka bir ülkeye götürmesi yasaktır. Ayrıca yazılmıştır ki, "Harun'u al," yani Levi kabilesinden olanları al. Bu nedenle, "Ve İbrahim aldı," yapılan ilavedir ve o, bu neslin insanlarının yaşama tarzının ne kadar kötü olduğu konusunda onu uyardı. Bu nedenle, "Ve İbrahim, karısı Sara'yı aldı," diye yazar.

59) "Ve yeğeni Lot." Neden İbrahim, Lot'u kendisine eklemeyi uygun gördü? Çünkü kutsallığın ruhunda, Davut'un ondan gelmeye yazgılı olduğunu gördü.

"Ve onların Haran'da yapmış oldukları ruhlar," ruhunu düzelterek doğru yola dönmüş olan erkekler ve kadınlardır. İbrahim, erkekleri döndürecekti ve Sara kadınları döndürecekti ve bu nedenle yazı onlar hakkında, sanki onlar, onları yaptı gibi bahseder.

İBRAHİM VE SARA DÜNYADAKİ İNSANLARI ARINDIRIRLAR

VaYaera [Ve Yaradan Göründü]

106) İbrahim ve Sara, herkese *Tevila* düzenliyordu - İbrahim erkeklere ve Sara kadınlara. İbrahim'in insanları arındırma ile uğraşmasının nedeni, kendisinin arınmış olması ve "temiz"

diye adlandırılması idi. Yazıldığı gibi, "Temiz olmayandan temiz bir şeyi kim getirebilir? Hiç kimse," ve temiz olmayan Terah'dan gelen İbrahim temizdir.

107) Bu nedenle, İbrahim'in seviyesini düzeltmek için, İbrahim *Tevila* ile uğraştı. Ve onun seviyesi şudur, *Hasadim*'dir. Bunun için o, dünyadaki tüm insanları su ile arındırmak üzere yapılmıştır.

BEER ŞEBA

Yeni *Zohar, Toldot* [Nesiller]

28) İbrahim, bu su kuyusunu, *Malhut*'u, Beer Şeba diye adlandırdı...

31) İbrahim bu kuyuyu kazdı. Yaradan'a hizmet eden tüm dünya insanlarını düşünerek kuyuyu yaptı. Ve o, bu kuyuyu kazdığı için, kuyu hiç bitmeyen, yaşayan sular verir.

ADAM HARİŞON'UN BİR ETE BÜRÜNÜŞÜ

BaHar [Sina Dağı'nda]

69) Âdem'in günahı, Yaradan'ın emrine uymamasıdır. Fakat puta tapma yasağı dışında başka bir emir yoktur. Âdem, puta tapma yasağını çiğnedi ve O, onu yerleştirdi, yani onu Terah'ın tohumunda ete büründürdü ki orada burnundan soluyordu, yani Yaradan'ı kızdırmış ve puta tapma yasağını çiğnemişti. Çünkü Terah putperestti. Ve o, *Adam HaRişon*'un bir ete

bürünüşü olan İbrahim'in tohumundan geldi. İbrahim, pişmanlık gösterdi ve puta tapma heykellerinin hepsini ve onların önüne konmuş olan tüm yiyecekleri kırdı attı. Âdem ve Terah'ın günahlarını düzeltti ve onun inşa ettiği günah ve kötü eğilim yapısını, Âdem'in günahının neden olduğu *Klipot* yapısını kırdı ve Yaradan'ı ve O'nun Kutsallığını tüm dünya üzerinde göklere çıkardı.

CARİYELERİN OĞULLARINA ARMAĞANLAR

Hayey Sara [Sara'nın Hayatı]

262) "Ama cariyelerin oğulları için... armağanlar." Armağanlar nedir? Bunlar kutsallığın düzeltilmemiş, aşağı seviyeleridir. Temiz olmayan ruh türlerinin isimleridir. Seviyeleri tamamlamaları için onlara verdi ki böylece onlar bunları arındıracaklar ve kutsallığın seviyelerini tamamlayacaklardı. Ve İshak, yüksek inanç içinde tüm bunların üzerine yükseldi ki bu *Bina*'dır.

263) "Cariyelerin oğulları," Keturah'ın oğullarıdır. O, "cariyeler" diye adlandırılır. Çünkü o, onu uzağa göndermeden önce bir cariye idi. Ve onu tekrar aldığı için şimdi de cariyedir. "Ve onları oğlu İshak'dan uzağa yolladı," böylece İshak'a hükmetmesinler diye. "O hâlâ yaşarken," İbrahim hâlâ yaşarken ve dünyadayken. Böylelikle onunla daha sonra kavga etmeyeceklerdi ve böylece onlara galip gelmek için İshak, sert, yüce *Din* tarafında düzeltilecekti. Ve hepsi ona boyun eğdiler.

"Doğuya doğru", doğudaki topraklara doğru demektir. Çünkü orada birçok çeşit büyücülük ve kirlilik vardır.

264) Yazılıdır ki, "Ve Süleyman'ın bilgeliği, tüm doğu çocuklarının bilgeliğini geçmiştir," yani İbrahim'in cariyelerinin oğullarından gelenleri. Ve doğudaki dağlarda insanlara büyücülük öğretenler vardır. Ve Laban, Beor ve oğlu Balam ve bütün büyücüler, doğudaki o topraklardan geldiler.

ATALARIN BİLGELİK KİTABI

VaYaera [Ve Yaradan Göründü]

80) Kabalist Aba dedi ki, "Bir gün, doğudaki o şehirlerden biriyle karşılaştım ve bana onların çok eski günlerden beri bildikleri öğretiden bahsettiler. Kendi bilgelik kitaplarını buldular ve bana böyle bir kitap sundular."

88) Ben onlara dedim ki, "Oğullarım, bu kitaptaki sözler, Atalarımızın sözlerine yakındır. Ama bu kitaplardan uzak durmalısınız. Korkarım ki bunlar kalplerinizi burada yazılan işlere ve bahsedilen taraflara saptıracaktır. Yaradan için çalışmaktan ayrılabilirsiniz."

89) Bu böyledir çünkü tüm bu kitaplar, insanları yanlış yola sokar. Doğunun çocukları akıllıydılar ve kadın hizmetçilerin oğullarına verdiği öğretiyi İbrahim'den miras almışlardı. Yazıldığı üzere, "İbrahim'in cariyelerinden olan oğullarına,

İbrahim armağanlar verdi," ve sonra onlar bu öğreti içinde çeşitli yönlere çekildiler.

90) Ama İshak'ın tohumu, Yakup'un payı böyle değildir. Yazıldığı üzere, "İbrahim sahip olduğu her şeyi İshak'a verdi." Bu İbrahim'in bağlandığı inancın kutsal payıdır ve Yakup işte bu paydan ve bu taraftan gelmiştir. Bunun hakkında yazılıdır ki, "Ve dinle, Yaradan onun üstünde durdu," ve yazılıdır ki, "Ama sen... Benim hizmetkârım, Yakup."

ONLAR YARATILDIKLARI ZAMAN GÖĞÜN VE YERİN NESİLLERİ OLARAK YARATILMIŞLARDIR

Leh Leha [İleri Git]

225) "Hak'tan yana konuş ve doğru olan şeyleri bildir." Yaradan'ın tüm sözleri doğrudur. "Ve doğru olan şeyleri bildir," çünkü Yaradan dünyayı yarattığı zaman, dünya ayakta durmadı, ama bu tarafa ve o tarafa yıkıldı. Yaradan, dünyaya dedi ki, "Niye düşüyorsun?" O'na dedi ki, "Sevgili Efendim, ayakta duramıyorum. Çünkü üstünde duracağım bir temel [*Yesod*] yok."

226) Yaradan ona dedi ki, "Bunun için, senin içine Hak'tan yana birini, İbrahim'i yerleştireceğim. O, Beni sevecektir." Ve dünya derhal ayakta durdu ve var oldu. Yazılıdır ki, "Onlar yaratıldıkları zaman, göğün ve yerin nesilleri olarak yaratılmışlardır." *BeHibar'am* [yaratıldıkları zaman] olarak

değil, *BeAvraham* [İbrahim'in içinde, İbranicede aynı harflerdir] olarak oku. Çünkü dünya İbrahim'in içinde var olmuştu.

227) Dünya, Yaradan'ı cevapladı, "İbrahim, Tapınağı yıkacak ve yazıları yakacak olan oğulların babası olmaya yazgılıdır." Yaradan ona dedi ki, "Ondan bir adam gelecek, Yakup. Ondan da on iki kabile gelecek, onların hepsi Hak'tan yanadır." Derhal, dünya onun için var oldu.

YARATILIŞ KİTABI

Yeni *Zohar, Yitro* [Jetro]

309) Elbette Yakup, *Adam HaRişon*'un kitabını, aynı zamanda *Enoh*'un kitabını ve atası İbrahim'in kitabı olan *Yaratılış Kitabını* almıştır. İbrahim tarafından yazılmış *Masehet Avodah Zarah*'ın [Puta tapma üzerine inceleme] 400 bölümden oluştuğunu açıklamışlardı.

Çadırlarda yaşayan, tam adam Yakup, bütün bu kitaplardan pek çok bilgelik öğrendi. Ve Yakup'un güzelliği ve satırları, Adam HaRişon'un satırları gibiydi.

İBRAHİM, SARA, İSHAK VE REBEKA

Leh Leha [İleri Git]

76) Yaradan, İbrahim ve İshak'daki üst *Hohma* demektir. İbrahim, *Neşama*'dan *Neşama*'yadır, *Haya* ışığıdır. *Neşama* Sara'dır. *Lot*, yılandır, *SAM*'ın eşidir. Kutsallığın ruhu İshak'dır. Kutsal *Nefeş*, Rebeka'dır ve kötü eğilim de hayvan ruhudur. Öğretisinde, Süleyman onun hakkında şöyle der, "Bilen var mı, insan ruhu yukarı mı gider ve hayvan ruhu da aşağı toprağa mı gider?" Kötü eğilimin tarafından olan *Nefeş*, hayvan ruhudur.

77) *Neşama*'dan *Neşama*'ya, insana *Sefira Hohma*'dan korku ve bilgelikle beraber gelir. *Neşama*, insana *Bina*'dan gelir. Yazıldığı üzere, "Dinle, Yaradan korkusu bilgeliktir." Dolayısıyla, *Neşama*'dan *Neşama*'ya, sadece korku ve bilgelik vasıtasıyla gelir. Ama *Neşama*, insana pişmanlık - ki buna *Bina* denir - ile gelir ve bu "Sara" diye adlandırılır. *Ruah* [ruh/rüzgâr], "ses" diye adlandırılır ve *Daat* diye adlandırılır ve Işık sesini yükselten kişiye kadar uzanır. *Ruah*, "Yazılı Kitap" diye de adlandırılır. İyi işler, aklın *Nefeş*'inden uzanırlar.

Neşama'dan *Neşama*'ya ve *NRN, HBD*'dan uzanır:

Neşama'dan *Neşama*'ya, İbrahim, *Sefira Hohma*'dan uzanır.

Neşama, Sarah, *Sefira Bina*'dan uzanır.

Ruah, İshak, *Sefira Daat*'tan uzanır; *Daat*'ın sağ tarafıdır.

Nefeş, Rebeka, *Sefira Daat*'tan uzanır; *Daat*'ın sol tarafıdır.

78) Benzer şekilde, Yaradan, bedeni dört temel unsurdan yarattı: Ateş, hava, toprak ve su; *Neşama*'dan *Neşama*'ya, *Neşama*, *Ruah* ve *Nefeş*'e benzer olarak. *Neşama*'dan *Neşama*'ya sudur; *Neşama* ateştir; *Ruah* havadır ve *Nefeş* topraktır.

Su erkektir, *Hohma*'dan gelen *Neşama*'dan *Neşama*'ya gibi. Bu, *Keduşa*'nın tatlı suyudur ve bunun karşıtı olan su, lanete sebep olan kötü eğilimlerdir, *SAM*'dır.

Kutsal bir ateş vardır, kadındır, *Bina*'dan gelen *Neşama* gibi. Ona karşıt olan yabancı ateştir ki onun için şöyle yazılmıştır, "O, hiçbir zaman kutsal yere girmeyecek." Bu, kötü eğilimin tarafından gelen *Nukva*'dır, yılandır, *SAM*'ın *Nukva*'sıdır.

Kutsal *Ruah* erkektir, *Sefira Daat*'tan gelen rüzgâr gibi. Ona karşıt olan, saf olmayan *Ruah*, kötü eğilimdir. Onun için şöyle denmiştir, "Yılanın kökünden bir şahmeran meydana gelecek", yani "şahmeran" diye adlandırılan hayvan ruhudur, kirli *Bina*'dan gelen kirlilik yılanının dölüdür.

Ve kutsal toprak vardır, *Daat*'ın sol tarafından gelen *Nefeş* gibi. Ona karşıt olan, kirli topraktır, kötü eğilimin tarafından gelen hayvansal *Nefeş*'dir.

79) Bu yüzden, pişmanlık alan *Neşama, Bina,* kefarete kale almanın gücü ile bu yılanı kırmak için, anu taplulugun evlerine ve akıllarına Gekerek ana saldırır.

SEVGİ

O BENİ AĞZININ ÖPÜCÜKLERİ İLE ÖPSE

Teruma [Bağış]

371) Üst dünya, *Zer Anpin* ve alt dünya, *Malhut,* arasına sevgi sözlerini getiren ve onlara tanıştırdığı sevginin aralarında gelişmesini "O beni öpse" diye öven Kral Süleyman'ı neden yaptı? Gerçekte, ruhtan ruha *Dvekut* [bağlılık] sevgisi sadece bir öpücükte vardır ve dudağa konan öpücük, ruhun çıkış yoludur ve onun çıkış yoludur. Birbirlerini öptükleri zaman, bu ruhlar birbirleriyle birleşirler ve bir olurlar. Böylece sevgi de tek olur.

372) Sevginin öpüşü dört bir yana yayılır ve dört yön birbiriyle birleşir ve onlar inancın, *Malhut*'un içindedirler. Ve dört ruh, dört harf ile yükselir. Bunlar kutsal isimlerin bağlı olduğu isimlerdir ve yukarısı ve aşağısı da bunlara bağlıdır. Şarkıların Şarkısı'na yapılan övgüler onlara dayanır ve onlar *Ahava*'nın ["sevgi", *Alef-Hey-Bet-Hey*] dört harfidirler. Onlar üst *Merkava*'dır [savaş arabası /topluluk], *HG TM'dur* (*Hesed ve Gevura, Tiferet ve Malhut*) ve onlar bağlanmadır ve *Dvekut*'tur ve her şeyin bütünlüğüdürler.

HAYATI SEVDİĞİN KADINLA GÖR

Miketz [Sonunda]

70) "Hayatı sevdiğin kadınla gör." Bu mısra yüce bir sırdır. "Hayatın keyfini çıkar", bir sonraki dünyadaki hayat içindir. Çünkü bununla ödüllendirilmiş kişi, olması gerektiği gibi, mutlu kişidir.

71) "Sevdiğin kadınla", *Nukva* Yaradan'a doğru olanlardır. Çünkü sevgi onun hakkında yazılmıştır. Yazıldığı üzere, "Seni hiç bitmeyen bir sevgi ile sevdiydim." Ne zaman? Sağ taraf ona bağlandığı zaman. Yazıldığı üzere, "Bunun için merhamet ile sana çekildim," ve merhamet [*Hesed*] sağ taraftır.

SEVGİ SALONU

VaEthanan [Yalvardım]

145) Hak'tan yana olanın, o dünyadaki bölümler üstünde birçok bölümleri vardır. Bu bölümler arasında en yüksek olanı, Yaradan'a sevgileri ile bağlanmış olanlar içindir. Çünkü onların bölümü her şeyin yukarısına yükselen saraya bağlıdır. Çünkü Yaradan sevgi ile yüceltilir.

146) Hepsinin en üstündeki bu saray, "sevgi" diye adlandırılır ve her şey sevginin üstünde durur. Yazıldığı üzere, "Sevgi susuzluğu, ne kadar su içersen iç geçmez." Her şey sevginin üstünde durur. Çünkü kutsal isim *HaVaYaH* da öyledir. Üst uç, *HaVaYaH*'nın *Yud*'unun *Keter*'i, *Hohma,* ondan asla

ayrılmaz. Çünkü *Keter* sevgi ile onun üstündedir, birbirlerinden asla ayrılmazlar. *HaVaYaH*'nın *Hey*'i de aynı şekildedir. Yazıldığı üzere, "Ve cennetten (*Hohma*) bir ırmak (*Bina*) çıkar gelir." *Bina* her zaman *Hohma*'dan çıkar ve onlar sonsuza kadar sevgiyle bağlıdırlar.

147) *Vav-Hey, Zer Anpin* ve *Malhut*, birbirlerine bağlandıklarında sevgiyle bağlanırlar; damatla gelin gibi, onların yolu daima sevgidir. Bundan şu sonuç çıkar ki *Yud* ile *Hey, Hey* ile *Vav* ve *Vav* ile son *Hey* daima birbirlerine sevgiyle bağlanırlar ve her şey "sevgi" diye adlandırılır. Dolayısıyla, Kralı seven kişi bu sevgiye bağlanır ve bu nedenle, "Yaradan'ını sev."

SEVGİ ŞÜKRANIN TAMAMIDIR

VaEthanan [Yalvardım]

138) "Ve seni Yaradan'ı seveceksin." "Ve seveceksin", kişi O'na yüce bir sevgi ile bağlanmalı demektir. Böylece kişinin Yaradan için yapması gereken her iş, Yaradan'ı sevmekten daha önemli başka hiçbir iş olmadığı için, sevgi ile yapılmalıdır. Bu sözler, sevgi, Işığın tamamıdır. Çünkü öğretideki on emir bunun içine dâhildir.

139) Yaradan'ın gözünde O'nu tam olarak seven kişiden daha memnunluk verici bir şey yoktur. Yazıldığı üzere, "Tüm kalbin ile." Ne demektir "Tüm ile"? "Tüm kalbin ile" ve aynı zamanda

"Tüm ruhun ile" ve "Tüm gücün ile" demeliydi; bu "Tüm kalbin ile" nedir? Bu her iki kalbi de içerir - iyi olan ve kötü olan. "Tüm ruhun ile", her iki ruhun - iyi olan ve kötü olan - ile demektir. "Tüm gücün ile", kişi zenginliği ya miras yoluyla aldı ya da kendi kazandı demektir.

140) Yaradan'ı seven biri, her taraftan *Hesed* [merhamet] ile taçlandırılır. O, herkese *Hesed* yapar. Kendi bedeni ve refahı için bir endişesi yoktur. Bunu nereden biliriz? İbrahim'den; Yaradan'a olan sevgisinden dolayı onun kalbinde, ruhunda ve zenginliğinde hiç merhamet yoktu.

141) "Onun kalbinde", Yaradan'a olan sevgisinden dolayı, İbrahim kendi arzusuna bakmadı demektir. "Onun ruhunda", Yaradan'a olan sevgisinden dolayı, kendi oğlu ve karısı için hiç merhameti yoktu demektir. "Onun zenginliğinde", bir yol ayrımında durdu ve tüm dünyaya yiyecek sundu demektir. Bu nedenle o, *Sefira Hesed*'in tacı ile taçlandırıldı, yazıldığı üzere, "İbrahim'e merhamet."

Yaradan'a sevgi ile bağlanmış olan, onunla ödüllendirilir ve dahası, tüm dünyalar onun için kutsanır. Yazılmış olanın anlamı şudur, "Ve Senin kulların Seni kutsayacaklar." Bunu, "Seni kutsayacaklar" olarak değil, "*Koh*'u kutsayacaklar" olarak okuyun. Çünkü *Sefira Hesed* ile ödüllendirilmiş olan kullar, *Koh* diye adlandırılan Kutsallığı kutsayacaklar. Bunun için, Kutsallık bile onlar yüzünden kutsanmıştır.

SEVGİ ÖLÜM KADAR GÜÇLÜDÜR; KISKANÇLIK CEHENNEM KADAR ZORDUR

VaYehi [Yakup Yaşadı]

730) "Beni kalbine mühürle... onun kıvılcımları ateşin kıvılcımlarıdır." Halk, *Nukva*'nın, sadece Hak'tan yana olanların ruhu aracılığıyla Yaradan için tam bir arzusu ve özlemi vardır. Bu ruhlar, *MAN*'ı *Nukva*'ya yükselten *ZA*'in üst sularına ters olan *Nukva* içindeki aşağı suların kaynağını uyandırırlar. Bu böyledir çünkü o zaman, tam arzu ile özlem, meyva vermek üzere birleşmiş durumdadırlar.

731) Ve bir kere *ZON* birbirleriyle birleşince ve o, *ZA* için bir arzu duyunca, der ki, "Beni kalbine mühürle." Bu mührün görevidir; o bir kere bir yere basıldı mı, o yerden alınsa bile orada izini bırakır. Böylece o, ondan ayrılmaz ve onun tüm izlenimleri ve biçimi orada kalır. Şöyle dedi halk, *Nukva*: "Dinle, sana sarıldım. Ve senden ayrılacak ve sürgüne gidecek olsam bile, beni mühür gibi kalbine yerleştir, böylece benim bütün biçimim senin içinde kalacak," basıldığı yerde tüm biçimini bırakan bir mühür gibi.

732) "Çünkü sevgi ölüm kadar güçlüdür." Ruhun bedenden ayrılışı kadar güçlüdür. Kişinin dünyadan ayrılma vakti geldiği zaman ve göreceğini gördükten sonra, can, bedendeki bütün organlara gider ve onun dalgalarını kaldırır. Denizde küreksiz bir gemiyle gider gibi boş yere yükselip alçalarak gelir ve

bedenin tüm organlarıyla vedalaşmaya bakar. Canın bedeni terk ettiği günden daha zor bir şey yoktur. Halkın Yaradan'a olan sevgisinin gücü de, canın bedenden ayrılmak istediği zamandaki ölümün gücü gibidir.

733) "Kıskançlık cehennem kadar zordur." Kişi âşık ise ve kıskançlık onun aşkına eklenmemişse, aşkı gerçek aşk değildir. Çünkü kıskançlık aşkı tamamlar. Buradan öğrenmeliyiz ki erkek karısını kıskanmalıdır. Böylece ona tam bir aşk ile bağlanır. Bunun sonucu olarak da başka bir kadına bakmaz. "Kıskançlık, ölüler dünyası kadar acımasızdır." Cehenneme atılmak bir günahkârın gözünde zor olduğu gibi, aşkından ayrılmak da kıskanç bir sevgilinin gözünde zordur.

734) Günahkârlar aşağıya cehenneme getirildiklerinde, onlara neden oraya getirildikleri söylenir ve bu onlar için zordur. Böylece, kıskanç olan kişi de günah talep eder ve karısının kaç tane şüpheli hareketi olduğunu düşünür ve sonra bir sevgi bağı onun içinde bağlanır.

735) "Onun kıvılcımları, ateşin kıvılcımlarıdır, Yaradan'ın alevidir." "Yaradan'ın alevi", yanan bir alevdir ve *Şofar*'dan [koç boynuzundan boru] gelir; *Koh* [*Yud-Hey*] diye adlandırılan *Yesod İma* uyanmıştır ve yanar. *İma*'nın sol çizgisidir ve yazıldığı üzere, "Onun sol eli benim başımın altında olsun." Bu, ulusun, Kutsallığın, Yaradan'a olan aşk alevini yakar.

736) Bu nedenle, ne kadar su içersen iç, aşk susuzluğu geçmez. Çünkü sağ - su, *Hesed* - geldiği zaman, aşkın yanışına eklenir ve soldan gelen alevi söndürmez. Şöyle yazılıdır, "Ve onun sağı beni kucaklayacak." Bu böyledir çünkü *Hohma*'nın, *İma*'nın sol çizgisinden *Nukva*'yı aydınlatması sırasında, *Hasadim*'siz olduğu için o yanan bir ateştir. Ve sağ çizgi, ateşi söndürmek üzere "su" diye adlandırılan *Hasadim*'i ile geldiği zaman, bununla *Hohma*'nın aydınlığını söndürmez. Tam tersine, o eklenir ve onun aydınlığını tamamlar. Çünkü *Hohma*'yı *Hasadim* ile kıyafetlendirir ve *Hohma* tam bir mükemmellik ile parlar.

739) Her yerde, erkek *Nukva*'yı kovalar ve ona karşı aşkı uyandırır. Fakat burada olan şudur ki *Nukva* aşkı uyandırır ve onu kovalar. Yazıldığı üzere, "Beni kalbine mühür yap." Ancak, genellikle *Nukva*'nın erkeği kovalaması övülmez. Aslında bu, Kralın hazinesinde saklı, belirsiz ve yüce bir mesele olmalıdır.

DOST SEVGİSİ

SAVAŞTAN KARDEŞÇE SEVGİYE

Aharey Mot [Ölümden Sonra]

65) Ne kadar iyi ve ne kadar hoş. Bunlar dostlardır ki ayrılmaksızın beraber otururlar. İlk başta, savaşta birbirlerini öldürmek isteyen insanlara benzerler. Sonra kardeşçe sevgi durumuna geri dönerler. Yaradan, onlar hakkında ne der? "Kardeşlerin birlik içinde beraber oturması, ne iyi ve ne hoştur." "Beraber" kelimesi, Kutsallığın onlarla olduğuna işaret eder. Daha da ötesi, Yaradan onların sözlerini dinler ve onlardan hoşnuttur. Bu sözlerin anlamı, "Sonra, Yaradan'dan korkanlar aralarında konuştular ve Yaradan dinledi ve bunu işitti ve hatırlamalar kitabı O'nun önünde yazıldı."

66) Ve siz, burada olan dostlar, daha önce şefkat ve sevgi içinde olduğunuz için, Yaradan sizden memnun kalana ve size barış yollayana kadar, bundan böyle ayrılmayacaksınız. Ve sizin erdeminizle dünyada barış olacak. Bu sözlerin anlamı, "Kardeşlerimin ve dostlarımın hatırına, bırakın, 'Barış içinizde olsun,' diyeyim."

DOST SEVGİSİ

Ki Tissa [Aldığın Zaman]

54) Bütün o dostlar, birbirini sevmemiş olanlar, dünyayı vakitleri dolmadan terk ettiler. Raşbi'nin zamanındaki dostların hepsinin, birbirlerine karşı ruh ve can sevgisi vardı. Bu nedenle onun neslinde Yaradan'ın sırları açığa çıktı. Kabalist Şimon derdi ki, "Birbirini sevmeyen dostlar, kendilerini doğru yoldan saptırırlar. Daha da ötesi, Tanrısallığa leke sürerler. Çünkü Yaradan'da, sevgi, kardeşlik ve gerçek vardır. İbrahim İshak'ı severdi; İshak İbrahim'i severdi ve kucaklaşırlardı. Ve her ikisi de Yakup'a sevgi ve kardeşlik ile sıkıca tutundular ve birbirlerine kuvvet ve cesaret verdiler. Dostlar onlar gibi olmalılar; eğer onlarda sevgi eksik kalıyorsa, onların üst derecelerine, yani *HGT* olan İbrahim, İshak ve Yakup'a kusur bulacaklar.

Yeni *Zohar*, *Hukot* [Kanunlar]

107) "Dostların beraber oturması, ne kadar iyi ve ne kadar hoştur." Beraber oturmak, kardeşin, *Zer Anpin*'in, *Tzedek* [adalet] - *Malhut* - ile birleşmesi demektir. "Aynı zamanda" bu birleşme için toplanan halkı dâhil etmek üzere oradadır.

YARADAN'IN SIRLARINI DOSTLAR İÇİN AÇIĞA ÇIKARMAK

Pinhas

709) Bu sözler açık değildir ve dostlar için açıklanması gerekir. Çünkü Işığın sırlarını onların önünde kapayan biri, onlara acı verir. Kötüler için, sırların ışığı onlara karanlık olur.

Bu, gizlenmiş para gibidir. Onu bulana kadar kazan kişi için, para onun değilse, bu onun aklında karanlığa ve sıkıntıya dönüşür. Ama kendisine ait olan için, o parlar. Bu nedenledir ki kişi manevi dünyaların gizli sırlarını dostları için açığa çıkarmalıdır.

EYLEM ADAMLARININ YERİNDE OTURMAK

Bo **[Firavuna gel]**

138) Bu nedenle, kişi daima yalnızca eylem adamlarının yanında oturmalıdır; onların suçlarına yakalanacağı için kötülerin yanında oturanlara yazıklar olsun. Ve eğer kişi Hak'tan yana olanlar arasında oturursa, onların erdemi ile ödüllendirilir.

KÖTÜDEN AYRILMAK

VaEra **[Ve Ben Göründüm]**

176) Dostlar yola koyulduklarında, tek bir yürek olarak gitmelidirler. Eğer aralarında kötü olan veya Kralın sarayına

ait olmayan birisi varsa, ondan ayrılmalıdırlar. Yazıldığı üzere, "Ama Benim hizmetkârım Caleb, çünkü onda başka bir can vardı." Yani o casuslardan ayrıldı, yazıldığı üzere, "Ve onlar Güneye doğru yukarı gitti ve Hebron'a geldi." "Geldi"yi çoğul olarak söylemeliydi. Fakat o, casuslardan ayrılıp Hebron'a ataların mezarlarını yalnız başına ziyarete geldiği için, "geldi"yi tekil biçimde yazar.

GEMİYE DELİK AÇMAK

Nasso [Al]

18) Yaradan'a bağlanan ve ıslahın gerekliliklerine uyan biri, dünyaları - üst dünya ve alt dünya – görünürde ayakta tutar. Yazıldığı üzere, "Ve onları yap."

19) Ve manevi yolun emirlerini çiğneyen biri, belli ki yukarıyı bozar, aşağıyı bozar ve kendini bozar ve tüm dünyaları bozar. Bir gemide seyreden denizcilerle ilgili bir alegori vardır. İçlerinden bir aptal çıkar ve gemiye delik açmak ister. Arkadaşı der ki, "Neden gemiye delik açıyorsun?" O cevap verir, "Sana ne? Ben kendi altımda delik açıyorum!" Arkadaşı da der ki, "Ama bu gemide ikimiz beraber boğulacağız!"

TORA İLE UĞRAŞAN DOSTLAR KORUNUR

VaEthanan [Yalvardım]

32) Kişi tüm eylemlerinde, önünde Yaradan'ı görmelidir. Bu yolda yürüyen hırsızlardan korkan birisi, Yakup'un Esav'dan

korktuğu zaman yaptığı gibi, üç şeyi - bir hediye, bir dua, bir savaş - hedeflemelidir. Ama içlerinde en önemlisi duadır. Dua en önemlisi olmakla beraber, ıslahı anlatan yazılarla uğraşan iki üç arkadaş her şeyden daha da önemlidir. Onlar hırsızlardan korkmazlar. Çünkü onlar Işık ile uğraştıkları için Kutsallık onlarla beraberdir.

IŞIK

GÜN AĞARANA KADAR GİTGİDE DAHA PARLAK IŞIR

VaYişlah [Yakup Yolladı]

90) Yaradan, halkı ayağa kaldırıp sürgünden aldığında, onlara çok küçük ve ince bir Işık geçişi açacak. Ve sonra bir tane daha, biraz daha büyük bir açıklık onlara açılacak, Yaradan dünyanın dört bir yönüne açılan üst kapıları onlara açana kadar. Onların kurtuluşu bir defada gelmeyecek. Ama gün ağarana kadar gitgide daha çok parlayan gün doğumu gibi gelecek.

91) Yaradan'ın halka ve onların arasında Hak'tan yana olanlara yapacağı şey şudur; onlara bir defada değil ama azar azar getirir, karanlıkta olan ve her zaman karanlıkta kalmış birisine olduğu gibi. Ona Işık vermek isterseniz, önce iğne deliği gibi küçük bir Işık ve sonra daha büyük bir Işık yakmanız gerekir. Böylece, tüm Işık onun için tamamen parlayana kadar, her defasında biraz daha fazla Işık.

92) Halkda böyledir. Ayrıca, şifa bulan kişi, birdenbire şifa bulmaz. Aksine, yavaş yavaş tamamen iyileşir. Fakat Esav için hemen parladı ve halk güçlenene ve onu hem bu dünyadan hem de sonraki dünyadan tamamen ortadan kaldırana kadar yavaş yavaş soldu. Gün ona bir kerede parladığı için, her şeyden ziyanı oldu. Fakat halkın ışığı yavaş yavaş, onlar güç

kazanana kadar artar ve Yaradan onlar için sonsuza kadar parlar.

NEFEŞ, RUAH, NEŞAMA (NRN)

Leh Leha [İleri Git]

158) *Nefeş, Guf*'a tutunan zayıf bir uyanmadır; mum ışığı gibi taban ışığı karanlıktır, fitile tutunur, ondan ayrılmaz ve sadece onun içinde düzeltilir. Ve siyah Işık düzeltildiğinde ve fitili kavradığında, üstteki beyaz Işık için bir taht olur. Çünkü o siyah ışığın üstünde gezinir. Ve bu beyaz Işık, *Ruah* ışığına karşılık gelir.

159) Onların ikisi de, siyah Işık ve onun üstündeki beyaz Işık, bir kez düzeltildiği zaman, beyaz Işık gizli ışığa taht olur ve gizli ışığın beyaz Işık üstünde gezindiği görünmez ve bilinmez. Bu, *Neşema*'nın ışığına karşılık gelir ve artık o tam bir Işıktır. Böylece, mum ışığında, biri diğerinin üzerinde üç Işık vardır: 1) Fitile tutunan siyah Işık, diğerlerinden daha aşağıdadır; 2) siyah ışığın üstündeki beyaz Işık; 3) beyaz ışığın üstündeki gizli, bilinmeyen Işık.

Benzer şekilde, her şeyde tamam olan kişinin, biri diğerinin üstünde üç ışığı vardır, *NRN,* mum ışığında olduğu gibi. Ve sonra bu kişiye "kutsal" denir. Yazıldığı üzere, "Yeryüzündeki kutsallarda olduğu gibi."

DÜNYANIN İÇİNDE VAR OLDUĞU GİZLİ IŞIK

Emor [Konuş]

3) "Senin iyiliğin ne kadar yüce, onunla Senden korkanların ihtiyaçlarını karşılarsın." "Senin iyiliğin ne kadar yüce", "iyi" diye adlandırılan Üst Işık ne kadar yüce ve değerli demektir. Yazıldığı üzere, "Ve Yaradan, iyi olan ışığı gördü." Bu saklı Işıktır; Yaradan dünyada onunla iyilik yapar. O, onu hiçbir gün esirgemez. Çünkü dünya onun içinde devam ettirilir ve onun üstünde durur.

"… onunla Senden korkanların ihtiyaçlarını karşılarsın." Yaradan, dünyayı yarattığı zaman Üst Işığı yaptı ve onu gelecekteki Hak'tan yana olanlar için sakladı. Yazıldığı üzere, "… onunla Senden korkanların ihtiyaçlarını karşılarsın, onunla Sana sığınanlar için çalışırsın." İki çeşit Işık vardır: 1) gelecekteki Hak'tan yana olanlar için gizli Işık ki dünyada parlamaz; 2) "iyi" diye adlandırılan Işık, gizli Işık'tan uzanır ve dünyada her gün parlar ve dünyayı ayakta tutar.

EYN SOF - SONSUZ OLAN

Pekudey [Hesaplar]

360) Onların *Dvekut*'u [bağlılık] *Eyn Sof*'a kadar yükselir. Bu böyledir çünkü her ilişki ve birlik ve mükemmellik, ulaşılamaz ve bilinemez olanı saklamak ve örtmek içindir. Bütün arzuların arzusu onun için, yani *Eyn Sof* içindir. *Eyn Sof*, ne bilinmek ne

de *Sof* (son) olmak içindir veya ne de *Roş* [baş/başlangıç] olmak içindir. Bu, *Roş* ve *Sof*'u ayıran (*Roş* en üst noktadır) ilk yokluk, *Keter* gibi de değildir. Bu her şeyin gizlenmiş olan başıdır ve düşüncede, *Hohma*'da durur. Çünkü *Hohma*, *Keter*'den çıkmıştır. Yazıldığı üzere, "Ama bilgelik, o nerede bulunur ki?" O, "maddenin sonu", *Malhut*, diye adlandırılan bir son yaptı, bütün Işıkların sonu. Fakat orada, *Eyn Sof*'da son yoktur.

HARFLER

DÜNYANIN HARFLERLE YARATILIŞI

VaYigaş [Sonra Yahuda Yaklaştı]

2) Her şey yazılarda yaratılmıştır ve her şey yazılarda tamamlanmıştır. Ve Yazılar, *Bet* (B harfi) ile başladığı için, dünya *Bet*'te yaratılmıştır. Bu böyledir çünkü Yaradan dünyayı, *Nukva*'yı, yaratmadan önce, bütün harfler onun önüne geldiler ve ters sıra ile, *Alef-Bet-Gimel-Dalet* sırasıyla değil, *Tav-Şin-Kof* sırasıyla girdiler.

3) *Tav* harfi O'nun önüne geldi ve dedi ki, "Dünyayı benimle yaratmak istersin." Yaradan cevap verdi, "İstemem. Çünkü pek çok Hak'tan yana olan seninle ölmeye yazgılı. Bunun hakkında yazılıdır ki, 'Ve erkeklerin alnına bir işaret [İbranice: *Tav*] yap' ve yazılıdır ki, 'Ve Benim kutsal yerimde başla.' 'Benim kutsal yerimde,' diye okuma, daha ziyade, 'Benim kutsal olanımda,' diye oku ki bunlar Hak'tan yana olanlardır. Bu nedenle dünya seninle yaratılmayacak."

4) Üç harf *Şin-Kof-Reş*, her biri kendi başına yaklaştı. Yaradan onlara dedi ki, "Sizler dünyanın sizinle yaratılması için uygun değilsiniz. Çünkü sizler *Şeker* [hile/kötülük] okunmasında kullanılmış olan harflersiniz ve yalan benim önümde durmaya layık değildir."

5) *Pe* ve *Tsadik* yaklaştılar ve sıra *Haf*'a gelene kadar diğerleri de yaklaştı. *Haf, Keter*'den indiği zaman [*Keter* İbranicede *Haf* ile yazılır] her şey *Bet* harfinde var olana kadar, üsttekiler ve alttakiler sarsıldı. Bu, *Beraha*'nın [kutsama] işareti idi ve onun içinde dünya tamamlandı ve yaratıldı.

6) Ama *Alef* bütün harflerin başıdır. Öyleyse dünya onunla yaratılmalı değil miydi? Evet, gerçekten de öyle. Ama *Arur* [lanetli] onunla okunduğu için, dünya onunla yaratılmadı. Böylece, *Alef* yukarıdan olan bir harf olmasına rağmen, dünya onunla yaratılmadı ve böylece "lanetli" diye adlandırılan *Sitra Ahra*'ya güç ve savunma verilmedi. Böylece dünya onunla yaratılmadı. Bunun yerine dünya *Bet* ile tamamlandı ve yaratıldı.

BET HARFİ

Şimini [Sekizinci Günde]

4) *Bet* harfinin [ב] neden bir tarafı açık ve diğer tarafı kapalıdır? Kişi, ıslaha katılmaya geldiği zaman, Işık onu almaya ve onunla paylaşmaya açıktır. Ve kişi, ona gözünü kapar ve başka yöne giderse, o diğer taraftan kapanır, *Bet* gibi, yazıldığı üzere, "Eğer sen beni bir gün bırakırsan, ben seni iki gün bırakırım," ve kişi, Işık ile tekrar yüz yüze birleşene ve onu terk etmeyene kadar bir açılış bulamayacak. Dolayısıyla, Işık açılır ve insanları çağırır ve onları toplayarak bildirir, "Size sesleniyorum, Ey İnsanlar."

5) *Bet*'in iki çatısı ve onları birleştiren bir çizgisi olan bir şekli vardır. Çatılardan biri yukarıyı, semayı gösterir ve bu *ZA*'dir. Bir çatısı da aşağıyı, yeryüzünü gösterir ve bu da *Malhut*'tur. Ve Yaradan, *Yesod*, onları yakalar ve alır.

6) Üstteki üç Işık, üç çizgi, hep beraber Musa'nın yazılarına sarılmışlardır ve herkese kapıyı açarlar. Onlar kapıları açarlar ve inanca, yani *Malhut*'a verirler, onlar herkesin evidir. Bu nedenle "ev" diye adlandırılırlar. Çünkü onlar *ZA*'in üç çizgisi demek olan *Bet*'in üç çizgisidirler ve bunlardan bir ev olur. Bu nedenle yazılar, *Bet* ile başlar. Çünkü o Işıktır ve dünyanın şifasıdır.

AĞZIN BEŞ ÇIKIŞ NOKTASI

Leh Leha [İleri Git]

79) ... Ve dört *Behinot* [safhalar] olan bu dört unsur, *Hohma, Bina, Tiferet* ve *Malhut*, ağzın beş çıkış noktasından gelen yirmi iki harfe yayılmıştır: *Alef-Het-Hey-Ayin* boğazdan; *Bet-Vav-Mem-Pe* dudaktan; *Gimel-Yud-Haf-Kof* damaktan; *Dalet-Tet-Lamed-Nun-Tav* dilden ve *Zayin-Sameh-Şin-Reş-Tsadik* dişlerden.

Bu beş çıkış noktası, *Keter*'e karşılık gelir. *HB* ve *TM* dört unsurdurlar - su, ateş, hava, toprak. Bu dört unsur, ağzın beş çıkış noktasıdır ve buradan yirmi iki harf yayılır.

HARFLER - ERKEKLER VE DİŞİLER

VaYetze [Yakup Dışarı Gitti]

261) Alfabedeki [İbranice] yirmi yedi harfin hepsi erkek ve kadındırlar, biri diğerine eklenerek bir olur. Sağa ve sola ait olan harfler erkek, orta çizgiye ait olanlar kadındır. Erkek harfler üst suyu verirler ve kadın harfler *MAN*'ı yükseltirler ve her şey bağlanır ve bir olur. Bu tam birleşmedir. Bu yüzden, bu birleşmeyi nasıl yapacağını bilen ve onları hedeflemekte tedbirli olan bir kişi, bu dünyada ve de sonraki dünyada mutlu olur. Çünkü bu, tam birleşmenin olması gereken özüdür.

ERKEKLER VE KADINLAR

KANDİL BİR MİTSVA VE TORA DA IŞIKTIR

Teruma [Bağış]

729) Kandil bir *Mitsva*'dır [sevap]. Kandil, kadınların ödüllendirildiği bir *Mitsva*'dır. Bu Şabat kandilidir. Kadınlar Işıkla ile ödüllendirilmemiş olsalar da, erkekler Işık ile ödüllendirilmiş oldukları için, kadınların *ıslah* ile düzelttiği kandili aydınlatırlar. Kadınlar bu kandilin düzeltilmesi ile, erkekler Işık ile; kadınların düzeltmeye zorunlu oldukları ıslah olan bu kandili yakmak ve aydınlatmak için.

KADIN YARATAN'IN ATEŞİDİR

Bereşit [Yaratılış]

218) "Erkek dedi ki, 'Bu şimdi benim kemiğimin kemiği ve etimin etidir; o 'Kadın' diye adlandırılacaktır." Anlamı şudur ki o kadın gibi başka bir tane daha yoktur; o evin parlaklığıdır. Onunla kıyaslanınca, bir erkeğe kıyasla dişi maymun gibidir. Ama o "kadın" diye adlandırılacaktır; bu kadın olarak, başkası olarak değil.

İşa [kadın] ismi, *Eş H* [Yaradan'ın ateşi] demektir ve solun aydınlığının bütünlüğü anlamına gelir, *Eş [Alef-Şin*, ama aynı zamanda "ateş"] diye adlandırılır, *Nukva* olan *Hey* harfine bağlıdır. Bu onu övdüğü anlamına gelir, "O, 'Kadın' diye adlandırılacaktır." Onun içinde parlayan *Hohma*'nın aydınlığı nedeniyle, o kocasının *Hasadim*'ine eklenecektir. Ona "kadın" adı verilmiştir, bu *Hohma*'nın *Eş* [ateş] denen aydınlığıdır. Yazıldığı üzere, "Ve Yaradan'ın ışığı ateş olacak." Ve ismi *İşa*'dır. Çünkü *Eş, Hey*'e bağlıdır.

KARISI EVİNİN ÖZÜDÜR

Bereşit [Yaratılış]

231) Karısı evinin özüdür. Çünkü karısının erdemi sayesinde Kutsallık onun evinden ayrılmaz. Öğrendiğimiz üzere şöyle yazılmıştır ki, "Ve İshak onu, annesi Sara'nın çadırına getirdi." Çünkü Rebeka'ya şükürler olsun ki Kutsallık eve geldiği için, annesi Sara'nın zamanındaki gibi kandil tekrar yakıldı. Böylece, Kutsallık, karısının erdemi sayesinde evdedir.

232) Sadece ev düzeltildiği ve erkek ile kadın, *ZON*, birleştiği zaman, Üst *İma, Bina*, erkek iledir, yani *Zer Anpin* iledir. Bu zamanda, üst *İma, ZON*'u kutsamak için kutsamalar verir. Benzer şekilde alt *İma*, Kutsallık, erkek iledir, yani aşağıdan bir adamladır; sadece ev düzeltildiği zaman ve erkek *Nukva*'ya geldiği zaman, onlar bir araya gelirler. Ve o zaman alt *İma*, Kutsallık, onları kutsamak için kutsamalar verir.

İSRAİL KAMPI

VaYikahel [Toplandı]

35) Yazıldığı gibi, "Zina yapan kadının yolu böyledir." Fakat, "Zina yapan kadının yolu böyledir", ölüm meleğidir. "O, yer ve ağzını siler." Çünkü o alevleriyle dünyayı yakar ve insanları vaktinden önce ölüme yollar. Ve o der ki, "Ben kötü bir şey yapmadım." Çünkü erkek onlar için yargılama istedi ve onlar günahlarında yakalanmışlardı ve doğru yargıyla öldüler.

36) Ve halk buzağıyı yaptığında ve bütün o kalabalık öldüğünde, ölüm meleği kadınların arasında, halk kampının içindeydi. Ölüm meleğinin kadınların arasında ve halkın kampının da onların arasında olduğunu Musa gördüğü için, hemen bütün erkekleri ayrı olarak topladı. Yazıldığı üzere, "Sonra Musa bütün halkın oğullarını topladı." Bunlar, kendileri topluluğa girmiş ve ayrılmış olan erkeklerdi.

37) Ve ölüm meleği Tapınak inşa edilene kadar kadınlardan ayrılmadı.

KILICIN ALEVİ HER YÖNE DÖNER

VaYikra [Yaradan Çağırdı]

325) Âdem'in doğduğu gün, onlara bilgi ağacı ile ilgili emir verilmişti ve Yaradan'ın emrini çiğnediler. Önce kadın günah işlediği ve yılan ona gelmiş olduğu için. Yazıldığı üzere, "Ve erkek sana hükmedecek," bundan sonra, ne zaman erkekler

Yaradan'ın önünde suçlu olursa, sert *Din* tarafından olan kadınlar, erkeklere hükmedecekler. Yazıldığı üzere, "Benim insanlarım için, bir bebek onların sahibi olacak ve kadınlar onlara hükmedecek."

326) Ve bu kadınlar, "Her yöne dönen alevli kılıç" diye adlandırıldılar. Ancak, onlar dönen kılıç değillerdi. Daha ziyade, o kılıçtan çıkan alev idiler ki o şöyle adlandırıldı, "Bir kılıç... anlaşmanın intikamını alacak." "Yaradan'ın kılıcı kanla doludur." Ve bu her yöne dönen alev almış kılıç, bazen erkeklerdir ve bazen kadınlardır.

327) ... Halkın peygamberi, halkın davranışlarını değiştirdiğini ve Yaradan önünde günah işlediklerini gördüğü zaman dedi ki, "Kadınlar neden rahat duruyorsunuz, neden sesiniz çıkmıyor? Neden oturuyorsunuz ve dünyanın gözünü açmıyorsunuz? Kalkın ve erkeklerin yönetimini alın."

DEBORAH VE HANNAH

VaYikra [Yaradan Çağırdı]

329) Dünyada iki kadın vardı ve onlar Yaradan'ı dünyadaki tüm erkeklerin yapacağından daha çok yücelttiler. Bunlar Deborah ve Hannah'dır. Hannah dedi ki, "Yaradan kadar kutsal hiçbir şey yok. Çünkü Senden başkası yok," ve bütün yazılanlarda bu devam eder. Hannah, inancın kapısını dünyaya açtı.

KADIN RUHLARININ SALONLARI

Şılah Leha [İleri Yolla]

195) ... Onlar bana zevkler içindeki altı tane sarayı ve perde gerilmiş bahçedeki hazları gösterdiler. Çünkü bu perdeden öteye erkekler hiç girmezler.

196) Bir sarayda, Firavunun kızı Batiah vardır. On binlerce Hak'tan yana kadın onunla beraberdir. Her birinin ışıklardan yerleri ve baskı yapmayan hazları vardır. Günde üç kere haberciler seslenir, "Bakın, Musa'nın formu, sadık peygamber geliyor," ve Batiah dışarı çıkarak bir bölmenin olduğu yere gider ve Musa'nın formunu görür. Onun önünde başını eğer ve der ki, "O ışığı yükselttiğim için mutluyum." Bu onun en özel sevincidir.

197) Batiah, kadınlara geri döner ve manevi çalışmasında ıslahı ile uğraşır. Onların hepsi bu dünyada sahip oldukları form içindedirler, Işık içinde kıyafetlenmişler, erkeklerin kıyafetleri gibi, yalnız onlar erkek kıyafetleri kadar parlamazlar. Onlar, bu dünyada uymakla ödüllendirilmedikleri Işığın tadı ve *ıslahı* ile uğraşırlar ve Firavunun kızı Batiah ile aynı salonda oturan tüm bu kadınlar, "sakin kadınlar" diye adlandırılırlar. Çünkü onlar cehennemin acıları ile acı çekmemişlerdir.

198) Başka bir salonda, Aşer'in kızı Serah vardır ve binlerce, on binlerce kadın onunla beraberdir. Günde üç kere ona bildirirler, "Bakın, işte Hak'tan yana Yusuf'un formu geliyor." Serah sevinir ve ona ait bir bölmeye gelir ve Yusuf'un formunun ışığını görür. Mutludur ve onu başıyla selamlar ve der ki, "Ne mutlu senin haberini benim yaşlı adama verdiğim o güne." Ondan sonra, diğer kadınların yanına döner ve Yaradan'ı yüceltmekle uğraşır ve O'nun adına şükreder. Her birinin pek çok yeri ve sevinci vardır ve ıslahın emirleri ve onun tatları ile uğraşmaya geri dönerler.

199) Başka bir salonda, sadık peygamber Musa'nın annesi Yoheved vardır ve binlerce, on binlerce kadın onunla beraberdir. Bu salonda hiç bildirim yoktur. Ama o, günde üç kere Yaradan'ı över ve ona şükreder, o ve onunla olan bütün o kadınlar. "Elçi Meryem, Harun'un kız kardeşi, zilli tefi eline aldı." Cennet bahçesindeki bütün o Hak'tan yana olanlar, onun şarkı söyleyen sesini dinlerler ve pek çok kutsal melek, kutsal ismi onunla beraber över ve şükreder.

200) Başka bir salonda, peygamber Deborah vardır. Burada da, onunla beraber olan tüm kadınlar şükrederler ve onun bu dünyada söylediklerini şarkılarla söylerler. Yaradan'a hizmet eden Hak'tan yana kişilerin ve Hak'tan yana kadınların sevincini kim görmüştür? Bu saraylardan önce, sürgüne

gönderilmemiş olan kutsal annelerin dört gizli sarayı vardır ve onları görecek kimse yoktur.

201) Her gece vakti, hepsi beraber toplanır. Çünkü bu dünyada ve sonraki dünyada da *Zivug* [çiftleşme] vakti gece yarısıdır. O dünyanın *Zivug*'u, ruhun ruhla, ışığın Işık ile birleşmesidir.

Bu dünyanın *Zivug*'u beden bedenedir ve her şey olması gerektiği gibidir, bir cins kendi cinsi ile, bir *Zivug* ile *Zivug*. Beden bedenle bu dünyadadır. O dünyanın *Zivug*'u ise Işık'la dır. Dört annenin salonlarına, "inanan kızların salonları" denir ve ben onların içine bakmakla ödüllendirildim. Ne mutlu Hak'tan yana olanlara, erkeklere ve kadınlara, bu dünyada doğru yolu izleyen ve sonraki dünyanın hazları ile ödüllendirilenlere.

202) O dünyadaki *Zivug*, bu dünyada yapılan *Zivug*'dan daha fazla meyve verir. Onların *Zivug*'u - o dünyanın *Zivug*'u, arzularının birliğinde, bir ruh diğerine sarıldığı zaman meyve verir ve onlardan ışıklar çıkar ve kandil olurlar. Bunlar doğru yola dönmüş olanların ruhlarıdır.

KADINLARIN KUTSANMASI ERKEKLER ARACILIĞI İLEDİR

VaYehi [Yakup Yaşadı]

494) ... "O, kutsayacak – O, halkın evini kutsayacak." Neden "kutsayacak" iki kere yazıldı? "Yaradan bizi hep gözetti, O

kutsayacak" kısmı erkeklerdir ve "O, halkın evini kutsayacak" kısmı kadınlardır. Bu böyledir çünkü önce erkeklerin kutsanması gerekir, sonra da kadınların. Çünkü kadınlar yalnızca erkeklerin kutsanması ile kutsanırlar. Ve erkekler kutsandığında, kadınlar kutsanırlar. Yazıldığı üzere, "Ve kendisi için kefaret ödedi ve sonra evi için." Böylece, kişi önce kendisi için kefaret ödemeli, sonra evi için. Çünkü erkek kadından önce geldiği için, kadın onun tarafından kutsanacaktır.

495) Kadınlar yalnızca erkekler tarafından, önce onlar kutsandıktan sonra kutsanırlar. Kendileri için özel bir kutsamaya ihtiyaçları yoktur. O halde, eğer kadınların özel bir kutsamaya ihtiyacı yoksa neden mısra şöyle der, "Halk evini kutsayacak?" Gerçekte, Yaradan bir kadınla evli olan erkeğe ek bir kutsama daha verir. Böylece karısı ondan kutsanabilsin diye.

Benzer şekilde, her yerde, Yaradan, bir kadınla evli olan erkeğe ek bir kutsama verir ve kadın bu ek ile kutsanır. Ve bir adam bir kadınla evlendiği için, Yaradan ona iki pay verir; biri onun için diğeri karısı için. Ve o her şeyi, kendi payını ve karısınınkini alır. Bu nedenle kadınlar için özel bir kutsama yazılmıştır, "Halk evini kutsayacak," çünkü bu onların payıdır. Ancak, erkekler onların payını da alırlar ve sonra bunu onlara verirler.

BİR KADIN İLE EVLENMEYEN KUSURLUDUR

VaYikra [Yaradan Çağırdı]

63) "Siz erkeklerden herhangi biri bir kurban getirdiği zaman," bir kadın ile evli olmayanınki kabul edilmez. Çünkü onun adağı adak değildir ve onda ne üstteki ne de aşağıdaki kutsama vardır. Bu demektir ki, "Siz erkeklerden herhangi biri bir adak getirdiği zaman" sözleri farklıdır. Çünkü o erkek değildir ve erkekler arasına dâhil değildir. Kutsallık onun üstünde değildir. Çünkü o kusurludur ve "sakat" diye adlandırılır. Sakat olanlar her şeyden uzaklaştırılırlar, kurban sunmaktan ve sunaktan daha da fazla uzaklaştırılırlar.

64) Nadab ve Abihu, "Sonra ateş Yaradan'ın önünde dışarı geldi," sözlerini ispatlarlar. Çünkü onlar evli değildiler. Bu nedenle yazılıdır ki, "Siz erkeklerden herhangi biri, Yaradan'ın önüne bir kurban getirdiği zaman." Bir adam, erkek ve kadın ile beraber bu kurbanı yapmaya layıktır, başka kimse değil.

65) Nadab ve Abihu'dan farklı bir yolla söz etsek de, bunun nedeni kesinlikle onların evli olmamasıdır. Fakat bu dünyadaki adaklar içinde en yükseği tütsüdür. Çünkü onunla üstteki ve alttaki kutsanır. Onlar evli olmadıkları için, bütün adakların üstünde olan bu adağı yapmaya layık değildiler. Dolayısıyla, adak vermeye uygun değildiler, tütsü kadar yüce bir şey için bu daha da fazla böyleydi. Çünkü dünyanın onlarla kutsanmasına layık değildirler.

66) "Sonra ateş, Yaradan'ın önünde dışarı geldi ve onları tüketti." Neden bu kadar sert cezalandırıldılar? Bu, kraliçeye gelip, kralın onunla birlikte olmak ve onu mutlu etmek üzere onun evine geldiğini söyleyen bir adam gibidir. Adam kralın önüne geldi ve kral onun sakat olduğunu gördü. Kral dedi ki," Kraliçeye bu kötürüm aracılığıyla gelmem benim için onur kırıcıdır." Bu arada, kraliçe evi kral için düzenlemişti ve kralın ona gelmeye hazır olduğunu gördüğü için ve bu adam kralın onu terk etmesine sebep olduğu için, kraliçe bu adamın ölüme gönderilmesini emretti.

67) Benzer olarak, Nadab ve Abihu ellerinde tütsülerle girdikleri zaman, kraliçe (*Malhut*) memnun oldu ve kendini kralın yüzünü (ZA) kabul etmek için hazırladı. Kral, bu adamların kusurlu olduğunu görünce, onların aracılığıyla kraliçe ile beraber olmak için gelmek istemedi ve kraliçeyi terk etti. Kraliçe, kralın onlar yüzünden onu terk ettiğini görünce derhal, "Sonra ateş Yaradan'ın önünde dışarı geldi ve onları tüketti."

68) Ve bütün bunlar, evli olmayan birinin kusurlu olması sebebiyledir. Kralın önünde sakattır ve kralın kutsallığı onu terk eder ve kusur içinde kalmaz. Bunun hakkında yazılıdır ki, "Siz erkeklerden herhangi biri bir kurban getirdiği zaman," yani "erkekler" diye adlandırılanlar adak getirecekler,

"erkekler" diye adlandırılmayanlar, evli olmayanlar, adak getirmeyecekler.

ADAM ERKEK VE DİŞİYİ BİRLİKTE İÇERİR

Nasso [Al]

141) İçinde erkek ve kadın birlikte bir araya gelen kişiye "adam" denildiği için, adam erkek ve kadını kapsar ve o Yaradan'dan korkandır. Daha da ötesi, onun içinde alçakgönüllülük vardır. Ve daha da fazlası, onun içinde *Hesed* vardır.

Erkek ve kadının olmadığı kişide ise korku, alçakgönüllülük ve Yaradan'a bağlılık yoktur. Bu nedenle adamın her şeyi içerdiği kabul edilir. Ve ona "Âdem" [adam] dendiği için, onun içinde *Hesed* vardır. Yazıldığı üzere, "Dedim ki, 'Merhamet sonsuza kadar kurulacak.'" Fakat dünya bir erkek ve bir kadın olmadan kurulamaz.

142) Yazıldığı üzere, "Ama Yaradan'ın merhameti O'ndan korkanlar için sonsuzdan sonsuza kadardır." "O'ndan korkanlar" tam olan, erkek ve kadın olan adamlardır. Çünkü aksi takdirde onun içinde korku yoktur. "Ama Yaradan'ın merhameti sonsuzdan sonsuza kadardır" sözleri, *Hesed* tarafından gelen rahiplerdir. Ve onlar, üst dünyadan, *ZA*'den, gelen bu hisseyi, alt dünya için, *Malhut* için, miras almışlardır. "O'ndan korkanlar için", aşağıdaki rahipler demektir. Bunlar

adamdaki gibi erkek ve kadını içerirler. Çocuklarının çocukları ile ödüllendirildiği için, "Ve O'nun hakkaniyeti çocuklarının çocuklarına."

BİR ERKEK RUH VE BİR DİŞİ RUH

Ki Tazria [Kadın Doğurduğunda]

9) "Bir kadın döllendiği zaman, önce bir erkek çocuk doğurur." Yaradan, bir damlanın erkek veya kadın olacağına karar verir ve sen dersin ki, "Bir kadın döllendiği zaman, önce bir erkek çocuk doğurur." Bu nedenle, Yaradan'ın kararı gereksizdir. Gerçekte, tabii ki Yaradan bir damla erkek ile bir damla dişi arasında karar verendir. Ve O ayırt ettiği için, erkek veya kadın olmasına O karar verir.

Adamın üç ortağı vardır: Yaradan, babası ve annesi. Babası ondaki beyazı verir, annesi ondaki kırmızıyı verir ve Yaradan ruhu verir. Eğer damla erkek ise, Yaradan erkek ruhu verir. Eğer kadın ise, Yaradan kadın ruhu verir. Bundan şu çıkar ki kadın ilk döllendiği zaman, Yaradan onun içine bir erkek ruh göndermediği sürece, bu damla daha erkek olmamıştır.

Yaradan'ın karar verdiği, bu damlanın erkek ruhuna mı yoksa kadın ruhuna mı uygun olduğuna dair olan bu muhakeme, "Yaradan'ın yargısı" olarak kabul edilir. Eğer O muhakeme etmeseydi ve erkek ruhu göndermeseydi, bu damla erkek haline gelmezdi. Dolayısıyla, iki karar birbirine zıt düşmez.

10) Ve kadın döllendiği için doğurur mu? Ne de olsa, bu hamilelik gerektirir. Şu söylenmeliydi, "Eğer bir kadın hamile bırakıldıysa, erkek çocuk doğurur." "Eğer döllendiyse doğurur," nedir? Döllenme ve hamile kalma gününden doğurduğu güne kadar, bir kadının ağzında evladının erkek mi olacağı dışında başka bir söz yoktur. Bu nedenle böyle yazılmıştır, "Eğer bir kadın döllenirse, o erkek çocuk doğurur."

OĞULLARLA ÖDÜLLENDİRİLMEK

VaYeşev [Yakup Oturdu]

163) Bir adam ruhunun ıslahı ile her gün değil de arada sırada uğraşsa bile, oğulları olmadığı için onun kökü ve kaynağı boşunadır. Yaradan'ın önünde yeri yoktur. Kuyu ve kaynak aynı şey olduğu için, eğer bir kaynak bir su kuyusuna girmezse, o bir kuyu değildir ve oğulları olmayan birisi, kaynağı ona girmeyen ve onun içinde hareket etmeyen biri gibidir.

177) "Kardeşinin karısına gel." Yahuda ve tüm kabileler bildiği için, ona bunu söylemesi gerekmezdi. Ama ona, " ... ve bir tohum üret," diye söylemesinin ana sebebi, o şeyin düzeltilmesi için bu tohumun gerekli olmasıydı. Bir adam, onu ebedi kökünden ayıran ölüme mahkûm olsa bile, tamamen ayrılmış olmaz. Çünkü her biri babasının bedeninin bir parçası olan oğulları dolayısıyla ebedi köküne bağlı kalır. Böylece, her kişi hayat zincirinde bir halkadır. Bu *Adam HaRişon* [ilk adam] ile başlar ve ölümün dirilişi ile sonsuza dek devam eder.

Ardında bir oğul bırakan adamın hayat zinciri devam ettiği sürece, ölüm onu sonsuzluktan ayırmaz ve o hâlâ hayatta gibidir.

188) Bu yüzden yazılıdır ki, "Dinle, çocuklar Yaradan'ın mirasıdırlar." Bu ruhun yaşam bohçasıdır. Yazıldığı üzere, "Ancak efendimin ruhu, yaşam bohçasının içine bağlanacak," ki bu sonraki dünya olarak kabul edilir.

Metnin "miras" [İbranicede toprak anlamına da gelebilir] dediği şey budur. Ve bu topraklara gelmekle kişiyi kim ödüllendirir? Oğulları. Oğulları, Yaradan'ın toprağı ile onu ödüllendirirler; bu nedenle, ne mutlu onlara, Yaradan'ın yollarını öğretmek için oğullarla ödüllendirilmiş olanlara.

SÜRGÜN VE KURTULUŞ

GECE YATAĞIMDA

Ki Tazria [Kadın Doğurduğunda]

1) "Geceler boyunca yatağımda, ruhumun sevdiği kişiyi aradım." Halk olan topluluk, Yaradan'ın önünde konuştu ve O'na sürgünü sordu. Çünkü o çocukları ile birlikte diğer milletlerin arasına yerleşmişti ve toz içinde yatıyordu. Başka bir ülkede, kirli bir yerde yattığı için dedi ki, "Yatağımdayken istiyorum. Çünkü ben sürgünde yatıyorum." Sürgüne "geceler" denir. Bu nedenle, "Ruhumun sevdiği kişiyi aradım," beni sürgünden kurtarsın diye.

2) "Onu aradım ama bulamadım." Çünkü O'nun yolu benimle sürgünde değil, sadece O'nun sarayında çiftleşmektir. "Ona seslendim, ama bana cevap vermedi." Çünkü O'nun oğulları dışında sesini duymayan diğer milletlerin arasında oturuyordum. "Şimdiye kadar kimse Yaradan'ın sesini duydu mu?"

3) "Geceler boyunca yatağımda," dedi halk, Kutsallık. "Yatağımda, O'nun önünde öfkelendim, bana haz vermek üzere benimle çiftleşmesini - sol çizgiden - ve beni kutsamasını - sağ çizgiden - tam bir sevinç ile - orta çizgiden - istedim." Kral, ZA, halk ile çiftleştiği zaman, birkaç Hak'tan yana kişi

kutsal mirası, üst *Mohin*'i, miras alır ve bu dünyada birkaç kutsama bulunur.

KUTSALLIĞIN SÜRGÜNÜ

VaYikra [Yaradan Çağırdı]

344) Aşağıda Tapınağın yıkıldığı ve halkın boyunlarında değirmen taşı asılı ve elleri arkada bağlı olarak sürgüne gittiği günde, halk, Kutsallık, Kral'ın sarayından atıldı, sürgüne gönderildi. Ve Kutsallık aşağı geldiğinde dedi ki, "İlk önce ben gideceğim ve ağlayacağım, kendi yerim Tapınak için, oğullarım halk için ve kocam ZA için," ki ondan uzağa sürüklenmişti. Aşağı geldiğinde, yerinin yıkıldığını ve takip edenlerin kanının oraya dökülmüş olduğunu gördü ve Kutsal Saray ile Ev ateşte yanmıştı.

345) Sonra, onun ağlayan sesi yükseldi, aşağısı ve yukarısı etkilendi. Ses, Kral'ın, ZA'in, oturduğu yukarı saraya erişti. Ama birkaç müfreze ve birkaç kamp dolusu melek aşağı inip onu teselli etmeye gelene kadar, Kral dünyayı kaosa döndürmek istedi. Ama o teselliyi reddetti. Bunun hakkında şöyle yazılıdır, "Ramah'da bir ses duyuldu, inilti ve acı ağlama. Rahel çocukları için ağlıyor, çocukları için teselli edilmeyi reddediyor." Çünkü onların tesellisini almadı. "Çünkü O terk etti" demektir. Çünkü kutsal Kral yukarı gitti ve onun içinde değil.

346) "Rahel çocukları için ağlıyor." Kutsallık çocukları için ağlıyor denmeliydi. Rahel, halk olarak toplananlardır, Kutsallıktır, Yakup'un karısıdır, ZA'nin karısıdır. Yazıldığı üzere, "Ve Yakup Rahel'i sevdi." Aynı zamanda şöyle de yazılıdır, "ama Rahel kısırdı," ve ayrıca, "Kısır bir kadını, çocuklarının mutlu annesi olarak kim evinde oturtur ki." Tüm bu mısralar Kutsallık ile ilgilidir.

347) Başka bir yorum: "O gitti", "hiç kimse" demektir, yani bu evde Benden daha büyük hiç kimse yoktur. "Gitti." Çünkü Yaradan yukarıya gitti ve her şeyden ayrılmıştı. "O gitti" demek, O, onunla *Zivug*'da değil demektir. "Gitti" demek, O'nun ismi, Kutsallık, O'nun yüce ismi değil demektir. Aksine, o sürgündedir.

348) Kutsallık, hangi yerden açığa çıkmaya başladı? İçinde olduğu Tapınaktan. Daha sonra, o bütün kutsal toprağında gezindi. Sonra, bu toprakları terk ettiğinde, çölün içinde durdu ve üç gün orada oturdu. Kitlelere, kamplara, Kral'ın evinde oturanlara, Kudüs'te oturanlara yol gösterdi ve onun için, "Şehir ne kadar da yalnız duruyor," dendi.

349) Onlar kutsal topraklarından sürülmedi ve Kral'ın önünde bütün halk suçlu olmadan önce ve dünyanın bütün liderleri suçlu bulunmadan önce Tapınak yıkılmadı. Yazıldığı üzere, "Ey Benim İnsanlarım! Size yol gösterenler sizi yanlış yola sokar ve yolunuzun yönü hakkında kafanızı karıştırırlar." Ve

insanların kafası kötüye gidince, bütün insanlar aynı hareketi yaptılar.

DÖRT SÜRGÜN

Ki Tetze [Eğer İleri Gidersen]

63) Dört sürgün vardı: üç tanesi kabuklu yemişin üç *Klipot*'una karşılık gelir. Birincisi *Tohu*'dur, yeşil bir çizgi, yemişin yeşil kabuğudur. İkincisi *Bohu*'dur, ıslak taşlar, kuvvetli kayalar, bundan ceza kanunlarının yazarları birçok hükmü cümlelere koymuşlar ve Işığın sularını yukarı getirebilmek için onları sıkıca tutmuşlardır. Bu nedenle, onlardan su geldiği için, onlara ıslak taşlar denilmiştir. Üçüncü *Klipa* [kabuk] yemişin ince kabuğudur, küçük üçüncü sürgündür. Bu, "Ve karanlık"'tır. Dördüncü sürgün büyük derinliktir, yemişin boşluğudur, "Ve karanlık derinliğin yüzünü kapladı."

64) Dördüncü *Klipa*, derinlik, "öküzün düştüğü çukur," diye adlandırıldı. Yusuf hakkında yazıldığı üzere, "Onun ilk doğan öküzü heybetlidir." Yazılıdır ki, "Ve onu çukura attı," *Klipa*'nın günahkâr *Nukva*'sı. Boş çukur, *Klipa*'nın erkek olanıdır. Boş, "su" diye adlandırılan maneviyat olmaksızın demektir.

Ancak, orada yılanlar ve akrepler vardır ve bu dördüncü sürgündür, boştur, Işıksızdır. Ahlak yoksunu bir nesildir, yılanlar ve akreplerle doludurlar, yani yılan ve akrepler gibi hilekârdırlar. Çünkü bilgelerin sözlerini köklerinden uzaklaştırmışlar ve yanlış şekilde yargılamışlardır. Onlar için denir ki, "Onun muhalifleri baş oldular."

65) "Ve o etrafına bakındı ve hiç kimsenin olmadığını gördü." O neslin bu ahlak yoksunları arasında, Yaradan'a doğru hiç kimse yoktu. Bunun yerine, onlar karışık kalabalık idiler. Bu, sürgünün sonuna doğru olacaktır ve bu nedenle, dördüncü sürgün olan kurtuluşun sonu, büyük derinlik olarak ifade edilmiştir. Ve Musa, sen oraya gittin. Derinlik [*Tehom*], harflerin yeri değiştirildiğinde ölümdür [*HaMavet*] ve ölüm yoktur ama fakirlik, muhakeme fakirliği vardır. Ama bu yukarıda halledilmiştir, Tannaym ve Amoraym'dan önce ki onların hepsi ona yardım etmek için dördüncü sürgünde derinliğe indi.

ACELE ET SEVGİLİM, BİR CEYLAN VEYA GENÇ BİR GEYİK GİBİ OL

Şemot [Toplu Çıkış]

235) "Acele et sevgilim, bir ceylan veya genç bir erkek geyik gibi ol." Halkın Yaradan için çektiği her hasret, Yaradan'ın gitmesi veya uzaklaşmasına dair değil, ama bir ceylan veya genç bir geyik gibi koşmasına dair halkın çektiği hasrettir.

236) Dünyada başka hiçbir hayvan ceylan veya geyiğin yaptığını yapmaz. O koştuğunda, başı hafifçe geldiği yöne döner. Her zaman başını arkaya çevirir. Halkın söylediği

budur, "Her şeye kadir Yaradan, eğer bizi terk etmene sebep olduysak, ceylan veya genç geyik gibi koşarak gidesin." Bu şu nedenledir, çünkü o koşar ve başını terk ettiği yere döndürür, daha önce bulunduğu ve terk ederek kaçıp gittiği yere.

Bu sözlerin anlamı şudur, "Ancak, bütün bunlara rağmen, onlar düşmanlarının topraklarındayken, ne onları reddedeceğim ne de onlarla olan anlaşmamı çiğneyerek onları yok edecek kadar onlardan nefret etmeyeceğim." Başka bir şey: Ceylan bir gözü ile uyur ve diğeri ile uyanıktır. Halkın Yaradan'a söylediği budur, "Ceylanın yaptığını yap. Çünkü O, halkı koruyan, ne uyuklar ne de uyur."

VE BEN ÇADIRDAN TAPINAĞIMI SİZLERİN ARASINDA KURACAĞIM

BeHukotay [Benim Kanunlarımda]

30) "Ve ben çadırdan tapınağımı sizlerin arasında kuracağım." Benim çadırdan tapınağım, Kutsallıktır. Rehin olarak verdiğim, Kutsallık, halkın günahları yüzünden rehin kaldı, bu yüzden onlarla sürgüne gider. Dostunu seven bir adam hakkında bir alegori vardır. Ona dedi ki, "Tabii ki sana duyduğum yüce sevgi yüzünden seninle kalmak istiyorum." Dostu cevap verdi, "Benimle kalacağını nasıl bileceğim?" Gidip evindeki iyi şeyleri aldı ve onları arkadaşına getirdi ve dedi ki, "Benim rehin olarak verdiğim sende, böylece senden hiç ayrılmayacağım."

31) Yaradan da böyledir. Halk ile kalmak istedi. Hazinesini, Kutsallığı aldı ve onu aşağıya, halka uzattı. Ve onlara dedi ki, "Halkım, işte Benim rehin olarak verdiğim sizinle. Böylece sizden hiçbir zaman ayrılmayacağım." Yaradan bizden alındığı halde, rehin olarak verdiğini bizim ellerimize bıraktı. Çünkü Kutsallık bizimle sürgünde, biz onun hazinesini tutuyoruz. Ve rehin olarak verdiğini istediği zaman, bizimle kalmak için dönecek. Bu nedenle yazılıdır ki, "Ve ben çadırdan tapınağımı sizlerin arasında kuracağım." "Sana bir rehin vereceğim ve böylece seninle kalacağım." Ve şimdi halk sürgünde bile olsa, Yaradan'ın rehin olarak verdiği onlarla beraber ve onu hiçbir zaman bırakmadılar.

32) "Ve Benim ruhum sizden nefret etmeyecek." Bu, dostunu seven ve onunla kalmak isteyen adama benzer. O ne yaptı? Yatağını aldı ve dostunun evine getirdi. Ve dedi ki, "İşte, benim yatağım senin evinde. Böylece senden, senin yatağından ve senin kaplarından uzağa sürüklenmeyeceğim." Yaradan böyle dedi, "Ve ben çadırdan tapınağımı sizlerin arasında kuracağım ve Benim ruhum sizden nefret etmeyecek." Nitekim, Benim yatağım, Kutsallık, sizin evinizde. "Ve Benim yatağım sizinle olduğu için, bilin ki sizden hiçbir zaman ayrılmayacağım." Ve bu nedenle, "Benim ruhum sizden nefret etmeyecek," sizden ayrılmayacağım.

33) "Ve Ben aranızda yürüyeceğim ve Yaradan'ınız olacağım." Benim rehin olarak verdiğim sizde olduğu için, kesin olarak bilmelisiniz ki sizinle beraber geleceğim. Yazıldığı üzere, "Çünkü Yaradan'ınız, kampınızın ortasında yürür, sizi kurtarmak ve düşmanlarınızı sizin önünüzde bitirmek için; dolayısıyla sizin kampınız kutsal olacak."

SÜRGÜNÜN SÜRESİ

Ki Tissa [Aldığın Zaman]

21) Biz görürüz, dünyadaki kuvvetli olanlar da görür, yani milletler de, sürgün hâlâ devam ediyor ve Davut'un oğlu gelmedi. Bu böyledir, ama bu sürgünde halka ıstırap çektiren nedir? Yaradan'ın onlara verdiği bütün o sözler. İbadethanelere ve medreselere girerler ve kutsal kitaplardaki tüm avunmaları görürler ve kalplerinde, onların başına gelen bütün bunlar için ıstırap çekmekten mutludurlar. Eğer böyle olmasaydı, dayanamazlardı.

22) Her şey pişmanlığa dayanır. Ama onlar hep beraber pişmanlığa uyanamazlar. Çünkü yazılıdır ki, "Bütün bu şeyler senin üzerine geldiğinde böyle olacak." Şu da yazılıdır, "Ve Yaradan'ın seni sürgün ettiği bütün milletlerde onları aklına getir." Ayrıca yazılıdır ki, "Ve Yaradan'ına döneceksin." Ve sonra, eğer seni sürgün eden, göklerin sonunda olacaksa, O seni oradan geri alacak. Ve bütün bunlar gerçekleşmeden önce, onlarda kendiliğinden pişmanlık uyanamaz.

23) Ey, Sen nasıl da bütün izleri ve yolları sürgünün çocuklarına kapatıp mühürledin ve onlara konuşmak için hiçbir imkân bırakmadın. Çünkü onlar hiçbir nesilde pişmanlığa girmediler, sürgünden ıstırap duymadılar, ödül aramadılar. Manevi kurallarını terk edip diğer arzularla karıştılar.

24) "Hamile bir kadın, doğurma vakti yaklaştığı zaman, doğum sancıları içinde kıvranır ve haykırır." Çünkü hamile kadının doğası dokuz ay beklemektir. Fakat dünyada, bu dokuz ayın yalnızca bir veya iki gününü geçirmiş olan birkaç kişi vardır. Hâlbuki hamile kadının tüm acıları ve sancıları onuncu aydadır. Dolayısıyla, o bu dokuz ayın bir gününü geçirmiş olsa bile, o sanki dokuz ay geçirmiş gibi kabul edilir. Kalbi Yaradan'a doğru olanlar için de bu böyledir: Sürgünün tadını tattıkları için, eğer pişmanlık duyarlarsa, onlar ıslahın yolunda yazılmış olan bütün dertleri tecrübe etmiş sayılırlar. Özellikle de sürgünün başından bu yana tecrübe ettikleri sancılar nedeni ile.

VAKTİNDE, BEN HIZLANDIRACAĞIM

VaYera [Yaradan Göründü]

454) O zamana kadar daha ne kadar sürgünde kalacağız? Yaradan kurtuluşu tamamen onların pişmanlık duyup duymamasına bağlı kıldı. Dolayısıyla, pişman olup olmamalarına göre, onlar kurtuluşla ya ödüllendirilecek ya da

ödüllendirilmeyecekler. Yazıldığı üzere, "Ben Yaradan, onu vaktinden önceye hızlandıracağım." Eğer hak ediyorlarsa pişman olacaklar ve "Ben hızlandıracağım." Eğer hak etmiyorlarsa, pişman olmayacaklar ve "vaktinde".

KRAL VE KRALİÇE HAKKINDAKİ ALEGORİ

VaYikra [Yaradan Çağırdı]

78) Yaradan, halkın tüm sürgünlerine bir başlangıç ve bir bitiş zamanı verdi. Ve sürgünlerin hepsinde, halk Yaradan'a geri döner ve halkın bakiresi olan *Malhut* da belirlenen zamanda yerine geri döner. Fakat şimdi, bu son sürgünde bu böyle değildir. *Malhut*, daha önceki sürgünlerde olduğu gibi geri dönmeyecektir. Şu sözler açıklar, "O düştü; tekrar ayağa kalkmayacak – Halkın bakiresi," ve şöyle demez, "O düştü ve ben onu tekrar ayağa kaldırmayacağım."

79) Kraliçesine kızan ve onu sarayından bir süreliğine atan bir kral gibidir. Bu süre biter bitmez; kraliçe hemen krala geri dönecektir. Bu, birinci, ikinci ve üçüncü seferde böyle idi. Fakat bu son seferde, kral onu sarayından uzun süreliğine attığı için, saraydan uzaklaştı. Kral dedi ki, "Bu sefer, daha öncekilerde olduğu gibi o bana dönmeyecek. Bunun yerine, ben ve tüm ev halkı gidip onu arayacağız."

80) Kral ona eriştiğinde, onun tozlar içinde yattığını gördü. Bu durumda, kim onun onurlu bir kraliçe olduğunu ve kralın da

onu aradığını bilebilirdi ki? Nihayet, kral onu kollarına aldı, onu kaldırdı ve sarayına götürdü. Kral bir daha asla ondan ayrılmayacağına ve asla ondan uzaklaşmayacağına söz verdi.

81) Yaradan'la da buna benzer: Her defasında halk sürgüne gittiğinde, Krala geri dönmüştür. Fakat şimdi, bu sürgünde durum böyle değildir. Aksine, Yaradan onu elinden tutup kaldıracak, onu rahatlatacak ve O'nun sarayına geri götürecektir.

GİZLENDİĞİ KADAR AÇIĞA ÇIKAR

VaYera [Yaradan Göründü]

453) Her şey *Vav*'ın mükemmelliğinde belirdiği için, *Vav* ve her şey onun içinde belirir. Bu böyledir çünkü O, gizlenmiş olan her şeyde, gizli olanı açığa çıkarır ve açığa çıkarılan birisi gelip gizlenmiş olanı açığa çıkarmayacak.

İnsan tam bir kötülük ve aşağılık içinde yaratılmıştır, "Vahşi bir eşeğin sıpası doğduğu zaman, bu bir adamdır." Ve kişinin bedenindeki bütün kaplar, yani duyumlar ve nitelikler ve özellikle de düşünce, ona bütün gün sadece kötülük ve boş işler için hizmet eder. Ve Yaradan'la bir olmakla ödüllendirilmiş olan kişi için Yaradan, onun için amaçlanmış olan sonsuz manevi bolluğu almasına uygun olan başka araçlar yaratmaz. Aksine, şimdiye kadar kirli ve iğrenç yollarla kullanılmış olan, aynı aşağılık kaplar, bütün o hoşluk ve sonsuz güzelliği alma kapları olmak üzere dönüştürülürler.

Daha da ötesi, en büyük eksikliklere sahip olmuş olan her *Kli*, şimdi en önemli *Kli* haline gelmiştir. Diğer bir deyişle, bu *Kli*'ler en büyük ifşa etme ölçüsüne sahiplerdir. O kadar fazla ki eğer bedeninde hiçbir eksiklik duymayan bir *Kli* olsaydı, o şimdi gereksiz gibi olacaktı. Çünkü kişinin hiç işine yaramayacaktı. Bu tahta veya kilden bir kap gibidir: eksikliği, yani özlemi ne kadar fazla ise, kapasitesi ve önemi de o kadar büyüktür.

Ve bu aynı zamanda üst dünyalar için de geçerlidir. Çünkü gizlenmiş muhakemeler aracılığı dışında hiçbir ifşa dünyalara dağıtılmaz. Ve bir seviyedeki gizliliğin ölçüsü ne ise, o seviyede dünyaya verilen ifşaların ölçüsü de o kadardır. Eğer onda bir gizlilik yoksa o hiçbir şey ihsan edemez.

HaVaYaH'daki *Vav*'ın anlamı budur. O, *Mohin*'leri daima *Hasadim* ile örtülmüş ve *Hohma*'nın aydınlığından gizlenmiş olan *ZA*'dir. Bu nedenle, o tam pişmanlığı açığa çıkaracaktır. Yazıldığı üzere, "*Vav, Hey*'i yükseltecek." Bu böyledir çünkü gizliliğin ölçüsü ve onun içinde bulunan perde, onun gelecekteki ifşasının ölçüsünü belirleyecektir. Ve *HaVaYaH*'nın alt *Hey*'i, *Nukva, Hasadim*'in göründüğü yerdir ve dünyalarda *Hohma*'yı açığa çıkaran bütün muhakemeler yalnızca ondan gelir. Ve onda hiçbir gizlilik olmadığı için, gizlenmiş olanı, yani pişmanlığı açığa çıkaramaz. Ve her ne kadar *Nukva*'da başka gizlilikler olsa da, onlar tam kurtuluşun bu büyük açığa çıkışı için yeterli değildirler. Çünkü gizliliğin ölçüsü, ifşanın ölçüsü kadar olmalıdır.

KURTULUŞTAN ÖNCEKİ KARANLIK

Bereşit [Yaratılış]

308) Yürürlerken, şafağın söktüğünü ve sonra ışığın yükseldiğini gördüler. Kabalist Hizkiya, Kabalist Yosi'ye dedi ki, "Gel ve sana halk kurtuluşunun nasıl olduğunu göstereceğim: Kurtuluşun güneşi onlara parladığında, onlara dert üstüne dert gelecek, karanlık üstüne karanlık. Ve Yaradan'ın ışığı onlara parladığında, söylendiği üzere, 'Onun ileri gidişi, güneşin doğuşu kadar kesindir,' yazılıdır ki, "Fakat güneş ve hakkaniyet, Benim ismimden korkan sen için kanatlarıyla şifa vererek doğacak."

309) O zaman, dünyada savaşlar uyanacak - millet millete karşı, şehir şehre karşı - ve yüzleri kazanın kenarları gibi kararıncaya kadar, halkın düşmanlarının üzerine pek çok dert gelecek. Bundan sonra, onların kurtuluşu, onların zorlanma ve sıkıntı haykırışından çıkarak üzerlerinde belirecek.

BEYT LEHEM [BETLEHEM]

VaYehi [Yakup Yaşadı]

87) Ve yazılanlar, Efrat'ın Beyt Lehem [Ekmek Evi] olduğunu söylediği için, neden bu kutsal yer "ekmek" diye adlandırılır? Çünkü Yaradan'ın ismi nedeni ile böyledir, zira O'nun adı için savaşarak orada ölecekler, "*Koh*'un [*Yud-Hey*] tahtı üzerine: Yaradan, Amelek'e karşı savaş yapacak." Bu, *Yud-Hey* ismini tamamlamak için onlar orada ölecekler demektir. Bu böyledir çünkü Amelek'in hatırası oradan silinip temizlenene kadar, isim *HaVaYaH* ile tamam değildir ve bu nedenle, *Yud-Hey* ismini *Vav-Hey* ile tamamlamak için savaş vardır. Çünkü o, Yaradan'ın ismini tamamlamak için sürgünde savaştı. Bu nedenle bu isim *Lehem* diye adlandırılır, *Milhamah* [savaş] kelimesinden gelir.

ZOHAR İLE SÜRGÜNDEN ÇIKACAĞIZ

Nasso [Al]

89) Halkı son sürgündeyken denemek için şöyle yapılacaktır, yazıldığı üzere, "Pek çoğu temizlenecek, arınacak ve saflaşacak," bunlar sınamaya dayananlar, iyinin tarafında olanlardır. "Fakat ahlaksız olan ahlaksızca davranacak," kötünün tarafındandır ve "Hiçbiri Yaradan'a ait toprağına girmeyecek" sözleri onların içinde gerçek olacak ve o onları öldürür.

90) Akıllı olan anlayacaktır ki onlar *Bina*'nın, hayat ağacının tarafındadırlar. Onlar için *Zohar Kitabı* der ki, "Ve bilge olan, gökyüzünün parlaklığı gibi ışıldayacak," yani "pişmanlık" diye adlandırılan Üst *İma*'nın parlaklığından. Bunlar sınama gerektirmez ve halk, *Zohar Kitabı* olan hayat ağacından tatmaya yazgılı olduğu için, onlar *Zohar* aracılığıyla gelen merhametle sürgünden kurtarılacaklar.

DOĞA

DÜNYA YUVARLAKTIR

Yeni *Zohar, Bereşit* [Yaratılış]

619) Dünya top gibi yuvarlaktır. Güneş doğudan çıktığı zaman, yerin aşağısına varana kadar bir daire içinde gider ve sonra akşam olur. O zaman, belli adımlardan oluşan daireler çizerek yavaş yavaş alçalır, alçalarak ve tüm yeryüzünün ve tüm dünyanın etrafında dönerek.

620) Güneş aşağı indiği zaman ve örtüldüğü zaman, bizim üzerimizde karanlık artar ve bizim aşağımızda, dünyanın diğer tarafında, ayağımızın altında yaşayanlara Işık artar. Ve böylece bir taraf kararır, onun altındaki diğer taraf aydınlanır, dünyayı ve yeryüzünün dairesini takip ederek, etrafında daire çizerek.

621) Ve aynı şekilde, onun ışığı gitgide alçalır ve suları birbirinden ayırır; okyanusun altındaki su ile yukarı giden suyu birbirinden ayırır, denizlerin ortasındaki su ile cehennemden yukarı gelen ve insanlara zarar veren suları bir boruya hapsederek ayırır. Bu nedenle güneş, *Şemeş* [güneş] diye adlandırılmaz, insanlara *LeŞameş* [hizmet etmek] diye adlandırılır. Bu nedenledir ki *Şemeş* herkese hizmet ettiği için *MeŞameş* [hizmet] diye adlandırılır.

Güneş ışığının kendisi, okyanusun denizinde yıkanmasaydı, her yeri yakar ve bütün dünyayı kavururdu.

HAVADAKİ DEĞİŞİKLİKLER

VaYikra [Yaradan Çağırdı]

141) Tüm dünya bir daire içinde bir top gibi döner, bazıları yukarıdadır ve bazıları aşağıda. Dünyanın her tarafındaki insanlar birbirlerine ters olarak dururlar ve dünyadaki yedi parça, yedi tane karadır. Ve altı karadaki tüm insanların görünüşleri, her bir yerdeki havaya göre farklıdır. Ve onlar diğerleri gibi var olmaya devam ederler.

DEPREMLER

Şemot **[Toplu Çıkış]**

305) Kabalist İshak bir dağa geldi ve bir ağacın altında uyuyan bir adam gördü. Kabalist İshak oraya oturdu. Orada otururken, deprem olduğunu gördü ve o ağaç kırıldı ve düştü ve yerde çatlaklar ve çukurlar gördü ve yer inip çıkmaktaydı.

307) O adam uyandı ve Kabalist İshak'a doğru bağırdı ve dedi ki, "Yahudi, Yahudi, ağla ve yas tut. Çünkü bir vekil, tayin edilen bir kişi, yüksek bir yönetici, semada yükseltiliyor ve o, sana birçok zararlar vermeye yazgılıdır. Bu deprem senin için oldu. Çünkü her deprem olduğunda, sana zarar vermek üzere tayin edilen kişi semada yükselecektir."

İNSANLAR KENDİ GİDİŞATLARINI YOZLAŞTIRDIKLARINDA

Nuh

39) Dünya neden yozlaştı? Dünya cezalandırılabilir mi? Çünkü her beden kendi gidişatını yozlaştırdı. İnsanlar Hak'tan yana olduğunda ve ıslahın emirlerine uyduğunda, dünya güçlenir ve tüm sevinçler ondadır, zira Kutsallık dünyadadır. O zamanda, yukarıdakilerin ve aşağıdakilerin hepsi mutludur.

40) İnsanlar gidişatlarını yozlaştırdıkları zaman, ıslahın emirlerine uymadıkları zaman ve Yaradan'ın önünde günah işledikleri zaman, görünürde Kutsallığı dünyadan geri çevirirler ve dünya yozlaşmış olarak kalır. O zamanda, o yozlaşmıştır. Çünkü dünyayı yozlaştıran başka bir ruh onun üstündedir.

TUFAN NESLİ

Nuh

58) Neden Yaradan dünyayı - tufan neslini - suya mahkûm etti, neden ateşe ya da başka bir şeye değil? Şu nedenle, çünkü onlar erkek ve kadın özelliklerini uygun şekilde birleştirmeyerek gidişatlarını üstteki su ve alttaki su ile yozlaştırdılar. Bu böyledir çünkü kim gidişatını yozlaştırırsa, kadın ve erkek sularını yozlaştırır, yani üst *MAD*'ı ve *MAN*'ı

bozar ve onların birleşmemelerine sebep olur. Bu nedenle suya mahkûm olurlar, onunla günah işledikleri suya.

59) Ve su kaynıyordu ve onlar derilerini yüzüp çıkardılar, sanki kaynayan su ile gidişatlarını yozlaştırmışlar gibi. Karar için karar, o onlardan göze göz isteyerek intikam aldı demektir. "Derin uçurumun bütün kaynakları açılıverdi", bu alttaki sudur ve "Cennetin pencereleri açıldı", bu da üst sudur. Böylece onlar üstteki ve alttaki sularla eziyet çektiler.

YILDIZLAR

Pinhas

384) Kuyrukluyıldızlar - arkalarından Işık'tan bir kuyruk bırakan yıldızlar - neye işaret ederler?

385) Yaradan, gökteki irili ufaklı bütün yıldızları yarattı ve onların hepsi Yaradan'a şükreder ve O'nu över. Onların övgü düzme zamanı gelince, Yaradan onları isimleriyle çağırır. Yazıldığı üzere, "O, onların hepsini isimleri ile çağırır." Sonra, onlar koşarlar ve sayıldıkları o yerde, Işık'tan bir kuyruk bırakarak Yaradan'ı överler. Yazıldığı üzere, "Gözlerini kaldır ve gör bunları kim yarattı?"

GAR'ın (ilk üç) bütün derecelerine gökteki "yıldızlar" denir. *Hohma*'nın aydınlığı onlarda hiç meydana çıkmaz; buna, yukarıdan aşağıya numaralandırmak ve saymak denir. Bu sözlerin anlamı şudur, "Şimdi göğe bak ve yıldızları say, sayabilirsen." Gerçekte, Yaradan kendisi, onların kendi yerlerinde, onlardaki numaraları ve hesapları açığa çıkarır. Bu *Hohma*'nın aydınlığıdır, ama onlar aşağıdan yukarı doğru parlarlar ve o yıldızların sayısını sayar. Çünkü Yaradan kendisi sayıları sayar.

"O, onları isimleriyle çağırır." "İsimleriyle" edinim demektir. Çünkü edinmediğimiz şeye bir isim vermeyiz. Ve Yaradan, onları içlerindeki sayıyı açıklamak için bir araya topladığı zaman, aşağıdan yukarıya geri getirdikleri ışığın tümü *Or Hozer*'dir [yansıyan Işık] ve bu kuyruk sayılır. Kuyrukluyıldızların yeryüzünde işaret ettikleri budur.

GÜNEŞİN TÖRENİ

Ki Tissa [Aldığın Zaman]

7) Doğunun yüzü parladığı zaman, doğunun, Işık dağlarının oğullarının hepsi, daha güneş dünyaya yüzünü göstermeden önce, güneş yerine parlayan ışığın önünde başlarını eğerek onu selamlar ve ona tapınırlar. Bu böyledir çünkü güneş doğduktan sonra kaç kişi güneşe tapınır ki? Şafağın bu aydınlatan ışıklarına tapan kişiler, bu Işığa, "Aydınlatan mücevherin Yaradan'ı" derler. Ve aydınlatan mücevherin Yaradan'ı üzerine yemin ederler.

8) Ve bu işin boş yere olduğunu mu söyleyeceksiniz? Antik zamanlardan beri öğretiyi biliyorlardı, yeryüzüne daha

çıkmadan önce, güneş parladığı zaman ki o zaman güneşin üstünde tayin edilmiş olan, Yaradan'ın kutsal harfleri başına yazılmış olarak ortaya çıkar. Ve bu harflerin gücü ile, cennetin pencerelerini açar, onları çarpar ve geçer. Ve bu tayin edilmiş olan, güneş daha doğmadan güneşin etrafında parlayan o ışıltıya girer ve güneş ortaya çıkana ve dünyaya yayılana kadar orada kalır.

9) Ve bu tayin edilmiş olan, altın ve kırmızı mücevherler üzerine atanmıştır ve güneş ışığının içinde olan bu biçime taparlar ki bu tayin edilmiş olandır. Sonra, ilk antik günlerden miras aldıkları noktalardan ve işaretlerden yürürler ve altın ve mücevherlerin yerlerini bulmak üzere güneşin noktalarını bilirler. Fakat dünyada bu kadar çok emek daha ne kadar sürecek? Ne de olsa, yalanın kendi varlığını destekleyecek sütunları yok ki.

ADAMIN GÖZLERİ

Va Yehi [Yakup Yaşadı]

341) Dünyanın manzarası insanın gözlerinden görüldüğü için ve aynı zamanda bütün renkler de onun içinde olduğu için, onların içindeki beyaz renk, dünyanın her tarafını saran büyük bir okyanus gibidir. Diğer renkler ise suların yukarı çıkardığı karalar gibidir ve kara, suların arasında durur. Benzer şekilde, bu renk de suların arasında, okyanus suları anlamına gelen bu beyaz renkte durur.

342) Diğer üçüncü renk, gözün ortasındadır. Bu Kudüs'tür, dünyanın ortasıdır. Gözdeki dördüncü renk - gözdeki siyah - bütün gözdeki görme gücünün bulunduğu yerdir. Ona "gözbebeği" denir ve bu gözbebeğinde yüz görünür. Ve görüntülerin en kıymetlisi Zion'dur, her şeyin ortasındaki nokta. Bütün dünyanın görüntüsü orada görünür ve Kutsallık - her şeyin güzelliği ve her şeyin görüntüsü - orada mevcuttur. Bu göz dünyanın mirasıdır. Bu nedenle, ölen kişi onu bırakır ve oğlu alır ve onu miras edinir.

ADAM KÜÇÜK BİR DÜNYADIR

Leh Leha [İleri Git]

330) Yaradan'ın işleri ne kadar yücedir? Adamın sanatı ve resmedilişi, dünyanın sanatçılığı ve tasviri gibidir. Diğer bir deyişle, insan dünyanın tüm işini kapsar ve ona, "küçük bir dünya" denir.

ZİVUG (ÇİFTLEŞME)

YARATAN ZİVUGİM YAPAR

Leh Leha [İleri Git]

346) Bu dünyaya gelmeye yazgılı olan bütün ruhlar, O'nun önünde *Zivugim* [*Zivug*'un (çiftleşme) çoğulu] yapmaya yazgılıdırlar. Her biri erkek ve kadın olarak bölünür ve bu dünyaya geldikleri zaman, Yaradan *Zivugim* yapar. Yazıldığı üzere, "Şu kişinin kızı, şu kişiyle beraber."

347) Yaradan, "Şu kişinin kızı, şu kişiyle beraber," dediği zaman, bu ne anlama gelir? Nihayetinde, yazılıdır ki, "Güneşin altında yeni hiçbir şey yok" ve her şey yaratılış hareketinde zaten yapılmıştır. Her *Zivug*'da bu *Zivugim* meselesi yeni bir şey olabilir mi ki, "Şu kişinin kızı, şu kişiyle beraber" diye beyan etmeye gerek olsun? Gerçekten de, "Güneşin altında yeni hiçbir şey yok" diye yazılıdır. Ancak, güneşin üstünde haberler vardır. Eğer söylendiği gibi, biri dünyaya doğduğu anda, aynı zamanda eşi de ona hazır ediliyorsa, peki O neden burada, "Şu kişinin kızı, şu kişiyle beraber" diye bildirir?

348) Ne mutlu Hak'tan yana olanlara, bu dünyaya gelmek için bir bedende kıyafetlenmeden önce, kutsal Kralın önünde taç giyen o ruhlara. Yaradan ruhları dünyaya çıkardığı zaman, bütün bu canlar ve ruhlar, birleşen erkek ve kadından oluşurlar.

349) Onlar, tayin edilmiş olanın eline verilirler ki bu görevli, insanların hamile bırakılmasıyla görevlendirilmiştir ve ismi "Gece"dir. Aşağıya dünyaya geldiklerinde ve tayin edilmiş olanın eline verildiklerinde, birbirlerinden ayrılırlar. Bazen, biri diğerinden daha önce aşağı iner ve insanlarda kıyafetlenir.

350) Çiftleşme zamanları geldiği zaman, bu canların ve ruhların erkeklerini ve kadınlarını bilen Yaradan, onları başlangıçta, bu dünyaya gelmeden önce olduğu gibi bir araya getirir ve onlara bildirir, "Şu kişinin kızı, şu kişiyle beraber." Ve birleştikleri zaman, tek bir beden ve tek bir ruh olurlar ve onlar, olması gerektiği gibi, sağ ve soldurlar. Erkek bedenin ve ruhun sağ tarafıdır ve kadın da onların sol tarafıdır.

Bu nedenle, güneşin altında yeni hiçbir şey yoktur. Yaradan, "Şu kişinin kızı, şu kişiyle beraber," diye bildirse de, bu hâlâ yeni bir şey değildir, ama bu dünyaya varışlarından önceki hale dönüşleridir. Ve bu yalnızca Yaradan tarafından bilindiği için, bunu onlara O bildirir.

351) Fakat kişiye işlerine ve davranışlarına göre eş verildiğini öğrendik. Gerçekten de, eğer işleri doğru ise, eşi ile, Yaradan'dan ayrılmadan önceki gibi, bir bedende kıyafetlenmeden önceki gibi birleşmekle ödüllendirilir.

352) İşleri doğru olan kişi eşini nerede arayacak? Yazılıdır ki, "Kişi daima, sahip olduğu her şeyi satıp, bilge bir müridin kızıyla evlenmelidir." Bu böyledir çünkü bilge müritte,

Ustasının güvenerek onun ellerine verdiği emanet vardır ve kişi kesinlikle onunla eşini bulacaktır.

353) Yeniden vücut bulup gelen ve eşleri olmayan tüm o ruhlar, acele ederek ve başka bir kişinin eşini alarak, eşlerini merhamete getirip hızlandırabilirler. Dostlar bunun üzerine fikir belirterek dediler ki, "Kişi, bir kadınla bir şenlikte evlenmez ama kutsanır, başka birisi onun önüne merhamet ile gelmesin diye." Onlar, "başka biri" hakkında, yani eşi olmadan yeniden vücut bulan biri hakkında tam bir açıklık da getirdiler. Bu böyledir çünkü o aşağı indi ve *Ahoraym* [arka taraf] haline geldi, kendisi ise *Nukva* [dişi] olarak kabul edildi. Bu nedenle eşi yoktur. Dolayısıyla, onun *Ahoraym*'dan geldiğini belirtmek için, bu yeniden vücut bulmuş olana "başka biri" denir ve bu nedenle başka birisinin eşini almak onun davranış biçimidir.

Yaradan için *Zivugim* zordur. Çünkü erkek ve dişinin çiftleşmesi, aynı ruhun iki parçasıdır ve onlar dünyaya bile gelmeden önce bölündüler. Peki neden Yaradan'ın önünde adamın *Zivug*'u zordur diye söylenmiştir? Nihayetinde, bu daha önce yapılmış olan bir şeyin sadece tekrarıdır. Ancak, açıklanmış olanlara göre, eşi olmayan yeniden vücut bulmuş ruhlar vardır. Onlar acele ederler ve başka birisinin eşini merhamet ile alırlar, sonrasında, eğer dostu hareketleri yüzünden eşinin ona geri verilmesiyle ödüllendirilirse, Yaradan birinden alıp diğerine vermek zorundadır. Ve bu

O'nun için zordur - biri için diğerini reddetmek. Ama gene de, "Yaradan'ın işleri doğrudur," kesinlikle ve Yaradan'ın yaptığı her şey iyidir ve adildir.

354) Bu yeniden vücut buluş ile gelenler ve eşi olmayanlar, eşlerini nereden alacaklar? Benyamin'in oğullarının hikâyesi kanıtlar ki yeniden vücut bulmuş ruhlar acele etmeliler ve eşlerini bir diğerinden merhamet ile almalılar. Bu nedenle yazılanlar der ki, "Başka birisi onun önüne merhamet ile gelmesin diye."

355) Elbette, Yaradan için *Zivugim* zordur. Çünkü O, birinden alıp diğerine vermek zorundadır. Ne mutlu kalbi Yaradan'a doğru olanara, çünkü Işık onlara Yaradan'ın işlerini ve O'nun önünde saklanmış ve örtülmüş olan bütün sırları öğretir.

356) "Yaradan'ın kanunu mükemmeldir." Çünkü o her şeyi içerir. Ne mutlu ıslahları ile uğraşanlara ve ondan ayrılmayanlara, zira Işıktan bir saat bile ayrılanlar için bu, dünyadaki hayattan ayrılmış olmak gibidir. Ve yazılıdır ki, "Çünkü bu senin hayatın ve günlerinin süresi" ve yazılıdır ki, "Günlerin süresi ve hayatın yılları ve barış sana eklenecek."

ÖZLEM

Leh Leha [İleri Git]

205) Kadının erkeğe özlemi, bir ruh yapar. Ve aynı zamanda, erkeğin kadına özlemi ve onunla bir olması bir ruh üretir, ruhu

kadının özleminden içine dâhil eder ve onu alır. Böylece, aşağıda olanın, kadının özlemi, yukarıda olana, erkeğin özlemine dâhil olur ve iki ruh ayrılmaksızın bir olurlar.

206) Ve böylece, kadın, iki ruhu da alarak ve onların erkek olanından hamile kalarak her şeyi kapsar. Her ikisinin özlemi birbirine eklenir ve bir olurlar. Dolayısıyla, her şey birbirine karışır ve ruhlar çıkıp geldiği zaman, erkek ve kadın da onlara karışarak bir olurlar.

207) Daha sonra, dünyaya indikleri zaman, erkek ve kadın birbirinden ayrılırlar; biri bir tarafa, diğeri başka tarafa döner ve sonra Yaradan onları eşleştirir. Ama *Zivug*'un anahtarı Yaradan'dan başka kimseye verilmez. Çünkü sadece O, onları nasıl eşleştireceğini ve uygun şekilde birleştireceğini bilir ki böylece onlar aynı ruhun erkek ve dişisi olurlar.

BİR - TAM ZİVUG

VaYikra [Yaradan Çağırdı]

101) Nasıl olur da, "bir" kelimesi tam *Zivug*'u belirtir? Yazılıdır ki, "Duy Ey halk, Yaradan'ımız, Yaradan Birdir." "Bir", Yaradan ile, ZA ile birleşmiş olan halktır. Erkek ve kadının *Zivug*'una "bir" denir. Çünkü *Nukva*'nın bulunduğu yere "bir" denir, zira kadınsız bir erkeğe, "yarım bir beden" denir ve yarım, bir değildir. Ama iki yarım beden birleştiği zaman, bir beden olurlar ve "bir" diye adlandırılırlar.

KISKANÇLIK, ŞEHVET, SEVGİ

Nuh

154) Erkeğin kadına uyanışı, onu kıskandığı zamandır. Dünyada Hak'tan yana biri olduğu zaman, Kutsallık ondan ayrılmaz ve onu arzular. O zaman, bir erkeğin onu kıskandığında bir kadına duyduğu şehvet gibi, *Zer Anpin*'den gelen yukarıdaki şehvet, ona karşı aşk ile uyanır. Yazıldığı üzere, "Ve Ben, Benim anlaşmamı seninle yapacağım." Bu şudur, Benim içimdeki şehvet senin yüzünden uyandı. Yazıldığı üzere, "Ve Ben, Benim anlaşmamı İshak ile yapacağım." Çünkü bu İshak'ın yüzündendir, Nuh ile olduğu gibi.

Dünyaya her şey *Nukva*'dan uzanır, ıslahlar da yozlaşmalar da. Yazıldığı üzere, "Ve O'nun krallığı her şeyi yönetir." İhsan etme ıslah edildiği zaman, *Zer Anpin*'in *Zivug*'undan ve *Nukva*'dan uzanır. İhsan etme yozlaştığı zaman, *Zer Anpin*'in *Zivug*'undan ve *Tuma*'nın [kirlilik] *Nukva*'sından uzanır. Bunlar "diğer tanrı" diye adlandırılır. Bu *Zer Anpin*'in *Nukva*'sına bağlanır ve ona doğru *Keduşa*'nın [kutsallığın] bolluğunu çeker ve onu *Tuma*'ya ve yozlaşmaya çevirir. Bu, *Zer Anpin*'in *Nukva*'ya başka bir Yaradan ona bağlanmasın diye duyduğu kıskançlıktır.

Ve dünyada Hak'tan yana biri olduğu zaman, *Nukva*'nın Hak'tan yana olana ihsan etmek için duyduğu büyük arzu nedeniyle, başka bir yaratandan uzak durur ve *Zer Anpin*'in Kutsallık ile eşleşmek için olan aşkı, Hak'tan yana olana ihsan etmek üzere, bir erkeğin karısına olan aşkının onu kıskandığı ve onun başka biri ile saklanacağından korktuğu zaman büyümesi gibi geniş ölçüde büyür. Benzer biçimde, *Zer Anpin*, *Nukva*'nın başka bir yaratana ihsan etmek üzere sarılacağından korkmuştu.

AYAKLARIMI YIKADIM

Yeni *Zohar, Bereşit* [Yaratılış]

107) Yaradan, *Malhut*'la görüştüğü zaman ve halk, parlamak için onun fitili olmaya uygun olmadığı zaman, *Zer Anpin* ile *Malhut*'un *Zivug*'u için *MAN*'ı yükseltmeye uygun olmadıkları zaman, yazılıdır ki, "Elbisemi çıkarmıştım, onu tekrar nasıl giyebilirim ki? Ayaklarımı yıkamıştım, onları nasıl tekrar kirletebilirim ki?"

"Elbisemi çıkarmıştım" lakaplardır. Bunlar *Netzah* ve *Hod*'dur, elbiselerdir. Hepsi bir araya geldiği zaman, onlar Yaradan'ın elbisesi sayılırlar. Yaradan onunla görüştüğünde, onunla birleşmek için, bütün bu elbiselerden mahrumdur. Bu nedenle Yaradan dedi ki, "Ben elbiselerimi çıkarmıştım," ıslah olmak ve senden fayda görmeye hazır olmak için ve sen tamamen ıslah olmadın. Şimdi, "Ben onu tekrar nasıl giyebilirim," bu elbiseleri tekrar nasıl giyeceğim. Çünkü onlar yalnızca, uzaktan, *Ahoraym*'ın içinde aydınlatırlar ve böylece ben senden bir kez daha mı ayrılacağım?

108) "Ayaklarımı yıkamıştım, onları nasıl tekrar kirletebilirim ki?" Ayaklarımı o pislikten temizlemiştim. Ve o nedir? Ben düzenlendiğim ve senin için yapıldığım zaman, öteki tarafı, kirli olan tarafı, Ayağımın önünden kaldırdım. Şimdi, düzeltmelerini Bana doğru düzeltmeye hazır olmadığın için, Tapınağı örterek bu pisliği tekrar nasıl geri koyacağım? Bundan öğreniriz ki kirliliğin ruhu dünyadan geçtiği zaman, yukarıdan ve aşağıdan her şey büyür. Bu nedenle, "Ayaklarımı yıkamıştım, onları nasıl tekrar kirletebilirim ki" önceki gibi?

Sitra Ahra'yı defetmek ve *Malhut*'u *Zer Anpin* ile *Zivug*'a layık olması için düzeltmek istendiği zaman, *Sitra Ahra*'nın önüne bir engel yerleştirilmelidir. Yazıldığı üzere, "Yanaklarına çengeller koyacağım." Yani, önce ona *Keduşa*'ya [kutsallık] doğru bir tutunuş verilir ve böylelikle bu daha sonra tamamen boşa gider.

"O pisliği Ayaklarımdan yıkamıştım," diye yazılmış olanın anlamı şudur: düzeltildiğim ve senin için hazır edildiğimde, yani *Malhut, Zivug*'a uygun olmak üzere düzeltildiğinde. "Öteki tarafı, kirli olan tarafı, Ayağımın önünden kaldırdım," önce ona *Keduşa*'ya doğru bir tutunuş vererek ki sonra O bunu tamamen boşa çıkartır ve onu tamamen ayırır. "Şimdi, bu pisliği Tapınağı kaplayarak tekrar geri nasıl koyacağım," eğer o, O'ndan tekrar uzaklaşacaksa, ben onu bir kere daha düzeltmek zorunda kalacağım. Böylece, onu boşa çıkartmak üzere, bir kere daha *Sitra Ahra*'ya Tapınak üzerine bir tutunuş vermek zorunda olacağım. Çünkü daha önceki tutunuş, ayakların kirletilmesi olarak sayılır.

ORMANIN AĞAÇLARI ARASINDA BİR ELMA AĞACI GİBİ

Aharey Mot [Öldükten Sonra]

317) "Ormanın ağaçları arasında elma ağacı ne ise, benim sevgilim de genç erkekler arasında odur." Yaradan, O'na doğru kalbini çevirenlere ne kadar da düşkündür. Çünkü o, O'nu bu dize ile över. Ve neden O'nu başka bir şeyle, rengi, kokusu veya tadı olan başka bir şeyle değil de elma ile över?

318) Elma diye yazdığı için, bundan çıkan sonuç şudur ki O'nu her şeyle - renk, koku ve tat ile över. Bu böyledir çünkü elmanın her şeye şifa olması gibi, Yaradan da her şeye şifadır. Elmanın renkli olması gibi, onda beyaz, kırmızı ve yeşil vardır, Yaradan'ın da üst renkleri vardır, *Hesed, Gevura, Tiferet*, bunlar da beyaz, kırmızı ve yeşildir. Elmanın bütün diğer ağaçlardan daha hoş bir kokusunun olması gibi, Yaradan da Lübnan gibi kokar. Nasıl ki elma tatlı ve lezzetlidir, Yaradan da damak için tatlıdır.

İYİ VE KÖTÜ

Tetzaveh [Emir]

86) Dahası, orada karanlıktan gelenin dışında başka bir Işık olmadığı için, yazılan sözler yalnızca oraya yerleşir. Bu böyledir çünkü bu taraf teslim olduğunda, Yaradan yükselir ve O'nun ihtişamı büyür. Aynı zamanda, Yaradan'ın çalışması yalnızca karanlıktandır ve kötünün içinden olanın dışında başka iyi yoktur. Ve biri kötü bir yola girer ve onu terk ederse, Yaradan ihtişamla yükselir. Dolayısıyla, her şeyin mükemmelliyeti, iyi ve kötünün beraberliğindedir ve sonrasında iyiye doğru ayrılır. Ve kötünün içinden çıkıp gelen dışında iyi yoktur. Ve o iyi içinde Yaradan'ın ihtişamı yükselir ve tüm iş budur.

HİÇBİR ŞEY FAZLALIK DEĞİLDİR

Aharey Mot [Ölümden Sonra]

136) Ben Zoma'ya bir köpeğin hadım edilmesine izin olup olmadığı sorulmuştu. O cevapladı, "Böyle bir şeyi senin topraklarında yapmayacaksın." Yani, topraklarında olan hiçbir şeye, köpeğe bile, bunu yapmayacaksın. Çünkü dünyanın buna ihtiyacı olduğu gibi ona da ihtiyacı vardır. Bu demektir ki topraklarda fazlalık olan hiçbir şey yoktur. Bu nedenle öğrendik ki, "Ve gör, o çok iyiydi," dünyadan geri çekilmemesi gereken ölüm meleğidir, zira dünyanın ona ihtiyacı vardır. Ve

ölüm meleği hakkında şöyle yazılı olsa bile, "Ve köpekler arsızdırlar, onlar tatmin olmazlar," onları dünyadan geri almak iyi değildir. Her şey gereklidir, iyi ve kötü, her ikisi de.

ÇALIŞMANIN SEVİNCİ

Toldot [Nesiller]

57) Dünyada yağmura ihtiyaç olduğu gibi, kötü eğilime de ihtiyaç vardır. Kötü eğilim olmasaydı, dünyada çalışmanın sevinci olmazdı.

VE GÖR, O ÇOK İYİYDİ

Emor [Konuş]

328) "Ve Yaradan, yaptıklarının hepsini gördü ve gör, o çok iyiydi." Genellikle, "Ve Yaradan, yaptıklarının hepsini gördü," diye söylenmiştir, yılanları, akrepleri ve sivrisinekleri ve hatta dünyaya zarar verenler olarak görülenleri bile içermek üzere. Onların hepsi için yazılıdır ki, "Ve gör, o çok iyiydi." Dünyanın liderleri, hepsi dünyaya hizmet ederler ve insanlar bunu bilmezler.

329) Yürürlerken, önlerinde yürüyen bir yılan gördüler. Kabalist Şimon dedi ki, "İşte bu kesinlikle bizim için bir mucize yapacak." Yılan onların önünden koştu ve yolun ortasında bir engerek yılanı ile kapıştı. Birbirleri ile dövüştüler ve öldüler. Onlar yılanların yanına geldiklerinde, onları yolda yatarken gördüler. Kabalist Şimon dedi ki, "Yaradan'a şükürler

olsun, bizim için bir mucize yarattı. Çünkü bu engereğe canlı iken kim bakarsa, ya da o birisine bakarsa, kesinlikle ondan kurtulamaz, özellikle eğer ona yakınsa." Onun önünde dedi ki, "Sana hiçbir zarar gelmeyecek ve dert senin çadırının yanına gelmeyecek. Yaradan, her şey aracılığıyla görevini yapar ve biz O'nun yaptığı hiçbir şeyi aşağı görmemeliyiz. Bu nedenle yazılıdır ki, 'Yaradan her şeye karşı iyidir ve merhameti tüm eserlerinin üzerindedir,' ve 'Ey Yüce Yaradan, tüm eserlerin sana şükran duyacak.'"

DÜNYADAKİ HER ŞEY GEREKLİDİR

Yitro [Jetro]

29) Yaradan'ın yukarıda ve aşağıda yaptığı her şey doğrudur ve O'nun eserleri doğrudur. Hepsi de gerçek eserler olduğu için ve hepsine dünyada ihtiyaç olduğu için, dünyada kişinin reddedeceği veya aşağı göreceği hiçbir şey yoktur.

30) Yazılıdır ki, "Eğer yılan büyülenmeden önce sokarsa." Yılan, yukarıdan ona fısıldanana kadar insanları sokmaz. Denmiştir ki, "Git ve bu veya şu kişiyi öldür."

31) Bazen öyle yapar ki insanları başka şeylerden kurtarır. Bu sayede, Yaradan insanlara mucizeler yapar; her şey Yaradan'a bağlıdır; hepsi O'nun elinde olan işlerdir. Fakat dünyanın bunlara ihtiyacı vardır. Eğer onlara ihtiyacı olmasaydı, Yaradan onları yaratmazdı. Bu nedenle, kişinin dünyadaki

şeylere karşı aşağılayıcı olmaması gerekir ve Yaradan'ın sözlerine ve işlerine karşı kesinlikle olmamalı.

32) "Ve Yaradan, yaptıklarının hepsini gördü ve gör ki o çok iyiydi." "Ve Yaradan gördü", yaşayan Yaradan'dır, *Bina*'dır. "Gördü", onları aydınlatmak ve gözetmek için O baktı demektir. "Yaptıklarının hepsi", yukarıdaki ve aşağıdakilerin hepsi bir olarak kapsanır demektir. "Ve gör, o çok iyiydi", bu sağ taraftır. "Çok", sol taraftır, "İyi", hayat meleğidir. "Çok", ölüm meleğidir ve öğretiyi takip edenler için bunların hepsi tek bir meseledir.

MESİH'İN GÜNLERİ

İSMAİL'İN ÇOCUKLARI

VaEra **[Ve Ben Göründüm]**

201) Dört yüz yıl, İsmail'in çocuklarından tayin edilmiş olan, Yaradan'ın önünde durdu ve sordu. Ona dedi ki, "Sünnet olmuş olanların Senin isminde bir parçaları var mıdır?" Yaradan ona, "Evet" dedi. O dedi ki, "Fakat İsmail sünnetliydi, neden İshak gibi onun da sende payı yok?" Yaradan cevapladı, "Bir tanesi ıslahları ile tam anlamıyla sünnet oldu, diğeri ise öyle değil. Üstelik, onlar sekiz gün tamamen Benimle birleştiler ve diğerleri Benden birkaç gün kadar uzaktılar." Tayin edilmiş temsilci ona dedi ki, "Ancak, sünnet olduğu için iyi bir ödül almayacak mı?

202) Yazıklar olsun İsmail'in doğduğu ve sünnet olduğu o zamana. Yaradan, İsmail'in temsilcisinin şikâyeti ile ilgili olarak ne yaptı? İsmail'in oğullarını yukarıdaki ile olan birleşmesinden ayırdı ve onlardaki sünnet yüzünden onlara aşağıdaki kutsal topraktan bir parça verdi.

203) Ve İsmail'in çocukları, kutsal topraklarda, orası her şeyden boş olduğunda, kendi sünnetlerinin tamamlanmadıkça boş olması gibi, uzun süre hüküm sürmeye yazgılıydılar. Ve İsmail'in çocuklarının erdemi tamamlanana kadar, İsrail'in çocuklarını kendi yerlerine geri dönmekten alıkoyacaklar.

204) Ve İsmail'in çocukları dünyada büyük savaşlara neden olmaya yazgılıdırlar. Ve Edom'un çocukları onlara karşı birleşecekler ve onlara savaş açacaklar - biri denizde, biri karada ve biri de Kudüs yakınlarında. Ve birbirleri üzerinde hüküm sürecekler fakat kutsal topraklar Edom'un çocuklarına verilmeyecek.

205) O zaman, kötü olan Roma'ya karşı dünyanın sonundan bir millet uyanacak ve ona karşı üç ay boyunca savaş sürdürecek. Edom'un çocuklarının hepsi dünyanın her köşesinden toplanana kadar, milletler orada toplanacak ve onların eline düşecekler.

Sonra Yaradan onların üzerinde uyanacak, yazıldığı üzere, "Çünkü Yaradan'ın Bozra'da bir kurbanı var." Ve sonrasında ne der? "Yeryüzünün sonlarına tutunabilir," ve İsmail'in çocuklarını yeryüzünden siler ve yukarıdaki tüm güçleri kırar ve dünya milletleri üzerinde, İsrail'in gücünden başka hiçbir güç yukarıda kalmaz. Yazıldığı üzere, "Yaradan, senin sağ elinin üstündeki gölgendir."

206) Kutsal İsim sağda olduğu için ve Işık sağda olduğu için, her şey sağa bağlıdır ve sağı solun üstüne yükseltmeliyiz. Yazıldığı üzere, "O'nun sağ elinde ateş gibi bir kanun vardı." Ve gelecekte, "Sağ elinle kurtar ve beni cevapla," "Çünkü o zaman insanlara saf bir dil ile döneceğim. Böylece hepsi, O'na tek bir rıza ile hizmet etmek için, Yaradan'ın ismini

hatırlayabilecekler," ve yazılıdır ki, "O gün, Yaradan Bir olacak ve O'nun ismi Bir olacak."

MESİH"İN GELİŞİ

Şemot [Toplu Çıkış]

96) Kabalist Şimon ellerini kaldırdı ve ağladı. Dedi ki, "Yazıklar olsun, o zamanda olacak kişiye ve ne mutlu o zamanda olacak ve hazır olabilecek kişiye." "Yazıklar olsun o zamanda olacak kişiye," çünkü Yaradan, geyiği, yani Kutsallığı, ziyarete geldiği zaman, kimlerin orada Kutsallık ile durduğunu görmek için bakacak, onunla duran herkesin bütün işlerini gözlemleyecek ve hiçbir Hak'tan yana olan bulunmayacak. Bunun hakkında yazılıdır ki, "Ve baktım, yardım edilecek hiç kimse yoktu." O zamanda, İsrail'in üzerine pek çok dertler gelecek.

97) "Ne mutlu o zamanda olacak ve hazır olabilecek kişiye." Bu böyledir çünkü o zamanda inançlı olan kişi, Kralın mutluluğunun ışığı ile ödüllendirilecek. O zaman hakkında yazılıdır ki, "Ve onları gümüşün işlendiği gibi işleyeceğim ve onları altının sınandığı gibi sınayacağım."

98) Bu dertler İsrail üzerinde başladıktan sonra, bütün milletler ve onların kralları, onlara karşı birleşmek üzere tavsiye arayacaklar. Birkaç kötü kararı uyandıracaklar, onlara karşı aralarında birleşecekler ve dert üstüne dert gelecek ve en

son olan, ilk olanı unutturur. Sonra, yukarıdan aşağı uzanan ateş sütunu, kırk gün boyunca görülecek ve dünyadaki bütün milletler onu görecek.

99) O zaman, Mesih Kral, "kuş yuvası" diye adlandırılan yerden, Cennet bahçesinden çıkıp gelmek için uyanacak ve Galile topraklarında görünecek. Ve Mesih oraya çıkıp gittiği gün, bütün dünya öfkelenecek ve dünyanın bütün insanları mağaralara ve taş yarıkların arasına saklanacaklar ve nasıl kurtulacaklarını bilmeyecekler. O zaman hakkında yazılıdır ki, "Ve O, dünyayı kuvvetlice sallamak üzere yükseldiği zaman, insanlar Yaradan'ın gazabından ve Haşmetlinin ihtişamından, kayaların kovuklarına ve yerin deliklerine girecekler."

100) "Yaradan'ın gazabından," bütün dünyanın kızgın olmasıdır. "Ve Haşmetlinin ihtişamından," Mesih'tir. "O, dünyayı kuvvetlice sallamak üzere yükseldiği zaman," Mesih'in yükseldiği zamandır ve Galile topraklarında belirecektir. Çünkü burası Asur tarafından Kutsal Topraklarda yıkılan ilk yerdir. Bu nedenle, her yerden önce orada görünecek ve oradan bütün dünyaya savaşlar açacak.

101) Kırk gün sonra, bütün dünyanın gözü önünde sütun yerden göğe yükseldiği ve Mesih göründüğü zaman, her renkte yanan bir yıldız doğuda yükselecek ve başka yedi yıldız, bu yıldızı çevreleyecek. Her taraftan ona savaş açacaklar, yetmiş

gün boyunca günde üç kere, ve dünyadaki bütün insanlar görecek.

102) Ve bu yıldız, her yöne parlayan alevli meşalelerle, onlarla savaşacak ve her gece onları yutana kadar onlara vuracak. Ve gündüz vakti onları tekrar dışarı bırakacak. Bütün dünyanın gözü önünde, yetmiş gün tekrar tekrar savaşacaklar. Yetmiş gün sonra, yıldız saklanacak ve Mesih on iki ay süresince saklanacak, ateş sütunu önceki gibi geri dönecek ve Mesih onun içinde saklanacak ve sütun görünmeyecek.

103) On iki ay sonra, Mesih, güç kazandığı ve krallık tacı giydiği o sütun içinden göğe yükseltilecek. Ve o, dünyaya indiği zaman, o ateş sütunu, önceki gibi, tekrar bütün dünyanın gözleri önünde görünecek. Daha sonra, Mesih görünecek ve pek çok millet onun etrafında toplanacak ve o bütün dünyada savaşlar yapacak. O zaman, Yaradan dünyadaki bütün insanları kendi kudreti ile uyandıracak ve Mesih Kral bütün dünyada bilinecek ve dünyadaki bütün krallar uyanacak ve ona karşı savaşmak üzere birleşecekler.

104) İsrail içindeki birçok yönetici, eski haline geri dönecek ve Yahudi olmayanlara geri gidecek ve onlarla birleşerek Mesih Kral'a karşı savaş açacak. Sonra, bütün dünya on beş gün boyunca kararacak ve İsrail'den pek çok insan bu karanlıkta ölecek. Bu nedenle yazılıdır ki, "Gör ki karanlık dünyayı kaplayacak."

MESİH KRAL - NUKVA

VaYehi [Yakup Yaşadı]

589) Mesih Kral, "fakir" diye adlandırılır. Çünkü kendine ait hiçbir şeyi yoktur, zira ZA'nin *Nukva*'sıdır ve o, "Mesih Kral" diye adlandırılır. Bununla beraber, o yukarıdaki kutsal aydır, ZA'nin *Nukva*'sıdır. Güneşten, ZA'den, aldığının dışında hiç kendi ışığı yoktur. Bu nedenle fakir sayılır.

590) Mesih Kral, *Nukva*, O'nun hükümdarlığında hükmedecek, onun yukarıdaki yeri ile birleşecek. Ve sonra, yazıldığı üzere, "Kralın sana gelecek," özellikle "Kral", çünkü o, yukarıdan *Nukva*'yı ve aşağıdan Mesih Kralı içerir.

Eğer aşağıda ise, o fakirdir, aydır, üst *Nukva*'dır, zira üst *Nukva* olan ay diye belirtilmiştir. Çünkü aşağıdaki Mesih Kral *Nukva*'dan uzanır ve bu nedenle onun gibi "fakir" diye adlandırılır. Ve eğer yukarıda ise, yani *Nukva*'nın kendisi ise fakirdir, zira o bir aynadır, kendisi parlamaz, fakat ZA'den parlar. Bu nedenle, "ıstırap ekmeği" diye adlandırılır. Ancak, Mesih, bir eşek ve bir sıpayı, puta tapan milletlerin kalesini, onları kendi kontrolü altına almak için sürer. Ve Yaradan, *Nukva*, O'nun yukarıdaki yerinde güçlenecek. Çünkü "Kralın sana gelecek" sözleri her ikisini de içerir.

MESİH'İN İŞARETLERİ

VaYera [Yaradan Göründü]

476) "Ve sonra ben Yakup'la olan anlaşmamı hatırlayacağım." Yakup neden *Vav* [İbranicede] ile yazılır, onlar sürgünde değilken, *Vav*'ın içindeyken, altıncı binyıl içindeyken. Bu, Yakup ve İsrail çocukları, *Vav* içinde kurtulacaklar anlamına gelir.

477) *Vav*'la ilgili emir altı buçuk dakikadır. Ve kapıdaki sürgüye altmışıncı yılda, altıncı binyılda - *Vav*, *Tiferet*, içerideki tahta kapıları bir yandan diğerine bağlayan orta sürgüdür, bu nedenle adı "kapı sürgüsüdür" - göklerin Yaradan'ı Yakup'un kızının hesabını yükseltecek. Ve o zamandan kızın hatırlamasına kadar altı buçuk yıl geçecek. Bu, hesabın süresidir. Ve bu zamandan sonra, altı yıl daha geçecek. Bu da hatırlamanın süresidir ve bunlar yetmiş iki buçuk yıldır.

Bu böyledir çünkü her aydınlanma *Katnut* ve *Gadlut*'ta yer alır. *Katnut*'ta - *VAK*, bu sadece aşağıdan yukarı parlar - dişi ışıkta başlar ve bu hesabın zamanıdır. Daha sonra *Gadlut* belirir, *GAR*'ın Işığı, bu yukarıdan aşağıya parlar. Bu açığa çıkış, "hatırlama", "erkek Işık" diye adlandırılır.

Bunun belirtisi şudur ki dişinin yüzü yukarı döner, erkeğinki aşağı döner. Bu nedenle İshak'ın doğuşu şu sözlerle başlar, "Sonra Yaradan, Sara'ya dikkat etti," o dişi ışıktır, hatırlayış ona uzatılana kadar, o henüz doğurmak için uygun değilken, ona "hesaplamak" denir. Bu nedenle, ikinci kere yazılmıştır, "Ve Yaradan, Sara için söz verdiği gibi yaptı," ki bu da hatırlamadır. Bu böyledir çünkü burada hareketten söz eder ve dişi Işık içinde hiç hareket olmadığı için, hareket erkek sayılır, zira kadın dünyanın toprağıdır.

Aynı zamanda, gelecekteki kurtuluşta, *Vav,* tam ve yüce Işık'taki *Hey*'i yükselttiği zaman, yazıldığı üzere, "Ve ayın ışığı güneşin ışığı gibi olacak," öncelikle bu büyük ışığın sayısı ve sonra hatırlama belirecek. *Vav*'ın formunda uzanan hesap, sadece altı dakika parlayacak. Onun içinde erkekle karışarak parlayan *HGT NHY* sadece yarım zamana - yani "zaman" diye adlandırılan yarım *Malhut*'a - sahiptir, yani ondaki *Haze*'den aşağısına değil, sadece *Haze*'den yukarısına. Bu böyledir çünkü o hâlâ hesaplama biçimindedir. Bu dişi ışıktır, yukarıdan aşağıya doğru parlamaz. Bu nedenle de dakikanın yarısı onda eksiktir, yani *Haze*'den aşağısı.

Ve bu nedenle, hesap yılları altı buçuk yıl olacak, altmış yıldan altmış beş buçuğa. Sonra hatırlama ışığı, erkek Işık, *Vav*'da belirecek ve sonra erkek ve *Vav* olan Mesih Kral belirecek ve onun aydınlığı bir altı yıl daha sürecek.

478) Altmış altı yıl içinde Mesih Kral Galile topraklarında ortaya çıkacak. O, Yusuf'un Mesih Oğludur. Bu nedenle, ortaya çıkma yeri Galile'dir, Yusuf'un toprağıdır. Ve doğudaki yıldız,

kuzeydeki yedi yıldızı yuttuğu zaman ve siyah ateşin alevi gökte altmış gün asılı kaldığı zaman, dünyada kuzey tarafta savaşlar uyanacak ve iki kral bu savaşlara düşecek. Ve onu bu dünyadan defetmek için bütün insanlar hep beraber Yakup'un kızının üstüne gelecekler. Bu zaman için yazılıdır ki, "Bu Yakup'un zor zamanıdır, ama o bundan kurtarılacak." O zaman, bütün ruhların bedenleri can verecek ve geri dönüp yenilenmeleri gerekecek. Ve bunun için işaretiniz, "Yakup'a ait olan bütün ruhlar ki onlar Mısır'a geldiler," altmış altı ruhun hepsidir.

Bu böyledir çünkü tam kurtuluş öncesinde, ışıkların ve *İma*'nın *Kelim*'inin (*İma*'nın kaplarının) gücü ile Mısır'dan ve Babil'den kurtuluşlar vardı. Ama *Malhut*'un kendisi, özünde henüz kurtuluşa sahip değildi. Bu içinde sadece üç renk – beyaz, kırmızı ve yeşil – parlayan gökkuşağıdır. Çünkü *Malhut*'un kendine ait hiçbir şeyi olmadığı için kendi siyah rengi parlamaz. Bunun yerine, *ZA*'den, kocasından alması gerekir. *ZA*, ışıklardan ve *İma*'nın *Kelim*'inden *Malhut*'a verir. Ama tam kurtuluş demek, *Malhut*'un kendisi kendi *Kelim*'inden ve ışıklarından kurulacak ve artık ışıkları ve *İma*'nın *Kelim*'ini *ZA*'den almak zorunda olmayacak demektir. Yazıldığı üzere, "Ayın ışığı güneşin ışığı gibi olacak."

Malhut'un önceki kurtuluşlarında olduğu gibi, *Malhut* üç çizgide kurulur ve sonra kendisi kurulur - üç çizgiden alma kabı. Benzer şekilde, gelecek kurtuluşlar için, kurtuluş ışığı, her seferinde biri olmak üzere üç çizgide *Malhut*'u düzeltmelidir ve sonra da bu üç çizgiden alan kendini düzeltmelidir. Daha sonra, tam *Zivug*'a uygun olan tüm mükemmelliğe sahip olur ki bunlar ıslahın beş muhakemesidir.

Bu bir zaman düzenine götürür:

İlk düzeltme - altmış yıldan altmış altı buçuk yıla, hesaplamanın ışığı ile sadece iradesindeki sağ çizgi düzeltilecek.

İkinci düzeltme – altmış altıdan yetmiş üç yıla, hatırlamanın ışığı ile sadece sol çizgi düzeltilecek. İşte o zaman Yusuf'un Mesih Oğlu, Galile topraklarında görünecek. O zaman bütün işaretler, solun aydınlanması süresince uygulanan *Dinim*'den [yargılar] gelecek.

Üçüncü düzeltme – yetmiş üç yıldan yüz yıla, içindeki orta çizgiyi düzeltir ve bununla Davut'un Mesih Oğlu görünür.

Dördüncü düzeltme - yüz yıldan altıncı binyılın sonuna kadar, üç çizgide olan her şeyi almak için kendisi, *Vav*'ın *Hey* içindeki *Zivug*'unda düzeltir. Ve dünyanın yaratılışından bu yana altıncı binyıla kadar çıkıp gelmiş olan bütün eski ruhlar tam bir yenilenme alacaklar.

Beşinci düzeltme - yedinci binyıl, *Malhut* tümüyle tamamlandığı zaman, Yaradan için tek bir gün olacak, dünyanın yaratılış gününden bu yana, yedi binyıl içinde hiçbir zaman var olmamış yeni ruhlar yaratmak için, tek bir *Zivug* olacak.

Altmış altıncıda dedi ki, Mesih Kral Galile topraklarında görünecek ve o, Yusuf'un Mesih Oğludur ve onun hüküm sürdüğü topraklarda görünür ve onun zamanı yetmiş üç yıldan itibaren yedi yıldır. Bu böyledir çünkü o, hatırlamanın ışığı ile düzeltmek için gelir. *Malhut*'un yarısı hâlâ hesaplamanın ışığından yoksundur. Onun zamanı altı buçuk yıldır, zira o *VAK*'ın ışığıdır. Ve şimdi hatırlamanın ışığı - bu *GAR*'dır - gelmiştir, önce yedi yıl boyunca tüm sol çizgiyi düzeltmek üzere Yusuf'un Mesih Oğlu göründü. Bu şunu gösterir ki *Malhut* tamamen, *Haze*'den aşağıya bile düzeltilmiştir. Çünkü daha önceki kurtuluşlarda, onun sol çizgisi yalnızca *İma*'ya yükselişinin zorlaması ile düzeltilmişti ki *İma*'nın sol çizgisini almıştı. Ama şimdi, kendi sol çizgisi aşağıda kendi yerinde düzeltilecek ve artık *İma*'nın sol çizgisine ihtiyaç duymaz.

Dendi ki, "Ve doğudan bir yıldız, kuzeyden yedi yıldızı yutacak." Bu dört rüzgâr nedeni ile böyledir - *HB TM - Bina* kuzeydedir ve *Tiferet* doğudadır. Hatırlamak, *Vav*'ın ışığıdır, *Tiferet*'tir, *Malhut*'u kendi sol çizgisinde düzeltecek olan doğudaki yıldızdır. Böylece, bu zamana kadar *Malhut*'un yapısı içinde olan kuzey tarafı, *İma*'nın sol tarafını iptal eder. Bu, *Bina*'nın içindeki yedi yıldızın yutulması olarak algılanır ve yedi yıldız yedi *Sefirot*'tur, *HGT NHYM*, bunlar sol çizgiye dâhildirler.

Dendi ki, "Ve siyah bir ateşin alevi gökte altmış gün asılı duracak." Solun aydınlığı ile bu dünyaya gelen *Dinim*, "bir ateş alevi" diye adlandırılır. Buraya kadar, alev kırmızı renkte idi, *Bina*'dandı, *Malhut*'tan değil. Bu nedenle dört renk - beyaz, kırmızı, yeşil ve siyah - *HB TM* 'dur ve kırmızı *Bina*'dır. Ama şimdi *Malhut*, ışığını ve *Kelim*'ini kendi kendinden edindiği için ve kendi *Kelim*'inden uzanan sol çizgi siyah renkte olduğu için, solun aydınlığından gelen ateş alevi siyah renktedir. Bu nedenle o, gökte siyah bir Işık asılı duracak der. Ve altmış gün sayısı, altmış kahramandır. Çünkü o, "solun aydınlığı" diye adlandırılır, burada *GAR*'ın ışığı olsa bile, hâlâ sadece *VAK* içindeki *GAR*'dır ki burada her uç, on taneden oluşur ve onlar altmıştır. Ayrıca günler *Sefirot*'tur.

Dendi ki, "Ve dünyada kuzey tarafta savaşlar uyanacak ve iki kral bu savaşlara düşecek." Solun aydınlığındaki *Dinim*'in zorlaması ile dünyaya savaşlar yayılacak. Ve doğu, kuzeyi yutacağı için, *Dinim* doğudan kuzeye de uzayacak. "Ve iki kral bu savaşlara düşecek," bir tanesi dünya milletlerinden ve bir tanesi İsrail'dendir ve bu Yusuf'un Mesih Oğludur.

Yazılıdır ki, "Ve onu bu dünyadan defetmek için bütün insanlar hep beraber Yakup'un kızının üstüne gelecekler." Bunun sebebi, Yusuf'un Mesih Oğlu düştükten sonra, milletler büyük ölçüde güçlenecek ve İsrail'i dünyadan defetmek isteyecekler. Yazıldığı üzere, "Bu Yakup'un zor zamanıdır, ama o bundan kurtarılacak." Bu demektir ki bu *Dinim* ve dertler cezalandırma olarak gelmeyecekler, ama sonrasında tam kurtuluş için *Kelim* olmak üzere gelecekler. "O bundan kurtarılacak" sözlerinin anlamı budur.

Yazılıdır ki, "O zaman, bütün ruhların bedenleri can verecek," o zaman, *Dinim* ve dertlerle orada ıstırap çekecekler, bir zamanlar beden içinde olan ruhların gücü boşaltılacak ve yalnızca o neslin ruhları değil ama dünyanın yaratılıştan bu yana bir zamanlar beden içinde olmuş olan bütün nesillerin ruhları da. Hepsi güçsüzleşecek ve güçleri tükenecek, ta ki, "Ve geri dönmeye ve yenilenmeye ihtiyaç duyacaklar," yani yenilenmeleri gerekecek, yenilenmek zorunda kalacaklar.

480) Yetmiş üç yıl içinde, Yusuf'un Mesih Oğlunun açığa çıkışından yedi yıl sonra, dünyanın bütün kralları, büyük şehir Roma'da toplanacaklar ve Yaradan, onları ateş ve dolu ve kristal taşlarla uyandıracak ve onlar dünyadan yok olacaklar. Ve sadece Roma'ya gelmeyen o krallar dünyada kalacaklar ve başka savaşlar açmak üzere daha sonra geri gelecekler. O zaman, Mesih Kral bütün dünyada uyanacak ve tüm dünyadan

birkaç millet ve birkaç ordu onun için bir araya toplanacaklar ve İsrail çocukları da kendi yerlerinde toplanacaklar.

Yorumu: Burası orta çizginin kurulduğu yerdir ki bu sağ çizgiye dâhil olmak üzere sola boyun eğdirmek hakkındadır, aynı zamanda sağın da sola. Böylece seviye her yönde tamamlanmış olur. "Yetmiş üç yıl içinde... dünyanın bütün kralları" sözlerinin anlamı şudur; gücü soldan gelenlerin hepsi büyük şehirde, soldaki tüm güçlerin başı olan Roma'da toplanacaklar. "Ve Yaradan onları uyandıracak... ve onlar dünyadan yok olacaklar." Bu böyledir çünkü orta çizginin aydınlığı ile bütün *Dinim* [yargılar] iptal edilecek ve solun güçleri dünyadan yok olacak. "Ve sadece Roma'ya gelmeyen o krallar," bunlar sağın *Klipot*'undan uzananlar, sol olan Roma'ya gelmeyenlerdir, "Başka savaşlar açmak üzere daha sonra geri gelecekler," çünkü dördüncü düzeltme sırasında, aşağıda yazıldığı gibi, sağın kuvvetlerinin İsrail ile savaşacağı bir zaman olacak.

"O zaman, Mesih Kral uyanacak," - Davut'un Mesih Oğlu - orta çizgiden uzanır, zira onun görünme ve düzeltilme zamanı gelmiştir. "Ve bütün İsrail çocukları kendi yerlerinde toplanacaklar," Kudüs'e gitmek için. Çünkü sonra sürgünlerin hasadı başlar ve Kudüs'e gitmek üzere kendi yerlerinde toplanacaklar. Ama dördüncü ıslahın gelişinden önce gitmeyecekler. Bu, içindeki üç çizginin aydınlanmasını alacak olan *Malhut*'un ıslahıdır. Ve sonra tüm İsrail toplanacak ve Kudüs'e gelecek.

481) Yıllar tamam olana ve altıncı binyılın 100. yılına gelene kadar. Sonra *Vav, Hey*'e üç çizginin düzeltmelerini, *Malhut*'u, yani dördüncü ıslahı bağışlayarak *Hey* ile birleşecek. "Sonra onlar, bütün milletlerden senin bütün kardeşlerini Yaradan'a kurban olarak getirecekler," ve sonra sürgünlerin hasatı olacak. Ve o zaman, İsmail'in çocukları - sağdaki *Klipot*'un tüm kuvvetlerinin başı (Roma'nın solun kuvvetlerinin başı olduğu gibi) - dünyadaki Roma'ya gelmemiş olan tüm insanlar ile beraber, Kudüs'e savaşa gelmek için uyanacaklar, yazıldığı üzere, "Çünkü Kudüs'e karşı savaşmak için tüm milletleri toplayacağım." Ve ayrıca yazılıdır ki, "Yeryüzünün kralları kalkın," ve de, "O, göklerde oturan gülecek."

482) *Sitra Ahra*'nın sağdaki ve soldaki bütün güçleri yok olduktan sonra, küçük *Vav, ZA*'in *Yesod*'u, *Hey* ile birleşmek ve eski ruhları yenilemek için uyanacak. Bu demektir ki dünyanın yaratılışından o zamana kadar bir beden içinde olmuş olanlar, *Malhut* dünyasının yenilendiği gibi yenilenecekler. Yazıldığı üzere, "Bırak da Yaradan eserlerinin keyfini çıkarsın." Ayrıca yazılıdır ki, "Yaradan'ın ihtişamı sonsuza kadar sürsün," ki böylece *Hey*, olması gerektiği gibi, *Vav* ile tamamen birleşecek. "Bırak da Yaradan eserlerinin keyfini çıkarsın," işlerini aşağıya indirsin ki bunlar dünya için

yenilenen ruhlardır. Böylece bunların hepsi yeni yaratılışlar olacak ve bütün dünyalar birleşerek tek bir dünya olacak.

483) Altıncı binyılın sonunda, yedinci binyıl olan Şabat'a girmek için bu dünyada kalacak olanlara ne mutlu. Öyledir çünkü bu yalnızca Yaradan'ın olan bir gündür, *Hey* ile tamamen çiftleşmek için ve dünyaya bağışlanacak yeni ruhları, yani daha önce hiç dünyada bulunmamış ruhları toplamak için. Dünyadaki eski ruhlarla, yani başlangıçtan kalan ve yenilenen ruhlarla beraber olacaklar. Yazıldığı üzere, "Ve o, Zion'da bıraktığını geçmek için gelecek ve Kudüs'te kalana, 'kutsal' denecek ve hatta Kudüs'te hayata yazılmış olan herkese de."

MESİH'İN GÜNLERİNDE TORA'NIN SIRLARI AÇIĞA ÇIKAR

VaYikra [Yaradan Çağırdı]

387) Musa öldükten sonra yazılmıştır ki, "Ve bu insanlar baş kaldıracaklar ve kötü yola düşecekler." Kabalist Şimon ayrıldıktan sonra yazıklar olsun dünyaya, dünyadaki öğretinin çeşmeleri tıkandığında ve kişi öğretinin tek bir sözünü aradığı ama onu söyleyecek hiç kimse bulunmadığı zamana yazıklar olsun. Ve bütün dünya yazılanlarda hataya düşecek ve öğretiyi hatırlatacak hiç kimse olmayacak.

O zaman için yazılmıştır ki, "Ve Yaradan'a doğru olan tüm halk hataya düşerse," yani ıslahlarında hataya düşerlerse ve onun yolunu yöntemini ve ne olduğunu bilmezlerse. Çünkü, "ve mesele topluluğun gözlerinden saklanmıştır," yani yazılanların derinliğini nasıl açığa çıkaracağını bilen ve onun yolunu yöntemini bilen yoktur, yazıklar olsun o zamanlarda dünyada olacak o nesillere.

388) Mesih'in zamanında, Yaradan, Işığın derin sırlarını açığa çıkaracak, "Çünkü yeryüzü, suyun denizi doldurduğu gibi, Yaradan bilgisi ile dolu olacak." Yazılıdır ki, "Ve artık komşusu olan her kişiye, kardeşi olan her kişiye, 'Yaradan'ı bil' diye öğretmeyecek; çünkü en aşağılık olanından en yüce olanına kadar hepsi Beni biliyor olacaklar."

ÖĞRETİNİN TÜM MİLLETLERE GÖRÜNÜŞÜ

VaYera [Yaradan Göründü]

460) Mesih'in günleri yaklaştığı zaman, dünyadaki küçük çocuklar bile öğretinin sırlarını bulacaklar ve onun içindeki kurtuluşun sonunu ve hesaplarını bilecekler. Ve o zaman, o herkese açık olacak. "Çünkü o zaman insanlara döneceğim," dizesinin anlamı budur. "O zaman" nedir? İsrail Topluluğunun tozdan kalktığı zamandır. Yaradan'ın onu kaldırdığı zaman, "O zaman insanlara saf bir dil ile döneceğim. Böylece hepsi omuz omza O'na hizmet etmek için, Yaradan'ın ismini hatırlayabilecekler."

MISIR'DAN TOPLU ÇIKIŞ

DİKENLERİN ARASINDA BİR ZAMBAK GİBİ

Ki Tissa [Aldığın Zaman]

31) "Sevgim, dikenler arasındaki bir zambak gibi, kız evlatların arasındadır." Yaradan, insanı yukarıdakine benzer yapmak istedi. Dolayısıyla dünyada, yukarıdaki zambak, *Malhut,* gibi bir zambak olacak. Ve mis kokulu zambak, dünyadaki bütün zambaklardan daha iyidir, dikenlerin arasında büyüyen bir tek odur. Ve o kokması gerektiği gibi kokar. Bundan dolayı O, yetmiş çift ekti, bunlar yetmiş tane ruhtu ve onları, dikenlerin, Mısırlıların arasına getirdi. Ve bu dikenler gelir gelmez, oradaki bu çiftler, dallar ve yapraklar verdiler ve dünyaya hâkim oldular. Ve zambak onların arasında tomurcuklandı.

32) Yaradan zambağı onların arasından alıp çıkarmak istediği için, dikenler, hiçbir şey olarak görülene kadar kurudular ve uzağa atıldılar ve yozlaştılar. O, zambağı toplamaya gittiği zaman, ilk doğan oğlunu dışarı çıkardığı zaman, Kral birkaç ordu, bakan ve sancağı dalgalanan yöneticilerin arasında gitti. Yeni doğan oğlunu birkaç güçlü kuvvetli kişi ile dışarı çıkardı ve onu, olması gerektiği gibi, Kralın evinde oturmak üzere Kendi sarayına getirdi.

BENİM İÇİN AÇ, KIZKARDEŞİM, KARIM

Emor [Konuş]

128) "Ben uykudayım ama kalbim uyanık; bir ses, sevgilim kapıyı çalıyor." İnsanlar dedi ki, "Ben sürgünde, Mısır'da uyuyorum." Bu böyledir çünkü sürgün, solun sağ üzerindeki hâkimiyeti yüzündendir ve uyku olan *Malhut*'un *Mohin*'i, solun *Dinim*'inden uzaklaşır. Oğullarım ağır köleliktaydiler ve onları sürgünde yok olmasınlar diye tutmak için kalbim uyanık. "Bir ses, sevgilim kapıyı çalıyor," Yaradan'dır ve demiştir ki, "Ve ben anlaşmamı hatırladım."

129) Bana iğne deliği kadar bir geçit aç ve ben senin için yüksek kapıları açacağım. Benim için aç, kız kardeşim, çünkü benim giriş kapım senin içinde. Oğullarım sadece senin içine girebilirler. Eğer kapını açmazsan, o zaman ben kilitli kalırım; bulunamayacağım. Bu nedenle, "Benim için aç." Kesinlikle, benim için aç. Bu nedenle İsrail, Kralın içine gelmek istediği zaman dedi ki, "Bana Hak'tan yana oluşun kapılarını aç... Bu Yaradan'ın kapısıdır." Hak'tan yana oluşun kapıları *Malhut*'tur; Kral'a girmenin yoludur. "Bu Yaradan'ın kapısıdır," onu bulmanın ve onunla birleşmenin kapısıdır. Bu nedenle, "Benim için aç, kız kardeşim, sevgilim," seninle eşleşmek ve sonsuza kadar seninle barış içinde olmak için.

Çünkü *ZA*'in kendisi, *Hohma*'dan saklı olan *Hasadim*'in içindedir. Ve *Malhut*'un kendisi, *Hasadim* olmaksızın

Hohma'nın içindedir. "Gece" diye adlandırılır, çünkü *Hohma*, *Hasadim* olmadan parlamaz. Bu nedenle, insanların kurtuluşu için tam bolluk, sadece *ZA* ve *Malhut*'un *Zivug*'unda vardır. Şu nedenle, çünkü *ZA*'in *Hasadim*'i, *Hohma*'nın *Malhut*'u ile karışır ve İsrail, *GAR*'dan tam bir bolluk alır.

MAYASIZ EKMEK VE *MATZA*

Tetzaveh [Emir]

74) Bir tek oğlu olan ve tek oğlu hasta olmuş olan bir kral gibidir. Bir gün yemek istedi. Dediler ki, "Bırakın kralın oğlu ilacını yesin ve onu yemeden önce, evde başka yiyecek olmasın." Ve öyle yaptılar. İlacı yediği zaman dedi ki, "Bundan böyle bırakın ne isterse yesin; bu ona zarar veremeyecektir."

75) Benzer şekilde, halk, Mısır'dan çıkıp geldiği zaman, onlar inancın anlamını ve temelini bilmiyorlardı. Yaradan dedi ki, "Bırakın insanlar şifayı tatsın ve bu ilacı yedikleri sürece başka yiyecek göstermeyin onlara," yani mayalı hamuru. *Matza* [mayasız ekmek] yedikleri zaman ki inancın, *Malhut*'un, anlamını bilmek için ilaçtır. Yaradan dedi ki, "Bundan böyle, onlar mayalı hamur için uygundurlar. Bırakın onu yesinler, çünkü artık bu onlara zarar veremez." Ve *Şavuot* gününde, *ZA*'in yüce ekmeği, yani tam şifa bulundu.

76) Bu nedenle mayalı hamur sunulmuştur, yani sunakta sunulan kurbanlar aracılığıyla sunakta yakılmak üzere kötü

eğilim sunulmuştur ve diğer iki ekmek, birbirine örülmüş olarak sunuldu. Diğer iki ekmek, kurbanların yanı sıra demektir. Mayalı hamur, kötü eğilim, kurbanlar aracılığıyla sunağın ateşinde yandı ve halka hükmedemez ve ona zarar veremez. Bu nedenle, işte o gün, Işığın şifası ile kutsal olanlar Yaradan'la birleşir.

KIZILDENİZ'İ GEÇMEK VE DOĞURMASI GEREKEN DİŞİ GEYİK

BeŞalah [Firavun Gönderdiği Zaman]

178) İsrail, deniz kenarında kamp kurduğu zaman, yukarıda ve aşağıda bir takım kalabalıklar ve bir takım askerler ve bir takım kamplar gördüler ve hepsi İsrail'e karşı toplanmışlardı. Bu kötü durum içinde, İsrail dua etmeye başladı.

179) O zaman, İsrail, her yönden zorluk gördü. Yükselen dalgalarıyla deniz önlerindeydi, arkalarında ise Mısır'ın bütün görevlileri ve kampları vardı ve üstlerinde de bir takım iftiracılar vardı. Yaradan'a feryat etmeye başladılar.

182) Topraklarda dişi bir geyik vardır ve Yaradan onun için çok şey yapar. Feryat ettiği zaman, Yaradan onun yakarışını duyar ve sesini kabul eder. Ve dünya su için merhamete ihtiyaç duyduğu zaman, o bir ses çıkarır ve Yaradan onun sesini duyar ve sonra Yaradan tüm dünyaya merhamet eder. Yazıldığı üzere, "Geyiğin su derelerine özlem duyuşu gibi."

183) Ve doğurması gerektiği zaman, her taraftan tıkanmıştır. Başını dizlerinin arasına koyar ve yüksek bir sesle feryat eder. Sonra Yaradan ona acır ve ona bir yılan yollar, yılan onu pudendasından sokar ve içindeki o yeri yırtarak onu açar ve onu hemen doğurtur. Bu konuda Yaradan'dan talepte bulunmayın ya da Yaradan'ı denemeyin.

TOPLU ÇIKIŞIN HİKÂYESİNİ ANLATMA EMRİ

Bo [Firavuna Gel]

179) Bunu takip eden emir, Mısır'dan toplu çıkışı överek konuşmaktır ki insan için bu her zaman zorunludur. Mısır'dan toplu çıkışın hikâyesini anlatan ve bu hikâyeden keyif alan her insan, Kutsallık (her yönden gelen neşedir) ile sonraki dünyada neşelenir. Bu insan, efendisi ile çok mutlu olandır ve Yaradan onun bu hikâyesi ile çok mutlu olur.

180) Yaradan, refakat edenlerini bir araya getirdiği zaman onlara der ki, "Gidin ve Beni öven hikâyeyi, benim çocuklarımın anlattığı ve Benim kurtuluşumla mutlu oldukları hikâyeyi dinleyin," hepsi gelip toplanır ve halk ile birleşir ve övgünün hikâyesini dinlerler, efendilerinden kurtulmanın sevinci ile hepsi mutludur ve gelip Yaradan'a bu mucizeler ve zor işler için teşekkür ederler ve O'nun topraklarındaki kutsal millet için O'na teşekkür ederler. Ve onlar Yaradan'ın kurtuluşunun sevinci ile mutludurlar.

181) Sonra ona yukarıdan daha çok güç ve kuvvet eklendi. Ve bu hikâye ile halk, Yaradan'a kuvvet verir, gücü övüldüğü ve kendisine teşekkür edildiği zaman kendisine daha fazla güç ve kudret verilen bir kral gibi, ve herkes ondan korkar ve onun saygınlığı hepsinden yukarı çıkar. Bu nedenle, bu hikâye ve övgü anlatılmalıdır. Benzer şekilde, insan her zaman Yaradan'ın önünde konuşmalı ve mucizeyi, O'nun yapmış olduğu bütün o mucizelerle birlikte halka duyurmalıdır.

182) Fakat mucizeler hakkında konuşmak neden bir zorunluluktur? Ne de olsa, Yaradan her şeyi bilir - önce gelenleri de sonra gelecek olanları da. Öyleyse, O'nun yapmış olduğu ve bildiği, neden onun önünde ilan edilsin ki? Gerçekten de, insan mucizeyi bildirmek ve O'nun önünde O'nun bütün yapmış olduklarını konuşmak zorundadır. Çünkü bu sözler yükselir ve yukarının bütün ev halkı toplanır ve onları görür ve Yaradan'a teşekkür eder ve O'nun saygınlığı yukarıdakilerin ve aşağıdakilerin gözünde yükselir.

YAZGIDA OLAN KURTULUŞ

Ki Tazria [Kadın Doğurduğu Zaman]

186) "Mısır'dan çıkıp geldiğiniz günlerdeki gibi, size mucizeler göstereceğim." Yaradan, halkı Mısır'dan kurtarmak için gönderildiği günlerde olduğu gibi, oğullarına kurtuluşu göstermeye yazgılıdır. Ve O, Mısırlılara bu afetleri gösterdi ve onlara halk için vurdu.

Günlerin sonundaki kurtuluş ile Mısır'dan kurtuluş arasındaki fark nedir? Mısır'dan kurtuluş tek bir kraldan ve tek bir krallıktan kurtuluştu. Ama buradaki, dünyanın bütün krallarından kurtuluştur. O zaman, Yaradan bütün dünyada saygınlık kazanacak ve herkes Yaradan'ın egemenliğini bilecek ve halkın gitmesine izin vermedikleri için herkes, bir için iki kere olmak üzere, yukarıdan gelen darbelerle vurulacak.

187) Sonra Yaradan'ın egemenliği belirecek. Yazıldığı üzere, "Ve Yaradan bütün yeryüzünün Kralı olacak." Ve sonra milletler, halkı Yaradan'a getirmeye gönüllü olacaklar. Yazıldığı üzere, "Ve onlar senin bütün kardeşlerini getirecekler." Sonra atalar, başlangıçta olduğu gibi oğullarının kurtuluşunu görmek için sevinç içinde dirilecekler. Yazıldığı üzere, "Mısır topraklarından çıkıp geldiğiniz günlerde olduğu gibi, size mucizeler göstereceğim."

KÖTÜ EĞİLİM VE İYİ EĞİLİM

İLK ÖNCE, KÖTÜ EĞİLİM MİSAFİR GİBİDİR

VaEthanan **[Yalvardım]**

150) Kötü eğilim neye benzer? Bir kişiyle bağlanmak için geldiği zaman, ateşe yerleştirilmeden önceki demir gibidir. Isıtıldıktan sonra, tamamen ateş gibi geri getirilir.

151) Kötü eğilim, bir kişi ile bağlanmak için geldiği zaman, giriş yolunu gören ve onu durduracak hiç kimsenin olmadığını gören bir kişi gibidir. Eve girer ve orada misafir olur ve orayı terk edip kendi yoluna gitmekten onu alıkoyacak hiç kimsenin orada olmadığını görür. Eve girdiği ve orada onu durduracak hiç kimse olmadığı için, o eve atanmış oldu ve tüm evin kendi mülkiyetinde olduğunu bulana kadar, evin sahibi haline geldi.

KÖTÜ EĞİLİM KİŞİYİ NASIL BAŞTAN ÇIKARIR

VaYera **[Yaradan Göründü]**

339) Asalağın iki kızı vardır diye yazılmıştır, *Hav, Hav* [ver, ver]. Bunlar kötü eğilimi beden üzerinde hüküm sürmek üzere uyandıran, kötü eğilimin iki kızıdır. Bir tanesi her zaman bedende büyüyen bir ruhtur ve bir tanesi de dünyadaki bütün kötü ihtiraslara ve fena isteklere hasret çeken bir ruhtur. Bu, büyük olandır ve ilki de daha genç olandır.

340) Kötü eğilim, ona inanmaları için insanları baştan çıkarmak ve onları parçalayan ölüm oklarının onlara atıldığı yere onları götürmek üzere, sadece bu iki ruhla birleşir. Yazıldığı üzere, "Bir ok karaciğerini parçalayana kadar."

341) Dağlarda soygun yapan ve kendilerini dağlarda berbat bir yerde saklayan ve insanların o yerlere gitmeyeceğini bilen haydutlara benzer. Ne yaptılar? Onlardan kaçtılar. Hepsinden en akıllı olan, insanları nasıl baştan çıkaracağını bilen, onlardan ayrılan ve dünyadaki bütün insanların gittiği doğru yolun üzerinde oturan – dünyanın insanlarına bir kere ulaştığı zaman, onları ağına düşürünceye kadar onlarla bağ kurmaya başlar. Onları öldürecek olan haydutların olduğu korkunç yere insanları götürür. Kötü eğilimin yolu böyledir: dünyadaki insanları kendine inandırana kadar ayartır ve sonra onları ölüm oklarının olduğu yere götürür.

KÖTÜ EĞİLİM İLE BAŞA ÇIKMAK

Miketz [Sonunda]

195) Kişi, her zaman iyi eğilimi kötü eğilime öfkeli kılmalı ve onunla uğraşmalıdır. Eğer ondan ayrılırsa, iyi. Eğer ayrılmazsa, bırakın ıslahı ile uğraşsın. Çünkü kötü eğilimi Işık'dan başka hiçbir şey kıramaz. Eğer onu terk ederse, iyi. Eğer terk etmezse, onu kırmak için, ona ölüm gününü hatırlatsın.

196) Burada gözlemlemeliyiz. Neticede, bu kötü eğilimdir, ölüm meleğidir. Ölüm meleği ölüm gününden önce kırılacak mı? O, insanları öldürür. Bu demektir ki insanları ölüme göndermekten keyif alır, bu nedenle daima onları kandırır, ölüme doğru baştan çıkarır.

197) Gerçekte, kişi bir insanın kalbini kırmak için ona ölüm gününü hatırlatmalıdır. Çünkü kötü eğilim yalnızca şarap keyfinin ve gururun olduğu yerde bulunur. Ve insanın şevki kırıldığı zaman, ondan ayrılır ve onun üstünde olmaz. Bu nedenle, kişi ona ölüm gününü hatırlatmalıdır ki böylece bedeni kırılacak ve kötü eğilim ondan ayrılacak.

198) İyi eğilim, Işığın keyfine ihtiyaç duyar ve kötü eğilim şarabın, zinanın ve gururun keyfine ihtiyaç duyar. Bu nedenle, insanın her zaman onu, o büyük günden, hüküm gününden, hesap gününden dolayı öfkelendirmesi gerekir ki o gün, kişiyi koruyan tek şey onun bu dünyada yaptığı iyi işler olduğu zamandır, böylece o zamanda onu korurlar.

İKİ MELEK

***Ve'Eleh Toldot İtzhak* [Bunlar İshak'ın Nesilleridir]**

170) "Bir adamın gidişatı Yaradan'ı memnun ettiği zaman, Yaradan, onun düşmanlarının bile onunla barış yapmasını sağlar." Kişi için iki melek vardır, onunla birleşmek için yukarının görevlileri, bir tane sağ için, bir tane de sol için. Ve

onlar kişinin şahitleridir ve kişinin yaptığı her şeyde mevcut bulunurlar. Onların isimleri, "iyi eğilim" ve "kötü eğilim"'dir.

171) Bir kişi arınmak ve Yaradan'ın rızasında çaba göstermek için geldiği zaman, ona bağlanmış olan o iyi eğilim, çoktan kötü eğilime hâkim olmuş ve onunla uzlaşmıştır ve kötü eğilim iyi eğilimin hizmetkârı haline gelmiştir. Ve kişi yozlaştığı zaman, o kötü eğilim güçlenir ve iyi eğilimi alt eder.

O kişi arınmak için geldiğinde, birkaç güçlenmeyi alt etmesi gerekir. Ve iyi eğilim hâkim olduğu zaman, düşmanları da onunla barış yapar. Çünkü düşmanı olan kötü eğilim, iyi eğilime teslim olur. Kişi, Yaradan'ın rızası için ıslahı ile gittiği zaman, düşmanları onunla barış yapar, yani kötü eğilim ve onun tarafından gelenlerin hepsi onunla barış yapar.

BÜTÜN KALBİN İLE

Teruma [Bağış]

668) Kişi, O'nu sevdiği zaman, Yaradan sevgisini yalnızca kalbinden uyandırır. Çünkü kalp uyanmanın yeridir, O'na karşı sevgi uyandırmak için...

669) "Bütün kalbin ile [İbranicede 'kalp' çift *Bet* ile]" yani iki kalple ki onlar iki eğilimdir, iyi eğilim ve kötü eğilim. Her biri "kalp" diye adlandırılır - biri "iyi kalp" ve diğeri "kötü kalp". Bu nedenle, "Bütün kalbin ile" denmiştir ve "Bütün kalbin ile [tek

Bet ile]" denmemiştir. Çünkü bu iki taneye işaret eder, bunlar da iyi eğilim ve kötü eğilimdir.

671) Kötü eğilim, kişi onunla Yaradan'ı nasıl sevebilir ki? Neticede, kötü eğilim öyle bir iftira atar ki kişi Yaradan'ın işine yaklaşamaz. Dolayısıyla kişi onunla Yaradan'ı nasıl sevebilir? Ancak, kötü eğilim O'na teslim olduğunda ve kişi onu kırdığında, Yaradan'ın işi daha önemlidir. Bu, Yaradan sevgisidir, zira kişi kötü eğilimi Yaradan'ın hizmetine nasıl getireceğini bilir.

672) Bu, *Din*'i [yargı] bilenler için sırdır: Yaradan'ın yukarıda ve aşağıda yaptığı her şey yalnızca O'nun ihtişamını göstermek içindir ve her şey O'na hizmet etmek içindir. Ve efendisine iftira eden bir köleyi görmüş olan herkes iftiracı olur ki böylece efendisinin isteği olan herhangi bir şeyde efendisinin isteğini yapmaz. Yaradan'ın isteği, insanların her zaman O'na hizmet etmesi ve gerçeğin yolundan yürümesidir ve onları büyük iyilikle ödüllendirmektir. Ve Yaradan'ın isteği bu olduğuna göre, nasıl olur da kötü bir hizmetkâr gelir ve efendisinin isteğini kötüler, insanları kötü yola döndürür ve doğru yoldan saptırır, insanları kötü yola döndürerek efendilerinin isteğini yapmamalarını sağlar?

673) Gerçekte, tamamen efendisinin isteğini yapmaktadır. Çok sevdiği, tek bir oğlu olan bir kral gibidir. Sevgisi yüzünden, ona kötü bir kadından uzak durmasını emretti. Çünkü böyle bir

kadının yanına yaklaşan kimse kralın sarayına girmeye layık değildir. Oğlu babasının isteğini sevgiyle yapmaya söz verdi.

675) Ve kralın evinde, dışarıda, güzel görünen ve güzel bir forma sahip bir fahişe vardı. Bir gün, kral dedi ki, "Oğlumun bana karşı arzusunu görmek istiyorum." O fahişeyi çağırttı ve ona dedi ki, "Git ve oğlumu baştan çıkart, bana karşı arzusunu görmek için." Fahişe, kralın oğlunu takip etti ve ona sarılmaya ve onu öpmeye ve her türlü ayartma ile onu baştan çıkarmaya başladı. Eğer bu oğul temiz ve saf ise ve babasının emrini tutarsa, onu geri çevirir, onu dinlemez ve kendinden uzaklaştırır. Sonra babası oğlundan memnundur ve onu sarayına getirir, ona hediyeler, ödüller ve büyük onur verir. Ve bu oğul için bütün bu iyiliklere kim sebep oldu? O fahişe.

675) O fahişe bütün bunlardan bir övgü alır mı, almaz mı? Tabii ki her şekilde övgü alır: 1) Kralın emrini yerine getirdiği için; 2) o oğul için bütün bu iyiliklere, kralın ona karşı olan bütün o sevgisine sebep olduğu için. Bu nedenle yazılmıştır ki, "Ve gör, o çok iyiydi." "Bu iyiydi", hayat meleğidir. "Çok", kötü eğilim olan ölüm meleğidir ve kesinlikle çok iyidir. Çünkü efendisinin emrini yerine getirir. Eğer o iftiracı olmasaydı, Hak'tan yana olanlar, sonraki dünyada miras almaya yazgılı oldukları o yüce hazineleri miras alamazlardı.

YÜKSEK BİR DAĞ VEYA KIL KADAR İNCE

VaYeşev [Yakup Oturdu]

240) Gelecekte, Hak'tan yana olanlar, kötü eğilimi yüksek bir dağ gibi görecekler. Hayret edecekler ve diyecekler ki, "Nasıl oldu da böyle yüksek bir dağı ele geçirdik?" Gelecekte aynı zamanda, kötü olanlar, kötü eğilimi kıl kadar ince görecekler. Ve hayret edecekler ve diyecekler ki, "Nasıl oldu da bu kıl kadar ince ipi ele geçiremedik?" Onlar ağlar ve bunlar ağlar ve Yaradan bunları dünyadan söküp alacak ve gözleri önünde onları katledecek ve o artık dünyayı yönetmeyecek. Sonra Hak'tan yana olanlar görecekler ve mutlu olacaklar. Yazıldığı üzere, "Sadece Hak'tan yana olanlar, Senin adına şükranlarını sunacaklar."

EŞEĞİ SÜRMEK

Pinhas

485) *Şaday*'ın *Yud*'u anlaşmanın harfidir, şeytanın boynundaki zincirden bir halkadır, yani kötü eğilimdir. Bu böyledir çünkü *Şaday*'da *Şad* ve *Yud* [*Şed* İbranicede şeytan demektir] harfleri vardır, hiç kimseye zarar vermeyecektir. Davut onun hakkında dedi ki, "Ruhumu kılıçtan, biricik olanımı köpekten kurtar," zira kötü eğilim yılandır, köpektir, aslandır. Davut bunun hakkında dedi ki, "İnindeki bir aslan gibi, bir saklanma yerinde pusuya yatar," ve elçi onu "ayı" diye

adlandırdı. Yazıldığı üzere, "Bana göre o, beklemede yatan bir ayı, gizli yerlerdeki bir aslan gibidir." Vahşi hayvanlarla karşılaştırıldı, bütün av hayvanlarıyla karşılaştırıldı ve kötülükleri ölçüsünde her insanla karşılaştırıldı. Çünkü kişi, kötülüğe göre "Aslan" veya "Ayı", vb. diye adlandırılır.

486) Kötü eğilim bir Tanrıdır, bir yılandır ve üzerine ruhun yerleştirildiği, anıran bir eşektir. Onun üstündeki sürücünün kötü olduğu bilinir bilinmez, onun hakkında yazılmıştır ki, "Ve sürücüsü geriye doğru düşer," çünkü ondan düşen, düşecektir. Bu nedenle Eyüp dedi ki, "Ben senden aşağı değilim [İbranice *Noffel* hem 'aşağı' hem de 'düşmüş' demektir]," ve onu süren Hak'tan yana kişi, onu *Tifilin* kayışından bir düğümle bağlar, *Tifilin*'in işareti, *Şaday*'ın *Yud*'u, onun boynundaki halka. *Tifilin*'in *Şin*'i onun boynundaki zincirdir.

487) İlyas onunla cennete yükseldi, yazıldığı üzere, "Ve İlyas bir kasırganın hortumunda cennete gitti." Onun içinde, "Yaradan, Eyüp'ü kasırganın hortumundan cevapladı," ve bu nedenle onun hakkında dediler ki, "Kim kahramandır? Kendi eğilimini fetheden." Bazısı ona, sürücüsüne eziyet etmeyen bir eşek olur ve onlar daha da fazla uğraşanlardır. İbrahim'le ilgili olarak şöyle denmiş olmasının nedeni budur, "Ve eşeğine semer vurdu," ve Mesih hakkında şunun söylenmesi de bundandır, "Fakir biri eşek sürüyor."

Bu böyledir çünkü kötü eğilim insanlara zarar vermek ve onları saptırmak için gücünü sol çizgiden alır. Bu zamanlarda, kötü olan, solun gücünü sağ üzerinde artırır ve bununla kötü eğilimin kontrolü altına düşer ki bu, kişinin günahının özüne göre pek çok isimle anılır. Ve bir tanesi, kişiye günah işleten haksızlığın cinsine göre adlandırılır. *Şaday*'ın *Yud*'u, anlaşmanın işareti orta çizgidir. Orada, kötü eğilimin bütün gücü olan solun *GAR*'ını azaltan, *Hirik*'in *Masah*'ı vardır. Ve anlaşmayı koruyan, Hak'tan yana olan, onu öyle bir bağlar ki böylece o günah işleyemez. Bu boynundaki zincirin bir halkasını çıkartan ve onu yöneten kişiye benzer. Aynı zamanda, *Tefillin*'in *Şin*'i [ש] de üç çizgiyi işaret eder.

Kötü eğilim, onu ele geçirmesi ve kullanması için herkese verilir. Eğer birisi onu yenerse, kötü eğilim sayesinde tam bir kusursuzluk gelir. Yazıldığı üzere, "Bütün kalbin ile," yani her iki eğiliminle, iyi eğilimle ve kötü eğilimle. Bundan çıkan sonuç şudur ki eğer biri ödüllendirilirse ve kötü eğilimini yönetirse, o ödüllendirilmiş demektir. Kasırganın hortumu kötü eğilimdir ki onu yenmiş, üstüne binmiş ve cennete yükselmekle ödüllendirilmiş.

Aynı zamanda yazılıdır ki kasırganın hortumunu yenmekle ödüllendirildiği için, "Ve Yaradan Eyüp'ü kasırganın hortumundan cevapladı." Aynı zamanda yazılıdır ki, "Kim kahramandır? Kendi eğilimini fetheden," çünkü eğer onu fethederse, tam bir kusursuzlukla ödüllendirilir. Onu kısmen fethetmekle ödüllendirilmiş olan için, kötü eğilim üzerine binilecek bir eşek haline gelir ve kötü eğilim ona asla tekrar acı vermez. Çünkü o, önemli olanlarla birlikte *Mitsvot*'un [sevaplar] ışığını tutar ve sonra kötü eğilim onların eşeği haline gelir. Çünkü *Homer*'de [madde] *Hamor*'un [eşek] harfleri vardır. İbrahim hakkında yazılıdır ki, "Ve o eşeğini eyerledi," eşek süren fakir bir adam. Çünkü onlar, onları kusursuzluğa götürsün diye kötü eğilimi onun üzerine binilecek bir eşek yapana kadar, kötü eğilimi fethetmekle ödüllendirilmişlerdi.

KORKU

KORKU - İLK EMİR

Zohar Kitabına Giriş

189) "Başlangıçta Yaradan yarattı." Bu ilk *Mitsva*'dır [sevap]. Bu *Mitsva*'ya, "Yaradan korkusu" denir, *Reşit* [başlangıç] denir. Yazıldığı üzere, "Yaradan korkusu öğretinin başlangıcıdır." Yaradan korkusu bilginin başlangıcıdır, zira bu korku "başlangıç" diye adlandırılır. Ve inanca giden kapı budur. Ve tüm dünya bu *Mitsva* üzerinde var olur.

190) Korku üç muhakeme ile yorumlanır. Bunlardan iki tanesinin belirli bir kökü yoktur ve bir tanesinin kökü korkudur. Yaradan'dan korkan bir adam vardır, çocukları yaşayabilsin ve ölmesinler diye korkar veya bedensel cezalardan ya da parasal cezalardan korkar. Dolayısıyla her zaman O'ndan korkar. Bundan çıkan sonuç şudur ki Yaradan korkusundaki bu korku bir kök gibi yerleşmemiştir. Çünkü kendi menfaati köktür ve korku bunun sonucudur.

Ve bu dünyadaki cezadan ve cehennemdeki cezadan korktuğu için Yaradan'dan korkan bir kişi vardır. Bu iki korku - bu dünyadaki ve sonraki dünyadaki cezadan korku - korkunun özü ve kökü değildir.

191) Gerçek korku, kişi Yaradan'dan korktuğu zamandır, çünkü O yücedir ve yönetendir, tüm dünyaların özü ve kökü ve diğer her şey O'nunla karşılaştırıldığında bir hiçtir.

YARATAN BENİM IŞIĞIM VE KURTULUŞUM; KİMDEN KORKMALIYIM?

BaMidbar [Çölde]

39) "Yaradan, benim Işığım ve kurtuluşum; kimden korkmalıyım?" Âdem üst ışığa gözlerini diktiği ve Yaradan onun üstüne parladığı için, o ne yukarıdakilerden ne de aşağıdakilerden korkar. Yazıldığı üzere, "Ama sizin üzerinize Yaradan yükselecek ve O'nun şanı sizin üzerinizde görülecek." "Yaradan, benim hayatımın kalesidir." Yaradan, bir kişiyi tuttuğu zaman, o kişi dünyadaki hiçbir davacıdan korkmaz.

KUDÜS

TORA YOKSA KUDÜS DE YOK

***VaYetze* [Yakup Dışarı Gitti]**

85) Kabalist Hiya ve Kabalist Hizkiyah, onun gücünün tarlasındaki ağaçların altında oturuyorlardı. Kabalist Hiya uyukladı ve İlyas'ı gördü. Kabalist Hiya, İlyas'a dedi ki, "Benim efendimin yolunun kanıtı olarak bu tarla - *Nukva* - parlar." İlyas dedi ki, "Şimdi sana geldim, Kudüs ile birlikte bilgelerin bütün şehirlerinin yıkıma yaklaştığına dair seni uyarmak için," çünkü Kudüs - *Nukva*, *Din*'dir [yargıdır]. O, *Din*'in üstünde durur ve içindeki *Din* ile beraber yıkılır. Ve Samel'e onun üzerine ve dünyadaki bütün kahramanlar üzerine çoktan izin verilmiştir.

Işık aşağıdan uyandığı sürece, insanlar onunla uğraştığı zaman, hayat ağacı yukarıdaki Kudüs'ü terk etmeyecek. Aşağıda ıslah durmuştur. Çünkü insanlar onunla, hayat ağacıyla, *ZA* ile, dünyanın hayat ağacıyla, "dünya" ve aynı zamanda "Kudüs" diye adlandırılan *Nukva* ile uğraşmayı durdurmuşlardır. Ve bunun aşağıdaki Kudüs'ten bahsettiğini söylememeliyiz. Çünkü bilgeler, Kudüs'ün yıkımından çok seneler sonraydılar.

86) Dolayısıyla, ustalar Işığı uygulamakla mutlu oldukları sürece, Samel onların üstünde hüküm süremez. Çünkü

yazılıdır ki, "O ses, Yakup'un sesidir. Fakat eller Esav'ın elleridir." Bu üst Işıktır, ZA, "Yakup'un sesi" diye adlandırılır ve ses durmadığı sürece, konuşma yönetir ve zafer kazanır. Bu nedenle, ruhun ıslahı için yapılan çalışma durdurulmamalıdır.

87) Sola yaslanan birisi, *Nukva*'yı harap eder. Çünkü bunun için şöyle yazılmıştır ki, "Eğer Yaradan şehri korumazsa, nöbetçi boşuna uykusuz kalır." Öğretiyle uğraşan bu kişiler, "Islah" denen orta çizgiye tutunurlar ve kutsal şehir, *Nukva*, onların üstünde durur. O zaman, dünyanın güçlü insanları, yani sola tutunanlar değil de, orta sütun olan *HaVaYaH* şehri korur. Bu nedenle yazılmıştır ki, "Eğer Yaradan," yani orta çizgi, "şehri korumazsa, nöbetçi boşuna uykusuz kalır," çünkü nihayet yıkılacaktır.

KUDÜS İLE MUTLU OL

Bamidbar [Çölde]

21) "Onu seven hepiniz, Kudüs ile mutlu olun ve onun için sevinin." Yazılanlar, Yaradan için ne kadar da makbuldür. Çünkü yazıların sözleri her nerede duyulursa, Yaradan ve O'nun tüm orduları, O'nun sözlerini dinler. Ve Yaradan onunla kalmak için gelir. Yazıldığı üzere, "Benim ismimden söz edilmesini sağladığım her yerde." Dahası, O'ndan nefret edenler onun önüne düşerler.

23) "Kudüs ile mutlu ol." Çünkü yalnızca insan, bir kadın kocasıyla, *ZA* ile *Malhut*'un birleştiği kutsal topraklarda olduğu zaman sevinç vardır. O zaman bu herkesin sevincidir, yukarısı ve aşağısı için sevinçtir. Ve halk kutsal topraklarda değilken, kişinin sevinmesi ve sevinç göstermesi yasaklanmıştır. Yazıldığı üzere, "Kudüs ile mutlu olun ve onun için sevinin." Halk onun içinde olduğu zaman, onun için sevinin.

26) "Sen sevinçle dışarı çıkacağın için." Bu halktır. Sürgünde olduğu ve tozda yattığı sürece, "sevinç" diye adlandırılmaz. Yaradan gelip, onu tozdan kaldırana kadar ve Yaradan ona der ki, "Tozlarını silkele; kalk," parla ve onlar birleşecekler. O zaman ona "sevinç" denir, herkesin sevinci. Ve sonra, "Sen sevinçle dışarı çıkacağın için." Sonra, birkaç ordu, Kralın sevinç yemeğine gelen ev sahibesini karşılamak için dışarı çıkacak.

DUVARLAR VE KAPILAR

Bo [Firavuna Gel]

126) Yaradan, yukarıdaki Kudüs, *Bina*, gibi aşağıdaki Kudüs'ü, *Malhut*'u yaptı. Ve O kutsal şehrin duvarlarını ve kapılarını yaptı. Gelen birisi, kapılar ona açılana kadar girmez ve tırmanan kişi, duvara çıkan basamaklar yerleştirilene kadar yükselmez.

Kutsal şehrin kapılarını kim açar ve yüksek basamakları kim yerleştirir? O, Kabalist Şimon Bar Yohay'dır. Öğretinin sırlarının kapılarını açar ve yüksek seviyeleri yerleştirir. Yazılıdır ki, "Tüm erkekleriniz Yaradan'ın yüzü önünde görünecek." "Yaradan'ın yüzü" kimdir? O, Raşbi'dir.

ZİON

Aharey Mot [Ölümden Sonra]

175) Yaradan, aşağı dünyayı yaratmak istediği zaman, onu tamamen yukarıdaki gibi yaptı. Kudüs'ü tüm yeryüzünün merkezi yaptı ve onun tepesine Zion, *Yesod,* diye adlandırılan yeri yaptı ve o, bu yerden kutsanır. Bu yerden, Zion'dan, dünya inşa edilmeye başladı, oradan inşa edildi. Yazıldığı üzere, "Yaradan konuştu ve dünyayı güneşin doğuşundan batışına kadar çağırdı." Yaradan, Zion'dan, her şeyi kapsayan güzellikten göründü. Yaradan, Zion'dan, dünyanın kusursuz güzelliğinden belirdi. Kudüs, *Malhut,* yalnızca Zion'dan kutsanır, bu *Yesod*'dur ve Zion yukarıdan kutsanmıştır, bu *Zer Anpin*'dir. Hepsi birbirine bağlıdır, *Zer Anpin* ve *Malhut* birbirine bağlıdır, Zion sayesinde birleşirler.

YUKARININ VE AŞAĞININ KUDÜS'Ü

Hayey Sara [Sara'nın Hayatı]

113) İsrail toprağının hepsi, Kudüs'ün altında katlanmıştır, *Malhut*'tur. Ve o aşağıda ve yukarıdadır. Böylece, yukarıda

Bina olan Kudüs vardır ve aşağıda *Malhut* olan Kudüs vardır. Çünkü o yukarıdan tutulmuştur ve o aşağıdan tutulmuştur. Yukarı Kudüs iki taraftan tutulmuştur - yukarıdan ve aşağıdan. Ve aşağı Kudüs iki taraftan tutulmuştur - yukarıdan ve aşağıdan. Bu nedenle iki katlıdır.

Yukarı Kudüs, *Bina*'dır ve aşağı Kudüs, *Malhut*'tur. Bilinir ki *Rahamim* niteliğinin *Din* içinde birleşmesi, onların birbiri içinde karışmış olduğu anlamına gelir. Ve bu karışımdan dört muhakeme çıktı – *Bina*, *Bina* içinde *Malhut*, *Bina* ve *Malhut* içinde *Malhut*. Sonunda anlaşılır ki *Malhut*'un niteliği iki katlıdır. Çünkü *Bina* içinde *Malhut* vardır ve *Malhut* içinde *Malhut* vardır.

İSRAİL VE MİLLETLER

YARATAN TORA'YI HERKESE SUNDU

Balak

140) "Yaradan, Sina'dan geldi," şöyle yazıldığı gibidir, "Gör, sana kalın bir bulut içinde geleceğim." "[O] Sina'dan geldi," ve onlara göründü, "Ve Seir'den onlara belirdi," Seir çocuklarının söylediğine göre, onlar almak istemediler. Ondan sonra, halk için parladı ve onlara çok Işık ve sevgi kattı. Aynı şekilde, "Paran Dağı'ndan parladı" Paran çocuklarının söylediğine göre, onlar almak istemediler. Ondan sonra, halka ek olarak daha da büyük bir Işık ve sevgi verildi.

141) O, kimin tarafından onlara ifşa oldu? Bu yüce bir sırdır ve sizin sorunuzla açığa çıkacaktır. Işık, yüce bir sırdan, gizli kralın, *Bina*'nın başından çıkar. O, sol kola, İshak'a, *Gevura*'ya eriştiği zaman, Yaradan bu kolda kötü kanı gördü, oradan çoğalıyordu, bu Esav'dır, Samel'dir. Ve *Sitra Ahra* dedi ki, "Bu kolun icabına bakmalı ve iyice incelemeliyim ve eğer bu kötü kanı dökmezsem, o her şeyi bozacak. Gerçekten de, her kusur buradan temizlenmelidir."

142) Samel'i, Esav'nun temsilcisini çağırdı ve ona dedi ki, "Benim hukukumu almak ister misin?" Cevap verdi, "Onda ne yazılı?" Dedi ki, "Öldürmeyeceksin." Yaradan, ona doğru yeri göstermek için atladı, onun tahammül edemeyeceğini bildiği

yere atladı. Samel dedi ki, "Yaradan affetsin, bu Sizin hukukunuz ve Sizin olarak kalacak. Ben bu hukuku istemiyorum." O'na bir kere daha yalvardı ve dedi ki, "Dünyanın Efendisi, eğer bu hukuku bana verirsen, benim bütün hükmüm gidecek. Çünkü benim bütün hükmüm öldürme sayesindedir. Eğer bu hukuku kabul edersem, hiç savaş olmayacak. Hâlbuki benim hükmüm Mars gezegeni üzerinde ve bu kan dökmeyi işaret eder. Bu yüzden, dünyadaki her şey iptal olur."

143) "Dünyanın Efendisi, hukukunu al ve ben onun hiçbir parçasını almayacağım. Ama eğer Sizi memnun edecekse, Yakup'un oğulları olan insanlar bu hukuka layıktırlar." Onlara kötülük yaptığını düşündü. "Ve Seir'den onlara belirdi'"nin anlamı budur, yani Işık, o Seir'den [günah keçisinden] - Samel'den, Seir'in temsilcisinden - çıkıp insanlar için geldi.

Samel kendi kendine dedi ki, "Eğer Yakup'un çocukları bu hukuku kabul ederlerse, muhtemelen dünyadan yok olup gidecekler ve asla yönetime geçemeyecekler." Yaradan onu defalarca cevapladı, "Sen ilk doğan olduğun için, bu hukuk sana verilmeli." O'na dedi ki, "Ama doğuştan kazanılan hak onun. Çünkü ona satılmıştır ve ben itiraf ettim." Yaradan dedi ki, "Hukukta hiç yer almak istemediğine göre, ondan tamamen uzaklaş." Dedi ki, "Pekâlâ tamam."

144) Yaradan ona dedi ki, "Böyle olduğuna göre, Bana fikir ver - senin dediğin gibi, Yakup'un çocuklarına onu nasıl kabul ettireceğim?" Samel O'na cevap verdi, "Dünyanın Efendisi, onlara rüşvet verilmeli. Cennetin ev sahiplerinin ışığından biraz Işık al ve onların üstüne yağdır. Bu sayede onlar kabul edecekler. Ve işte, önce ben kendi Işığımdan vereceğim." Onu saran Işığı üzerinden çıkardı ve onu halka vermesi için Yaradan'a verdi. Yazıldığı üzere, "Ve Seir'den onlara belirdi," aslında Seir'den çıkarken, o Samel'dir ve onun için yazılıdır ki, "Keçi kendi doğuracak." "Onlara" demek, halka demektir.

145) Samel'i kökünden söktüğü ve kötü kanı sol koldan, İshak'dan, *Gevura*'dan, kaldırdığı için, O sağ kola, İbrahim'e, *Hesed*'e döner. Onun içinde dahi, kötü kanı - İsmail'i - gördü. Dedi ki, "Bu kol da kötü kandan temizlenmeli." Yaradan, İsmail'in temsilcisi Rahav'ı çağırdı ve ona dedi ki, "Benim hukukumu almak ister misin?" Rahav cevapladı, "Onda ne yazılı?" Diğer her şeyi atladı ve ona dedi ki, "Zina yapmayacaksın." O dedi ki, aman yarabbim, Yaradan bana bu mirası bırakacak olursa, zinaya dayanan bütün hükmümü benden alacak kötü bir mirastır. Çünkü ben suyun kutsamalarını, denizdeki balığın kutsamasını almışım. Yazıldığı üzere, "Bereketli ol ve çoğal." Ve yazılıdır ki, "Ben... onu bereketli yapacağım ve onu çoğaltacağım," ve yazılıdır ki, "Ve o insanın vahşi eşeği olacak."

146) Yaradan'ın önünde yalvarmaya başladı. Dedi ki, "Dünyanın Efendisi, İbrahim'den iki oğul geldi. İşte, İshak'ın çocukları, bunu onlara ver, bu onlar için doğrudur." Yaradan ona dedi ki, "Yapamam, çünkü sen büyük olansın ve hukuk sana verilmeli." O'na yalvarmaya başladı ve dedi ki, "Dünyanın Efendisi, bırak benim doğuştan kazanılan hakkım onun olsun ve doğuştan kazandığım şu Işığı al ve onlara ver." Ve Yaradan öyle yaptı ve "Paran Dağı'ndan parladı ..." mısrasının anlamı budur.

148) Yaradan, Esav ve İsmail'i yöneten temsilcilerden İsrail için bu hediyeleri aldığı zaman, geldi ve diğer milletler için tayin edilmiş on binlerce kutsal görevliyi çağırdı ve onlar da Yaradan'ı Samel ve Rahav gibi cevapladılar. Yaradan onların hepsinden aldı ve insanlara vermek üzere hediyeler aldı.

YAPACAĞIZ VE DUYACAĞIZ

Leh Leha [İleri Git]

315) "Yaradan'ı kutsayın, siz O'nun melekleri... O'nun sözlerinin sesini duyarak." Yaradan'a doğru olanlar, dünyanın diğer tüm milletlerinden daha mutludur. Çünkü Yaradan onları tüm milletler arasından seçmiştir ve onları kendi payı ve hissesi yapmıştır. Bu yüzden, onlara ıslah olmanın metodunu vermiştir. Çünkü Sina Dağı'nda hepsi tek bir arzudaydı ve yapmayı duymadan önceye aldılar, söyledikleri gibi, "Yapacağız ve duyacağız."

316) Ve yapmayı, duymadan önceye aldıkları için, Yaradan melekleri çağırdı ve onlara dedi ki, "Şimdiye kadar, dünyada yalnız siz benim önümde olanlardınız. Bundan sonra, dünya üzerindeki çocuklarım her bakımdan sizin dostlarınızdır. İnsan dünyada sizinle birleşene kadar, Benim ismimi kutsamak için size izin yok ve hepiniz Benim ismimi kutsamak için birleşeceksiniz. Çünkü onlar, semadaki yüksek meleklerin yaptığı gibi, yapmayı duymadan önceye aldılar." Yazıldığı üzere, "Yaradan'ı kutsayın, siz O'nun melekleri... Onlar O'nun sözünü yaparlar," önce. Ve sonra yazılmıştır ki, "O'nun sözlerinin sesini duyarak."

317) "Yaradan'ı kutsayın, siz O'nun melekleri," bu topraklardaki Hak'tan yana olanlardır. Onlar Yaradan'ın önünde, semadaki yüksek melekler kadar önemlidirler. Çünkü onlar güçlü ve kuvvetlidirler, düşmanlarını yenen bir kahraman gibi eğilimlerinin üstesinden gelirler. "O'nun sözlerinin sesini duymak," her gün ve ihtiyaç duydukları her zaman yukarıdan bir ses duymakla ödüllendirilmişler demektir.

318) Kim bu yüce, kutsal olanlarla durabilir? Ne mutlu onlara, onların önünde durabildikleri için. Ne mutlu onlara, onlardan korundukları için. Yaradan'ın yol göstericiliği her gün onların üzerindedir. Onların önünde nasıl durabiliriz? Bu nedenle

yazılıdır ki, "Seç ve yakına getir. Böylece o Senin konaklarında oturabilir," aynı zamanda, "Ne mutlu gücü Sende olan kişiye."

SEVGİLİM BENİM İÇİNDİR VE BEN DE ONUN İÇİN

Nuh

108) Ay, üst kutsamalarla tamamen dolu olduğu zaman, yalnızca Yaradan'a doğru olanlar gelir ve ondan meme emer. Bu nedenle yazılıdır ki, "Sekizinci günde bir toplantın olacak." Toplantı, bir toplamadır. Çünkü başka hiçbir millet üst kutsamalardan toplanmış her şeyi emmez, ancak yalnızca halk emer. Bu nedenle yazılıdır ki, "Bir toplantın olacak," başka milletler değil ama yalnızca sen, başka görevliler değil ama sen.

109) Bu nedenle, halk, sunağa döktükleri su ile Yaradan'ı memnun eder. Milletlerin görevlilerine kutsamalardan bir parça verir ki böylece onlar bununla meşgul iken, halk üst kutsamaları emdiğinde insanların sevincine karışmazlar. O gün hakkında şöyle yazılıdır, "Sevgilim benim içindir ve ben de onun için," ki hiç kimse bize karışmaz.

110) Sevdiğini belirli bir günde yenecek bir yemeğe davet eden bir kral hakkında bir alegori vardır. Böylece kralın sevdiği, onun gözdesi olduğunu bilecektir. Kral dedi ki, "Şimdi sadece sevdiğimle mutlu olmak istiyorum ve korkarım ki ben sevdiğimle yemekteyken, bütün o memurlar ve görevliler

gelecek ve sevdiğimin yanı sıra bu mutluluk yemeğini yemek için bizimle masaya oturacaklar."

Sevgili ne yaptı? O sebzeler ve öküz eti ile yemek yaptı ve onu bütün o memur ve görevlilere yemeleri için ikram etti ve kral sevgilisi ile dünyanın bütün lezzetlerinden daha yüce bir yemeğe oturdu. Ve o, kral ile yalnızken, ondan ihtiyacı olan tüm şeyleri istedi ve o onları ona verdi ve kral yalnızca sevgilisi ile neşelendi ve onların arasına hiç yabancı girmedi. İnsanlar da Yaradan ile böyledir ve bu nedenle yazılıdır ki, "Sekizinci günde bir toplantın olacak."

İFTİRACILAR İSRAİL'İ TEKRAR SEVDİLER

Emor [Konuş]

273) Bütün bu kurbanlar, yetmiş öküz, geri kalan milletlerin görevlilerini beslemek için verildi. Çünkü Yaradan, çocuklarını sevdiği için, tüm temsilcilerin de onları sevmesini ister. Yazıldığı üzere, "Bir adamın gidişatı Yaradan'ı memnun ettiği zaman, Yaradan onun düşmanlarının bile onunla barış yapmasını sağlar." Bu demektir ki yukarıdaki bütün iftiracılar bile tekrar halkı sever olurlar. Ve yukarıdaki güçler tekrar halkı sever olunca, aşağıdakilerin hepsi halkı daha da çok sever.

İSRAİL'İN HAREKETLERİ HER ŞEYİ BELİRLER

VaYehi [Yakup Yaşadı]

412) Eğer halk, Yaradan'ın önünde iyi işler toplasaydı, puta tapan milletler asla onlara karşı ayaklanmazlardı. Fakat halk, diğer milletlerin dünyada başlarını yükseltmelerine sebep olur. Çünkü eğer İsrail, Yaradan'ın önünde günah işlemeseydi, puta tapan diğer milletler ona boyun eğerlerdi.

413) Eğer halk, İsrail toprağında diğer tarafa kötü işler yapmamış olsaydı, puta tapan diğer milletler İsrail topraklarını yönetmeyeceklerdi ve İsrail bu topraklardan sürgüne gönderilmeyecekti. Bunun hakkında yazılıdır ki, "Çok fakir olduğumuz için," zira yapmamız gerektiği gibi iyi işlerimiz yok.

SÜRGÜNDE, HALK MİLLETLERDEN KALANLARLA BESLENİR

Teruma [Bağış]

485) Ve yiyeceksiniz ve tatmin olacaksınız ve Yaradan'ı kutsayacaksınız. Ne mutlu bu insanlara, çünkü Yaradan onları bütün diğer milletler arasından tercih etti ve Kendi yakınına getirdi. Onların hatırına, Yaradan bütün dünyaya Kendi yemeğinden ve doyumundan verir. Onların hatırına olmasaydı, Yaradan dünyaya besin vermeyecekti. Ve şimdi halk sürgünde olduğu için, bu daha da çok böyledir: Dünya,

onun artıkları halka yetsin diye, yedi kat fazla besin ve doyum alır.

486) Halk kutsal topraklarda iken, besin yüksek yerden aşağı onlara gelirdi ve onlar puta tapan milletlere artıkları verdiler ve bütün milletler bu artıklardan besleniyordu. Şimdi halk sürgünde olduğu için, bu konu başka bir yöne dönmüştür: Besin dünya milletlerine gelir ve İsrail onların artıklarını alır.

487) Kendi ev sakinlerine yemek veren bir kral hakkında bir alegori vardır. Onun isteklerini yerine getirdikleri sürece, yemekte kral ile birlikte yerler ve kemik parçalarını da kemirsinler diye köpeklere verirler. Ev sakinleri kralın isteklerini yerine getirmedikleri zaman ise kral bütün yemeği köpeklere, kemikleri de ev sakinlerine verir.

488) Halk, Efendisinin isteğini yaptığı sürece, Kralın sofrasında yerler ve tüm yemek onlar için hazırlanmıştır. Keyif içinde, kemikleri - ki bunlar artıklardır, puta tapan milletlere verirler. Ve halk, Efendisinin isteğini yapmadığı sürece, sürgün olacak ve yemekleri köpeklere verilecek, onlara da artıklar verilecek. Yazıldığı üzere, "Böylece İsrail çocukları temiz olmayan ekmeklerini milletler arasında yiyecekler," çünkü onların tiksintilerinden kalanı, onların tiksinti veren yemeklerini yiyecekler. Yazıklar olsun kralın oğluna, o oturur ve hizmetkârın masasını bekler, onun masasından arta kalan yiyeceği bekler.

İSRAİL DÜŞTÜĞÜ ZAMAN, ONLAR EN KÖTÜLERDİR

VaYehi [Yakup Yaşadı]

196) Yaradan'a doğru olan halk ile puta tapan milletler arasındaki fark nedir? Halk içinden bir kişi öldüğü zaman, o her bedeni kirletir ve ev kirlenir. Ve puta tapanın bedeni, başka birini kirletmez ve öldüğünde de bedeni kirli değildir.

197) Halktan biri öldüğü zaman, efendisinin bütün kutsallığı ondan alınır, kutsal *Tselem* [görünüş] ondan alınır, kutsal ruh ondan alınır ve bedeni kirli kalır.

198) Ancak, puta tapan bir kişi, bir yabancı - ki o putperestlik yapar, yaşamı boyunca her yönden kirlidir, onun *Tselem*'i kirlidir ve onun *Ruah*'ı [ruh] kirlidir. Çünkü bütün bu pislikler onun içindedir. Onun yanına yaklaşmak yasaklanmıştır. Öldüğü zaman, bütün bu pislikler ondan çıkar ve bedeni lekelenmeden temiz kalır.

199) Ve *Guf*'ları [bedenleri] hem yaşamlarında hem de ölümlerinde kirli olsa bile, yaşamlarında, içlerinde olan bütün kirliliğin başkalarını kirletme gücü vardır. Öldükleri zaman, bütün kirlilik onlardan çıkıp gittiği için kirletemezler. Ve İsrail'in *Guf*'u, öldükten sonra başkalarını kirletebilir. Çünkü bütün kutsallıklar ondan ayrılmıştır ve öteki taraf ondadır.

İSRAİL'İN DİĞER MİLLETLER İÇİNDEKİ VARLIĞI ONU GÜÇLENDİRİR

Şemot [Toplu Çıkış]

75) "Ve Mısır üzerinde yeni bir kral yükseldi." Dünyadaki bütün milletler ve dünyadaki bütün krallar, yönetimlerinde yalnızca İsrail yüzünden güçlendiler. Halk gelip orada sürgüne girene kadar, Mısır bütün dünyayı yönetmiyordu. Böylece, dünyadaki bütün insanların üstesinden geldiler. Halk orada sürgünde onların arasında iken, Babil yalnızca İsrail yüzünden dünyadaki bütün insanlardan daha güçlüydü. İsrail orada sürgünde onların arasında iken, yalnızca İsrail yüzünden, Edom dünyadaki bütün insanlardan daha güçlüydü. Bu insanlar diğer milletler arasında aşağı durumdaydılar, hepsinden daha aşağıda, ama İsrail yüzünden güçlendiler.

76) Mısır, tüm insanlardan daha aşağıdaydı; aslında onlara "köleler" deniyordu. Çünkü onlar, Mısırlılar, tüm insanların en aşağıda olanlarıydılar. Babil aşağıydı, yazıldığı üzere, "Gör, Kaldelilerin toprakları - bu insanlar böyle değildi." Edom aşağıydı, yazıldığı üzere, "Gör, sizi milletler arasında küçük ve çok aşağı görülen yapıyorum."

77) Onların hepsi Yaradan'a doğru olanlar yüzünden güçlendiler. Çünkü halk onlarla sürgünde olduğu zaman, onlar derhal dünyanın diğer milletlerinden daha çok güçlendiler.

Çünkü Yaradan'a yönlenenler tek başına dünyanın bütün milletlerine denktir.

Halk, Mısır'a sürgüne gittiği zaman, Mısır derhal yükseldi ve onların yönetimi diğer tüm milletlerin üzerinde güçlendi. Yazıldığı üzere, "Ve Mısır'ın üstünde yeni bir kral yükseldi." "Yükseldi" şu anlamdadır, onların yükselişi oldu, yani Mısır yönetimi üzerine tayin edilen melek güçlendirilmişti ve yükseldi ve güçlendirilerek ona diğer tüm milletlerin atananları üstünde yönetim gücü verildi.

Başlangıçta, yukarıdaki o görevliye ve arkasından onun aşağıda olan insanlarına yönetim verildi. Ve bu yüzden yazılan der ki, "Ve Mısır'ın üstünde yeni bir kral yükseldi." Bu onların görevlisiydi, bugüne kadar diğer tüm milletler üzerinde hiçbir yönetimi olmadığı için yeniydi ve şimdi dünyanın bütün insanlarına hükmetmek için yükseltilmişti. Ve sonra, "Üç şeyin altında dünya sallanır... köle kral olduğu zaman" sözleri gerçek olur, zira Mısırlılar köleydiler.

İSRAİL'İN ISTIRABININ NEDENİ

Pinhas

143) Bir gün, milletlerden bir bilge Kabalist Eliezer'e geldi. Ona dedi ki, "Yaşlı adam, yaşlı adam..."

144) "Yüce Krala bütün diğer milletlerden daha yakın olduğunu söylüyorsun. Krala yakın olan, üzüntü, korku ve dertler olmaksızın, her zaman mutludur. Ama sen her zaman dertlisin, dert içindesin ve dünyanın bütün insanlarından daha çok kederlisin. Bizim ise, ıstırap, dert veya keder asla üstümüze gelmez. Bu nedenle biz Yüce Krala yakınız ve sen ondan uzaksın ve bu nedenle sende üzüntü, dert, yas ve keder var ama bizde yok ..."

152) Bu inançsız kişinin ona sorduğu soruya cevap şuydu: Biz kesinlikle Yüce Krala diğer tüm milletlerden daha yakınız. Gerçekten de bu böyledir. Çünkü halk Yaradan tarafından tüm dünyanın kalbi olarak yapılmıştır. Bu nedenle, halk da diğer milletler arasında böyledir, organlar arasındaki bir kalp gibi. Ve bedendeki organların kalp olmadan bir dakika bile var olamamaları gibi, tüm diğer milletler de biz olmadan var olamaz. Ve Kudüs de diğer memleketler arasında böyledir, organlar arasındaki kalp gibidir. Dolayısıyla, organların ortasında olan kalp gibi dünyanın ortasındadır.

153) Aynı zamanda, tıpkı organlar arasında kalbin olduğu gibi, Yaradan'a doğru olanlar da tüm diğer milletler arasında öncülük edendir. Kalp yumuşak ve zayıftır ve diğer tüm organları yaşatan destektir ve bütün organlar hiç üzüntü, dert ve keder hissetmezler. Fakat sadece kalp hisseder, onda yaşatma gücü ve akıl vardır. Üzüntü ve keder geri kalan diğer organların yakınına gelmez. Çünkü onlarda yaşatma gücü yoktur ve onlar hiçbir şey bilmezler. Bütün diğer organlar, Krala - o beyindeki akıl ve zekâdır - yakın değildirler. Diğer organlar ondan uzakken ve onu bilmezken, yalnızca kalp ona yakındır. Halk da böyledir, milletlerin geri kalanı O'ndan uzakken, o kutsal Krala yakındır.

SOPASINI ESİRGEYEN KİŞİ OĞLUNDAN NEFRET EDER

Şemot [Toplu Çıkış]

304) Yazılıdır ki, "Sopasını esirgeyen kişi oğlundan nefret eder." Aynı zamanda yazılıdır ki, "Seni sevdim der Yaradan," ve yazılıdır ki, "Ama Esav'dan nefret ettim." "Nefret ettim" yazıldığı üzere, "Sopasını esirgeyen kişi oğlundan nefret eder." Ondan nefret ettim, bundan dolayı ondan sopayı esirgedim.

KRALİÇE VE ODA HİZMETÇİLERİ HAKKINDAKİ ALEGORİ

BeŞalah [Firavun Gönderdiği Zaman]

151) Fakat Kral için, *ZA* için, kraliçenin, *Malhut*'un, gitmesi ve savaş yapması ve göreve gitmesi saygıdeğer bir durum mudur? Fakat üst kraliçe ile evlenen bir kral gibi, kral onun değerini, onun dünyadaki bütün kraliçelerden daha üstün olduğunu gördü. Dedi ki, "Onların hepsi Benim kraliçemle karşılaştırıldığında oda hizmetçileri sayılırlar; onların hepsinden üstündür. Onun için ne yapacağım? Bütün evim onun ellerinde olacak." Kral bir bildiri yolladı: Bundan böyle, Kralın bütün sözleri kraliçe tarafından nakledilecek. Ve Kral bütün silahlarını, bütün savaşçılarını, Kralın bütün mücevherlerini ve Kralın tüm hazinelerini onun ellerine verdi. Dedi ki, "Bundan böyle, kim Benimle konuşmak isterse, önce kraliçeye bildirmeden Benimle konuşamayacak."

152) Böylece, Yaradan'ın halka, *Malhut*'a olan bağlılığı ve sevgisi yüzünden, O her şeyi onun mülkiyeti altına yerleştirdi. Dedi ki, "Onun yanında diğer her şey bir hiç sayılır." Dedi ki, "Altmış, *Malhut*'tur; Benim güvercinim birdir, Benim lekelenmemiş olanım. Ben onun için ne yapacağım? Gerçekten de, bütün evim onun ellerinde olacak." Kral bir bildiri yolladı: Bundan böyle, kralın bütün sözleri kraliçe tarafından nakledilecek. Bütün silahlarını onun ellerine verdi. Yazıldığı

üzere, "Gör, bu Süleyman'ın yatağıdır, etrafında altmış güçlü adam, hepsi de kılıç kullanmakta ustalar, savaşta eğitilmişler."

KORKMA, SEN EY YAKUP'UN KURTÇUĞU

VaYişlah [Yakup Gönderdi]

250) Yaradan, dünyadaki puta tapan ulusların hepsini, tayin edilmiş vekillerin altına yerleştirdi ve bunların hepsi kendi yaratanlarını izler. Hepsi kan döker ve savaş yapar, çalar, zina yapar, zarar vermek için hareket edenlere katılır ve zarar vermek için daima güçlerini artırır.

251) Ulusun onları yenecek gücü ve kudreti yoktur, ağızlarında olan dua dışında, tek gücü ve kudreti ağzında olan bir kurtçuk gibi. Ama ağız ile o her şeyi parçalar ve bu nedenle İsrail'e "kurtçuk" denir.

252) "Korkma, sen ey Yakup'un kurtçuğu." Bu dünyadaki hiçbir yaratık, ipek böceği gibi değildir, ondan soylu giysiler, kral giysileri gelir. Ve kozayı ördükten sonra, yumurtlar ve ölür. Daha sonra tam da bu yumurtadan, eskisi gibi hayata döner ve tekrar yaşar. İsrail de böyledir. Bu kurtçuk gibi, ölseler bile tekrar gelirler ve önceki gibi bu dünyada yaşarlar.

253) Aynı zamanda denmiştir ki, "Çömlekçinin elindeki çamur gibi, sen de, İsrail evi, Benim elimdesin." Malzeme şu camdır; kırılsa bile düzeltilmiştir ve önceki haline düzeltilebilir. İsrail de böyledir: ölseler bile tekrar yaşarlar.

254) İsrail hayat ağacıdır, *ZA*'dir. Ve İsrail'in çocukları hayat ağacına sarıldığı için, onların hayatları olacak, tozdan kalkacaklar ve bu dünyada yaşayacaklar ve Yaradan'a hizmet eden bir millet olacaklar.

HAYATIN AMACI

KİŞİNİN KALBİNDEKİ DÜŞÜNÜP TAŞINMALAR

Yeni Zohar, *Bereşit* [Yaratılış]

741) "Vadinin tomurcuklarını görmek için kuruyemiş bahçesine gittim." Bakın orada insan için, düşünmek ve her gün düzeltmeler yapmak üzere, eylemlerini incelemek ve bütün meselelerini muhakeme etmek üzere ne çok şey var. Kişi, boş şeylerle uğraşmayıp, yalnızca O'nun işini düşünmek ve O'nunla bir olmak üzere, Yaradan'ın onu diğer yaratıklardan üstün olarak yaratmış ve onun içine yüksek bir ruh yerleştirmiş olduğunu kalbine almalı.

KALBİN KATILIĞI

BeHalotha [Tırmandığın Zaman]

140) İnsanlar ne kadar katı kalpliler, zira onlar bu dünyanın sözlerine hiç aldırmazlar. Bunu onlara, bedenin bütün organlarına yapışan, kalpteki kötülük yapar. "Güneşin altında görmüş olduğum bir kötülük var ve o, insanların üstünde ağırlık yapar." Bu kötülük, dünyevi meselelere hâkim olmak isteyen ve o dünyanın meselelerine hiç aldırmayan kalpteki kötülüğün gücüdür.

GÖRMEK İÇİN GÖZLER VE İLGİLENMEK İÇİN BİR KALP

Aharey Mot [Ölümden Sonra]

30) Kabalist Şimon dedi ki, "Dünyadaki insanlara hayret ediyorum, bu dünyanın sözlerine bile dikkat etmiyorlar: ne görmek için gözleri ne de gözlemek için kalpleri var ve Yaradan'ın isteğini bilmiyorlar ve bu isteğe karşı özenli değiller. Uyuyorlar ve o gün gelip karanlık ve kasvet onları kaplamadan ve ödünç veren onlardan hesabını istemeden önce uyuklamalarından uyanmıyorlar."

31) "Ve haberci her gün onları çağırır, ruhları her gün ve her gece onlara şahitlik eder ve yazılanlar her yöne yüksek sesle şunu diyerek seslenir, "Ne zaman kadar, siz budalalar, çılgınlık aşığı olacaksınız? Kim saf ise, bırakın buraya dönsün. Anlamaktan aciz olana o şöyle der, 'Gel, benim ekmeğimi ye ve benim karıştırdığım şarabı iç.' Ama hiç kimse kulak asmaz ve onun kalbini uyandıran hiç kimse yoktur."

32) Gelecek olan son nesilde, hukuk onlar arasında unutulmuş olacak. O zaman kalbi akıllı olanlar, kendi yerlerinde toplanacaklar ve yazılanları açan ve kapayan hiç kimse bulunmayacak. Yazıklar olsun o nesle. Bundan sonra, Mesih'in nesli gelene kadar, dünyada bilgi uyanana kadar, bunun gibi bir nesil daha olmayacak. Yazıldığı üzere, "Çünkü onların hepsi Beni bilecek, en küçüğünden en yüce olanına kadar."

ÜST BİLGELİK [HOHMA]

Toldot [Nesiller]

189) Yaradan'ın bu topraklarda yaptığı her şey bilgelikledir ve hepsi insanlara üst bilgeliği öğretmek içindir ki böylece onlar bu işlerden bilgeliğin sırlarını öğrenecekler. Ve her şey olması gerektiği gibidir ve O'nun bütün işleri ıslahın yollarıdır. Çünkü ıslahın yolları Yaradan'ın yollarıdır ve üst bilgeliğin, çeşitli usullerine, yollarına ve sırlarına sahip olmayan tek bir küçük şey yoktur.

GÖZLERİN AÇILMASI

VaEthanan [Yalvardım]

35) Yaradan gözleri açmaya yazgılıdır, zira üst bilgeliğe gözlerini dikip de Yaradan'ı bilsinler diye bu dünyada edinmediklerini edinen öğretiler hiçbir zaman olmamıştır. O bilgelikle ödüllendirilmiş, Hak'tan yana olanlara ne mutlu. Çünkü o bilgelik gibi hiçbir bilgelik yoktur, o anlayış gibi başka hiçbir anlayış yoktur ve o birleşme gibi başka bir birleşme yoktur.

KİŞİNİN BİLMESİ GEREKEN ÖĞRETİ

Yeni *Zohar*, Şarkıların Şarkısı

482) Kişinin bilmesi gereken öğreti: Yaradan'ın sırlarını bilmek ve yerine getirmektir, kendini bilmek için, kim

olduğunu bilmek, nasıl yaratıldığını, nereden geldiğini ve nereye gittiğini, bedenin nasıl düzeltildiğini ve Yaradan tarafından nasıl yargılanacağını bilmek için.

483) Ruhun sırlarını bilmek ve yerine getirmek. Onun içindeki ruh nedir? Nereden gelir ve neden bu bedene gelir, bugün burada ve yarın mezarda olacak olan bu fani damlaya? İçinde olduğu dünyayı ve dünyanın ne için düzeltileceğini bilmek, Üst Dünyanın yüce sırlarına gözünü dikmek ve Yaradan'ını bilmek için. Ve kişi tüm bunları, yazılardaki sırlarının içinden yerine getirir.

484) O dünyaya Yaradan'ın sırlarını bilmeden giden biri, pek çok iyi iş yapmış olsa bile o dünyanın bütün kapılarından dışarı atılacaktır.

485) Ruh, Yaradan'a şöyle der, "Bana yüce öğretinin sırlarını anlat, Üst Dünyayı nasıl yönlendirir ve yönetirsin; şimdiye kadar bilmediğim ve öğrenmediğim bilginin sırlarını bana öğret. Böylece aralarına geleceğim o Yüksek Dereceler arasında utanç duymamış olacağım."

486) Yaradan ruha cevap verir, "Eğer bilmiyorsan, ey kadınlar arasında en güzel olan," eğer gelmiş ve buraya gelmeden önce öğretiye bakmamışsan ve Üst Dünyanın sırlarını bilmiyorsan, "kendi yoluna git," çünkü bilmeden buraya girmeye layık değilsin. "Sürünün ayak izleriyle kendi yoluna git," dünyaya yeniden gel ve bu "sürünün ayak izleri" ile bilen ol. Onlar,

insanların topuklarıyla ezdiği insanoğullarıdır. Çünkü onları aşağı görürler; fakat onlar Yaradan'ın yüce sırlarını bilenlerdir. Nasıl bileceğini ve yerine getireceğini onlardan bileceksin ve onlardan öğreneceksin.

487) Kutsal arzularındaki küçük çocuklar yazılanları, çobanların çadırlarının yanında, Yüce Bilgeliğin çalışıldığı mabet ve medreselerdekinden daha fazla çalışıyorlar. Çocuk oldukları için onlar bilmese bile, onların söylediği bilgelik sözlerinden sen bilecek ve anlayacaksın.

AŞAĞIYA TEKNEYE GİDEN YUNUS

VaYikahel [Ve Musa Toplantı Yaptı]

81) Aşağıya tekneye giden Yunus, insanın bedeninde olmak için bu dünyaya inen insanın ruhudur. Yunus [İbranicede güvercin] diye adlandırılır. Çünkü o kişinin bedeninde yer aldığı zaman, bu dünyada bir güvercindir, yani beden tarafından aldatılmış demektir, onu aldatır [*Me'aneh*]. Yazıldığı üzere, "Birbirinizi aldatmayacaksınız." Sonra, kişi bu dünyada, büyük denizde batacak bir gemi gibi yürür, yazıldığı üzere, "Ve gemi neredeyse batmak üzereydi."

82) Bu dünyadaki kişi, günah işlediği ve Yaradan bu dünyayı gözlemiyor diye Yaradan'dan kaçmış olduğunu düşündüğü zaman, Yaradan güçlü bir fırtına rüzgârı verir. Bu her zaman Yaradan'ın önünde duran ve O'ndan kişiye hüküm verilmesini

isteyen *Din*'in hükmüdür. Fırtına rüzgârı tekneye erişir ve kişiyi yakalamak için ona haksızlıklarını hatırlatır.

83) Kişi fırtınaya hasta olduğu evinde yakalandığı zaman, yazılmıştır ki, "Ve Yunus aşağı, geminin ambarına gitti, yattı ve uykuya daldı." Kişi evinde hastayken bile, ruh günahlarından kurtulmak üzere Yaradan önünde tövbe etmek için uyanmaz.

Yazılıdır ki, "Böylece kaptan ona yaklaştı," kaptan her şeye yol gösteren iyi eğilimdir. "Ve o dedi ki, 'Nasıl olur da sen uyuyorsun? Kalk, Yaradan'ına git,'" senin için uyuma vakti değil. Çünkü bu dünyada yaptığın her şey için hüküm giyeceksin, günahların için tövbe et.

84) Bu meseleleri gözlemle ve Yaradan'a geri dön. "Ne iş yaparsın," yani bu dünyada yapmakta olduğun işler nedir? Yaradan önünde itiraf et, nereden gelmiş olduğunu bil, bozuk bir damladan, ve O'nun önünde gururlanma. "Hangi ülkedensin," yani yeryüzünden gelen bir yaratık olduğunu ve yeryüzüne döneceğini gör. Atalarından kalmış, seni koruyacak bir meziyetin var mı gör.

EĞER BİR ADAM KENDİNİ SAKLI YERLERE GİZLERSE

Nuh

194) "'Eğer bir adam kendini saklı yerlere gizlerse, ben onu görmeyecek miyim?' der Yaradan..."

195) Bir saray inşa etmiş ve sarayın altına da iyi korunmuş gizlenme yerleri inşa etmiş bir kralın durumuna benzer. Zaman içinde, tebaası krala karşı isyan etti ve kral onları orduları ile kuşattı. Onlar ne yaptılar? Kendilerini korunaklı tünellere sakladılar. Kral dedi ki, "Bu saklanma yerlerini ben yaptım ve onlar buraları benden saklanmak için kullanmak istiyorlar. Yazılıdır ki, 'Eğer bir adam kendini saklı yerlere gizlerse, ben onu görmeyecek miyim? der Yaradan.' Bu korunaklı tünelleri yapan benim ve Işık ile karanlığı ben yaptım. Öyleyse sen nasıl olur da Benden saklanabilirsin?"

İNSAN VE HAYVAN

Şılah Leha [İleri Yolla]

21) Öğretiyi bilmeyen ve yerine getirmeyen budalalar, bu dünyanın tesadüflerle yönetildiğini ve Yaradan'ın onları gözetmediğini söylerler. Aksine, insanın kaderi ve hayvanın kaderi aynıdır.

22) Süleyman, bunu söyleyen bu budalalara baktığı zaman, onları "hayvanlar" diye adlandırdı. Çünkü onlar aslında bu sözleri söyleyerek kendi kendilerini hayvan yaparlar... bu hayvanların ruhu lanetlensin, bu budalalar, bu inançsızlar. Yazıklar olsun onlara ve yazıklar olsun onların ruhlarına; doğmamış olsalardı onlar için daha iyi olurdu.

EŞEĞİN İLK DOĞAN YAVRUSUNU KURTARMAK, KİŞİNİN RUHUNU KURTARIR

Korah

42) "Rahmi açan her şey, Yaradan'a sunulan her beden, hem insanınki hem hayvanınki, senin olacak... ve temiz olmayan hayvanların ilk doğanlarını sen kurtaracaksın." Bu *Mitsva* [sevap], hayvanın ilk doğanını kurtarmak içindir, kendisini sonraki dünya için kurtarmak içindir. Ve o dünyaya gitmeden önce, eğer *Nefeş, Ruah* ve *Neşema*'sını Işığın içinde kurtarmazsa, önceki gibi yeniden bu dünyada can bulacak. Yazıldığı üzere, *Nefeş, Ruah* ve *Neşema* alarak, "Gençlik günlerine geri döner."

RUHLAR

ADAM HARİŞON'UN RUHU

VaEra **[Ve Ben Göründüm]**

32) "Ve ben İbrahim'e göründüm." "Ne mutlu, günahlarına dair Yaradan'ın hesap tutmadığı kişiye." Neden bu dünyada olduklarını bilmeyen ve incelemeyen kişiler, ne kadar kalın kafalıdırlar. Nihayetinde, Yaradan bu dünyayı yarattığı zaman, insanı Kendi suretinden yaptı ve ıslah olmak ile uğraşsın ve O'nun yolunda yürüsün diye, onu Kendi düzeltmeleriyle meydana getirdi.

33) *Adam HaRişon* yaratıldığı zaman, aşağıdaki Tapınağın tozundan, *Malhut*'tan - *Malhut* "toz" diye adlandırılır - meydana getirildi. Fakat *Bina*'nın içinde azaltılmış olan *Malhut*, "aşağıdaki Tapınağın tozu" diye adlandırılır. Ve dünyanın dört yönü, *HG TM*, "Tapınak" denen o yerde, *Bina*'nın içinde azaltılmış olan *Malhut*'ta birleşti. Ve dünyanın bu dört yönü, dört tarafta - dünyanın temelleri (ateş, hava, su ve toz) - *HG TM*'un içselliğinde, birleşti. Dünyanın dört yönü, dünyanın dört temeliyle birleşti ve Yaradan, üst düzeltmede onlardan tek bir beden meydana getirdi, bu da *Bina*'dır, içinde *Malhut*'un azaltıldığı Bina. Bundan şu çıkar ki bu beden iki dünyadan yapılmıştır, alt dünyadan, *Malhut* ve üst dünyadan, *Bina*. Bu, iki noktanın birleştiği anlamına gelir.

GEÇMİŞ, ŞİMDİ VE GELECEK – AYNI ANDA

Aharey Mot [Ölümden Sonra]

94) "Önceden var olmuş olan ve olacak olan..." "Önceden var olmuş olan..." Yaradan bu dünyayı yaratmadan önce, dünyaları yarattı ve onları yok etti. Bu kapların kırılmasıdır. Nihayet, Yaradan bu dünyayı yaratmak istedi ve ıslahın yolu, orta yola, danıştı. Sonra kendi düzeltmelerini yaptı, kendi süslemelerini yaptı ve bu dünyayı yarattı. Ve sonra, yaratılış zamanında, bu dünyada var olan her şey O'nun önündeydi ve O'nun önünde yapılmıştı.

95) Her nesilde, dünyanın tüm liderleri, daha dünyaya gelmeden önce, kendi biçimleriyle Yaradan'ın önünde dururlar. Hatta tüm insanların ruhları, dünyaya gelmeden önce, cennette O'nun önünde, bu dünyadakiyle aynı biçimde yontulmuşlardır ve bu dünyada öğrendikleri her şeyi, bu dünyaya gelmeden önce bilirler. Ve biz bütün bunların gerçekten Hak'tan yana olanlarda olduğunu öğrendik.

96) Ve bu dünyada Hak'tan yana olmayanlar, orada yukarıda, daha bu dünyaya gelmeden önce Yaradan'dan uzaklaştırıldılar. Onlar büyük uçurumun çukuruna girerler ve aceleyle dünyaya aşağı inerler. Ve bu dünyada onların ruhu, dünyaya gelmeden önceki kadar dik başlıdır.

Aynı zamanda, Yaradan'ın onlara kutsallık tarafından verdiği o kutsal parçayı atarlar ve başıboş gezip dolaşırlar. O büyük uçurumun çukurunda kirlendiler. Oradan nasiplerini alırlar ve bu dünyaya inmek için acele ederler. Eğer birisi daha sonra ödüllendirilirse ve Yaradan önünde tövbe ederse, yukarıda attığı kutsal parçayı, kendi öz parçasını geri alır. Yazıldığı üzere, "Önceden olmuş olan ve olacak olan çoktan olmuştur."

Bu böyledir çünkü ruhlar yaratıldığı zaman, hâlâ yukarıda oldukları zaman, bu dünyaya zaman altında gelmeden önce, onlar zamanın ötesinde, sonsuzluğun doğası olan geçmiş, şimdi ve geleceğin hepsinin aynı anda olduğu sonsuzlukta idiler. Bundan şu sonuç çıkar ki bu dünyaya geldikleri zaman, ruhların tek tek yapacakları işlerin hepsi orada aynı anda mevcuttur, bu dünyadaki hareketleri gibi.

Bu böyledir çünkü bu dünyada bütün hayatları boyunca öğrenecekleri tüm yazılanlar, orada zaten mevcuttur. Ve onların bütün kötü işleri zaten ruhlarında tasvir edilmiştir. Ve bu dünyada kutsal parçayı atacakları gibi, orada da atacaklar. Ve eğer bu dünyada önce günah işleyip sonra pişman olmaya yazgılı iseler, yukarıda bu, hepsi birden olarak tarif edilmiştir, sonsuzluğun doğası gereği, zira bu da zaten orada resmedilmiştir.

Hak'tan yana olmaya yazgılı bir ruhla, günahkâr olmaya yazgılı bir ruh arasında bir fark vardır. Hak'tan yana olmaya yazgılı olan, bütün kutsallığı ile oradadır ve dolayısıyla, Yaradan'ın emri olmaksızın bu dünyaya, bu pis fiziksel bedene gelmek için hiçbir isteği yoktur. Fakat günahkâr olmaya yazgılı bir ruh, bu dünyaya gelmek ve bu pis bedene bürünmek için acele eder. Çünkü pisliğe özlem duyar.

RUH YARATAN'I VE KUTSALLIĞI İÇERİR

Teruma [Bağış]

590) Kişi, Yaradan'ı ve O'nun Kutsallığını içeren ruhu miras aldığı günden itibaren, o zamandan itibaren "oğul" diye adlandırılır. Davut'un şu ilahide söylediği şeyin anlamı budur, "Yaradan'ın hukukunu anlatacağım: O bana dedi ki, 'Sen Benim oğlumsun, bugün Seni Ben yarattım.'" Ruh edinen herkes için bu geçerlidir.

BENİM GÜVERCİNİM, BENİM LEKESİZİM, BİR TANEDİR

Hayey Sara [Sara'nın Hayatı]

141) "Benim güvercinim, benim lekesizim, bir tanedir; o yalnızca birdir," *Neşema*'dır [ruh]. Neden biz burada, *Şarkıların Şarkısı*'nda, ruhu dişi olarak belirtiriz, "Benim güvercinim, benim lekesizim," ve orada, kitapta, onu erkek olarak, İbrahim diye belirtiriz?

142) Kitapta ruh, bedene ilişkin olarak, erkek formla belirtilir. Bu böyledir çünkü bedene ilişkin olarak ruh, erkeğe karşı bir

kadın gibidir. Aynı zamanda, kendinden daha yüksek seviyeye göre de ruh, erkek önündeki kadın gibidir. Ve her biri, eldeki maddeye göre kendi erdemini miras alır. Bu nedenle *Şarkıların Şarkısı*'nda, kral ruhtan bahsettiği zaman, ruh daha yüksek bir kademede olduğu için, o dişi sayılır ve kral ondan kadın diye bahseder, "Benim güvercinim, benim lekesizim." Fakat yazılanlar, ruhun özünden söz eder; bu nedenle, ona erkek olarak, İbrahim diye bahseder.

RUH VE SEVGİ

VaYehi [Yakup Yaşadı]

744) Bu nedenle ruhlar iki taraftan - *ZA*'den ve *Nukva*'dan - yücedirler ve onların içselliğinden gelirler. Peki, neden bu dünyaya düşerler ve neden ondan ayrılırlar? Oğlunu büyüyene kadar yetiştirmesi ve ona kral sarayının yol yordamını öğretmesi için bir köye gönderen bir kral gibidir. Kral oğlunun büyüdüğünü duyunca, oğluna olan sevgisi yüzünden annesini ona gönderir ve annesi onu sarayına getirir ve kral oğluyla sevinir.

745) Böylece Yaradan, bir oğul ile beraber, en üst kutsal ruh olan, *ZON* 'un nesilleri olan annesini yarattı. Oğlunu, kendini affettirmesi için yolladı, yani bu dünyaya, burada büyüsün ve Kralın sarayının yol yordamını öğrensin diye. Kral oğlunun o köyde büyüyeceğini bildiği için ve onu sarayına getirme zamanı geldiği için, oğluna olan sevgisi yüzünden annesini ona

gönderdi ve annesi onu sarayına getirdi. Ruh, annesi onun için gelene ve onu sonsuza kadar oturacağı Kralın sarayına götürene kadar, bu dünyadan ayrılmaz.

746) Ancak, Kralın oğlunun onlardan ayrılışına köyün insanlarının ağlaması, dünyanın doğasıdır. Orada bir bilge vardı ve onlara dedi ki, "Ne diye ağlıyorsunuz? O, artık sizin aranızda değil de, babasının sarayında yaşaması gereken bir prens değil mi?" Bir bilge olan Musa da böyleydi. Köy insanlarının ağladığını gördüğü için dedi ki, "Siz Yaradan'ın çocuklarısınız: bırakmayacaksınız."

747) Eğer Hak'tan yana olanların hepsi bunu bilseydi, bu dünyadan ayrılma günleri geldiği zaman mutlu olurlardı. Kral gün boyunca onlarla sevinsin diye ev sahibesinin onları Kralın sarayına götürmek üzere onlar için gelmesi en yüce şeref değil mi? Nihayetinde, Yaradan yalnızca Hak'tan yana olanların ruhlarını misafir eder.

748) Halkın, *Nukva*'nın, Yaradan'a, *ZA*'ne olan sevgisi, aşağıda Hak'tan yana olanların ruhları ona uyandığı zaman uyanır, çünkü onlar Kralın, *ZA*'nin tarafından, erkeğin tarafından gelirler. Böylece, bu uyanış *Nukva*'ya erkekten gelir ve aşk uyanır.

Olan şudur ki erkek, *Nukva*'da bağlılık ve sevgi uyandırır ve böylece *Nukva*, erkeğe sevgiyle bağlanır. Bu, *Nukva*'nın erkek peşinde koşmasının iyi olmayışı sorununu çözer. Şimdi açıktır ki Hak'tan yana olanların ruhları, yani erkekler, ZA için olan bu sevgiyi uyandırırlar.

749) Benzer olarak, *Nukva*'nın yüksek suların tersi olan alçak suları vurma özlemi, yalnız Hak'tan yana olanların ruhlarında vardır. Ne mutlu bu dünyada ve sonraki dünyada Hak'tan yana olanlara, zira üstteki ve alttaki onların üzerinde durur. Bundan dolayı, "Hak'tan yana olan, bu dünyanın temelidir," üstteki Hak'tan yana olanla, yani *ZA'in Yesod*'u ile ilişkili olabilir ve Hak'tan yana olanların ruhları ile ilişkili olabilir, her ikisi de doğrudur.

750) Bütün bunların anlamı şudur ki Hak'tan yana olan, yukarıdaki *Yesod*'dur, *ZA'in Yesod*'udur ve aşağıdaki, *Nukva*'daki *Yesod*'dur ve Hak'tan yana olanların ruhlarıdır. Ve Yaradan!a doğru olanlar, *Nukva*, yukarıda ve aşağıda Hak'tan yana olana dâhildir. *ZA'in Yesod*'u tarafından Hak'tan yana olan ve aşağıdaki Hak'tan yana olan ruh tarafından Hak'tan yana olan, onu yani *Nukva*'yı miras alırlar. "Hak'tan yana olanlar, toprakları miras alacaklar," yani *Nukva*'yı miras alacaklar anlamındadır. Hak'tan yana olan, *ZA'in Yesod*'u, toprakları yani *Nukva*'yı miras alır, her gün ona kutsama verir ve yukarıdan, yaklaştığı *Bina*'dan uzanan keyif ve lezzetleri ona verir.

İNSANLAR VE MELEKLER

Aharey Mot [Ölümden Sonra]

220) Dünyanın yaratıldığı günden beri, Hak'tan yana olan büyük ruhlar, Yaradan'ın önünde dururlar ve onun önünde beklerler. Onları bedenlendirerek aşağıya, yeryüzüne indirme vakti gelene kadar Yaradan'ın gözü onların üstündedir. Ve onlar yukarıyı ve aşağıyı yönetirler, yazıldığı üzere, "Yaradan gibi... yaşar, önünde durduğum." " ...durduğum," bu dünyaya gelmeden önce demektir. Daha sonra, cennetteki yerine döner ve kendi odasına çıkar.

Ama diğer ruhlar, ölene kadar kendi yerlerine yükselmezler. Çünkü onlar, yaşarken kendi yerlerine yükselmekle ödüllendirilmiş Enoh [Hanoh] ve İlyas [İlyas] gibi Yaradan'ın önünde aynı seviyede durmadılar. Bu nedenle İlyas yukarının temsilcisi ve habercisi oldu, keza Enoh da öyleydi. Aynı zamanda, onlar bir melekten daha çok Kralla bir oldular.

221) Yukarıdaki bütün Kutsal Ruhlar, yani melekler, Yaradan'ın elçisi olarak çalışırlar ve hepsi tek bir yerden gelirler. Ama Hak'tan yana olanların ruhları, bir taneye dâhil olan iki seviyeden gelirler; böylece meleklerden daha yukarı yükselirler ve seviyeleri bu meleklerden daha yüksektir. Ve orada saklanmış olanların hepsi, hayatlarında alçaldılar ve yükseldiler, Enoh gibi ki onda ölüm yoktu.

Malhut'a iki nokta eklenmiştir - bir kilit ve bir anahtar. Bütün ışıklar sadece anahtardan uzanırlar ve kilit noktası onun içinde gizlidir. Ve o, "İyi ve kötünün bilgisinin ağacı," diye adlandırılır. Çünkü *Malhut*'tan uzanan insanlar, eğer ödüllendirilirlerse ve günah işlemezlerse iyidirler. O, kilit noktası görünmediği zaman, ışıkların hepsi ile ödüllendirilir. Ve eğer birisi ödüllendirilmemişse, o kötüdür ve kilit noktası ona görünür. O zaman, bütün ışıklar hemen ayrılır ve böylece ölüm insana gelir. Çünkü ölüm meleği olan Şeytan, insanda kilit noktasını uyandırır. Bu da hayat ışığının onu terk etmesine neden olur.

Meleklerde, insanlarda var olmayan bir üstünlük vardır: Melekler ölmezler. İnsanlar ise, kilit noktasından yapılmışlardır ve bu nedenle ölürler. Ama insanlarda da, meleklerde olmayan bir üstünlük vardır; meleklerin ıslah olma zorunlulukları olmadığı için, anahtarın düzeltilmeye ihtiyacı olmadığı için, çünkü anahtar yalnızca kilidi düzeltmek için *Bina*'dan gelir. Bu nedenle hep yaratıldıkları zamanki aynı seviyede dururlar ve onlar için yükseliş ve düşüş yoktur.

Ama bir kilit içeren insanlar, ıslahın bütün zorluğunu taşırlar; bu nedenle de ödüllendirildikleri zaman yükselirler, meleklerde olmayan seviyelere erişirler. Kilidi çok derinde saklı olan ve açığa çıkması hiçbir zaman uygun olmayacak büyük ruhlar vardır. Ancak onlar ölmezler, çünkü onlardaki kilit, onların kökünde gizlenmiş ve örtülmüştür.

YOL BOYUNCA YÜKSELİŞ VE DÜŞÜŞLER

IŞIK KARANLIĞA ÜSTÜN GELDİĞİNDE

Ki Tazria [Kadın Doğurduğunda]

105) "Işık karanlığa üstün geldiğinde." Işığın yararı yalnızca karanlıktan gelir. Beyazın düzeltmesi siyahtır, siyah olmaksızın beyaz manasızdır. Siyah olduğu için beyaz yüceltilmiş ve saygı görmüştür. Bu, tatlı ve acı gibidir. Kişi acılığı tatmadan önce tatlılığın tadını bilemez. İşte bu nedenle, onu tatlı yapan acıdır.

İçlerinde zıtlık olan şeylerde, kişi diğerini açığa çıkarır, beyaz ve siyahta, Işık ve karanlıkta, hastalık ve sağlıkta olduğu gibi. Eğer dünyada hastalık olmasaydı, sağlıklı deyimi ulaşılamaz olurdu. Yazıldığı üzere, "Yaradan birini diğerine zıt yaptı." Ve aynı zamanda yazılıdır ki, "İyi oldu birini yakaladın, ama ötekinin gitmesine de izin verme."

PAZAR YERİNDEKİ ŞİMON

Bereşit [Yaratılış]

159) "Ve Yaradan dedi ki, 'Haydi insanı yapalım.'" "Yaradan'ın sırları ondan korkanlar içindir." "Ve Yaradan dedi ki," mısrasında, yalnızca O'ndan korkanlar için açığa çıkan bir sır vardır. Büyükler arasında en yaşlı olanı başladı ve dedi ki,

"Şimon, Şimon, 'Haydi insanı yapalım,' diye söyleyen kimdir ki onun için şöyle yazılmıştı, 'Bu *Elohim* [Yaradan] ismi kimdir?'"

Bu arada, büyükler arasında en yaşlı olan kişi kaçıp gitti ve sonra onu kimse görmedi. Ve Kabalist Şimon'un duyduğu üzere, onu Şimon diye çağırdı, Kabalist Şimon diye değil. Arkadaşlarına dedi ki, "Bu Yaradan olmalı, onun için denmişti ki, 'Ve *Atik Yomin* [Antik Günler] oturur.' Dolayısıyla, şimdi bu sırrı açmanın zamanı. Çünkü burada açılmasına izin verilmemiş olan bir sır var ve şimdi demek ki onun açılmasına izin verilmiş."

Bilindiği üzere, Zohar'ın yazarlarına sırlar, yüksek seviyelerin ışıklarının edinimi tarafından, ilham tarafından ifşa olmuştu. Aynı zamanda, onların içinde *Panim* [ön] ve *Ahoraym* [arka] vardır, yani bu gizleme ve açılma anlamına gelir. Ve o seviyedeki *Panim*'in ölçüsü, *Ahoraym*'ın ölçüsüyle aynıdır. *Ahoraym*'ın işlemesi, *Panim*'in işlemesi için bir çağrı ve davetiyedir. Bu nedenle onlar, edindikleri *Ahoraym*'ın gizlilik ölçüsüne göre, yazgılı oldukları açılımın ölçüsünü bildiler.

Yazılanın anlamı şudur; Kabalist Şimon, ona Kabalist Şimon diye değil, Şimon diye seslenildiğini duydu ki bu *Ahoraym*'ın işlemesi demektir. Bu çağrı o kadar kuvvetliydi ki, onun bütün seviyeleri kayboldu ve sıradan biri haline, pazar yerindeki Şimon haline geldi. Bu sayede, bunun, *Panim*'in çok yüksek bir edinimini elde etmek için bir çağrı ve davetiye olduğunu fark etti. Bu nedenle, hemen dostlarına dedi ki, "Bu Yaradan olmalı, onun için denmişti ki, 'Ve *Atik Yomin* [Antik Günler] oturur,'" çünkü O'ndan daha yüksek bir seviye yoktur.

GÜNDEN GÜNE KONUŞMA YAĞDIRIR VE GECEDEN GECEYE BİLGİYİ AÇAR

Zohar Kitabına Giriş

140) "Günden güne konuşma yağdırır ve geceden geceye bilgiyi açar." Bu demektir ki kutsal bir gün, Kralın o üst günlerinden biri, "günler" diye adlandırılan ZA'nin *Sefirot*'undan, Şavuot gecesi ıslahı ile uğraşan dostları öven... Ve "Geceden geceye" demektir ki gece vakti yöneten her seviye, *Malhut*'un *Sefirot*'u diğerini över ve bu bilgi herkesin dostundan aldığı bilgidir. Ve bu bütünlük için, onlar dost ve sevgili haline gelmişlerdir...

Bu böyledir çünkü son ıslah öncesinde, alma kaplarımızı kendi menfaatimiz için değil de, sadece Yaradan'a memnuniyet vermek için almak üzere uygun hale getirmeden önce, *Malhut*, "iyi ve kötünün bilgisinin ağacı" diye adlandırılır. Bu böyledir çünkü *Malhut*, insanların hareketlerine göre dünyanın rehberliğidir. Ve bizler, Yaradan'ın yaratılış düşüncesi içinde bizim lehimize niyet ettiği bütün o haz ve keyifleri almaya uygun olmadığımız için, iyi ve kötünün rehberliğini *Malhut*'tan almalıyız. Bu rehberlik bizi, alma kaplarımızı sonunda ihsan etmek üzere ıslah etmek ve O'nun bizim için niyet ettiği haz ve keyiflerle ödüllendirilmekle vasıflandırır.

Çoğunlukla, iyi ve kötünün rehberliği, her birinin ne olduğuna bağlı olarak, bizim yükseliş ve düşüşlerimize neden olur. Bu yüzden bilmeniz gerekir ki her çıkış ayrı bir gün olarak kabul edilir. Çünkü başlangıçtan şüphe ederek yaşadığı büyük düşüş yüzünden, yükseliş sırasında yeni doğmuş bir çocuk gibidir. Dolayısıyla, her yükselişte sanki Yaradan'a hizmet etmeye yeniden başlamış gibidir. Bu nedenle her yükseliş, özel bir gün kabul edilir ve benzer şekilde, her düşüş de özel bir gece kabul edilir.

Yazılıdır ki, "Günden güne konuşma yağdırır" ... Bu böyledir çünkü onlar, ıslahın sonundaki büyük *Zivug* aracılığıyla, sevgiden pişman olmakla ödüllendirilecekler, zira alma kaplarının tümünü düzeltmeyi tamamlayacaklar. Böylece yalnızca Yaradan'a memnuniyet vermek üzere olacaklar. Bu *Zivug*'da, yaratılış düşüncesinin bütün büyük haz ve keyfi bize görünecek.

İşte o zaman, bizi başlangıca dair şüpheye götüren düşüş zamanlarındaki bütün o cezaların, bizi arındıran şeyler olduğunu ve ıslahın sonundaki zamanda bize gelen bütün o mutluluk ve iyiliğin doğrudan sebebi olduğunu açıkça göreceğiz. Bu böyledir çünkü eğer bu müthiş cezalar olmasaydı, asla bu haz ve keyiflere gelemezdik. Böylece bu günahlar gerçek erdemlere çevrilecekler...

Bu böyledir çünkü bütün o geceler, inişlerdir, acı çekiştir ve birbiri ardına pek çok gün olana kadar Yaradan'la *Dvekut*'u [bağlılık] önleyen cezalardır. Şimdi, bir kere gece ve karanlık, erdemler ve iyi işler haline gelince, gece gündüz gibi ve karanlık da Işık gibi parlayınca, artık daha fazla önleme olmaz ve bütün 6000 yıl, tek bir büyük gün içinde birleşir.

Böylece, birer birer gelen tüm *Zivugim* ve birbirinden ayrı olan düşüşler ve ifşa olmuş yükselişler şimdi, dünyanın sonundan onun sonuna kadar parlayan, tek, yüce ve aşkın *Zivug* seviyesinde toplandılar... Böylece onların hepsi, Yaradan için tek bir gün haline geldiler.

"Ve geceden geceye" dendiği zaman... Bu şu nedenledir, bütün bu sözler ve çekilen acılar, "geceler" diye adlandırılır. Çünkü seviyeler birbirinden ayrı hale geldiği için, her defasında bir tane, şimdi onlar da gün gibi parlarlar. Çünkü hepsi toplanmış ve bütün yeryüzünü Yaradan bilgisi ile dolduran büyük bilginin tek alıcısı olmuştu.

Bundan şu sonuç çıkar ki her gece kendisi için karanlıkta kalacaktır, bütün gecelerin bir araya gelmesi için toplanmayacaktır. Bu böyledir çünkü her gece kendi bilgi payını yalnızca diğer gecelerle olan bağından alır... yalnızca hepsi bir araya toplandığında bu büyük bilgiyi almaya layık olurlar. Bu nedenle denmiştir ki, "Ve bu tam bütünlük için, dost ve sevgili haline geldiler." Çünkü hep beraber aldıkları bu yüce bütünlük içinde, bütün geceler birbirlerini seven dostlar haline gelirler.

VE AKŞAM VARDI VE SABAH VARDI, TEK BİR GÜN

Toldot **[Nesiller]**

119) "Ve Yaradan ışığı Gün diye adlandırdı," günün Işığı olan İbrahim'dir, sağ çizgidir. Günün ıslahı ile onun ışığı daha da güçlenir, bu Işık *Hasadim*'in ışığıdır. Bu nedenle yazılıdır ki, "Şimdi İbrahim yaşlandı, yaşı ilerledi" [İbranice metin "günler" kelimesini kullanır], yani *Hasadim*'in parlayan ışığıyla ilerledi anlamındadır. Ve o yaşlıdır, yazıldığı üzere, "Kusursuz güne gittikçe daha fazla parlar." Bu nedenle onun hakkında şöyle yazılmıştır, "Ve Yaradan, ışığı Gün diye adlandırdı."

120) "Ve O, karanlığa Gece dedi." Bu İshak'dır, karanlıktır, içindeki geceyi karşılayacak kadar karanlıktır. Bu nedenle, yaşlandığı zaman yazılmıştır ki, " Ve o zaman geldi ki İshak yaşlandı ve gözleri soluktu, dolayısıyla göremiyordu," çünkü o tamamen kararmıştı. Tabii ki tamamen kararmış olmalıydı ve kendi seviyesine düzgün şekilde sarılmalıydı.

Gündüz *ZA* ve gece *Nukva*'dır. Köklerinde, *ZA* tamamen sağ çizgiden ve *Nukva* da tamamen sol çizgiden sayılır. Bilindiği üzere, sol çizgi *Hasadim*'siz *Hohma*'dır. *Hohma, Hasadim* ile karışmadan parlayamaz. Bu nedenle, o zamanda, karanlık olarak kabul edilir.

Aynı zamanda, sol çizgi, sağ çizgi ile anlaşmazlık halindedir ve orta çizginin varışına kadar *Hasadim* ile hiçbir şekilde karışmak istemez, bu *Hirik*'in *Masah*'ından ortaya çıkan *Hasadim* seviyesidir ve sol çizgiyi küçültür. Ve sonra ikisi arasında karar verir ve *Hohma, Hasadim*'i giyinir. O zaman, tamamen parlar ve *ZA*'nin sol çizgi ile karışan sağ çizgiyi içerdiği kabul edilir ve *Nukva*, sol çizgi olarak sağ ile karışır ve birbirleriyle birleşirler. Yazıldığı üzere, "Ve akşam vardı ve sabah vardı, tek bir gün."

FAKİR VE ZENGİN

FAKİRE SADAKA

BeHukotay **[Benim Kanunlarımda]**

20) ... Yaradan'ın ihtişamını bilmeyenlere ve ona saygı göstermeyenlere yazıklar olsun, zira kim her gün Kutsal İsmi yapmaktadır? Fakirlere Hak'tan yana olmayı veren.

21) Fakir olan, *Din*'e sıkı sıkıya tutunmuştur ve bütün besini *Din*'de, "yargıç" denen yerdedir ki bu *Malhut*'tur. Yazıldığı üzere, "Güçsüz kaldığında fakir için bir dua." Bu dua elin *Tifilin*'idir, *Malhut*'tur. ZA ile *Zivug*'da olmadığı zaman, o fakirdir ve "adalet" diye adlandırılır ve fakire *Tsedaka* [sadaka, İbranicede Hak'tan yana anlamına da gelir] veren kişi, yukarıdaki Kutsal İsmi tamamen bütün yapar, ona her şeyi veren ZA ile onu bağlar. Çünkü *Tsedaka* hayat ağacıdır, ZA'dir ve *Tsedaka,* adalete, yani *Malhut*'a verir ve ihsan eder, adalete verdiği zaman, ZA ve *Malhut* birbiri ile bağlanır ve Kutsal İsim tamamlanır.

Tsedaka veren, aşağıdan bu uyanışı harekete geçiren kişi, kesinlikle Yaradan'ın işini tam olarak yapmış gibidir. Biri aşağıda yaptığı için, böylece yukarıda uyanır. Bu nedenle yazılıdır ki, "Adaleti yerine getirenler, her zaman Hak'tan yana olanlar, mutludurlar." Hak'tan yana olan, Yaradan'dır, sanki o O'nu yapmış gibi.

22) Fakirin yeri, *ZA* ile *Zivug* halinde olmadığı zaman, *Malhut*'tur. Bunun nedeni, fakirin ona verilen dışında kendisine ait hiçbir şeyi olmamasıdır. Ayın, yani *Malhut*'un, hiç kendi ışığı yoktur, ancak güneşin, yani *ZA*'nin ona verdiği vardır.

23) Fakir, ölmüş gibidir, zira o yer ona sebep olmuştur. Çünkü o ölümün yerindedir. *Malhut*, iyi ve kötünün bilgisinin ağacıdır. Eğer kişi ödüllendirildiyse, iyi ve canlıdır. Ve eğer ödüllendirilmediyse, kötü ve ölüdür. Bu nedenle o, "ölü" diye adlandırılır. Ve ona acıyan birisi, ona sadaka verir ve hayat ağacını yapar, buna "Hak'tan yana olmak" denir. Bilgi ağacının ki ölüm ağacıdır, üstündedir, yazıldığı üzere, "Ama Hak'tan yana olmak, ölümden kurtarır."

Bunun sonucu şudur ki kişi aşağıda yaptığı için, "ölü" diye adlandırılan fakiri canlandırdığı için, hayat ağacını ölüm ağacının üzerine yerleştirerek, tamamen yukarıyı etkiler. Ne mutlu ona, çünkü *ZA* ile birleştirerek yukarıdaki Kutsal İsmi yapmakla ödüllendirildi. Bu nedenle, Hak'tan yana olmak her şeyi aşar.

BAĞIŞ, MASER [ONDA BİR] VE HALLAH VERMEK

VaYikra [Yaradan Çağırdı]

119) Açlık, dünyaya üç günahtan, "bağış", "onda bir" ve Hallah [burgu ekmek] vermemekten gelir. Bütün bu günahlar yalnızca

zenginlerdedir, çünkü onların kalpleri gururludur. Bu günahlar fakirlerde yoktur. Ama cezası nedir? Yaradan, fakiri öldürür ve zengini bırakır, zira zengin değil, yalnızca fakir açlıktan ölür. Böylece, zenginler, Yaradan'ın önünde günah işlemeye devam edecekler, çünkü onlar zarar görmediler. Yaradan, kötü olanlardan intikam almak ve onları dünyadan yok etmek istediği zaman, onlara bu dünyada huzur verir ve onların her şeyini karşılar.

120) Dünyadaki tüm insanlar, yüksek Krala, O'nun kullandığı o *Kelim* (kaplar) kadar yakın değiller ki onlar, "Kırık ve pişman bir kalpdir" ve "tövbekâr ve düşük ruhdur". Bunlar Kralın kaplarıdır, dünyada açlık ve kıtlık olduğu zaman ve fakirin üstünde *Din* güçlendiği zaman, onlar Kralın önünde ağlar ve bağırırlar ve Yaradan, onları diğer her insandan daha yakına getirir. Yazıldığı üzere, "Çünkü O, fakirin bayağılığını küçümsemez ve de ondan tiksinmez." Sonra Yaradan, dünyaya açlığın neden geldiğini hatırlar. Yazıklar olsun, ona sebep olan kötülere.

121) Fakirlerin ağlama sesi yüzünden Kral dünyaya göz kulak olmak için uyandığı zaman, Yaradan, bizi onlardan ve onların hakaretinden kurtaracak. Sonra yazılmıştır ki, "Onların ağlamasını mutlaka duyacağım." İki kere duy diye yazılmıştır, bir kere onların seslerine göz kulak olmak için ve bir kere de bunun onlara olmasına sebep olanlardan intikam almak için.

Yazıldığı üzere, "Onu duyacağım; çünkü ben bağışlayıcıyım ve öfkem alevlendirilecek." Bu nedenle, dünyada açlık olduğu zaman, Yaradan'ın önünde ağlayan fakirlerin sesi için günahkâr zenginlere yazıklar olsun.

KARIŞIK KALABALIK

KARIŞIK KALABALIK İSRAİL'İ TÜM MİLLETLERDEN DAHA ÇOK SÜRGÜNDE ALIKOYDU

Pinhas

377) Karışık kalabalık, halk ile hamurdaki maya gibi karıştıkları için, hamurdaki maya gibidir. Dünya milletleri saman gibidir. Karışık kalabalık, halkı puta tapan milletlerden daha çok sürgünde alıkoyar. Bilgelerin dediği üzere, "Kim alıkoyar? Hamurdaki maya alıkoyar." Bu böyledir çünkü karışık kalabalık halka hamurdaki maya gibi yapışır, ama dünya milletleri sadece rüzgârın taşıdığı saman gibidir.

TORA'NIN İÇSELLİĞİNDEN SAPMAK

Nasso [Al]

101) İlyas, kraliyet çobanına dedi ki, "Kalkmak ve tam kurtuluşu getirmek zamanıdır; bana yemin et," yani bana kurtuluş için acele edeceğine yemin et. "Senin için yükselmek isterim. Çünkü Yaradan, senin hapishanende, senin mezarında sana görünmem ve sana iyilik yapmam için bana izin verdi, insanların günahları yüzünden senin kutsallığın bozulduğu için." Çünkü onların arasında bir mahkûm gibidir, yazıldığı üzere, "Ve bizim günahlarımız ile kutsallığı bozuldu."

102) Sadık çoban cevap verdi, "Yaradan'ın üzerine sana yemin ederim ki bütün gücünle kurtuluşu geciktirmeyeceksin, çünkü eziyet çeken benim. Benim hakkımda yazılmıştır ki, 'Ve o, bu yöne ve o yöne baktı ve beni bu eziyetten, bu definden çıkarmak için yardım edecek hiç kimseyi görmedi.' Benim hakkımda dendi ki, 'Ve onun mezarını günahkâr kazdı.' Ama beni bilmezler; onların gözünde karışık kalabalık ve günahkâr sayılırım, onların arasında kötü kokan ölü bir köpek gibi. Çünkü halkın onların arasında, krallıklar arasında dağıldığı her şehirde ve her yerde, bu yazarların öğretisi kötü kokar. Ve karışık kalabalık, Yaradan'ın sürüsü olan halk çobanları olmuştur ki onlar için şu söylenmiştir, 'Ve sen, Benim koyunum, Benim otlağımın koyunu, sen insansın.' Ve onlar, bilge kişinin öğrencileriyle iyilik yapamazlar."

"Sadık çoban" diye adlandırılan Musa, orta çizgidir ve içsel *Daat*'tır [*Sefira* ve aynı zamanda bilgi anlamına gelir], yalnızca tam kurtuluşta ortaya çıkacaktır. O zamana kadar, onun hakkında şöyle söylenmiştir, "Ve bizim günahlarımız yüzünden kutsallığı bozuldu," çünkü sadık çoban olan öğretinin kutsallığı bozulmuştur ve içi boşaltılmıştır, içselliği yok olduğu için bize yalnızca dışsallığı kalmıştır. Ve ben onların gözünde günahkâr karışık kalabalığın arasında kabul edilirim, kokuşmuş bir ölü köpek gibi. Yazılanların içselliğinden, birinin pis kokudan uzaklaşması gibi uzaklaşırlar, bunun için denmiştir ki, "Ve bilge kişinin öğretisi kötü kokacak."

103) Günahtan korkan cesur adamlar, şehirden şehre dolaşırlar ve onlar bağışlanmayacaklar, karışık kalabalık onları sürgün eder ve pek çok yerde onlara yalnızca tayın verilir. Dolayısıyla, düşüşleri için yeniden canlanma olmayacak, geçici bir süre için bile olmayacak. Ve bütün bilge insanlar, cesur olan ve günahtan korkanlar, acı çekerler, fakir ve zavallıdırlar, köpek olarak kabul edilirler. Nasıl olur da saf altına denk gelen kıymetli oğullar, halk tarafından kilden çömlekler gibi değerlendirilirler ve halk arasında bir yer bulamazlar?

104) Aynı zamanda, karışık kalabalık, zengin, huzurlu, neşelidir ve hiç kederi yoktur. Hırsızlar ve rüşvetçiler, yargıçlardır ve insanların başındakilerdir. Çünkü yeryüzü onlar yüzünden şiddetle doludur ve onlar hakkında denmiştir ki, "Onun düşmanları, onun efendileri oldular." Sadık çoban, İlyas'a dedi ki, "Sana ikinci kere yemin ederim ki ev sahiplerinin Efendisi, halkın Yaradan'ı adına - ki o melekler ile oturur - bütün o sözler senin ağzından dışarı çıkmayacak ve sen o sözleri, onların aciliyetini göstermek için, Yaradan'ın önünde bütün gücünle söyleyeceksin."

HAYVAN VE ADAM

Nasso [Al]

95) ... Karışık kalabalık cahil olduğu için, karanlıktır. Ve onlar, "İsrail" diye değil, İsrail'e satılmış köleler olarak adlandırılırlar, zira onlar hayvan gibidirler.

96) Ve İsrail, "insanlar" diye adlandırılır. Ama İsrail'de hayvanlar ve insanlar olduğunu nereden biliriz? Yazılıdır ki, "Ve sen, Benim koyunum, Benim otlağımın koyunu, sen insansın." "Ve sen, Benim koyunum", cahil olanlardır, bunlar iyinin tarafından iyidirler. "Sen insansın", bilge kişinin öğrencileridir.

97) Bu metin de bunu kasteder, zira yazıldığı üzere, "Eğer Benim insanlarım Bana kulak verirse, İsrail." Neden "Benim insanlarım" dedikten sonra "İsrail" der? "Benim insanlarım" cahil olanlar olduğu içindir ve İsrail, bilge kişinin öğrencileridir. Ve onlar için denir ki, "Ve İsrail çocukları çekinmeden gidiyorlardı."

98) Yaradan, onları Sina Dağı'nda böldüğü için, onları son kurtuluşta bölecektir. Bu böyledir çünkü İsrail hakkında denir ki, "Ve İsrail çocukları, Mısır topraklarından silahlanmış olarak yükseldiler." Hayat ağacı, ZA, tarafından "Silahlanmış" olanlar, bunlar *Yovel*'in [ellinci yıl dönümü] elli [İbranicede "silahlar" gibi yazılır] yıldır, yani *Bina*'dır, ZA *Bina*'dan alır.

Onlar hakkında denir ki, "Onlar dağa gelecekler." Ve onlar arasında, "Yaradan'ın, İsrail kampının önüne giden meleği" vardı. Aynı zamanda, onlara dendi ki, "Ve seni nasıl da kartal kanatlarında taşıdım," ki onlar nur bulutlarıdır, "Ve seni Kendime getirdim," "Ve İsrail çocukları çekinmeden gidiyorlardı." Böylece, O bütün bunlarla, bilge kişinin öğrencilerini getirecek.

99) İyinin tarafında olan cahil için şöyle denmiştir, "Ve onlar dağın eteğinde durdular," ki böylece son kurtuluşta yer alacaklar - bilge kişinin öğrencilerinin altında, efendisinin atının ayakları yanında yaya yürüyen hizmetkâr gibi. Dağın eteğinde onlara dendi ki, "Eğer hukuku kabul ederseniz, iyi. Eğer etmezseniz, burası mezarınız olacak." Benzer olarak, son kurtuluşta onlara denecek ki, "Eğer sürgünün sonunda, bilge kişinin öğrencilerinden birini, at süren bir adam ve ona hizmet eden hizmetkârı gibi kendi üzerinize alırsanız, iyi. Eğer almazsanız, orası - sürgün yeri - mezarınız olacak."

BEŞ ÇEŞİT KARIŞIK KALABALIK

Bereşit [Yaratılış]

224) Beş cins karışık kalabalık vardır: *Nefilim* [düşmüşler], Güçlü, *Anakim* [devler], *Refaym* [hayaletler] ve Amalekler. Onlar yüzünden küçük *Hey,* yerinden, *Bina*'dan düştü. Çünkü "Yaradan birini diğerine karşılık olarak yarattı." Dolayısıyla, kutsallıkta beş *Behinot* [safhalar] *KHB TM* olduğu için,

Klipot'ta bunların karşılıkları vardır. Ve bunlar yukarıdaki beş karışık kalabalık içinde sözü edilenlerdir ve *Nega Ra* [İbranicede dert ve hastalık] veya *Oneg Ra* [İbranicede kötücül haz] bunların kısa adıdır, kötülük yüzünden haz ıstıraba dönüşür ve ıstırap haz haline gelir. Ve bunlar beş cins karışık kalabalıktır. Onlar, İsrail ile karışmışlardır ve onların günah işlemesine neden olurlar. Ve bu nedenle, küçük *Hey,* yerinden, *Bina*'da hafiflediği yerden düşer.

Balam ve Balak, Amalek'in biçimleridir. Bu şu nedenledir, eğer Balam isminden *Ayin* ve *Mem* harflerini alırsanız ve Balak isminden de *Lamed* ve *Kof* harflerini alırsanız, *Bet, Bet, Lamed* [İbranicede Babil olarak yazılır] harfleri geriye kalır, yani Balam'dan *Bet* ve *Lamed* ve Balak'dan *Bet* kalır. İki *Klipot*'un, Amelek ve Babil, Balam ve Balak demek olduğu ortaya çıkar. Bununla, Amalek, *Klipot*'un *Keter* ve *Roş*'u [başı] kabul edilir, Babil *Klipa*'sındaki gibi ki onun hakkında söylendiği üzere, "Onun başı saf altından yapılmıştır," çünkü eğer onlar eşit muhakemelerden gelmeselerdi, Balam ve Balak'a tek bir bağ ile tutunamayacaklardı.

225) Ve onlar, sel baskınına ilişkin olarak "Ve O, yaşayan her şeyi ortadan kaldırdı," diye söylenenlerden geriye kalanlardır. Ve dördüncü sürgünde, Edom sürgününde, Amelek *Klipa*'sından geriye kalanlar, dünyadaki başlardır, büyük bir güçtür. Çünkü bu *Klipa, Klipot*'un *Roş* ve *Keter*'i olarak kabul

edilir ve halkı yok edecek araçlar haline gelirler. Sel baskınına ilişkin olarak, onlar için denir ki, "Çünkü dünya zorbalık ile doldu." Bunlar Amalek'lerdir. Ve bu, beş cins karışık kalabalıktan ilkini açıklar, Amalek'ler, bunlar *Klipot*'un *Keter*'idir.

226) Karışık kalabalığın *Nefilim*'i [düşmüşler] hakkında şöyle denir, "Ve Yaradan'ın oğulları, insanın kızlarının güzel olduğunu gördüler." Bunlar ikinci cins karışık kalabalıktır, yani *Klipot*'un *Hohma*'sının muhakemesidir. Ve onlar yukarıdaki *Nefilim*'dendirler, yani yukarıda melek olan *Uza* ve *Azael*'den uzananlardır ve Yaradan onları cennetten atmıştır. Bu nedenle isimleri *Nefilim*'dir ve kalabalığın *Nefilim*'i onlardan uzar.

Yaradan, insanı yaratmak istediği zaman, meleklere, "Haydi insanı kendi görüntümüzden yapalım," dedi. Yaradan, onu tüm yukarı meleklerin başı yapmak, tüm meleklerin üstüne atamak istedi ve melekler onun yönetimine bağlı olacaklardı, Yusuf ile ilgili olarak söylendiği üzere, "Onun bu topraklara denetmenler atamasına izin verin."

227) Bu nedenle, melekler onun hakkında şikâyette bulunmak istediler ve dediler ki, "İnsan nedir ki onu bu kadar düşünüyorsun?" Nihayetinde, senin önünde günah işlemeye yazgılı; neden bizim mevkimizi onun altına indirdin? Yaradan onlara dedi ki, "Eğer siz, insan gibi aşağıda yeryüzünde

olsaydınız, ondan daha fazla günah işlerdiniz." Derhal, "Ve Yaradan'ın oğulları, insanın kızlarının güzel olduğunu gördüler"; onlar için şehvet duydular ve Yaradan, onları zincirler içinde aşağıya attı.

228) Ve Yaradan'ın bu oğulları, Uza ve Azael'dir, onlardan ikinci çeşit karışık kalabalığın ruhları uzanır. Bunlar *Nefilim*'dir, çünkü kendilerini, güzel kadın için duydukları şehvet nedeniyle kutsallıktan düşürdüler. Ve bu aynı zamanda Yaradan'ın karışık kalabalığı sonraki dünyadan atmasının nedenidir ki böylece onların orada hiç payları olmayacaktı ve onlara ödüllerini bu dünyada verdi. Yazıldığı üzere, "Ve O'ndan nefret edenlerin yüzlerine aynen karşılık verir." Bu, *Nefilim* diye adlandırılan ikinci çeşit karışık kalabalığı açıklar, onlar *Klipot*'un *Hohma*'sı olarak kabul edilir.

229) Güçlü, üçüncü çeşit karışık kalabalıktır, İsrail ile karışmıştır. Onlar hakkında şöyle denmiştir, "Bunlar yaşlı, şöhretli, güçlü adamlardı," ve hakknda, "Gel, kendimize bir şehir inşa edelim... ve kendimize bir isim yapalım," denen taraftan geldiler, yani Babil neslinin tarafından.

Bu cins karışık kalabalık, mabet ve medreseler inşa eder ve onların içine başında bir taç ile Musa'nın kitabını yerleştirir, şu mısraya karşılık gelir, "Bir şehir ve tepesi cennette bir kule." Mabet ve medreseleri inşa etmeleri, "bir şehir" e karşılık gelir ve Musa'nın kitabını yerleştirmeleri, "bir kule" ye karşılık gelir ve başında bir taç, "tepesi cennette" ye karşılık gelir. Ve bunu, Yaradan için niyet etmezler ama kendilerine bir isim yapmak için yaparlar. Yazıldığı üzere, "Ve haydi kendimize bir isim yapalım."

Ve *Sitra Ahra*'nın oğulları, yeryüzünün tozu gibi olmakla kutsanmış olan insanları yener ve onları soyarlar ve eser - yani yaptıkları mabet ve medreseler - yıkılmış ve imha edilmiş olur. Onlar için denilir ki, "Ve sular aşırı olarak yeryüzünü kapladı." Diğer bir deyişle, *Klipot* ve "su" diye adlandırılan *Sitra Ahra*, güçlendikçe toprakları yok ettiler. Bu, üçüncü çeşit karışık kalabalığı, güçlü olanı açıklar, *Klipa*'nın *Bina*'sına karşılık gelir.

230) *Refaym* [hayaletler], İsrail ile karışmış olan dördüncü çeşit karışık kalabalıktır. Eğer İsrail içinde sıkıntılı bir zaman görürlerse, onlardan ayrılır ve onları terk ederler. Onları kurtarmak için güçleri olsa bile onları kurtarmak istemezler; ıslah olmayı ihmal ederler ve içsellikleri ve onunla uğraşan herkesten ayrılırlar. Bu demektir ki onlar, puta tapanlara yaranmak için ıslahtan ve insanlardan ayrılırlar. Ve onlar ölümden dirilmeyecekler. İnsanlar için çağrı geldiği ve onlar dertlerinden kurtuldukları zaman, onlar hakkında denilir ki, "Ve Sen onlara dair tüm hatırayı sildin," çünkü karanlığın dölü oldukları için, insana Işık geldiğinde zorunlu olarak

kaybolacaklar. Bu, dördüncü çeşit karışık kalabalığı, *Klipa*'nın *ZA*'ine karşılık gelen *Refaym*'ı açıklar.

231) *Anakim* [devler], beşinci çeşit karışık kalabalıktır. Onlar, hakkında şöyle söylenmiş olanları hor görürler, "Ve boynundaki *Anakim* [İbranicede kolyeler, aynı zamanda devler]" yani orta çizgiyi izleyen insan demektir. Onlar hakkında şöyle denir, "*Refaym*, aynı zamanda *Anakim* olarak da kabul edilir," çünkü *Refaym* ve *Anakim* birbirine eşittirler. Onlar dünyayı, şekillenmemiş ve boş olan haline geri çevirenlerdir.

Ve Tapınağın yıkımının anlamı budur. Onun hakkında denilir ki, "Ve topraklar biçimlenmemişti ve boştu," çünkü Tapınak, dünyanın özü ve yerleşimidir. Bu nedenle bütün dünya biçimlenmemiş ve boş olarak kabul edilir. Ve halk ile karışmış olan iki çeşit karışık kalabalık, Tapınağın yıkımına sebep oldu. Ve Işık - Yaradan - insan'a gelir gelmez, bunlar yok olacak ve dünyadan kaybolacaklar. Ama halkın kurtuluşu, onların yok olmasına değil, yalnızca Amalek'in yok oluşuna bağlıdır, onları yok edene kadar. Çünkü onda yemin vardır, yani şu sözler, "Yaradan'ın tahtı üzerindeki el."

PUTA TAPMA

Ki Tetze [Eğer Dışarı Gidersen]

39) Bu yabancı hizmetçi kızlar, ölüm iksirinin tarafındandırlar, çünkü Kutsallığın zıddıdırlar. Hizmetçi kız, hanım efendisinden miras alarak kraliçe olduğu zaman, Samel'in *Nukva*'sıdır. Samel - başka bir tanrıdır - ve onun *Nukva*'sı, Yaradan'ın hizmetkârları idiler ve sonra kendilerini dindar yaptılar. Yaradan onları dünyadan atacak ve yok edecek.

40) Eğer insanlar, kendi iradeleri olmadan kendilerini dindar yaptılarsa, neden bu dünyadan atılmakla cezalandırıldılar? Çünkü sel baskını nesli ve Babil nesli, onlar üzerinde büyü yaptığı zaman, onlara tütsü sundular ve eğilerek selamladılar, bu güç sayesinde, onlara tütsü sunmaları ve eğilerek selamlamaları sayesinde, onlar aşağı gelecekler ve onların isteklerini yapacaklardı. Ve o kendi yaptıkları biçimlerde konuşacaklardı ve böylece dindar ve puta tapar olacaklardı. Ve işte bu nedenle Yaradan onları atmak ve bu dünyadan yok etmek üzereydi, yani onların tapındıkları, ruh ve görüntü özümsedikleri yasalarını yok etmek üzereydi.

41) Ve bu dünyada karışık kalabalık olduğu zaman, Samel ve *Nukva,* bu görüntüler yoluyla onların içinde cisimlenmek üzere aşağı gelirler. Bu yüzden, Yaradan onları bu dünyadan atacak, yazıldığı üzere, "Ve ben kirliliğin ruhunu bu

topraklardan atacağım." Ve eğer son sürgün zamanında, insanlar onlar üzerinde büyü yapmadıkları için orada puta tapma yoktu derseniz, orada karışık kalabalık içinde büyü yapanlar, Yaradan'ı ve O'nun Kutsallığını kızdırırlar ve İsrail de onların arasındadır. Ve karışık kalabalık, şu yazılı olanı tutmak üzere başarılı olur, "Fakat O'ndan nefret edenleri yok etmek üzere yüzlerine aynen karşılık verir."

HAK'TAN YANA OLAN VE GÜNAHKÂR

HAK'TAN YANA OLAN GÜNAHKÂRI SATIN ALMALI

Teruma [Bağış]

38) "Benim için her adamdan bağış topla," eğilimlerini yenmiş olan, "adam" diye adlandırılanlardan. "Kalbi onu yöneten," yani Yaradan'ın arzuladığı kişi, yazıldığı üzere, "Sana kalbim söyledi." "Kalbimin kayası." "Ve iyi bir kalp." "Ve kalp mutluydu." Bunların hepsi, Yaradan için, yani Yaradan'ın kalbi, O'nun iradesi için söylenmiştir. Burada da, "Kalbi onu yöneten," Yaradan'ın kalbine işaret eder. "Benim bağışımı ondan toplayacaksın," çünkü orada Yaradan mevcuttur. Çünkü O, başka bir yerde değil, onun içindedir.

39) Yaradan'ın onu arzuladığını ve ikametgâhını onun içine yerleştirdiğini nasıl biliriz? Bir kişinin, Yaradan'ın peşinden koşmak ve Yaradan için bütün kalbi, ruhu ve iradesi ile çaba göstermek istediğini gördüğümüz zaman, biliriz ki kesinlikle Kutsallık oradadır. O zaman, bu kişiyi tam fiyatı ile satın almalıyız, onunla birleşmeliyiz ve ondan öğrenmeliyiz. Bunun hakkında ilk kişiler şöyle dediler, "Ve kendine bir dost satın al." Kişi, onun içindeki Kutsallık ile ödüllendirilmek için, onu tam fiyatı ile satın almak zorundadır. Sonuna kadar kişi, Hak'tan yana olanın peşinden koşmalı ve onu satın almalıdır.

40) Aynen böyle, Hak'tan yana olan, günahkâr olanın peşinde koşmalı ve onu tam fiyatı ile satın almalıdır. Ondan kötülüğü atmak ve *Sitra Ahra*'yı kontrol altına almak için, onu kendi yaratmış gibi kabul ederek bunları yapmalıdır. Yaradan'ın mutluluğunu, diğer başka her övgüden daha çok yükselten övgü budur. Aynı zamanda, bu yükseltme diğer hepsine de faydalıdır. Çünkü *Sitra Ahra*'nın boyun eğmesine ve Yaradan'ın mutluluğunun yükselmesine neden olur. Harun'da bunun hakkında yazılıdır ki, "ve o pek çoğunu günahtan döndürdü," ve yazılıdır ki, "Benim anlaşmam onunlaydı."

41) Günahkârın elini tutan ve ona kötü yolları bırakması için yalvaran birisi, daha önce başka kimsenin yükselmediği üç yükseliş derecesine birden yükselir: *Sitra Ahra*'nın boyun eğmesine neden olur, Yaradan'ın kendisinin yükselmesine neden olur, tüm dünyanın yukarıdaki ve aşağıdaki varoluşunun devam etmesine neden olur. Bu kişi hakkında yazılıdır ki, "Benim onunla anlaşmam hayat ve barıştı." Çocuklarının çocuklarını görmekle ödüllendirildi, bu dünya ve sonraki dünya ile ödüllendirildi. Hiçbir davacı, onu bu dünyada ve sonraki dünyada mahkûm edemeyecek; o, gök kubbedeki on iki kapıdan girer ve ona karşı çıkacak hiç kimse yoktur.

ACI ÇEKEN HAK'TAN YANA OLAN VE KEYİF SÜREN GÜNAHKÂR

Mişpatim [Kanunlar]

438) Hak'tan yana olan, iyi eğilimi ile yargılanır. Kötü olan, kötü eğilimi ile yargılanır. Ortada olanı, her ikisi de yargılar. *ZA*'den uzanan hayat ağacından olan, hiç yargılanmaz. Çünkü onda hiç kötü eğilim yoktur. O, tam bir Hak'tan yana olandır. Bu, "Mutlu olan Hak'tan yana kişi"dir. Ve Işığın öğretisinden başka iyi yoktur, yazıldığı üzere, "Çünkü Ben size iyi bir öğreti verdim; Benim öğretimden vazgeçmeyin." Ve acı çeken Hak'tan yana, iyi ve kötünün bilgisinin ağacındandır, *Malhut*'tandır. Ona kötü eğilimden acı çektiği için, Hak'tan yana denir. Ama iyi eğilim onu yönettiği için ona, "acı çeken Hak'tan yana kişi" denir, çünkü onun otoritesi altında acı çeker.

439) Mutlu olan günahkâr. Kitap, "iyi" diye adlandırılır. O, "kötü" diye adlandırılır, çünkü kötü eğilimi içinde *Roş* olmaya yükseldi ve iyi, efendisinin altındaki köle gibi, onun yönetimi altındadır. Kötü olan, Hak'tan yana olanı taçlandırsa bile, tam bir Hak'tan yana olan onu cezalandırabilir. Hak'tan yana olanı cezalandırmak da iyi bir şey değildir. Bu böyledir çünkü iyi olan, günahkârın ayakları altında olduğu için cezalandırılmamalıdır. Çünkü belki pişman olacak ve eğilimini yenecek ve kötü eğilim onun ayağının altındaki toz olacak.

HAK'TAN YANA OLANIN HASTALIĞI

Pinhas

110) Dünyadaki insanlar, birbirlerinin organlarıdır. Yaradan, dünyaya şifa vermek istediği zaman, onlar arasında Hak'tan yana birini hastalıklar ve dertlerle vurur ve onun sebebiyle herkese şifa verir. Bunu nasıl biliriz? Yazılıdır ki, "Ve o, bizim suçlarımız yüzünden yaralanmıştır, bizim yaptığımız haksızlıklar yüzünden baskı görmüştür... ve onun morarması ile biz şifa bulduk." "Onun morarması", kan alınması anlamındadır, kişinin koldan kan vermesi gibi. Çünkü o morartı sayesinde biz iyileşiriz; bu bizim için şifadır, bedenin tüm organlarına şifadır.

111) Bir nesli iyileştirmek ve kötülüklerinin bedelini ödetmek dışında, Hak'tan yana olanı asla vurmaz. Çünkü *Din* [yargı], Hak'tan yana olana hâkim olduğu zaman, bu *Sitra Ahra* için en uygun olandır. Çünkü o zaman o, dünyaya aldırmaz ve bütün zevki Hak'tan yana olana hükmetmek olduğu için onları fark etmez. Ve nesil adına acı çekmiş bu Hak'tan yana olan, bu dünyada ve sonraki dünyada yüksek yönetim ile ödüllendirildi. Ve eğer Hak'tan yana olan mutluysa, bunun sebebi Yaradan'ın dünyaya bedel ödetmekle ilgilenmemesidir.

112) Eğer iki Hak'tan yana olan - biri Hak'tan yanadır ve acı çeker, diğeri Hak'tan yanadır ve mutludur - aynı zamanda olmasalardı, bu iyi olurdu. Bunun sebebi şudur ki Yaradan

dünyaya bedel ödetmeyi düşünmediği için, Hak'tan yana olan mutludur ve Yaradan dünyaya bedel ödetmeyi düşündüğü için, Hak'tan yana olan acı çeker. Ancak, aynı zamanda iki Hak'tan yana olan vardır, biri hastalık ve dertlerle, diğeri dünyanın bütün bolluğu iledir.

Ancak, bir veya iki Hak'tan yana olan, nesil adına bedel ödemek için yeterli olduğu zaman, Yaradan'ın onların hepsine vurması gerekmez, tıpkı vücuttaki tüm organların iyileşmesi için bir koldan kan verilmesinin yeterli oluşu gibi. Burada da bir Hak'tan yana olan yeterlidir.

113) Ve eğer hastalık bütün organlara yayılmışsa, kan iki koldan da verilmelidir. Bu nedenle, eğer dünyada şiddetli kötülükler artmışsa, bütün Hak'tan yana olanlara tüm nesle şifa vermek üzere vurulur. Ama eğer çok fazla değillerse, yalnızca bir Hak'tan yana olana vurulmuştur ve geri kalan Hak'tan yana olanlar huzurdadırlar. Çünkü dünya onların hepsine vurulmasına ihtiyaç duymaz. Ve eğer insanlar şifa bulursa, Hak'tan yana olanlar da şifa bulurlar.

Bazen Hak'tan yana olanlar, kötülükler çok şiddetli olduğu zaman nesli korumak için, hayatlarının tüm günlerinde acı çekerler. Hak'tan yana olan öldüğü zaman, her şey şifa bulur ve kefareti ödenmiş olur.

KRALIN SEVDİĞİ

Teruma [Bağış]

86) Yaradan'ın onları aradığı ve onları yakınına getirmek için çağırdığı kutsal millete ne mutlu.

87) O zaman, kutsal nesil bir araya gelmeli ve toplantı evine gitmelidir ve erken davrananların hepsi, Kutsallık ile tek bir bağ ile birleşirler. Toplantı evindeki ilk kişi mutludur. Çünkü Kutsallığa karşı Hak'tan yana seviyesinde durur. Yazıldığı üzere, "Ve Beni arayanlar, Beni bulacaklar." O, üst seviyeye yükselir. Biliyoruz ki Yaradan toplantı evine geldiği zaman, orada on kişi mevcut bulunmazsa, hemen öfkeye kapılır. Ve erken davranan, Kutsallık ile birleşir ve Hak'tan yananın seviyesinde olur mu diyorsunuz?

88) Bütün kasaba halkını belli bir günde, belli bir yerde, onunla olmaya davet eden bir kral gibidir. Kasaba halkı hazırlanırken, birisi oraya erken vardı. Bu arada, kral oraya geldi ve erken gelmiş olan adamı buldu. Kral ona dedi ki, "Bayım, kasaba halkı nerede?" O yanıtladı, "Efendim, ben erken geldim; onlar Kralın emri ile benden sonra gelecekler." Sonra kral memnun kaldı ve orada onunla oturdu ve onunla konuştu ve o, kralın sevdiği biri oldu. Bu arada, geri kalan insanlar da geldiler ve kral onlardan da memnun kaldı ve onları barış içinde yolladı. Ama eğer kasaba halkı gelmeseydi,

o kişi erken gelip kralla konuşmasaydı ve onların hepsinin geleceğini söylemeseydi, kral hemen öfkelenecekti.

89) Burada da, bir kişi erken gelip toplantı evinde hazır bulunduğu için, Kutsallık gelip onu bulduğu için, onların hepsi oradadır diye kabul edilir. Çünkü o, onları orada beklemektedir. Kutsallık hemen onunla birleşir ve birleşmiş olarak otururlar ve O, onu tanımaya başlar ve onu Hak'tan yananın seviyesine yerleştirir.

Ama oraya hiç kimse gelmemiş olsaydı, yazılıdır ki, "Neden Ben geldim ve orada hiç kimse yoktu?" "Ve on kişi yoktu," demez, ama "Ve hiç kimse yoktu," der, yani Benimle birleşecek ve Benimle olacak bir kişi yoktu, yazıldığı üzere, "Yaradan'ın adamı," Hak'tan yananın seviyesindedir demektir.

ORTA ÇİZGİ

MAASE MERKAVA [TOPLANMA HAREKETİ]

Pekudey [Hesaplar]

777) Kişi, kendi cinsinden bir cinsi toplarsa ve bağlanan neyse ona nasıl bağlanılacağını bilirse, onun sarayında bir sarayı, onun seviyesinde bir seviyesi, sonraki dünyada bir payı vardır. Bu her şeyin bütünlüğüdür. Ve sol, sağ ile tamamlandığında ve erkek kadında tamamlandığında, sarayların yanı sıra, her şey tek bir iş haline gelir, onun cinsinde bir cins. Bu mükemmelliyetten ortaya çıkana, *Maase Merkava* [Toplanma Hareketi] denir. *Merkava* kelimesi, *Markiv* [toplanıyor] ve *Murkav* [toplandı] kelimelerinden gelir.

KARANLIKTAN BELİREN IŞIK

Tetzaveh [Emir]

145) Yaradan, "Derin ve gizli şeyleri açığa çıkarır." O, bütün derin ve üst sırları açığa çıkarır. Orta çizgi, *Bina*'nın iki çizgisinin derinliklerini ortaya çıkarır. Onları ortaya çıkarır çünkü solun karanlığında, *Hasadim*'in yokluğu yüzünden *Hohma*'nın ışığının azaldığı yerde, ne olduğunu bilir. Ve eğer karanlık için olmasaydı, Işık sonra orta çizgi içinden belirmezdi.

EKMEK VE ŞARAP

VaEra [Ve Ben Göründüm]

138) "Git o zaman, ekmeğini mutlulukla ye ve şarabını neşeli bir kalple iç; çünkü Yaradan senin işlerini zaten onayladı." Süleyman ne gördü de bu mısrayı söyledi?

139) Onun bütün sözleri bilgelik içeriyordu. "Git o zaman, ekmeğini mutlulukla ye", kişi Yaradan'ın yollarından gittiği zaman, Yaradan onu yakınına getirir ve ona huzur ve dinginlik verir demektir. Sonra kişinin yediği ekmek ve içtiği şarap kalpteki sevinç iledir. Çünkü Yaradan onun işlerini arzular.

140) Bu mısradaki bilgelik nerededir?

141) Süleyman, halkı, *Malhut*'u, sağ taraftaki sevinçle, yani ekmek olan *Hasadim* ışığı ile taçlandırmaları için insanları uyardı. Bu böyledir çünkü *Hasadim* ışığı ekmek anlamına gelir. Daha sonra şarap ile, sol taraf ile, *Bina*'nın solundaki *Hohma*'nın aydınlığı ile taçlandırılacaktır ve böylece hepsinin inancı, yani *Malhut*, sağda ve solda tamamen mutluluk içinde olacaktır. Ve o, onların ikisinin arasında iken, tüm kutsamalar bu dünyada olacak. Çünkü *Malhut* tamamen mükemmel haldedir, solun aydınlığı, *Hohma*, sağdaki *Hasadim* ışığında kıyafetlenecek, o zaman her ikisi de onda parlayacak, bunlar ekmek ve şaraptır. Ve insanların hareketlerini isteyen Yaradan'ın anlamı budur.

TUZUN ÖNEMİ

VaYehi [Yakup Yaşadı]

666) "Yaradan'ının anlaşmasının tuzundan yoksun olmayacaksın." Tuz neden bu kadar önemlidir? Önemlidir çünkü tuz temizler ve acı olanı güzel kokutur ve onu lezzetli yapar. *Hirik*'in *Masah*'ı - onun üstünde orta çizgi ortaya çıkar, sağ ve solu birleştirir - içindeki yargıların tuzu, solun acı olan yargılarını, sağdaki *Hasadim* ile temizler ve güzel kokutur. Eğer tuz olmasaydı, orta çizgi çizilemez ve dünya acılığa tahammül edemezdi. Yazıldığı üzere, "Senin hükümlerin yeryüzünde olduğu zaman, yeryüzünde oturanlar Hak'tan yana olmayı öğrenirler." Bu *Tiferet*'in - *Haze*'den yukarı uzanan orta çizginin - kanunudur, *Masah* içindeki bu hükümler "tuz" diye adlandırılır. Adalet, *Malhut* içindeki sert hükümlerdir ve tuz olan hukuk, *Nukva* olan dünyada olduğunda, o zaman onlar "Hak'tan yana olmayı öğrenirler" ve adaletin acılığına tahammül edebilirler. Aynı zamanda şöyle yazılıdır, "Hak'tan yana olmak ve adalet Senin tahtının temelleridir," orada Hak'tan yana olmak, adalet ile, yani tuz ile tamamlanır.

667) Tuz anlaşmadır, *Yesod*'dur, *Haze*'den aşağı orta çizgidir, üstünde dünya (*Nukva*) devam eder. Yazılıdır ki, "Eğer Benim gün ve gece ile olan anlaşmam devam etmeseydi, göğün ve yerin kanunlarını belirlemezdim." Bu nedenle, *Yesod* olan orta çizgi onun üstünde ortaya çıktığı için tuz, "Yaradan'ının

anlaşması" diye adlandırılır. *Yesod*, "anlaşma" diye adlandırılır ve biz ona Tuz Denizi (ingilizcede Ölü Deniz olarak bilinir) deriz, *Nukva* olan deniz, onu tatlandıran tuz ile adlandırılmıştır.

668) "Yaradan, Hak'tan yana olduğu için, Hak'tan yana olmayı sever." Bu, *Malhut* olan denizde, *Yesod* olan tuzdur. *Yesod* Hak'tan yana olandır; *Malhut* Hak'tan yana olmaktır. Ve onları ayıran kişi, kendine ölümü getirir. Bu nedenle yazılıdır ki, "Hiç birinden tuzu eksik etmeyeceksin... yemeğinden de, kurbandan da," böylece tuz olan *Yesod*'u, kurban olan *Nukva*'dan ayırmayacaksın. Biri diğeri olmadan olmaz.

DENİZİN DALGALARI

Nuh

217) "Denizin kabarmasını sen yönetirsin." Deniz dalgalarıyla sıçradığı ve derinler yükselip indiği zaman, Yaradan sağ taraftan bir merhamet ipliği yollar ve onun çarklarını geri çeker, onun öfkesi yatışır ve onu edinecek hiç kimse yoktur.

Nukva, Hohma'yı aldığı zaman, ona "deniz" denir. *Nukva*, yalnızca sol çizgiden, *Hasadim* olmaksızın *Hohma*'nın bolluğundan aldığı zaman, denizin dalgaları yükselir. Bu, ifşayı belirtir, çünkü bu, *Hohma*'nın sularının yükseldiğini, belirdiğini ve erişilebilir olduğunu ifade eder. Ancak, deniz *Hohma*'yı *Hasadim* olmaksızın alamaz. Bu nedenle dalgalar tekrar düşerler, çünkü onlar ifşa edilmek için yükselirler ve *Hasadim*'in eksikliği yüzünden birden inerler ve edinilmeden ortadan kaybolurlar.

Bu nedenle, denizin kızgın olduğu kabul edilir. Çünkü o büyük bir kuvvetle sularını yükseltmeye uğraşır ve aynı zamanda büyük bir kuvvetle aşağı iner ve sürekli olarak ileri geri gider. Bu, orta çizgi gelene ve sağ çizgiyi yani *Hesed*'i uzatana ve soldaki *Hohma*'yı sağdaki *Hasadim* ile kıyafetlendirene kadar devam eder. O zaman dalgalar yerlerine döner ve denizin öfkesi diner. Çünkü şimdi *Hohma* ve *Hasadim*, arzulanan bütünlük içinde, bütün ıslahlarıyla birlikte parlarlar.

AŞK ATEŞİNİ SU SÖNDÜREMEZ

VaYehi [Yakup Yaşadı]

735) "Onun kıvılcımları, ateşin kıvılcımlarıdır, Yaradan'ın alevidir." "Yaradan'ın alevi", yanan bir alevdir ve *Şofar*'dan [koç boynuzundan boru] gelir, *Yud-Hey* denen *Yesod İma*'dır, uyanmıştır ve yanar. *İma*'nın sol çizgisidir ve yazıldığı üzere, "Onun sol eli benim başımın altında olsun." Bu, Yadan'a doğru olan halkın, Kutsallığın, Yaradan'a olan aşk alevini yakar.

736) Bu nedenle, ne kadar su içersen iç, aşk susuzluğu geçmez. Çünkü sağ - su, *Hesed* - geldiği zaman, aşkın yanışına eklenir ve soldan gelen alevi söndürmez. Şöyle yazılıdır, "Ve onun sağı beni kucaklayacak." Bu böyledir çünkü *Hohma*'nın, *İma*'nın

sol çizgisinden *Nukva*'yı aydınlatması sırasında, *Hasadim*'siz olduğu için o yanan bir ateştir. Ve sağ çizgi, ateşi söndürmek üzere "su" diye adlandırılan *Hasadim*'i ile geldiği zaman, bununla *Hohma*'nın aydınlığını söndürmez. Tam tersine, o eklenir ve onun aydınlığını tamamlar. Çünkü *Hohma*'yı *Hasadim* ile kıyafetlendirir ve *Hohma* tam bir mükemmellik ile parlar.

739) Her yerde, erkek *Nukva*'yı kovalar ve ona karşı aşkı uyandırır. Fakat burada olan şudur ki *Nukva* aşkı uyandırır ve onu kovalar. Yazıldığı üzere, "Beni kalbine mühür yap." Ancak, genellikle *Nukva*'nın erkeği kovalaması övülmez. Aslında bu, Kralın hazinesinde saklı, belirsiz ve yüce bir mesele olmalıdır.

ÜÇ ÇİZGİYİ İÇEREN DUA

VaYişlah [Yakup Gönderdi]

45) Yaradan'ın önünde çoğunluk için bir dua yükselir ve bu dua birkaç yoldan yükseldiği için, Yaradan kendini bu dua ile taçlandırır. Bu şu nedenledir, birisi *Hasadim*'i ister, diğeri *Gevurot*'u ve üçüncüsü de *Rahamim*'i ister. Ve bu birçok yönü içerir: sağ, sol ve orta. Bu böyledir çünkü *Hasadim* sağ taraftan, *Gevurot* sol taraftan, *Rahamim* orta taraftan uzanır. Ve o pek çok yol ve yön içerdiği için, Sonsuza Kadar Yaşayan Hak'tan Yananın, yani *Yesod*'un başına taç olur. *Yesod* tüm kurtuluşları *Nukva*'ya ve ondan da tüm halka verir.

Ama tek kişinin duası, bütün yönleri kapsamaz; o tek yönlüdür. Ya *Hasadim* veya *Gevurot*'u ya da *Rahamim*'i ister. Bu nedenle, tek kişinin duası, çoğunluğun duası gibi kabul görmek üzere oluşturulmaz. Çünkü o, çoğunluğun duası gibi üç çizgiyi içermez.

DAVUT VE BAT-ŞEBA

Nuh

315) Dünyanın yaratıldığı günden beri Bat-Şeba, Kral Davut'a aitti. Peki, neden Yaradan önce onu Hititli Uriah'a verdi?

316) Yaradan'ın işleri böyledir. Bir kadın, onun olacağı adama yazgılı olmasına rağmen, başka biri önce davranır ve ilkinin zamanından önce onunla evlenir. Onun zamanı geldiğinde, onunla evlenen kişi daha sonra gelen diğer kişinin önünde reddedilir ve o bu dünyadan ayrılır. Ve Yaradan için onu dünyadan ayırmak, zamanından önce olan diğeri yüzünden zordur.

317) Neden Bat-Şeba önce Hititli Uriah'a verilmişti? Git ve gör, neden kutsal topraklara gelmeden önce Kenaan'a verilmiştir ve o zaman her ikisinin de aynı olduğunu bulursun. Hem Bat-Şeba hem de İsrail toprakları, *Nukva*'dır. *Nukva*'nın yapımının başlangıcı, sol aydınlığın *Mohin*'indedir ve sonra *Panim*'in *Mohin*'i [ön *Mohin*] ile üç çizgiden yapılanır.

Uriah, *Hasadim*'siz *Hohma*'nın *Mohin*'idir, yani solun aydınlığıdır ve Kral Davut, üç çizgiden *Panim*'in *Mohin*'idir. Bu yüzden, Bat-Şeba Davut'un eşi olmasına rağmen, Davut'tan *Panim*'in *Mohin*'ini alabilmek için, önce Uriah ile evlenmesi gerekti. Böylece ondan solun aydınlığından *Ahoraym*'ın *Mohin*'ini [arka *Mohin*] alacaktı. Çünkü *Ahoraym*'ın *Mohin*'ini almadan *Panim*'in *Mohin*'ini alamaz, bunlar solun aydınlığının *Mohin*'idir.

BİR KADIN DÖLLENDİĞİ VE BİR ERKEK ÇOCUK TAŞIDIĞI ZAMAN

Ki Tazria [Kadın Doğurduğunda]

25) Herkes erkek ve kadın olarak, ikisini de içererek gelir ve sonra bölünür ve tek başına erkek olarak gelir ve tek başına kadın olarak gelir. Ama "O erkek çocuk doğurur", erkek ve kadın, erkek olarak kabul edilen sağ taraftan birlikte içerilir demektir.

Eğer kız doğursaydı, kadın ve erkek, kadın olarak kabul edilen sol taraftan birlikte içerildi demek olacaktı. Sonra sol taraf sağ tarafı yönetiyor olacaktı ve sağdaki erkek teslim olacak ve hâkim olmayacaktı. Bu durumda, *Nukva*'dan, *Malhut*'un sol tarafından çıkan böyle bir erkeğin bütün halleri kadın gibi olduğu için, ona "kadın" denecekti. Ama *Malhut*'un sağ tarafından çıkan bir erkek, hâkim olandır ve ondan çıkan kadın teslim olur, çünkü sol taraf hâkim olan değildir. Bu nedenle onun hakkında şöyle yazılıdır, "O, erkek çocuk doğurur."

YUVARLANAN TEKERLEĞİN SESİ

VaYehi [Yakup Yaşadı]

507) Yuvarlanan tekerleğin sesi, aşağıdan yukarıya gider. Saklı *Merkavot* [yapılar/arabalar] gider ve yuvarlanır. Melodilerin sesi yükselir ve alçalır, dünyayı gezer ve dolaşır; *Şofar*'ın [koç boynuzundan boru] sesi, tekerleğin etrafındaki seviyelerin ve yörüngelerin derinliği boyunca yayılır.

Mohin, her defasında birinden olmak üzere üç yerden dışarı gelir. Bunlar, "üç noktalar - *Holam, Şuruk, Hirik*" diye adlandırılırlar ve üç çizgidirler - sağ, sol ve orta. Aynı zamanda, üç yerde yuvarlanarak parlarlar, burada her defasında biri olmak üzere yürürler ve yuvarlanırlar. Bu nedenle, onların aydınlatma tarzı, "yuvarlanma" diye adlandırılır.

Bu üç nokta, bir diğerini içerir, bu yüzden *Holam*'da üç nokta - sağ çizgi, *Şuruk*'da üç nokta - sol çizgi ve *Hirik*'de üç nokta - orta çizgi, vardır. Bundan çıkan sonuç şudur ki her üç çizgide de yuvarlanma vardır. Burada *Zohar, Hirik*'teki üç çizgiden söz eder, orta çizgi ki bu *ZA*'dir ve buna "Ses" denir. Bu yüzden onlardan "üç ses" diye bahseder.

Tekerleğin sesi, aşağıdan yukarıya gider. Bu, yuvarlanma sağ çizgiden sol çizgiye doğru demektir. Yine de solun aydınlanması, yalnızca aşağıdan yukarıya doğrudur. Bu nedenle şöyle denmiştir, "Aşağıdan yukarıya yuvarlanır." Ancak, sol çizgi, sağ ile birleşmeden önce, onun aydınlanmaları kapalıdır, çünkü o, *Hasadim* olmaksızın parlayamaz. Daha sonra, sol çizgi sağ çizgiye yuvarlanır ve melodilerin sesi, yani hoşluğun bolluğu yükselir ve alçalır. Sağ çizgiden ortaya çıkan *Hasadim*, yukarıdan aşağıya da parlar. Bu nedenle denmiştir ki, "Dünyadaki yürüyüşler ve gezinmeler."

Daha sonra, sağ çizgiden orta çizgiye yuvarlanır. ZA orta çizgidir ve "*Şofar*'ın sesi" diye adlandırılır. Uzanarak *Hirik*'in *Masah*'ına gelir, bu *Dinim*'dir, *Dinim*'in derinliğindedir ve üç çizginin aydınlığını tamamlayan ve açığa çıkaran özdür ve temel olarak üç çizgiyi birbirine birleştirerek tekerleğin etrafında dönendir.

SABAH GEYİĞİ

Pinhas

691) "Bir geyiğin ırmaklara özlem duyması gibi, benim ruhum da sana özlem duyar, ey Yaradan." Dişi ve erkek formları [İbranicede] olmasına rağmen, hepsi birdir. Çünkü "Geyik" erkek formda okunur ve dişi formda da okunur. Yazıldığı üzere, "Bir geyiğin özlem duyması gibi", burada "özlem

duymak" dişi formdadır. Erkek formda, "özlem duymak" denmez. Çünkü hepsi birdir, *Malhut*'tur. Ancak, ilk halde, *Zer Anpin* ile, iki büyük Işık ile beraberken, "geyik" diye adlandırılır ve ikinci halde, küçültüldükten sonra, "geyik" diye adlandırılır.

692) Sabah geyiği merhametli bir hayvandır, *Malhut*'tur. Dünyada hayvanlar arasında ondan daha merhametli olanı yoktur. Acelesi olduğunda ve kendisi ve diğer bütün hayvanlar - bunların hepsi ev sahibidir, *BYA (Beria, Yetsira, Asiya)* - için yiyeceğe ihtiyacı olduğu zaman, uzak bir yolun uzağına gider ve yiyecek taşıyarak gelir. Gelene ve kendi yerine geri dönene kadar yemek istemez ki böylece geri kalan hayvanlar onunla toplanır ve o bu yiyecekten onlara dağıtır. Ve geldiği zaman, bütün diğer hayvanlar onunla toplanır ve o her birine vererek ortada durur. Ve işaret şudur, "Hâlâ gece iken o yükselir ve ev halkına kendi avlandığını verir." Ve onlara verdiği ile sanki onların hepsinden daha çok yemiş gibi doyar.

693) Ve sabah olduğu zaman ki buna "şafak vakti" denir, sürgünün sancısı ona gelecektir ve bu yüzden ona "sabah geyiği" denir, karanlıktan sonra sabah vakti. O zaman, doğuracak biri gibi sancılardan acı çeker. Yazıldığı üzere, "Beklenen doğum yaklaşınca, o sancılarla acıdan kıvranır ve bağırır."

694) Onlara, sabah gelecekken, hâlâ karanlıkken dağıtır ve karanlık ışıktan önce ayrılır. Yazıldığı üzere, "Hâlâ gece iken o yükselir ve ev halkına kendi avlandığını verir." Sabah yükseldiğinde, onların hepsi onun yiyeceği ile doydular.

695) O zaman, gökyüzünün ortasından bir ses uyanır, yüksek sesle çağırır ve der ki, "Yakın olanlar, kendi yerlerinize gidin. Uzak olanlar, dışarı gidin. Her biri kendi uygun yerinde toplanacak." Güneş parladığı zaman, her biri kendi yerinde toplanır ve o, gündüz gider, gece görünür ve sabahleyin yiyecek dağıtır. Bu nedenle ona "sabah geyiği" denir.

696) Daha sonra, o güçlü biri olarak belirir ve gider ve bir erkek ismi ile, "erkek geyik" olarak adlandırılır. Ayrıldığı yerden yaklaşık 60 fersah [yaklaşık 4 km] yürür, karanlıklar dağına girer ve karanlıklar dağının içinde yürür. Eğik bir yılan onun ayak kokusunu alır ve onun ayağının dibinden yürür ve o, oradan Işık dağına yükselir. Oraya vardığı zaman, Yaradan ona bir yılan getirir ve ayrılır. Yılanlar birbirleriyle dövüşürler ve o kurtulur ve buradan yiyecek alır ve gece yarısı kendi yerine döner. Ve gece yarısından itibaren sabah şafak sökene kadar yiyecek dağıtır. Sabah yükselince, o gider ve görünmez.

697) Dünya yağmura ihtiyaç duyduğunda, bütün diğer hayvanlar onun yanına toplanır ve o, yüksek bir dağın tepesine çıkar ve başını dizlerinin arasına koyar ve bir kere haykırır. Yaradan onun sesini duyar ve dünyayı merhametle doldurur ve

o, dağın tepesinden aşağı gelir ve koşar, kendini saklar ve bütün diğer hayvanlar onun ardından koşarlar ama onu bulamazlar. Yazıldığı üzere, "Bir geyiğin ırmaklara özlem duyması gibi," o ırmaklar kurudu gitti ve dünya suya hasret ve bu nedenle o özlem duyar.

698) O, hamile bırakıldığında, tıkanır. Doğurma vakti geldiği zaman haykırır ve sesini yükseltir, ses ardından ses, yetmiş sese kadar, şu kelimelerin sayısı kadar, "Yaradan, seni söz verdiği günde cevaplandıracak." Bu, o hamile bırakılanın şiiridir. Ve Yaradan onu duyar ve ona kurtuluşunu getirir. Sonra, karanlıklar dağından büyük bir yılan çıkar ve dağların arasından gelir, toz içinde ağzını yalar. Bu erkek geyiğe erişir ve onu orasından iki kere ısırır.

699) İlk defasında, ondan kan gelir ve yılan yalar; ikinci defada su gelir ve dağdaki bütün hayvanlar içer. Sonra o, açılır ve doğurur. Sizin işaretiniz şudur, "Ve kayaya asası ile iki kere vurdu," ve yazılıdır ki, "Ve topluluk ve onların hayvanları içti."

700) O zaman Yaradan ona yılanın yaptıkları için acıdığında, yazılıdır ki, "Yaradan'ın sesi geyiği yavrulatır ve ormanları boşaltır." " Yaradan'ın sesi geyiği yavrulatır," o yetmiş sesin uyandırdığı sancı ve acılardır. Derhal, "Ve ormanları boşaltır," yılanı uyandırmak ve o hayvanı açığa çıkarmak için, Yaradan'ın salonunda - *Malhut* - onların arasında yürümek için. *BYA* içindeki tüm bu kalabalık başlar ve der ki, "Nur",

yani "Yaradan'ın nuru O'nun yerinden kutsanmıştır," bu da *Malhut*'tur ve "Yaradan'ın nuru" diye adlandırılır.

Burada o bize *Malhut* ile ilgili derin bir konuyu açıklar...

Zer Anpin'in, günün, sağın yöneticisi, *Hasadim*'in yöneticisi olduğunu zaten biliyorsunuz. *Malhut*, gecenin, solun yöneticisi, sol taraftan *Hohma*'nın yöneticisidir. Bu nedenle, gün boyunca, *Hohma* yönetemezken, zaman *Malhut*'a baskı yapar ve yiyeceği - sol taraftan *Hohma*'nın ışığı - yoktur. Daha sonra gün içinde, *Hohma*'nın ışığı ortaya çıkmaz - kendisinin ve kendi ordularının yiyeceği ondan uzanır - ve o, yiyeceğine uzanmalıdır çünkü *Hohma* yalnızca *Dinim* ile dağıtılır. Ve orta çizginin *Zivug*'u ile *Hasadim*'de kıyafetlenmediği sürece, sert *Dinim* ondan uzanır ve bu *Dinim* onun görünüşü üzerinden belirir. Onlar uzakta ve uzak bir yol olarak kabul edilirler.

Yazılıdır ki, "Kızkardeşi uzakta durdu." "Kızkardeşi", *Hohma* anlamına gelir. Aynı zamanda, "Dedim ki, 'Akıllı olacağım,' ama benden uzaktaydı." Bu, gecenin tam başında iken yapıldı. Bu nedenle o zaman, karanlık ülkeye yayılır. Çünkü *Hohma*'nın, sağ olmaksızın soldan aydınlığı karanlıktır. Ancak, sonra onun yiyeceği - ki bu *Hohma*'nın aydınlığıdır - uzatılır ve o getirir ve yiyeceği, yani soldaki *Hohma*'yı alır.

Fakat sonra, *Hohma*'ya uzandığı zaman, *Hasadim*'siz *Hohma*'daki tüm *Dinim*'den donar. Bu demektir ki o hiçbir şey veremez. Çünkü *Malhut*, *Hohma*'nın meydana çıktığı yerde, o çok uzak yolda, sağ olmadan solda olmak istemez, en azından *Zer Anpin*'in orta çizgisindeki yerine dönene kadar ki burada sol sağ ile birleşir. Çünkü burası onun ebedi yeridir, kralın iki kolu arasındadır.

Neden o kendi yerine dönmek zorundadır? Çünkü orta çizgideki kendi yerine varmadan önce, onun ışıkları onda donar ve geri kalan ondan uzanan diğer hayvanlara, ordularına hiçbir şey veremez. Ama kendi yerine gelince, tüm hayvanlar ona toplanır ve onlara *Hohma*'nın ışığından bağışlar. Orta çizgi ile *Zivug* içinde kalır, ışıkları açılır ve herkese verebilir. Aynı zamanda, aydınlığın alınışına "yükseliş" denir. Yazıldığı üzere, "Hâlâ gece iken o yükselir," çünkü sonra, "yükseliş" denen *Hohma*'yı alır. "Ve ev halkına kendi avlandığını verir," yani o, bütün ordusuna verir.

KABALİST ŞİMON BAR YOHAY [RAŞBİ]

MAĞARADA OTURMAK

Zohar Kitabına Giriş

187) Kabalist Pinhas, Yair'in oğlu, iki kuşun geldiğini ve denizin üstünden uçtuğunu gördü. Sesini yükseltti ve dedi ki, "Kuşlar, kuşlar, denizin üstünden uçtuğunuza göre, Yohay'ın olduğu yeri gördünüz mü?" Biraz bekledikten sonra dedi ki, "Kuşlar, kuşlar, gidin ve bana söyleyin." Onlar denize doğru uçtular ve uzaklaştılar.

Kabalist Şimon, öldürülmesini emreden krallıktan kaçtı. Oğlu ve kendi, bir mağarada saklandı ve onun nerede olduğunu bulamadılar. Bu nedenle Kabalist Pinhas, Yair'in oğlu, denizdeki adalarda onu aramaya gitti.

188) O, gemiye gitmeden önce, kuşlar geldiler ve bir tanesinin gagasında bir mektup vardı. Dedi ki, "Kabalist Şimon Bar Yohay, oğlu Kabalist Elazar ile mağaradan dışarı çıktı." Kabalist Pinhas ona gitti ve onun değişmiş olduğunu gördü. Bedeni mağarada oturmaktan delikler ve çürüklerle doluydu. Onunla ağladı ve dedi ki, "Seni böyle gördüğüme yazıklar olsun." Kabalist Şimon ona dedi ki, "Beni böyle gördüğün için ne mutlu bana. Çünkü eğer beni böyle görmeseydin, böyle olmayacaktım."

...Mağarada kalması gerektiği tüm o yıllar boyunca, orada içeride oturması, çıplaklığını kumla örtmesi ve ıslahı ile uğraşması gerekti ve bu nedenle eti pas tuttu. Onun için ağladı ve dedi ki, "Seni böyle gördüğüme yazıklar olsun." Kabalist Şimon ona dedi ki, "Beni böyle gördüğün için ne mutlu bana. Çünkü eğer beni böyle görmeseydin, böyle olmayacaktım," yani Yaradan'ın sırlarının açığa çıkması ile ödüllendirilmeyecektim. Çünkü mağarada saklandığı o 13 yıl boyunca, bilgeliğinin büyük yüceliği ile ödüllendirilmişti.

KANDİLLERİN SAHİBİ

Yitro [Jetro]

411) "Bu senin hayatın olduğu için." Yaradan ile ödüllendirilen ve ondan ayrılmayan birisi, iki hayat ile ödüllendirilmiştir: biri bu dünyada ve biri de sonraki dünyada. "Senin hayatın" [İbranicede] çoğul biçimde yazılmıştır, iki tanedir. Ondan ayrılan birisi, hayattan ayrılmış gibidir ve Kabalist Şimon'dan ayrılan biri, her şeyden ayrılmış gibidir.

412) ... Kabalist Şimon'un ayrıldığı nesle yazıklar olsun. Çünkü Kabalist Şimon'un önünde durduğumuzda, kalbin çeşmesi her yöne açılır ve her şey açığa çıkar. Ve ondan ayrıldığımız zaman, hiçbir şey bilmeyiz ve tüm çeşmeler kapanır.

413) Yazılıdır ki, "Ve O, onun üzerindeki Ruhu aldı ve Onu yetmiş atanın üzerine yerleştirdi." Bu, ondan bir çok kandilin

yakıldığı kandil gibidir. O tam olarak kalır, diğer kandillerin yakılması nedeniyle ondan hiçbir şey eksilmez. Kabalist Şimon Bar Yohay da böyledir, kandillerin sahibidir: hepsi için parlar ve Işık ondan ayrılmaz ve o tam olarak kalır.

ZOHAR KİTABI - NUHUN GEMİSİ

BeHaalotha [Kandilleri Yerleştirdiğinde]

88) "Ve bilge olanlar, gökyüzünün aydınlığı olarak ışıldayacaklar", Kabalanın yazarlarıdır. Onlar, *Zohar Kitabı* diye adlandırılan bu aydınlık içinde çabalayanlardır. Bu kitap, bir kasabadan iki kişi ve yedi krallık ve bazen bir kasabadan bir kişi ve bir aileden iki kişi toplayan Nuh'un gemisi gibidir ki onun içindeki şu sözler, "Doğan her oğlu nehire atacaksın," gerçek olur. Orta çizgi, "oğul" diye adlandırılır. Yeni doğan, edinilendir. "Nehire", Yaradan'ın Işığı demektir. "Atmak", "onu çalışacaksın" demektir, burada Yaradan'ın Işığı ve onun ruhu sayesinde içinde doğan her içgörüyü çalışırsın. Bu, *Zohar Kitabının* ışığıdır ve hepsi senin yüzündendir.

YARATAN HÜKÜM VERİR VE HAK'TAN YANA OLAN HÜKÜMSÜZ KILAR

VaYikra [Yaradan Çağırdı]

240) Kabalist Şimon, yukarıdan dünyaya verilmiş olan hükümlerden hiçbirini yürürlükten kaldırmadı. Yazıldığı üzere, "İsrail Kayası benimle konuştu: 'İnsanlara hükmeden

kişi, Hak'tan yana olacak; Hak'tan yana olan, Yaradan korkusuna hükmeder." Yaradan insan üzerinde hükmeder. Yaradan üzerinde kim hükmeder? Hak'tan yana olan hükmeder. Çünkü Yaradan hüküm verir ve Hak'tan yana olan hükümsüz kılar.

241) Kabalist Şimon Bar Yohay da böyleydi. Bir gün Lod şehrinin giriş kapısında oturmaktaydı. Gözlerini kaldırdı ve güneşin parlamakta olduğunu gördü. Onun ışığını üç kere engelledi. Böylece, Işık karardı ve güneşte siyah ve yeşil göründü. Oğlu Kabalist Elazar'a dedi ki, "Beni takip et oğlum ve göreceğiz; yukarıda bir ferman ilan edilmiş olmalı ve Yaradan bana bildirmek istiyor." Gerçekten de, hüküm verilen o şey yukarıda otuz gün asılı kalır ve Yaradan, Hak'tan yana olanı uyarmadan önce harekete geçmez. Yazıldığı üzere, "Çünkü Yaradan hiçbir şey yapmayacak, ama O, Kendi danışmanlarını, Kendi hizmetkârları olan peygamberlere gösterir."

242) Onlar üzüm bağında yürürken, yerin tozu içince alev gibi parlayan, ağzı açık olarak gelmekte olan bir yılan gördüler. Kabalist Şimon rahatsız oldu ve elleri yılanın başına çarptı. Yılan sessizleşti ve ağzını eğdi ve Kabalist Şimon onun dilinin sarktığını gördü. Ona dedi ki, "Yılan, yılan, git ve şu kışkırtan ve kara çalan yüksek yılana de ki, Kabalist Şimon Bar Yohay yeryüzündedir." Yılan başını yerdeki deliğe koydu ve Kabalist

Şimon dedi ki, "Bildiririm ki aşağı yılan yerdeki deliğe döndüğü gibi, yukarı yılan da büyük çukurdaki deliğe dönecek."

243) Kabalist Şimon bir dua fısıldadı. Onlar dua ederlerken, bir sesin şöyle dediğini duydular, "Hükümler kaldırıldı; yerlerinize dönün. Sabotajcıların saldırısı dünyadan çekti gitti. Çünkü Kabalist Şimon Bar Yohay onları iptal etti. Ne mutlu sana Kabalist Şimon, çünkü Yaradan, dünyadaki tüm insanların iyiliğinden daha çok senin iyiliğini ister." Musa hakkında yazılıdır ki, "Ve Musa yalvardı," yani hastalandı [İbranicede "yalvarmak" aynı zamanda "hastalanmak" anlamına gelebilir]. Ama sen, Kabalist Şimon, hüküm ver ve Yaradan tutsun; O hüküm verir ve sen hükümsüz kılarsın.

244) Bu arada, güneşin parladığını ve o karartının kalktığını gördü. Kabalist Şimon dedi ki, "Dünyaya güzel kokular verilmiş olmalı." Evine döndü ve yorumladı, "Yaradan, Hak'tan yana olduğu için, Hak'tan yana olmayı sever; dosdoğru duran O'nun yüzünü görecek." "O'nun yüzü" nedir? "Yaradan, Hak'tan yana olduğu için, Hak'tan yana olmayı sever." Çünkü "Dosdoğru duran O'nun yüzünü görecek," yani dünyadaki insanların yüksek yüzlerini kasteder. Çünkü onlar ihtiyaçları olan her şey için Yaradan'ın merhametini istemeye gerek duyarlar.

245) "Dosdoğru duran O'nun yüzünü görecek," ne demektir? Bunlar çok eski günlerdir, *Sefirot Atik*'dir, o tüm gizli olanların gizlisidir, *Keter*'dir. Ve bu dünyanın günleri *Sefirot ZA*'dir ve "O'nun yüzü" diye adlandırılır. Birbirlerini dosdoğru durumda, görülmesi gerektiği gibi görürler, yani *ZA*'nin *Panim*'i [yüzü], *Atik*'in *Panim*'ini dosdoğru bir durumda, sağa veya sola dönmeden görür.

246) Yaradan, dünyaya göz kulak olduğunda ve aşağıdaki insanların hareketlerinin dosdoğru olduğunu gördüğü zaman, *Atik*, yani *Keter*, *ZA*'de, *Tiferet*'te belirir ve *ZA*'nin tüm *Panim*'leri *Atik*'in gizli *Panim*'ine bakar. Sonra, hepsi kutsanır. Çünkü birbirlerine dosdoğru bakarlar, ne sağa ne de sola eğilen orta çizgiden. Bunun hakkında yazılıdır ki, "Dosdoğru duran O'nun yüzünü görecek," yani *Atik* ve *ZA*'nin yüzleri, orta çizgide, birbirlerine dosdoğru bakarlar. Ve sonra onların hepsi, tüm dünyalar kutsanana ve tüm dünyalar bir olana kadar kutsanırlar ve birbirlerine su verirler. O zaman, "Yaradan birdir ve O'nun ismi Bir'dir," olarak kabul edilir.

İDRA ZUTA'NIN BAŞLANGICI

Haazinu [Kulak Ver]

26) Kabalist Şimon dedi ki, "Şimdi iyi bir zaman ve sonraki dünyaya utanç duymadan gelmek istiyorum. Bu yüzden, şimdiye kadar açığa çıkarmadığım gizli şeyleri Kutsallığın önünde açığa çıkarmak isterim, bu dünyadan gerekeni

yapmadan ayrıldım denmesin diye. Şimdiye kadar onlar, sonraki dünyaya onlarla girmek üzere kalbimde saklı kaldı."

27) "Sizi şöyle düzenliyorum: Kabalist Aba yazacak, Kabalist Elazar sözlü olarak öğrenecek ve geri kalan dostlar kalplerinde konuşacaklar." Kabalist Aba, omuzlarının arkasından yükseldi. Kabalist Elazar, onun oğlu, önüne oturdu ve Kabalist Şimon ona dedi ki, "Kalk oğlum, çünkü buraya başka birisi oturacak." Kabalist Elazar kalktı.

28) Kabalist Şimon, elbiselerine büründü ve oturdu. Başladı ve dedi ki, "Ölü olan Yaradan'ı övmez, Dumah'a aşağı giden hiç kimse de Yaradan'ı övmez." Gerçekten de, "Ölü olan Yaradan'ı övmez," çünkü onlara "ölü" denir, Yaradan'a "yaşayan" denir ve O, "yaşayan" denenler arasındadır, Hak'tan yana olanlar arasındadır, "ölü" denen günahkârlar arasında değil. Ve bu mısranın sonu kanıtlar ki, yazıldığı üzere, "Dumah'a aşağı giden hiç kimse de," yani Melek Dumah'a aşağı giden herkesi kasteder, onlar cehennemde kalacaklar. Ama "yaşayan" diye adlandırılanlar için bu böyle değildir. Onlar Hak'tan yana olanlardır ve Yaradan onları onurlandırmak ister...

31) Kabalist Şimon başladı ve dedi ki, "Ben sevgilime aitim ve o beni arzular," bu dünyaya bağlanıp kaldığım bütün günlerde, Yaradan'a tek bir düğümle bağlandım. Bu nedenle şimdi, "Ve o beni arzular." Çünkü O ve O'nun tüm kampı, gizli sözleri ve Kutsal *Atik*'in övgüsünü, saklı olanların en saklısını, herkesten

ayrı ve gözlerden en uzak olanı duymak için neşe içinde geldiler. Ama o ayrılmadı. Çünkü her şey ona sarılır ve o her şeye sarılır; o her şeydir.

KABALİST ŞİMON BAR YOHAY'IN AYRILIŞI

İdra Zuta, *Haazinu* [Kulak Ver]

196) Kabalist Aba dedi ki, "Kutsal Işık, onun sözleri hükümsüz kalmadan önce hayatı anlatmayı tamamlamadı. Ve ben yazdım, düşündüm ki biraz daha yazmalıyım, ama duymadım. Işık büyük olduğu için başımı kaldırıp bakamadım. Bu arada, sarsılmıştım; bağıran ve şöyle diyen bir ses duydum, 'Günlerin uzunluğu ve hayatın yılları.' Sonra başka bir ses daha duydum, 'O senin hayatını istedi.'"

197) Tüm o gün boyunca, evde ateş durmadı, ama ona erişebilen hiç kimse yoktu. Işık ve ateş onu çevrelediği için ona erişemediler. Tüm o gün boyunca, ben yere düştüm ve acı acı ağladım. Ateş gittiği zaman, Kutsal Işığı gördüm, kutsalların kutsalı, dünyadan ayrılmış, örtünmüş ve sağ tarafına yatmış ve yüzü gülümsüyordu.

198) Kabalist Elazar, onun oğlu, kalktı. Onun ellerini aldı ve onları öptü. Ve ben onun ayağının altındaki tozu yaladım. Dostlar ağlamak istediler ama konuşamadılar. Dostlar ağlamaya başladılar ve Kabalist Elazar, onun oğlu, üç kere düştü ve ağzını açamadı. Daha sonra, başladı ve dedi ki,

"Babam, babam, onlar üç taneydi ve tekrar bir oldular." Yani, topraklarda üç tane yüce olan vardı - Kabalist Elazar, babası Raşbi ve dedesi, Yair'in oğlu Kabalist Pinhas - ve şimdi Kabalist Elazar dedesinden ve babası Raşbi'den öksüz kaldı. Dünyada yalnız kaldı. Şimdi bu büyük ağaç ayrılmıştı. Onun altında, kırlardaki hayvanlar dolaşacaktı, dallarında gökyüzünün kuşları yaşayacaktı ve hepsinin besini ondaydı. Şimdi hayvanlar göç etti ve ağacın dallarında oturan kuşlar büyük denizin deliklerine yerleştiler. Ve dostlar, ondan aldıkları besin yerine, kan içerler.

199) Kabalist Hiya ayağa kalktı ve dedi ki, "Şimdiye kadar Kutsal Işık bize göz kulak oluyordu. Şimdi yalnızca onun ihtişamı için çalışmanın zamanıdır."

Kabalist Elazar ve Kabalist Aba kalktı ve onu yerinden aldılar ve onu yatağına yükseltmek için bir merdiven olarak yapılmış olan yatağa yerleştirdiler. Dostların şaşkınlığını kim gördü? Ve bütün ev güzel kokularla kokuyordu. Onu yatağına yükselttiler ve sadece Kabalist Elazar ve Kabalist Aba ona hizmet ettiler.

200) Tzippori köyünden vurucular ve kalkanlı adamlar geldiler ve onu kendi yerlerine gömmek istediler. Onu zorla ve savaşla almak için geldiler. Meron'un çocukları onları uzaklaştırdılar ve toplu olarak onlara bağırdılar. Çünkü onun oraya gömülmesini istemediler, kendi yerlerinde gömülmeliydi. Yatak evden çıktıktan sonra, havaya yükseldi ve onun önünde

ateş yanıyordu. Bir ses duydular, "İçeri gelin, gelin ve Kabalist Şimon'un kutlaması için toplanın, huzur gelsin ve onlar huzur içinde dinlensinler."

201) O, mağaraya girdiği zaman, mağarada bir ses duydular. O adam, *Malhut*'u sinirlendirerek, toprağı sarsıyordu. O gün senin için gökyüzündeki pek çok iftiracı susturuldu. Bu, Yaradan'ın onu her gün övdüğü Kabalist Şimon Bar Yohay'dır. Aşağıda ve yukarıda ne mutlu ona. Pek çok yüksek hazineler onun için muhafaza edildi. Onun hakkında denmişti ki, "Ve sen, sona git ve dinlen ve sağın sonunda tekrar kaderine yüksel."

ARZU

ARZU YÜCE SIRLARI AÇIĞA ÇIKARIR

Yeni Zohar, *Bereşit* [Yaratılış]

110) Gerçeğin yolunda yürümek, bu dünyada ödüllendirilmek ve bir sonraki dünyada onlar için parlamak üzere, arzularının içine, yüksek sırların meselelerine bakanlara ne mutlu. Onlar hakkında yazılıdır ki, "Ve bilge olanlar, gökyüzünün aydınlığı olarak ışıldayacaklar; ve birçoklarını sonsuz yıldızlar gibi Hak'tan yana olmaya döndürenler." Ne mutlu onlara bu dünyada ve sonraki dünyada.

Yaradan'la gerçekte bir olanların iradeleri, onlara çalışmalarında, üst dünyalarda kurulduğu gibi yürümeleri için yol gösterecek, yazıldığı üzere, "Ve İbrahim, Yaradan'ın ona emrettiği gibi gitti." Bundan dolayı, daha sonra iradelerine baktıkları zaman, yüksek sırları bilirler. Çünkü onlar arzularındaki meyile bakıyorlar ve yüksek sırların yukarıda nasıl belirlendiğini biliyorlar.

KALPLERİNDEKİ İSTEĞİ YÖNETENLER

VaYera [Yaradan Göründü]

239) "Ve bunlar, İsrail'i onlarla denemek üzere Yaradan'ın bıraktığı milletlerdir." Bu sonsuz dünyaya bakıyordum ve

dünya sadece kalplerinin arzusuna hükmeden Hak'tan yana olanların üstünde durdu." Denildi ki, "Onu şahitlik etmesi için Yusuf'un içine tayin etti." Neden Yusuf bu erdem ve krallık ile ödüllendirilmişti? Eğilimini yendiği için. Bu nedenle öğrendik ki eğilimine hükmeden herkesi cennetin krallığı bekler.

BABİL KULESİ VE ORTAK İRADE

Nuh

384) "Ve Yaradan dedi ki, 'Gör, onlar tek bir kişi ve hepsinin dili aynı.'" "Ve onlar doğudan seyahat ettiklerinde, o geçmek için geldi." "Doğudan demek, dünyanın kadim kişisinden demektir." "O buldukları", ilk kişilere ait bilgeliğin sırlarından bir bulgu buldular demektir ki onlar sel baskını neslidir, orada sarsılmışlardır. Buldukları bu bilgelikte, Yaradan'a karşı gelmek için yaptıkları işi yapmaya çalıştılar. Ayrıca, ağızlarıyla yüksek yöneticilere küfürler mırıldanacaklardı. Ve onlar işi yaptılar, şehri ve kuleyi inşa ettiler.

385) "Onlar tek bir kişi ve hepsinin dili aynı." Ve onların hepsi aynı kalpten ve aynı arzudan oldukları ve kutsal dili konuştukları için, "Ve şimdi yapmayı amaçladıkları hiçbir şey onlar için imkânsız olmayacak," ve onların hareketlerini engelleyebilecek hiç kimse yoktur. "Fakat" dedi Yaradan, "Yapacağım şudur ki yukarıdaki seviyeleri ve onların aşağıdaki

dillerini karıştıracağım ve o zaman onların işleri durdurulacak."

386) Tek bir arzudan ve tek bir kalpten oldukları ve kutsal dili konuştukları için. Yazıldığı üzere, "Yapmayı amaçladıkları hiçbir şey onlar için imkânsız olmayacak," ve üst *Din* [yargı] onlara, bize ya da ıslahı ile uğraşan dostlara hükmedemez. Ve biz tek bir kalpten ve tek bir arzudan olanlar için, bu birçok kat daha böyledir: yapmayı amaçladığımız hiçbir şey bizim için imkânsız olmayacak.

BARIŞ

ONUN YOLLARI HOŞTUR VE BÜTÜN YOLLARI BARIŞTIR

VeEra [Ve Ben Göründüm]

183) "Onun yolları hoşluğun yollarıdır ve onun tüm yolları barıştır." "Onun yolları hoşluğun yollarıdır", Işığın yollarıdır. Işığın yollarında yürüyen herkesin üzerine Yaradan Kutsallığın hoşluğunu getirir. Böylece onu asla terk etmeyecektir. "Ve onun tüm yolları barıştır", Yaradan'ın yollarıdır. Çünkü Yaradan'ın tüm yolları barıştır - yukarıdan onun için barış, aşağıdan onun için barış, bu dünyada onun için barış ve sonraki dünyada onun için barış.

BARIŞA KARŞI KOYAN KİŞİ

Korah

6) Dünya yalnızca barışın üstünde durur. Yaradan dünyayı yarattığı zaman, Yaradan gelip onların üzerinde barış kurana kadar dünya var olamadı, Şabat günü yukarının ve aşağının barışıdır. Sonra dünyanın varlığı devam etti. Bu nedenle, barışa karşı koyan birisi dünyadan yok olacaktır.

EĞER ONLAR BARIŞ İÇİNDE İSE, YARGI ONLARIN ÜZERİNDE HÜKMETMEZ

Miketz [Sonunda]

168) "Böyle der Yaradan, onlar tam güçtedir ve ayrıca çokturlar. Öyle bile olsa, durdurulacak ve uzaklaştırılacaklar." Tüm insanların içinde barış olduğunda ve aralarında anlaşmazlık olmadığında, Yaradan onlara acır ve yargı onlara hükmetmez. Ve hatta puta tapsalar bile, eğer barış içinde iseler, yargı onlara hükmetmez. Yazıldığı üzere, "Putlara katıldı," putperestlik, "Efraim onu rahat bırak." Bu demektir ki eğer birisi putlara hizmet ediyorsa bile, yani putperestlik yapıyorsa, eğer her şeye rağmen birlik içindelerse, "Onu rahat bırak."

HAK'TAN YANA OLANIN YAKINLIĞI DÜNYADA BARIŞI ARTIRIR

VaYigaş [Sonra Yahuda Yaklaştı]

61) Ne mutlu Hak'tan yana olana, onların birbirlerine yakınlığı dünyaya barış getirir. Çünkü onlar dünyada barışı artırmak için birliğin nasıl birleştirileceğini ve yakınlık kurmayı bilirler. Yusuf ve Yahuda birbirlerine yakın olmadığı sürece, orada barış yoktu. Yusuf ve Yahuda birbirlerine yakınlaştığı zaman, dünyada barış arttı ve Yusuf ve Yahuda yakınlaştırılırken,

yukarıda ve aşağıda sevinç arttı. Bütün kabileler Yusuf ile beraberdiler ve bu yakınlık dünyada barışı artırdı. Yazıldığı üzere, "Sonra Yahuda ona yaklaştı."

GERÇEĞİN YOLUNDA YÜRÜYEN

Miketz [Sonunda]

186) Kabalist Aba, Lod şehrinin kapısında oturuyordu. Bir adamın geldiğini ve bir dağın yanından çıkan bir çıkıntıda oturduğunu gördü. Adam yoldan yorgun düşmüştü ve oturdu ve orada uyudu. O zamanda, bir yılanın ona yaklaştığını gördü ve bir parazit geldi ve yılanı öldürdü.

Adam uyandığı zaman, önünde ölü yılanı gördü. Adam kalktı ve üstünde oturmakta olduğu çıkıntı, dağdan koptu ve aşağıdaki vadiye düştü. Ama adam kurtulmuştu. Eğer ayağa kalkmakta bir dakika bile geç kalmış olsaydı, çıkıntı ile beraber vadiye düşecek ve ölecekti.

187) Kabalist Aba ona geldi ve sordu, "Söyle bana, sen ne yaparsın?" ki Yaradan sana bu iki mucizeyi getirdi ve seni yılandan ve düşen çıkıntıdan kurtardı. Ve bunun bir nedeni olmalı.

188) Adam ona dedi ki, "Bütün hayatım boyunca, bana kötülük yapan biri ile barış yapmadığım ve onu bağışlamadığım olmamıştır. Daha da ötesi, eğer onunla barış yapamadıysam,

onu ve bana zarar verenlerin hepsini bağışlamadan yatağıma gitmedim ve bana yaptığı o kötülük için hiç bütün bir gün kin tutmadım. Ve bu benim için yeterli değildir. Fakat daha da fazlası, o günden sonra onlara iyilik yapmaya çalıştım."

189) Bu kişinin işleri Yusuf'unkinden daha yücedir. Çünkü Yusuf'a yanlış davrananlar onun ağabeyleri idi ve kardeş olmaktan dolayı kesinlikle onlara acımalıydı. Ama bu kişinin yaptığı, o bunu herkese yaptığı için Yusuf'dan daha yücedir. O, Yaradan'ın mucize üzerine mucize getirmesine layıktır.

190) "Bütünlük içinde yürüyen güvenlik içinde yürür," Işığın yollarında yürüyen kişidir. "Güvenlik içinde yürür", dünyadaki zarar veren kişiler onu incitemezler demektir. "Fakat yoldan sapan kişi bulunacak." Kim bulunacak? Gerçeğin yolundan ayrılmış olan ve dostundan almaya çabalayan, kötülüğe kötülükle karşılık vermek isteyen ve "İntikam almayacaksın ve kin tutmayacaksın," sözlerine uymayan. "Bulunacak", tüm davacıların gözlerine görünür olacak demektir, yani o kişinin görüntüsünü kaybetmeyecekler. Böylece onu göze göz intikam alacakları bir yere götürecekler. Bu nedenle, "Bulunacak," diye yazılıdır.

191) Gerçeğin yolunda yürüyen kişiyi, Yaradan örter. Böylece davacılar tarafından bulunamaz ve tanınamaz. "Fakat yoldan sapan kişi bulunacak," ve onlar tarafından tanınacak. Ne

mutlu gerçeğin yolunda yürüyenlere. Onlar dünyada güvenle yürürler ve korkmazlar, ne bu dünyada ne de sonraki dünyada.

NEŞE

YARATAN'A MEMNUNİYETLE HİZMET ET

VaYikra [Yaradan Çağırdı]

109) "Yaradan'a memnuniyetle hizmet et." Kişinin Yaradan için yapmak istediği her iş, memnuniyetle ve istekle yapılmalıdır. Böylece onun işi tam olur.

DAHA YÜKSEK NEŞE

Tetzaveh [Emir]

94) "Yaradan'a memnuniyetle hizmet et," çünkü insanın neşesi başka mutluluğu, daha yüksek olanını çeker.

TAM BİR YER, NEŞENİN YERİ

VaYehi [Yakup Yaşadı]

116) "Yakup'un ruhunu babası canlandırdı." Bu demektir ki başlangıçta, ruhu ölmüştü. O, devam etmeye ve başka bir can edinmeye de niyetli değildi. Çünkü yüksek ruh boş bir yerde mevcut değildir. Kutsallık yalnızca tam bir yerde mevcuttur, eksik veya kusurlu bir yerde veya hüzünlü bir yerde değil, ama doğru dürüst bir yerde - keyifli bir yerde. Bu nedenle, tüm o

yıllar boyunca Yusuf babasından ayrıyken ve Yakup üzgün iken, Kutsallık onun üzerinde değildi.

117) "Yaradan'a memnuniyetle hizmet et; O'nun önüne şarkı söyleyerek gel." Neşeyle olmadığı sürece, Yaradan'a hizmet olmaz. Kutsallık hüzünde mevcut değildir. Yazıldığı üzere, "'Ve şimdi bana bir çalgıcı getirin.' Ve çalgıcı çalarken, o meydana geldi." Üç sefer "Çal" diye yazar, ruhu bütünlüğün kaynağından, ZA'den, uyandırmak için, ZA üç çizgiyi içerir, tam ruhtur. Üç sefer "çal" onun üç çizgisine karşılık gelir.

KALBİN SEVİNCİNİN NEDENİ

VaEra [Ve Ben Göründüm]

139) "Git o zaman, ekmeğini mutlulukla ye", kişi Yaradan'ın yollarından gittiği zaman, Yaradan onu yakınına getirir, ona huzur ve dinginlik verir demektir. Sonra yediğin ve içtiğin ekmek ve şarap kalbin sevinciyle olur. Çünkü Yaradan onun işlerinden memnun kalmıştır.

YARATAN'I MEMNUN EDENİN ÖDÜLÜ

Pinhas

2) Bu dünyada ıslahı ile uğraşan her kişi, birçok kapının ona açılmasıyla, birçok ışığın o dünyaya açılmasıyla ödüllendirilir. Bu yüzden, o bu dünyadan ayrıldığı zaman, Işık onun önünde

yürür ve bütün kapı bekçilerine gider ve şunu bildirir ve açıklar, "Kapıları açın ve Hak'tan yana olanı içeri alın, Kralın hizmetkârı olan bu kişiye bir iskemle hazırlayın." Çünkü Yaradan için kalbini arındırmak ile uğraşan kişi dışında başka mutluluk yoktur.

KRAL BENİ KENDİ SALONLARINA GETİRDİ

Aharey Mot [Ölümden Sonra]

50) "Kral beni kendi salonlarına getirdi." Eğer Kral beni kendi salonlarına getirirse, "Biz seninle keyifleneceğiz ve mutlu olacağız," Ben ve tüm konuklarım. Bütün konuklar, İsrail topluluğu mutluyken ve kutsanmışken, herkes mutludur. O zaman dünyada hiç *Din* [yargı] yoktur. Bu nedenle yazılmıştır ki, "Bırakın gökyüzü mutlu olsun ve yeryüzü keyiflensin."

TORA

TÜM İYİLİK

***Hayey Sara* [Sara'nın Hayatı]**

219) "Gözlerimi aç, böylece Senin hukukundaki harikaları görebileyim." İnsanlar ne kadar budala, çünkü onlar öğretiyi bilmiyor ve onunla uğraşmayı düşünmüyorlar. Fakat Işık hayatın tümüdür. Bu dünyadaki ve sonraki dünyadaki her özgürlük ve her iyilik Işıktır. Bu dünyadaki hayat, bu dünyadaki tüm günleriyle ödüllendirilir. Yazıldığı üzere, "Günlerinin sayısını tamamlayacağım." Ve o, sonraki dünyada uzun günlerle ödüllendirilecek. Çünkü o mükemmel hayattır, sevincin hayatıdır, üzüntüsüz hayat, hayat olan hayattır - bu dünyada özgürlük ve her şeyden kurtuluş. Ölüm meleğinden özgürlük.

220) ... Işık, ölüm meleğinden özgürlüktür. Böylece o, onu kontrol edemez.

Tabii ki eğer Âdem yaşam ağacına tutunmuş olsaydı ki o Işıktır, kendisinin veya tüm dünyanın ölümüne sebep olmayacaktı. Ama hayat ağacını bıraktığı için ki o Işıktır ve bilgi ağacından yediği için, kendisinin ve bu dünyanın ölümüne sebep oldu. Bu nedenle Yaradan kalbi arındırmanın metodunu Yaradan'a doğru olanlara verdi.

Yazılıdır ki, "Masalara *Harut* [kazınmış]; onu *Harut* diye değil ama *Hirut* [özgürlük] diye söyleyin," böylece onlar ölüm meleğinden özgürleştirildiler. Eğer Halk buzağı ile günah işlemeseydi ve hayat ağacını terk etmeseydi ki o ıslahın yoludur, en başından ölümün dünyaya dönmesine sebep olmayacaklardı.

Ve Yaradan dedi ki, "Ben dedim, 'Siz yaratanlarsınız ve hepiniz En Yücenin oğullarısınız,'" yani Yaradan'ın ifşasına göre. Ve siz kendinize hasar verdiğiniz için, yani günah işlediğiniz için, gerçekten de insanlar gibi öleceksiniz. Bundan dolayı, dünyayı karartan o kötü yılan, kalbini arındırmak için çalışan hiç kimseyi yönetemez.

ÜST HAYAT

VaYişlah [Yakup Gönderdi]

46) "Ne mutlu her zaman korkan adama; ama kalbini sertleştiren kişi kötülüğe düşecektir." Ne mutlu kalpleri uyananlara, çünkü Yaradan onları arzular ve onlara sonsuz hayatla ödüllendirilmeleri için gerçek hukuku verdi. Yaradan, kalbin ıslahı ile uğraşan herkese üst hayatı hazırlar ve onu sonraki dünyanın hayatına götürür. Yazıldığı üzere, "Çünkü O, senin hayatındır ve günlerinin uzunluğudur." Ve yazıldığı üzere, "Ve bu şey vasıtasıyla günlerini uzatacaksın." Çünkü o, bu dünyada hayattır ve sonraki dünyada hayattır.

DÜNYA TORA İLE YARATILDI

Teruma [Bağış]

635) Yaradan dünyayı yarattığı zaman, Işığına baktı ve dünyayı yarattı. Dünya, Işık ile yaratıldı. Yazıldığı üzere, "Ve ben bir Amon [çırak] olarak O'nun yanındaydım." Onu Amon diye değil, Oman [zanaatkâr] diye söyleyin, zira Işık dünyanın zanaatkârlığıdır.

639) Yazılıdır ki, "Başlangıçta Yaradan cenneti ve yeryüzünü yarattı." O, bu kelimeye baktı ve cenneti yarattı. Yazılıdır ki, "Ve Yaradan dedi ki, 'Işık olsun.'" O, bu kelimeye baktı ve ışığı yarattı. Ve yazılı olan bütün kelimeler için de böyle oldu: Yaradan baktı ve o şeyi yaptı. Bu nedenle yazılıdır ki, "Ve ben bir Oman [zanaatkâr] olarak O'nun yanındaydım," tüm dünya yaratılırken.

640) Dünya yaratıldığı zaman, insanı yaratma arzusu olmadan önce tek bir şey bile var olmamıştı. Böylece insan Işık ile uğraşacaktı ve bunun için dünya var oldu. Şimdi, Işığa bakan ve onunla uğraşan herkes, sanki tüm dünyayı ayakta tutuyor gibidir. Bundan çıkan sonuç şudur ki bu iş ve tüm dünyayı ayakta tutmak, Işıktır. Bu nedenle ne mutlu Işıkla uğraşana. Çünkü o dünyayı ayakta tutar.

KALBİN ISLAHI İLE UĞRAŞAN DÜNYAYI AYAKTA TUTAR

Toldot [Nesiller]

3) Islahı ile uğraşan kişi dünyayı ayakta tutar ve dünyadaki her işlemin doğru şekilde yapılmasını sağlar. Aynı zamanda, insanın bedeninde hiçbir organ yoktur ki dünyada karşılığı olan bir yaratılışı olmasın.

Bu böyledir çünkü insanın bedeni organlara bölünmüştür ve hepsi, biri diğerinin üstüne kurulmuş olarak, kademe kademe dururlar ve hepsi tek bir bedenin içindedirler. Benzer şekilde, bu dünya, yani bu dünyadaki tüm yaratılanlar, biri diğerinin üstünde duran pek çok organlardır ve hepsi tek bir bedendir. Ve hepsi düzeltildiği zaman, gerçekten tek bir beden olacaklar. Ve her şey, insan ve dünya, Işık gibi olacak. Çünkü tüm öğreti birbiri üstünde duran organlar ve eklemlerdir. Ve dünya düzeltildiğinde onlar tek bir beden olacaklar.

YARADAN İÇİN ÇALIŞMAK

Leh Leha [İleri Git]

282) Kabalist Aba, Babil'den geldiği zaman şunu açıkladı, "Sonraki dünyada her kim zenginlik isterse ve her kim uzun günler isterse, Işık ile uğraşmalıdır!" Tüm dünya, Işık ile uğraşmak için ona doğru toplandı.

Kadını olmayan bekâr bir adam, onun civarındaydı. Bir gün ona geldi ve dedi ki, "Ben Yaradan'ı öğrenmek istiyorum, böylece zengin olurum." Kabalist Aba ona dedi ki, "Sen kesinlikle Işık aracılığıyla zenginlikle ödüllendirilmiş olacaksın." Adam oturdu ve öğreti ile uğraştı.

283) Zaman içinde, dedi ki, "Kabalist, zenginlik nerede?" Kabalist Aba cevap verdi, "Bu demektir ki sen Yaradan için çalışmıyorsun," ve onunla ne yapacağını düşünmek için odasına gitti. Bir ses duydu, ses şöyle diyordu, "Onu cezalandırma. Çünkü o büyük bir adam olacak." Ona geri döndü ve dedi ki, "Otur, oğlum, otur ve ben sana zenginlik vereceğim."

284) Bu arada, altın bir kap tutan bir adam içeri geldi. Görülmesi için kabı dışarı çıkardı ve onun parıltısı eve yayıldı. Dedi ki, "Kabalist, ben Işık ile ödüllendirilmek istiyorum. Ben kendim öğretiyi anlama ayrıcalığına sahip değilim ve başka birinin benim için uğraşmasını istiyorum. Babamın benim için bıraktığı büyük zenginliğim var." Masasında otururken, onun üstüne on üç tane altın kap yerleştirdi. "Ben manevi çalışmanın sevabı ile ödüllendirilmek istiyorum ve karşılığında zenginlik vereceğim."

285) Karısı olmayan o adama dedi ki, "Sen ıslahın ile uğraş ve bu adam da sana zenginlik verecek." Adam ona o altın kabı verdi. Kabalist Aba onun hakkında dedi ki, "Altın ya da cam

ona eşit olamaz, ne de saf altından yapılmış şeylerle değiştirilir." O, oturdu ve kalbin ıslahı ile uğraştı ve o adam ona zenginlik veriyordu.

286) Zaman içinde, onun içine Işığın güzelliği geldi. Bir gün, oturmuş ağlıyordu. Kabalist onu ağlarken buldu ve sordu, "Neden ağlıyorsun?" O cevap verdi, "Ve bu zenginlik için neyi ihmal ediyorum - sonraki dünyadaki hayatı! Artık o adam için çalışmak istemiyorum; Işık ile ben kendim ödüllendirilmek istiyorum." Kabalist Aba dedi ki, "Şimdi artık Yaradan için çalışıyor demektir."

287) Adamı çağırdı ve ona dedi ki, "Zenginliğini al ve onu öksüzlere, fakirlere ver ve ben sana öğrendiğimiz her şeyden, sırlardan daha büyük bir pay vereceğim." Altın kabı ona geri verdi. Işık ile uğraşan birisi için bu dünyada bundan daha büyük bir ödül yoktur. Ve onun karşılığında hiçbir şeye gerek yoktur. Yazıldığı üzere, "Altın ya da cam ona eşit olamaz, ne de saf altından yapılmış şeylerle değiştirilir."

YUKARI YÜKSELMEYEN ÇALIŞMA

VaYehi [Yakup Yaşadı]

293) "İnsan, güneşin altında yaptığı bütün işlerinden ne gibi bir fayda sağlar?" Yazılanları çalışması da güneş altında çalışmak demektir. Manevi çalışma farklıdır; o güneşin üzerindedir, üstte olanlardandır. Kalbin çalışması da böyledir.

Onun hakkında denildi ki, "İnsan, güneşin altında yaptığı bütün işlerinden ne gibi bir fayda sağlar?" ya insanlar için ya da kendi onuru için Işığı çalışsa da. "Güneşin altında," sözlerinin bahsettiği bunun hakkındadır. Çünkü bu çalışma yükselmez ve kişi bin yıl yaşamış olsa bile, bu dünyadan ayrıldığı gün, bu ona sanki tek bir gün yaşamış gibi gelecek.

TORA'NIN SÖZLERİ NİYET GEREKTİRİR

Nuh

275) Yazılıdır ki, "Yaradan'ınla buluşmak için hazırlan, ey insan," ve yazılıdır ki, "Sessiz ol ve dinle, ey insan." Çünkü Yaradan'ın sözleri niyet gerektirir, beden ve iradede tek bir bütün olarak düzeltilmelidir.

276) ... Yazılardaki sözler bedenin düzeltilmesini ve kalbin ıslahını gerektirir.

BİR SANİYE İÇİN BELİREN VE TEKRAR KAYBOLAN YÜCE SIRLAR

Toldot [Nesiller]

4) Yazılanlar bütün gizli, yüce ve ulaşılamaz sırları tutar. Öğreti bütün yüce, açığa çıkmış ve açığa çıkmamış konuları tutar, yani, onların derinliği yüzünden, onları gözleyen kişinin gözüne belirirler ve hemen sonra kaybolurlar. Sonra kısaca

tekrar belirirler ve kaybolurlar ve onları muhakeme eden kişiler önünde bu şekilde olur. Yazılar, yukarıda Üst Dünyada olan ve aşağıda olan bütün her şeyi tutar. Ve bu dünyada olan her şey ve sonraki dünyada olan her şey yazılanlardadır ve onları yerine getiren ve bilen kimse yoktur.

AŞKI UYANDIR

Mişpatim [Kanunlar]

99) Sevilen biri, alımlı ve güzel, kendi yerinde gizlenir. Bir sevgilisi vardır, insanlar onu bilmez çünkü o saklanır. Bu sevgili, ona olan sevgisi yüzünden, daima onun evinin kapısından geçer ve gözlerini her yöne kaldırır. O, sevgilisinin daima evinin kapısını çevrelediğini bilir. Kendi yerindeki küçük bir kapıyı açar ve yüzünü sevgilisine gösterir ve hemen tekrar kendini saklar. Sevgilisi ile beraber olan bütün o kişiler görmediler ve bakmadılar, ama yalnızca sevgilisi ki onun kalbi ve ruhu ona sarılır. Ve bilir ki ona duyduğu sevgi yüzünden, onun içinde sevgi uyandırmak için, o bir an görünür.

Ve yazılardan bir söz: o yalnızca sevgilisine görünür. Öğreti bilir ki kalbin aklı, her gün onun evinin kapısını çevreler. O ne yaptı? Sarayın içinden ona yüzünü gösterdi ve ona bir ipucu verdi, sonra hemen kendi yerine geri döndü ve saklandı. Orada olanların hiçbiri ne bildi ne de baktı, ama yalnızca bir tek o, onun kalbi ve ruhu sevgilisini takip eder. Bunun için Işık bir belirir, bir kaybolur ve içindeki sevgiyi uyandırmak için onu sevene doğru sevgi ile yürür.

MUSA'NIN YAZILARI EDEBİ HİKÂYELER ANLATMAZ

BeHaalotha [Üzerine Çıktığın Zaman]

58) Musa'nın edebi hikâyeler ve Esav ve Laban'ınki gibi cahil sözler anlatmak için geldiğini söyleyenlere yazıklar olsun. Eğer böyle olsa, bugün bile eğitimsiz bir kişinin sözlerini bir kurala, hem de onlarınkinden daha iyisine çevirebiliriz. Ve eğer yazılanlar dünyevi meselelere işaret ediyorsa, bu dünyayı yönetenler arasında bile daha iyi şeyler söyleyenler var. Öyleyse onları takip edelim ve aynı şekilde onları bir kurala çevirelim. Ancak, Musa'nın bütün sözlerinde bir üst anlam vardır.

59) Üst dünya ve alt dünya aynı şekilde yargılanır. Aşağıdaki insan, yukarıdaki yüksek meleklere karşılık gelir. Yüksek melekler için şöyle yazılıdır, "Kim ki rüzgârları O'nun habercileri yapar," ve onlar aşağı geldikleri zaman, bu dünyanın giysileriyle kıyafetlenirler. Bu dünyanın giysileriyle kıyafetlenmeselerdi, bu dünyada kalamazlardı ve bu dünya onlara tahammül edemezdi. Ve eğer melekler için bu böyleyse, melekleri ve tüm dünyaları yaratan kanun için bu daha da böyledir ve bunun için var olurlar. Üstelik, aşağıya bu dünyaya

geldiği zaman, cahillerin hikâyeleri ve sözleri olan bu dünyevi giysilerle kıyafetlenmeseydi, dünya ona tahammül edemezdi.

60) Bu nedenle, yazılardaki bu hikâye, Işığın kıyafetidir. Ve bu kıyafeti başka bir şey değil de, yazıların kendisi olarak düşünen kişinin ruhu lanetlenecek ve sonraki dünyada hiçbir payı olmayacak. Davud'un şöyle demesinin nedeni de budur, "Gözlerimi aç ki böylece Senin hukukundaki harika şeyleri görebileyim," yani yazılanların kıyafeti altında yatana göz dikeyim.

61) Açıkça görünen bir kıyafet vardır ve budalalar, elbisesi şık görünen, hoşça giyinmiş bir kişiyi görünce, daha fazlasına bakmaz ve o kişiyi şık kıyafetlerine göre değerlendirirler. Kıyafetleri kişinin bedeni olarak ve kişinin bedenini de onun ruhu olarak kabul ederler.

62) Yazılarda da böyledir. Bir bedeni vardır, bu kalbin ıslahıdır, "Yazıların bedenleri" diye adlandırılır. Bu beden kıyafetlere bürünür, bunlar dünyevi hikâyelerdir ve dünyadaki budalalar, sadece kitaplardaki hikâyeleri olan bu kıyafetleri göz önüne alırlar. Daha fazlasını bilmezler ve o kıyafetin altında var olanı göz önüne almazlar.

Daha fazlasını bilenler, kıyafeti değil ama o kıyafet altındaki bedeni göz önüne alırlar. Ama bilge kişiler, Yüksek Kralın hizmetkârları, Sina Dağı'nda duranlar, yalnızca öğretinin ruhunu göz önüne alırlar ki bu ruh onun hepsinin özüdür, gerçeğin anlatımıdır. Gelecekte, öğretinin ruhundaki ruha göz dikecekler.

63) Yukarıda da bu böyledir. *Levuş* [kıyafet], *Guf* [beden], *Neşema* [ruh] ve *Neşema*'dan *Neşema*'ya vardır. Cennetler ve onların ev sahipleri *Levuş*'dur ve Yaradan'a yönelenler de *Malhut - Neşama*'yı alan *Guf*, İsrail'in *Tiferet*'i [nuru], ZA - olur. Dolayısıyla *Malhut, Neşama*'ya *Guf* olur. Çünkü ZA, bir beden içindeki ruh gibi onda kıyafetlenir. Bilgelerin gözünde, *Neşama Tiferet*'tir, insandır, gerçek kanundur, Işığın ruhudur.

Ve *Neşama*'dan *Neşama*'ya, *Atika Kadişa*'dır [Kutsal, Antik Olan], gelecekte ona göz dikecekler. Bunların hepsi içiçe örülmüştür: *Atika Kadişa* ZA'de kıyafetlenir, ZA *Malhut*'ta kıyafetlenir ve *Malhut*, BYA dünyalarında ve onların tüm ev sahiplerinde kıyafetlenir.

64) Yazılanların efsanelerden başka bir şey olmadığını söyleyen ve yalnızca kıyafeti göz önüne alan günahkârlara yazıklar olsun. Anlatılanları olması gerektiği gibi göz önüne alan Hak'tan yana olanlara ne mutlu. Nasıl ki şarap yalnızca kap içinde durursa, yazılarda yalnızca o kıyafet içinde oturur. Dolayısıyla, kişinin kıyafet altında ne bulunduğunu görmesi gerekir, bu yüzden tüm bu hikâyeler kıyafetlerdir.

TORA KİME BOŞMUŞ GİBİ GÖRÜNÜR

VaYetze **[Yakup Dışarı Gitti]**

341) Yazılanların sözlerini bilmeyen ve onlara bakmayan bu dünyadaki günahkârlara yazıklar olsun. Ve ona baktıkları zaman, onların içinde hiç bilgelik olmadığı için, O'nun sözleri onlara boş ve yararsız sözlermiş gibi görünür. Bu onların bilgi ve bilgelik yoksunu olmaları nedeniyledir. Kitaplardaki tüm sözler yüce ve çok değerli sözler olduğu için ve orada yazılı olan her bir söz inciden daha değerli olduğu için, hiçbir şey onunla karşılaştırılamaz.

342) Kitapların sözlerini görmekte kalpleri engellenmiş olan budalalar, bu sözleri bilmemelerinin yanında bir de onların bozuk ve yararsız sözler olduğunu söylerler, yazıklar olsun onlara. Yaradan onları yazılanları utandırdıkları için arayıp bulduğunda, Efendisine karşı başkaldıran bir kişiye uygun bir ceza ile cezalandırılacaklar.

343) Yazıldığı üzere, "Çünkü o boş bir şey değil." Ve eğer o boş ise, sadece senin için boştur. Çünkü öğretilenler dünyadaki tüm bolluktan gelen bütün kıymetli taşlar ve mücevherlerle doludur.

344) Kral Süleyman dedi ki, "Eğer akıllı isen, kendin için akıllısın." Bu böyledir çünkü kişi Yaradan'ın yolunda akıllandıkça bu kendi menfaatinedir, Yaradan'ın menfaatine

değil. Çünkü yazılara tek bir kelime bile ekleyemez. "Ve eğer küçümsersen, buna yalnız başına katlanacaksın," çünkü bunun yüzünden anlatılanların övgüsünden hiçbir şey çıkartılmayacak. Kendi küçümsemesi sadece kendisinindir ve onun içinde kalacak, bu dünyadan ve sonraki dünyadan kendini yok etmek için.

BU DÜNYANIN TÜM DERTLERİ İÇİN BİR ŞİFA

VaYehi [Yakup Yaşadı]

317) Bu dünyanın insanları bağıracaklar ama onlara hiç kimse göz kulak olmayacak. Başları her yönde bir kurtuluş arayacak ama bu zor durumlarına çare olacak bir şeyle dönmeyecekler. Fakat onlar için bu dünyada bir ilaç buldum: Kusursuz ıslahın kitabı onların arasında olduğunda, öğreti ile uğraştıkları yerde onu dışarı çıkardıklarında, yukarıdakiler ve aşağıdakiler uyanacak. Ve eğer Kutsal İsim onun içine doğru şekilde yazılmış ise bu daha da çok böyle olacak.

YAZILI ÖĞRETİ VE SÖZLÜ ÖĞRETİ

Yeni Zohar, Toldot [Nesiller]

13) Yukarıdan sıkıca tutulmuş olan bütün üst atalar - İbrahim, İshak, Yakup, Musa, Harun ve Yusuf - hepsi yazılı öğreti içinde, *HaVaYaH*'ın öğretisinde kapsanır. Çünkü onlar *Zer Anpin*'in altı kenarıdırlar, *HaVaYaH* diye adlandırılırlar ve

onlar hakkında şöyle yazılıdır, "Yaradan'ın [*HaVaYaH*] hukuku." Dolayısıyla, bunların hepsi yazılı öğretidir.

Onların dışında sıkıca yakalanmış olan Davut, sözel öğretidir, *Malhut*'tur ve "almanın" sözlerinde, yani yazılarda ifade edilir. Bu nedenle *Malhut*'a "alma" denir, çünkü yazılı öğretiden Işık alır ki ona *Tsadik* [Hak'tan yana], *Yesod*, Yusuf denir ve "hepsi" diye adlandırılır.

ÖĞRETİ - GECE ÇALIŞMASI

HESED'İN [MERHAMET] İPLİĞİ

Miketz [Sonunda]

33) ... Kişi geceleyin kalbin ıslahı ile uğraştığı zaman, gün boyunca bir merhamet ipliği onun üstüne uzanır. Yazıldığı üzere, "Gündüz Yaradan merhametini emredecek ve geceleyin O'nun şarkısı benimle olacak."

GECELEYİN BÜYÜK AŞK

Aharey Mot [Ölümden Sonra]

217) "İçimdeki ruh Seni arar," geceleyin büyük bir aşk ile sana sarılmak için. Kişinin, Yaradan sevgisi yüzünden, sabah olana kadar O'nun çalışmasıyla uğraşmak için ve kendi üzerine bir *Hesed* [merhamet] ipliği çekmek için, her gece kalkması gerekir. Bu aşkla Yaradan'ı sevene ne mutlu. Ve Yaradan'ı bu şekilde seven bu gerçek Hak'tan yana olanlar, dünya onlar için vardır ve onlar yukarıdaki ve aşağıdaki tüm sert fermanları yönetirler.

ISLAH İLE UĞRAŞMAK İÇİN YATAĞINDAN KALKANLAR

VaYikra [Yaradan Çağırdı]

379) "Sabah yıldızları beraber şarkı söylediği zaman, Yaradan'ın bütün oğulları sevinçten bağırdılar." Yaradan, Hak'tan yana olanları Cennet Bahçesinde ağırlamak için geldiği zaman, her şey, yani aşağı dünyanın seviyeleri, *Malhut* ve tüm yukarıdakiler ve aşağıdakiler O'na karşı uyanırlar. Ve cennet bahçesindeki tüm ağaçlar, yani seviyeler, O'nu övmeye başlarlar. Yazıldığı üzere, "O geldiği için, ormanın bütün ağaçları neşe ile Yaradan'ın önünde şarkı söyleyecekler." Ve hatta o topraklardaki kuşların hepsi O'na övgüler dile getirir.

O zaman, bir alev çıkagelir ve kutsal Kralı çağıran ve öven horozun kanatlarına çarpar. İnsanları, ıslah için, Yaradan'ı övmek için ve O'nun işleri için çaba sarf etmeye çağırır. Kalplerini arındırmak ile uğraşmak için yataklarından kalkanlara ne mutlu.

380) Sabah olduğu zaman, güneydeki kapılar, yani *Hesed* açılır ve dünyaya şifa gelir. Ve doğu rüzgârı, *ZA*, uyanır ve *Rahamim* oradadır. Ve tüm o yıldızlar ve işaretler, yani seviyeler, sabahın, yani *Hasadim*'e parlayan *Yesod*'un yönetimi altına tayin edilmişlerdir. Hepsi Yüce Kralı övmeye ve O'na şarkı söylemeye başlar. Bunun hakkında şöyle

yazılmıştır, "Sabah yıldızları beraber şarkı söylediği zaman, Yaradan'ın bütün oğulları sevinçten bağırdılar."

Fakat Yaradan'ın oğulları - ki onlar *Din*'dir - burada *Hesed*'in vakti olan bu sabahta bağırıp çağırarak ne isterler? Nihayetinde, dünyada *Hesed* uyandığı zaman, tüm *Dinim* kaldırılmıştır. Ancak, "Yaradan'ın bütün oğulları sevinçten bağırdılar," sert *Dinim*'in otoritesi kırılmış, onların güçleri parçalanmış demektir. Çünkü "Bağırış", onlar kırıldı demektir. Yazıldığı üzere, "Yeryüzü kırıldı, parçalandı."

SARAY ÜYELERİNE HEDİYELER

Beşalah [Firavun Gönderdiği Zaman]

46) Yaradan ve Cennet Bahçesindeki tüm Hak'tan yana olanlar, hepsi O'nun sesini dinler. Şöyle yazılmıştır, "Siz bahçede oturanlar, dostlar sesinizi dinler; bırakın onu duyayım." "Siz bahçede oturanlar", insan topluluğudur, *Malhut*'tur. Geceleyin, Yaradan'ı öğretideki övgülerle över. Yaradan'ı Işığın övgüsü ile övmek için ona katılana ne mutlu.

47) Sabah olduğu zaman, insan topluluğu, *Malhut*, gelir ve Yaradan ile oynar ve O, ona *Hesed*'in [merhamet] asasını verir. Ama yalnızca ona değil, ona ve ona katılan herkese. Kişi geceleyin ıslah ile uğraştığı zaman, Yaradan gün boyunca ona bir merhamet ipliği uzatır. Bu nedenle *Malhut*, "Sabah yıldızı"

diye adlandırılır. Çünkü o, geceleyin Yaradan'ı yazılardaki övgülerle över.

48) Sabah yükseleceği zaman, Işık kararır ve karanlık büyür ve siyahlık mevcuttur. Sonra bir kadın Kocasına sarılır, bu üçüncü gözetimdir, bir kadın kocasıyla söylerse, yani ZON ile, O'nunla söyler ve O'nun sarayına gelir.

49) Daha sonra, güneş batacağı zaman, gece parlar ve gelip güneşi alır. Sonra, tüm kapılar kapanır, eşekler anırır ve köpekler havlar. Gecenin yarısı olduğunda, Kral kalkmaya başlar ve kraliçe, *Malhut*, şarkı söylemeye başlar. Kral, ZA, gelir ve sarayın kapısına vurur ve der ki, "Benim için aç, kız kardeşim, karım." Ve sonra O, Hak'tan yana olanların ruhları ile oynar.

50) O zamanda öğretinin sözleri ile uyananlara ne mutlu. Bu nedenle, kraliçenin sarayının bütün çocukları o zamanda kalkmalı ve Kralı övmeliler. Hepsi O'nun önünde onu över ve övgü, O'ndan uzak olan bu dünyadan yükselir ve bu Yaradan için her şeyden daha makbuldur.

51) Gece ayrıldığında ve sabah olup gün ağardığında, Kral ve kraliçe neşe içindedirler, *Zivug* içindedirler ve Kral, hem kraliçeye hem de sarayda oturanların hepsine hediyeler verir. Sarayda oturanlar arasında sayılanlara ne mutlu.

ALTMIŞ NEFESLİK

VaYigaş [Sonra Yahuda Yaklaştı]

34) Kral Davut at gibi uyuyacaktı; biraz uyudu. Bu nedenle, gece yarısı nasıl kalktı? Nihayetinde, bu altmış nefeslik at uykusu ölçüsü çok az ve gecenin üçte birinde bile kalkmayacaktı.

35) Ancak, gece geldiği zaman, evinin büyükleri ile oturacak ve hükümler verecek ve Yaradan'ın sözleri ile uğraşacaktı. Bu demektir ki gecenin başında değil, gece yarısına doğru uyumaya gitti. Sonrasında, gece yarısına kadar uyku uyuyacak, gece yarısı kalkacak, uyanacak ve şarkılarla ve övgülerle Yaradan'ın işlerini çalışacak.

36) Kral Davut sonsuza dek daima yaşar ve var olur. Kral Davut kendini, bütün hayatı boyunca ölümü tatmaktan alıkoydu, zira uyku ölümün altmışta biridir. Ve Davut, yeri yüzünden ki bu yer "hayatta" olandır, yalnızca altmış nefes uyudu. Çünkü sadece altmış nefes, eksi bir, sayesinde yaşadı ve ondan sonra kişi ölümü tadar ve kirliliğin ruhunun tarafı onu yönetir.

37) Bu nedenledir ki Kral Davut kendini ölümün tadını tatmaktan ve öte tarafın ruhu tarafından hükmedilmekten alıkoydu. Çünkü altmış nefes, eksi bir, yukarıdaki hayat -

altmış nefese kadar - altmış yüksek nefestir demektir ve hayat onlara bağlıdır. Ve oradan aşağısı ölümdür.

38) Bu nedenle Kral Davut geceyi, gece yarısına kadar ölçüyordu. Böylece canlı kalacak ve ölümün tadı ona hükmetmeyecekti. Ve gecenin yarısı olduğunda, Davut kendi yerinde, yani kendi seviyesinde bulunacaktı, yaşayarak var olarak. Çünkü gece yarısı uykusundan kalkmış ve şarkı söyleyip övgüde bulunmuştu. Bu böyledir çünkü gece yarısı uyandığı zaman ve kutsal *Keter,* yani *Nukva,* uyandığında, Davut'u başka bir yere, ölümün yerine bağlı olarak görmemeliydi.

39) Gecenin yarısı geçtiğinde ve yukarıdaki kutsallık uyandığında, eğer yatağında uyuyan kişi, Yaradan'ın ihtişamını gözlemek için uykusundan kalkmazsa, böyle yapmakla ölümle bağlantı kurar ve öteki yere, *Sitra Ahra*'ya, tutunur. Bu nedenle Kral Davut, Yaradan'ın ihtişamını gözetmek için daima gece yarısı kalkacaktı, yaşam içinde yaşamak ve ölümün tadını tadacağı noktaya kadar uyuklamayacaktı. Bu nedenle at gibi uyuyacaktı, altmış nefes, fakat tam olarak değil, çünkü onlarda bir eksikti.

Uyumak, gözlerin kapanması demektir, yani *Mohin* demektir. Bu, gözleri kapalı olarak düşüncesizce yatan bir kişi gibidir. Bunun kökü sol çizginin, *Hohma*'nın, aydınlığının hükmünden uzanır. Sağ çizgiyle, *Hasadim* ile, anlaşmazlık halinde olduğu zaman ki burada *Hohma, Hasadim* olmaksızın parlayamaz, *Mohin* engellenmiştir.

Uykudan uyanmak, orta çizgiden uzanır. Çünkü uyku hali, içinde *Hirik*'in *Masah*'ı olarak orta çizginin yükselmesine kadar devam eder. Bu, *Man'ula* [kilit] noktasıdır, soldaki *Hohma* sağdaki *Hasadim*'e dâhil olduğu zaman, bu nokta sol çizgiyi inceltir ve onu sağ çizgiye dâhil eder. O zaman *Mohin* açılır ve *Hohma* parlayabilir.

BERABER ÇALIŞILAN TORA DAHA TEMİZDİR

VaYikra [Yaradan Çağırdı]

394) Gece çalışılan ıslah, gündüz çalışılan ıslahdan daha temizdir. Çünkü yazılı öğretinin saflığı sözel olan, "gece" denen *Malhut*'un içindedir. Sözel öğreti, *Malhut*, gece hükmeder ve gündüz vaktinden daha çok uyandırır ve *Malhut* hükmettiği zaman, o Işığın içindeki saflıktır.

İNANCIN ÇOCUKLARI - KUTSAL İSMİ NASIL BİRLEŞTİRECEĞİNİ BİLENLER

VaYikra [Yaradan Çağırdı]

200) "Yaradan'ı kutsayın, siz Yaradan'ın bütün hizmetkârları." Bu, inancı olan herkese bir övgüdür. Bu inancı olanlar kimlerdir? Bunlar kalbin erdemliği ile uğraşanlar ve Kutsal

İsmi nasıl uygun şekilde birleştireceğini bilenlerdir. Ve bu inançlı olanların övgüsü şudur ki onlar ıslahları ile uğraşmak ve insan topluluğu ile yani *Malhut* ile bir olmak için ve Yaradan'ı yazılardaki sözler ile övmek için gece kalkarlar.

201) Birisi gece yarısı ıslah ile uğraşmak için kalktığı zaman, bir Kuzey rüzgârı, yani solun aydınlığı geceyarısı uyanır. Bu geyik ve *Malhut*'tur ve durur ve Yaradan'ı, *ZA*'ni, över. Ve o durduğu zaman, binlercesi ve on binlercesi varlıklarıyla onunla beraber durur ve hepsi kutsal Kralı övmeye başlar.

202) Yaradan, ödüllendirilmiş olan ve gece yarısı kalbini arındırmak ile uğraşmak için kalkan kişiyi dinler... Ve yukarıdaki bütün o kalabalık ve Yaradan'ı şarkılarla övenler, kalbin ıslahı ile uğraşanların övgüleri için sessiz dururlar. Onlar açıklar ve derler ki, "Yaradan'ı kutsayın, siz Yaradan'ın bütün hizmetkârları." Diğer bir deyişle, ıslah ile uğraşan sen, Yaradan'ı kutsa. Sen - kutsal Kralı öv; sen - Kralı taçlandır.

203) Ve geyik, *Malhut*, o insanda taçlanır. Kralın önünde yükselir ve der ki, "Bak Sana hangi oğulla geldim, hangi oğlu Sana doğru uyandırdım." Ve tüm erdemleri Kralın önünde olan bu kişiler kimlerdir? Geceleri Yaradan'ın evinde duranlar onlardır. Onlar, "Yaradan'ın hizmetkârları" diye adlandırılanlardır; Kralı kutsamaya layık olanlardır, kutsamaları kutsamadır. Yazıldığı üzere, "Mabede doğru ellerinizi kaldırın ve Yaradan'ı kutsayın." Sen, senin tarafından

kutsanmış kutsal Kral! 6düllendiren, senin tarafından alan kutsama, kutsamadır.

ISLAH

YAPMAYA GÜCÜN OLDUĞUNU FARK ETTİĞİN HER ŞEYİ YAP

Pinhas

134) "Yapmaya gücün olduğunu fark ettiğin her şeyi yap." Hazır kandil yanarken ve başının üstündeyken, kişinin Yaradan'ın isteğini yapmak için çaba sarf etmesi onun için ne kadar da iyidir. Çünkü kandilin ışığı ona güç verir. Onun hakkında şöyle yazılıdır, "Bırak Yaradan'ın gücü artsın." Bu, Hak'tan yana olanın ve Yaradan'ın isteği için çalışan, Kutsallık olan herkesin başı üstünde mevcut olan Yaradan'ın gücüdür.

ARADAKİ

Bo [Firavuna Gel]

211) "Kişi kendini daima, sanki tüm dünya ona bağlıymış gibi düşünmelidir," yani kişi kendini ve tüm dünyayı aradaki olarak kabul etmelidir. Ve eğer bir emri yerine getirirse, kendini ve tüm dünyayı iyilik derecesine göre hükme bağlar. Ve eğer bir emri çiğnerse, kendini ve tüm dünyayı günah derecesine göre hükme bağlar.

YARATAN'DAN DESTEK

VaYetze [Yakup Dışarı Gitti]

350) Kral Davut, her zaman kendini Yaradan'a bağladı. Ruhu ve arzusu ile O'nunla bir olmak dışında, dünyadaki başka hiçbir şey için kaygısı yoktu. Yazıldığı üzere, "Ruhum Sana tutunur." Ve o her zaman Yaradan'a tutunduğu için, O onu destekledi ve onu bırakmadı. Yazıldığı üzere, "Senin sağın beni destekledi." Bundan öğreniriz ki kişi Yaradan'a tutunmak üzere geldiği zaman, Yaradan onu tutar ve onu bırakmaz.

YUKARIDAKİNİN UYANMASI

Leh Leha [İleri Git]

231) Yukarıdakinin uyanması, yalnızca aşağıdakinin uyanması aracılığıyla olur. Çünkü yukarıdakinin uyanması aşağıdakinin özlemine bağlıdır.

BİRİSİ ARINMAYA GELDİĞİ ZAMAN

Leh Leha [İleri Git]

268) Yazılıdır ki, "Ben sevgilime aitim ve o beni arzular." Başlangıçta, "Ben sevgilime aitim," ve sonrasında, "Ve o beni arzular." "Ben sevgilime aitim," aşağıdan bir uyanış ile ilk önce ona bir yer düzenlemektir ve sonra, "Ve o beni arzular."

269) Kutsallık, günahkârla beraber mevcut değildir. Kişi arınmaya ve kendini Yaradan'a yakın kılmaya geldiği zaman, Kutsallık onun üstündedir. Onun hakkında yazılıdır ki, önce, "Ben sevgilime aitim," ve sonra, "Ve o beni arzular," çünkü kişi arınmaya geldiği zaman, o arındırılır.

KUTSAYAN KUTSANIR

VaYikra [Yaradan Çağırdı]

423) Hak'tan yana olanlara ne mutlu. Çünkü onların Yaradan'da, kutsal payda, Kralın kutsallıklarında büyük bir payı var, onlar kendilerini Yaradan'ın kutsallıklarında kutsarlar. Ve kim kutsarsa, Yaradan onu kutsar. Yazıldığı üzere, "Böylece kendinizi kutsayın ve kutsal olun." Kendini aşağıda kutsayan kişi, yukarıdan da kutsanır. Ve birisi Yaradan'ın kutsallıkları ile kutsandığı zaman, kutsal ruh ile kıyafetlendirilir, bu Yaradan ile İsrail topluluğundan mirastır. Çünkü ruh *ZON*'un çocuğudur. Ve sonra o her şeyi miras alır. Bunlar, "Yaradan'ın çocukları" diye adlandırılanlardır. Yazıldığı üzere, "Siz Yaradan'ın çocuklarısınız."

TAPINAĞI İNŞA ETMEK

Nuh

323) "Ev inşa olurken, taşınmış en iyi taşla inşa edilmişti." "Ev inşa olurken", ev kendi kendine inşa ediliyor demektir. Fakat Süleyman ve orada bulunan tüm zanaatkârlar onu inşa etmediler mi?

324) Gerçekten de öyleydi, yazıldığı üzere, "Lamba tek bir parçadan yapılacak." Eğer o tek bir parça ise, yani zanaatkârlar demir çubuğu balyoz ile dövüyorlarsa, o zaman "Yapılacak" nedir? Bu, o kendi kendine yapıldı demektir. Şüphesiz ki tapınaktaki her şey kendi kendine yapıldı, alamet ve mucize ile. Zanaatkârlar çalışmaya başladığı zaman, bu iş zanaatkârlara onu kimin yaptığını öğretti. Onlar, ona başlamadan önce, onu nasıl yapacaklarını bilmiyorlardı.

325) Bunun sebebi nedir? Çünkü Yaradan'ın kutsaması onların üstündeydi. Bu nedenle yazılıdır ki, "inşa olurken," çünkü o kendi kendine inşa edilmiştir. Çünkü o, zanaatkârlara öğrenmeyi, onu yapmaya nasıl başlanacağını öğretti ve bu işin kaydı, kelimenin tam anlamıyla onların gözlerinden kaçmış olacaktı ve tüm ev inşa edilmiş olana kadar bu kayıt ile bu işe bakacaklardı.

KUTSAL YERİ YAPMAK

Pekudey [Hesaplar]

15) Yaradan Musa'ya şunu dediği zaman, "Çadırdan Tapınağı yap," Musa şaşırdı; Yaradan ona canlı bir şekilde gösterene kadar ne yapacağını bilmiyordu. Yazıldığı üzere, "Ve gör ve onları sana dağdayken gösterilmiş olan modellerine göre yap." "Modellerine göre", Yaradan Musa'ya her şeyi daha yüce, manevi biçiminde gösterdi ve yukarıdaki manevi formların her biri kendi formunu, aşağıda, yeryüzünde yapılmış olan hayali formuna benzer yapıyordu demektir. Musa işte böyle biliyordu.

16) "Sana dağdayken gösterilmiş olan." Parlamayan ayna, *Malhut,* aşağıda yapılan ve kendi içinde olan tüm davranışları ve biçimleri ona gösteriyordu.

17) Yazılıdır ki, "Sana gösterilmiş olan." "Sana", parlamayan aynadır, *Malhut*'tur ki kendi içinde olan tüm biçimleri ona gösterdi. Ve Musa onların her birini düzeltilmiş formları içinde gördü. Kişinin, bütün formları gösteren kristal bir lamba içinde, bir ayna içinde gördüğü gibi.

Ve Musa onlara gözünü diktiği zaman, onları kafa karıştırıcı buldu. Çünkü orada, *Malhut*'ta, her şey kendi manevi formunda duruyordu. Fakat her bir form, kendi formunu bu dünyadaki, çadırdan Tapınak içindeki hayali formla eşitledi.

Ortaya çıkan şudur ki her iki form da belirgindi: manevi olan ve hayali olan. Bu nedenle Musa şaşırmıştı; hangisini kavrayacağını bilemedi. Yaradan ona dedi ki, "Sen, senin işaretlerinle ve Ben, Benimkiyle," yani Musa her şeyde hayali işaretleri algılayacaktı ve Yaradan her şeyde manevi işaretleri algılar ve sonra manevi form hayali formun üzerine yerleşir. Sonra Musa, çadırdan Tapınağın bütün işlerini yerine getirdi.

EŞEK SÜRÜCÜSÜ

Teruma [Bağış]

536) Kabalist Yosi ve Kabalist Hiya, yol boyunca yürüyorlardı ve bir eşek sürücüsü onların arkasından eşekleri sürüyordu. Kabalist Yosi, Kabalist Hiya'ya dedi ki, "Yazılanların sözleriyle uğraşmalı ve çaba göstermeliyiz çünkü Yaradan bizim önümüzde yürüyor. Bu nedenle O'nun için düzeltmeler yapmanın zamanı. Böylece O, bu yolda bizimle beraber olacak." Eşek sürücüsü, eşekleri daha hızlı yürütmek için onları bir tahta parçası ile dürtükler.

537) Kabalist Hiya başladı ve dedi ki, "Yaradan için yapmanın zamanıdır; Senin hukukunu çiğnediler." Öğretinin bu dünyada mevcut olduğu ve insanların onunla uğraştığı her zaman, Yaradan işlerinden memnun görünür, bütün dünyalarda sevinç vardır ve cennet ile yeryüzü varlıklarını korurlar. Daha da ötesi, Yaradan tüm ev halkını toplar ve onlara der ki, "Bu

topraklarda sahip olduğum kutsal insanları görün, Işık onların yüzünden taçlandı, Benim işlerimi görün ki hakkında şöyle demiştiniz, 'İnsan nedir ki onu hatırlamalıyım?'" Ve onlar, Yaradan'ın sevincini gördükleri zaman, hemen başlar ve derler ki, "Ve kim Senin insanların gibi, bu topraklarda tek bir millet olan insan gibi."

538) Ve insan, ıslahından uzaklaşıp boşa zaman harcadığında, Yaradan'ın gücü görünüşte azalır. Yazıldığı üzere, "Seni yaratan Kayayı ihmal ettin," ve sonra yazılmıştır ki, "Ve cennetin tüm ev sahipleri ayaktadır." Çünkü, Yaradan için yapmanın zamanıdır. Şu geriye kalan Hak'tan yana olanlar güçlerini toplamalılar ve iyi işler yapmalılar ki böylece Yaradan, Hak'tan yana olanlarla, kampları ve ordularıyla güçlenecek. Çünkü onlar Senin hukukunu çiğnediler ve insanlar onunla doğru şekilde meşgul olmuyorlar.

539) Onların arkasından eşekleri süren eşek sürücüsü onlara dedi ki, "Lütfen, bir sorunun cevabını bilmek istiyorum." Kabalist Yosi cevapladı, "Tabii ki yol önümüzde hazırlanmış, sorunu sor." O dedi ki, "Bu mısra, 'Yapılmalı' diye mi veya 'Yapılmıştı' diye mi söyledi ki ben öyle söylerdim. 'Zaman' nedir? Ve aynı zamanda yazılıdır ki, 'Yaradan için yapmak.' Demeliydi ki, 'Yaradan'ın önünde.' 'Yaradan için yapmak' ne demektir?" Kabalist Yosi dedi ki, "Yol bizim önümüzde birkaç şekilde hazırlanmıştır: Bir, biz iki idik ve şimdi üç olduk.

Çünkü Kutsallık bize eklendi. Bir, sen bir zeytin gibi tazeyken ben senin kuru bir ağaç gibi olduğunu düşündüm. Ve bir, sen çok iyi sordun ve konuşmaya başlamışken konuş."

540) O başladı ve dedi ki, "Yaradan için yapma zamanı," çünkü bir zaman vardır ve bir zaman vardır - sevmek zamanı ve nefret etme zamanı. Yukarıdaki zaman, inanç, *Malhut*, 'Zaman' diye adlandırılır. Buna, 'İyi niyet zamanı' denir ve bu, insan Yaradan'ı her zaman sevmeli demektir. Yazıldığı üzere, "Ve Yaradan'ını seveceksin." Bunun hakkında, sevme zamanı, bu zamandır, yani birisi sevmelidir.

541) Ve başka bir zaman vardır, bu başka bir yaratandır, kişi ondan nefret etmeli ve kalbi ile onun arkasından gitmemeli. Çünkü bu nefret etme zamanıdır. Ve bu nedenle yazılıdır ki, "Kardeşin Harun'a söyle, o hiçbir zaman kutsal yere girmeyecek."

542) "İnsan, Işık ile ve öğretinin *ıslahı* [sevaplar] ile uğraştığı zaman, işte o zaman kutsal inanç, *Malhut*, ıslahlarında ıslah edilir ve olması gerektiği gibi tamamen süslenir. İnsan, kalbini arındırmak ile uğraşmadığı zaman, işte o zaman görünürde ıslah olmamış ve tamamlanmamış olur ve Işık içinde değildir. Sonra Yaradan için yapmanın zamanıdır.

543) "'Yaradan için yapmak' ne demektir? Yazıldığı üzere, 'Yaradan, yapmak üzere yarattı.' 'Yapmak' nedir? Bu demektir ki iblislerin bedenleri geriye kaldı. Onlar yapılmadı çünkü gün

kutsanmıştı ve onlar yapılmak üzere kaldılar. Çünkü onlar bedensiz ruhlardır. Burada da, yapma zamanıdır, zaman düzeltilmeden ve bütünlük olmadan kaldı. Çünkü onlar Senin hukukunu çiğnediler. Çünkü insan ıslahı anlatan sözlerden uzaklaşıp boşa zaman harcadı, bu nedenle zaman böyledir, insan için ya yükselir ya da alçalır. Eğer onlar arınmalarıyla uğraşırlarsa, zaman yükselir. Eğer Işık'dan uzaklaşıp boşa zaman harcarlarsa, zaman alçalır."

544) Kabalist Yosi dedi ki, "Gerçekten de arkamızdan eşekleri sürmek senin altındadır. Bunu duymakla ödüllendirildiğimiz için, ne mutlu bu yola. Kabalist Şimon'un içinde olduğu, dağların arasında bile bilgeliğin bulunduğu bu nesle ne mutlu." Kabalist Yosi ve Kabalist Hiya eşeklerinden indiler ve üçü yol boyunca yürüdü.

KİŞİ KALBİNDEKİNİ NE İLE ÜSTLENİR

VaYera [Yaradan Göründü]

153) "Kocası kapılarda bilinir," Yaradan'dır, herkesin kalbinde olanı üstlenerek, bilgeliğin ruhu ile edinebildiği ölçüde edindiği ve bildiği Yaradan'dır. Bu nedenle, kişi kalbinde olanı üstlendiği kadarıyla, O kişinin kalbinde bilinir. Bu nedenle yazılıdır ki, "Kapılarda bilinir," bu ölçülerde [kapı ve ölçü İbranicede aynı kelimedir] herkes Yaradan'ı kalbinde üstlenir.

Fakat tamamen bilinmelidir ki O'na erişebilen ve O'nu bilen hiç kimse yoktur.

154) "Kocası kapılarda bilinir." Kapılar nedir? Yazıldığı üzere, "Ey kapılar, kafalarınızı kaldırın." Yüksek seviyeler olan bu kapılar sayesinde Yaradan bilinir. Eğer bu kapılar olmasaydı, onlar Yaradan'ı edinemezlerdi.

ISLAH YALNIZCA BU DÜNYADADIR

Korah

31) Kişi şunu dememeli, "Şu dünyaya geldiğimde, Krala merhamet için yalvaracağım ve O'nun önünde tövbe edeceğim." Aksine bunun hakkında şöyle yazılıdır, bir kere kişi bu dünyadan ayrıldığı zaman artık, "Hiçbir iş veya düşünce veya bilgi veya bilgelik yoktur." Eğer kişi Kutsal Kralın ona bu dünyada parlamasını ve sonraki dünyadan ona bir pay vermesini istiyorsa, kişi işlerinin bu dünyada sağ tarafa dâhil olması için uğraşmalı ve bütün hareketleri Yaradan için olmalı.

RUHUN 248 ORGANI

Şoftim [Yargıçlar]

8) Hayat ağacına, ZA'ne, bedeni ve organlarıyla tutunan kişiye ne mutlu, o bir kandildir. Her bir dal, onun 248 *Mitsvot*'u

içinde bir *Mitsva* kandilidir ve bu 248 organa karşılık gelir, her bir organ için bir *Mitsva*.

9) Onların her ikisi de, hayat ağacı ve *Mitsva* kandili, yani *ZA* ve *Malhut*, aynı insanı tuttuğu zaman, şu sözler insana ilişkin olarak gerçek olur, "Ve o baktı ve seyretti, çalı ateşle yandı ve çalı yok olmadı." Ve *SAM* ve yılan ve onun bütün görevlileri - ki bunlar dikenlerdir - insanın bedenine tutunurlar ve yanarlar, bu arada çalının dalları, meyveleri ve yaprakları yanmaz. Yaradan'ın Musa'ya gösterdiği de budur.

RUHUN 365 TENDONU

Pekudey [Hesaplar]

151) *Malhut*'un *Yesod*'unun ıslahını açıklamak ki bu *ZA*'nin etkisi ile yapılmıştır. Hortumların etkisi altında olan 365 tane tendon vardır - beyaz, siyah, kırmızı, her biri diğerine dahil olan - ve onlar tek bir renk haline gelmiştir. Bu tendonlar on yedi ağ olacak şekilde örülmüştür ve her bir ağ "tendonlar" diye adlandırılır. Birbirlerine bağlanmışlardır ve uçurumun, "uçurum" denen *Malhut*'taki *Yesod*'un ucundan aşağı inerler. Bunların altında, iki ağ demirden bir aynada ve diğer iki ağ da bakırdan bir aynada durur.

Tendonlar, *Bina*'nın solundaki *Hohma*'nın aydınlığıdır, bu aydınlık *Malhut*'a uzanır. Onlara tendonlar denir. Çünkü

KHB'a *Moha, Atsamot, Gidin* diye ad verildiği için, onlar *Bina*'dandırlar.

AZAZEL İÇİN BİR KEÇİ

Emor [Konuş]

236) "Ve Harun bu iki keçi için kura çekecek." Bu Azazel için bir onurdur. Çünkü hizmetkârın efendisi ile eşit olarak kura çektiğini hiç gördünüz mü? Genellikle hizmetkâr efendisi ne verirse onu alır. Fakat o gün, Samel İsrail hakkında dedikodu yapmaya hazır olduğu için, onun bir şey söylemesini engellemek için, ona bir pay verildi.

238) Ve yalnızca bu değil, iftiracının hazır bulunduğu ve ona izin verildiği her seferinde, ona uğraşması için bir şey verilmeli ve İsrail rahat bırakılmalı.

SEVGİ YÜZÜNDEN AZARLAMAK

Ki Tazria [Kadın Doğurduğunda]

72) Bunu nereden biliyoruz? Yazılıdır ki, "Açıkça azarlamak, gizli sevgiden daha iyidir," bu demektir ki açıkça azarlamak daha iyidir. Ve eğer azar, sevgi yüzünden ise, insanlardan gizlidir. Benzer biçimde, dostunu sevgi yüzünden azarlayan birisi, sözlerini insanlardan gizlemelidir. Böylece dostu

onlardan utanmaz. Ve eğer sözleri insanların önünde aleni ise, bu sözlerde sevgi yoktur.

73) Yaradan da böyledir. O, bir kişiyi azarlarsa, onu her şeyde sevgiyle azarlar. Önce, onu bedeninde, içeriden vurur. Eğer pişman olursa, iyi. Eğer olmazsa, ona elbiselerinin altından vurur. Ve bunlara "Sevgi sancıları" denir. Eğer pişman olursa, iyi. Eğer olmazsa, açıkca yüzüne vurur, herkesin önünde. Böylece insanlar ona bakacaklar ve onun günahkâr olduğunu ve Efendisi tarafından sevilmediğini bilecekler.

BİR YIL – ISLAHIN DÖNGÜSÜ

Emor [Konuş]

193) Bu *Şofar* [koç boynuzundan boru] uyandığı ve insanlar kötülüklerinden pişman oldukları zaman, onlar *Şofar*'ın sesi ile aşağıdan çekilmiş olmalılar ve bu ses yukarı yükselir. İşte o zaman, yukarıda başka bir *Şofar* uyanır, yani *Bina*, *Rahamim* [merhametler] uyanır ve *Din* [yargı] terk eder...

Her *Roş Haşanah* [yeni yıl arifesi], dünya başlangıcına geri döner, yaratılışın dördüncü gününde, *Malhut*'un azaldığı zaman olduğu gibi. Bu böyledir çünkü *Malhut* "bir yıl" diye adlandırılır ve yılın on iki ayı, onun ıslahlarının onun başından ıslahın sonuna kadar olan düzenidir. Eğer yıl tamamlanmış ve onun ıslahı tamamlanmamış ise, bir sonraki yılda ıslah etmemiz için o bize verilir ve başlama noktasından tekrar başlamak zorunda kalırız, sanki o yaratılışın dördüncü günündeymiş gibi. Ve ıslahın sonuna kadar her yıl böyledir.

FAKİR İÇİN DUA ET

Yitro [Jetro]

414) "O örtünmüşken ve Yaradan'a dert yanarken, fakir için bir dua." Halkın tüm duaları, duadır ve fakir için olan dua en yücesidir. Çünkü o Kralın tahtına yükselir ve O'nun başına taç giydirir ve Yaradan gerçekten de bu dua ile övülür. Bu nedenle, fakir için olan duaya, "dua" denir.

415) "O örtünmüşken." Onun hiçbir kıyafeti olmadığı için, bu örtünme elbiselerle örtünme değildir. Aksine, burada yazılıdır ki, "O örtünmüşken," ve orada yazılıdır ki, "Kimler açlık ile giyinmiştir?" Burada da, "O örtünmüşken," açlık içinde demektir. "Ve Efendisine dert yanarken," o Yaradan önünde ağlayacak demektir. Onun için Yaradan'ın önünde ağlaması uygundur. Çünkü dünyada dünyayı ayakta tutan başkaları olmadığı zaman, dünya Yaradan'ın içinde mevcuttur. Fakirin onun yüzünden Efendisine ağladığı kişiye yazıklar olsun, zira fakir Krala en yakın olandır. Yazıldığı üzere, "Ve şu olacak, o Bana ağladığında onu duyacağım. Çünkü ben merhametliyim."

416) Ve dünyadaki geri kalan insanlar için, O bazen onları duyar, bazen duymaz. Çünkü Yaradan'ın meskeni, o kırılmış olan *Kelim* [kaplar] içindedir. Yazıldığı üzere, "Ve baskı altında

olan ve kederli olan." Ve yazılıdır ki, "Yaradan kalbi kırık olana yakındır." "Kırık ve ezik bir kalbi, Ey Yaradan, Sen küçümsemezsin."

GÖZYAŞLARININ KAPISI

Pekudey [Hesaplar]

489) Sarayın kapısının üzerinde başka bir kapı vardır, Yaradan onu *Miftaha*'nın [anahtar] *Dinim*'inden [yargılar] kazıp çıkarttı, bu, "Vekillerin kazdığı bir kuyu"dur. Günde üç kere açılır, yani onun içinde üç çizgi aydınlanır ve kapanmaz ve tövbe edenler için, Efendilerinin önündeki dualarında gözyaşı dökenler için, açık durur.

Onlar bölgeye girene kadar, "gözyaşı kapıları" denen bu kapılar dışındaki bütün geçitler ve kapılar kapalıdır. Onlar açıktır ve izin gerektirmez. Çünkü ilk kapı şudur, "Günah kapıda çömelmiş," ve orada *Manula*'nın [kilit] *Malhut*'u bulunur, on bin. Bu muhakemede pişmanlık yardımcı olmaz. Çünkü o yargının niteliğidir. Ancak, Yaradan onun üzerine *Miftaha*'dan, yani *Bina*'da azalmış olan *Malhut*'tan, ikinci bir kapı kazıp çıkarttı ve burada pişmanlık yardımcı olur.

490) Bu gözyaşları içinde yapılan dua, bu kapılardan yükseldiği zaman, *Ofan, Malhut*'tan bir melek, gelir. Ona *Ofan* denir ve o, altı yüz büyük hayvan üzerinde durur ve onun ismi Yerahmiel'dir. Gözyaşları içinde yapılan duayı kabul eder. Dua

içeri girer ve yukarıda kutsanır ve gözyaşları burada kalır. Ve onlar Yaradan'ın kazıp çıkarttığı kapıda yazılıdır.

Gözyaşları içinde yapılan dua, *Malhut*'u *Bina*'ya yükseltmek üzere, anahtarın ıslahı için *MAN*'ı yükseltir; bu nedenle dua kabul edilir ve gözyaşları kapıya kazınmış olarak kalırlar, orada *Malhut*'un *Bina*'da azalışına neden olurlar. *Dema* (gözyaşı dökmek), "karıştırma" kelimesinden gelir. Çünkü o, *Malhut* ile *Bina*'yı birbirine katarak karıştırır.

ÇOĞUNLUĞUN DUASI

VaYehi [Yakup Yaşadı]

514) Gerçekten de, dünyadaki tüm dualar, yani çoğunluğun duası, dualardır. Fakat tek başına dua eden biri, çok büyük bir güçle olmadıkça, Kutsal Kralın önünde yer almaz. Bu böyledir çünkü dua eden kişi taç giymek üzere onun mekânına girmeden önce, Yaradan onu izler, onu gözler ve o kişinin günahlarını ve erdemlerini gözler. O, bunu çoğunluğun duasında olanlar için yapmaz. Orada dua edenlerden bazıları Hak'tan yana değildirler ama onların hepsi Yaradan'ın önünde yer alır ve O, onların kusurlarını fark etmez.

515) "O, garibin duasını gördü." O, duayı döndürür ve onu her yönden inceler ve duanın hangi arzuyla yapıldığını dikkate alır, bu duayı eden kişi kimdir ve onun işleri nelerdir. Bu nedenle, kişi duasını topluluk içinde yapmalıdır. Çünkü O, onların hepsi

kalbin niyetinde ve arzusunda olmasa bile onların duasını küçük görmez. Yazıldığı üzere, "O, garibin duasını gördü." Dolayısıyla O, bireyin duasını yalnızca çoğunluğun duasıyla gözler. O, onların duasını küçük görmez, onlar değersiz olsalar bile.

516) "O, garibin duasını gördü," O, onun duasını kabul eder demektir. Fakat o, çoğunluk ile karışmış bir bireydir. Bu nedenle, onun duası çoğunluğun duası gibidir. Ve çoğunlukla karışmış olan birey kimdir? Yakup'dur, çünkü o iki tarafı da - sağ ve sol - İbrahim ve İshak, içerir. Oğullarına seslenir ve onlar için dua eder.

Ve yukarıdan tamamen kabul gören dua nedir? Kalpleri Yaradan'a yönelenlerin sürgünde yok olmaması için olan duadır. Çünkü Kutsallık adına olan her dua tamamen kabul edilir. Ve halk sürgünde olduğu zaman, Kutsallık onlarladır. Bu yüzden duanın Kutsallık adına olduğu sayılır ve tamamen kabul edilir.

KENDİ İNSANLARIMIN ARASINDA OTURURUM

VaYetze [Yakup Dışarı Gitti]

284) Kişi duasını nerede ederse etsin, kendini halk içine, birçok halk içine dâhil etmelidir, Şunammite hakkında yazıldığı üzere, Elişa ona şöyle dediğinde, "Kral adına mı konuşacaksın yoksa ordunun kumandanı adına mı?" "Kral

adına mı konuşacaksın?" Çünkü o gün yılın ilk gününü kutlama şenliğiydi ve gökyüzünün *Malhut*'unun dünyayı yönettiği ve hükmettiği gündü. O zamanda, Yaradan'a, "Hükmün kralı," denirdi ve bu nedenle ona dedi ki, "Kral adına mı konuşacaksın," çünkü o Yaradan'a "Kral" diyordu.

285) Ve o dedi ki, "Kendi insanlarımın arasında otururum." Diğer bir deyişle o dedi ki, "Yukarıda sözümün edilmesi için hiçbir arzum yok, ama başımı kitlelerin arasına koymak ve halkı bırakmamak isterim." Benzer biçimde, kişi halk içine dâhil olmalıdır ve tekil olarak durmamalıdır. Böylece iftiracılar ona bakmayacaklar ve onun günahlarından bahsetmeyecekler.

NİCELİK VE NİTELİK

Teruma [Bağış]

694) Yaradan, toplantı evine geldiği zaman ve tüm insanlar bir araya geldiği, dua ettiği, teşekkür ettiği ve Yaradan'ı övdüğü zaman, o Kralın ihtişamıdır. Çünkü Yaradan, *Aba ve İma*'ya yükselmek için, güzellik ve düzeltme ile belirlenmiştir.

695) Yaradan, toplantı evine erken geldiği zaman ve insanlar dua etmek ve Yaradan'ı övmek için gelmediği zaman, yukarının bütün yönetimi ve bütün o üst görevliler ve kamplar, Kralın, Yaradan'ın düzeltmeleri ile düzelttikleri kendi yükselişlerinden koparlar.

696) Kendi yükselişlerinden kopmalarının nedeni şudur, ulus aşağıda kendi dualarını ve vecibelerini yerine getirdiği zaman ve yüksek Kralı övdüğü zaman, bütün o üst kamplar da överler ve kutsal düzeltme ile düzeltilirler. Çünkü tüm üst kamplar aşağıdaki halka ile dostlardır, Yaradan'ın yükselişi yukarıda ve aşağıda aynı zamanda olsun diye Yaradan'ı birlikte överler.

697) Ve melekler, Yaradan'ı birlikte övmek üzere halk ile dost olmaya geldikleri zaman ve aşağıdaki halk dualarını ve sorumluluklarını düzenlemeye gelmediği ve Yaradan'ı övmediği zaman, yukarı yönetimdeki tüm kutsal kamplar ıslahlarından koparlar. Bu böyledir çünkü onlar bir yükseliş içinde yükselmezler. Çünkü Yaradan'ı övemezler, zira Yaradan'a övgüler aşağıda ve yukarıda birlikte olmalıdır. Bu nedenle denmiştir ki, "İnceliğin eksikliği," ama şöyle denmemiştir "Kralın yetersizliği", çünkü bu yalnızca meleklerin kampını ilgilendirir, Kralın kendisini değil.

698) Ve toplantı evine çoğunluk değil de yalnızca on kişi geldiyse bile, üst kamplar bu on taneye gelirler, onlarla dost olmak ve Yaradan'ı övmek üzere. Çünkü Kralın tüm ıslahları on tanenin içindedir. Dolayısıyla, eğer daha fazlası yoksa on yeterlidir.

AÇIK KİTAP

"Bana kalbinde bir iğne ucu kadar yer aç,
Sana dünyaları ifşa edeceğim"

Michael LAITMAN

KABALA'NIN TEMEL KAVRAMLARI

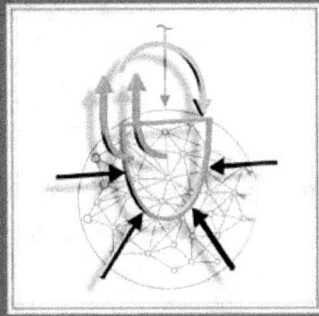

OTANTİK KABALA BİLGELİĞİNE GİRİŞ

Michael LAITMAN

"Bana kalbinde bir iğne ucu kadar yer aç,
Sana dünyaları bahşedeceğim"

ÜST DÜNYALARI EDİNMEK

Michael LAITMAN

KABALA'NIN İFŞASI

Kabala ilmiyle ilgilenenler için harikulade ve paha biçilmez bir deva bulunmaktadır.

Kabalist Baal HaSulam

DR. MICHAEL LAITMAN

Yarının Çocukları

21. Yüzyılda
Mutlu Çocuklar Yetiştirmek İçin Temel Esaslar

Michael LAITMAN

ERDEMLİĞİN İNCİLERİ

Tüm nesillerde yaşamış
Yüce Kabalistlerin sözleri

Michael
LAITMAN

Michael LAITMAN

Dost Sevgisi

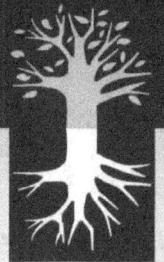

Dostunu kendin gibi sev.

Michael LAITMAN

NİYETLER
Niyet, eylemden önce gelir.

ONLİNE KABALA KURSLARI

Bney Baruh Kabala Eğitim Merkezi'nin misyonu, İnternet üzerinden dünyanın her bir yanındaki insanlara otantik Kabala konusunda yüksek kaliteli eğitim olanakları sağlamaktır.

http://em.kabala.info.tr/